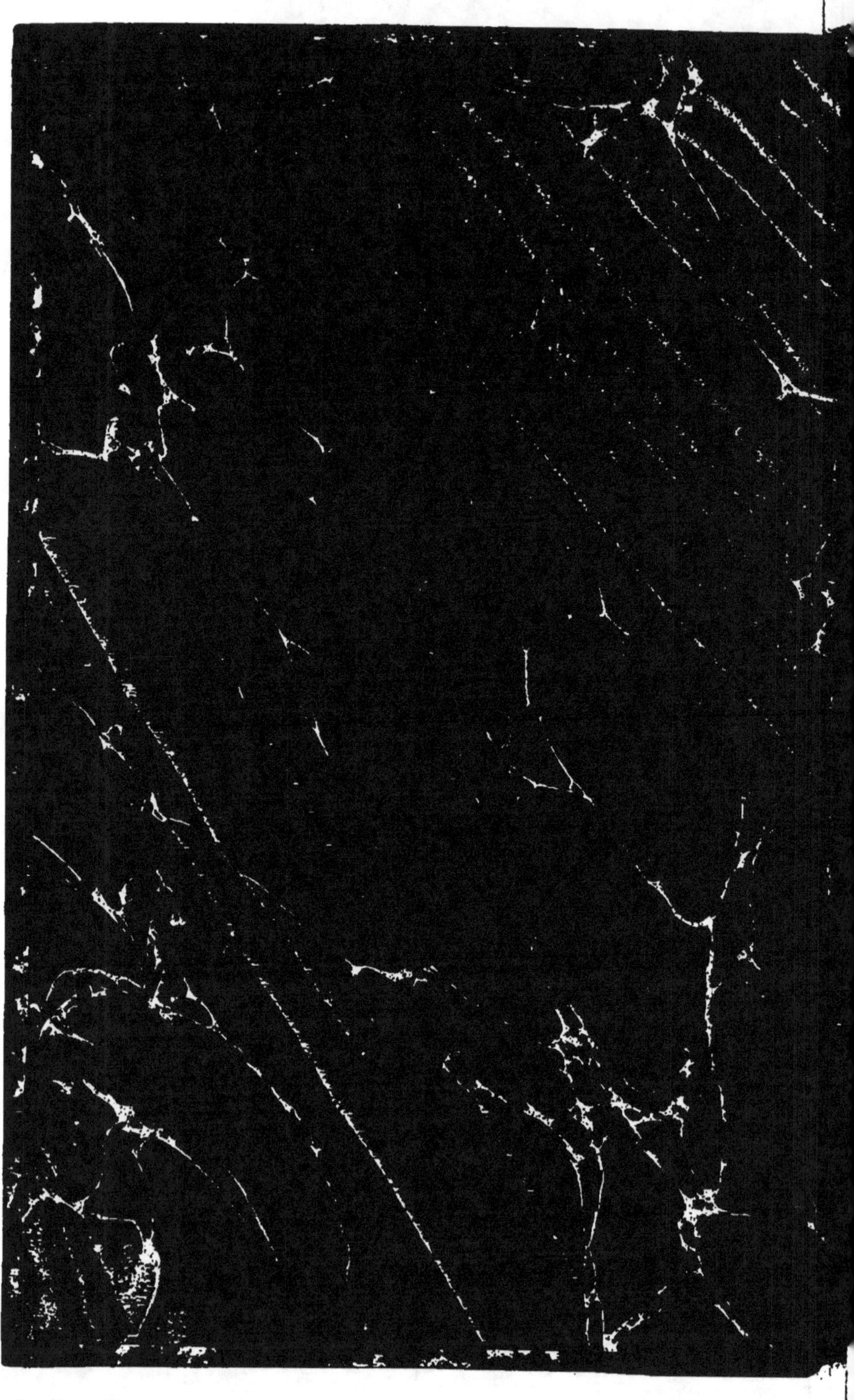

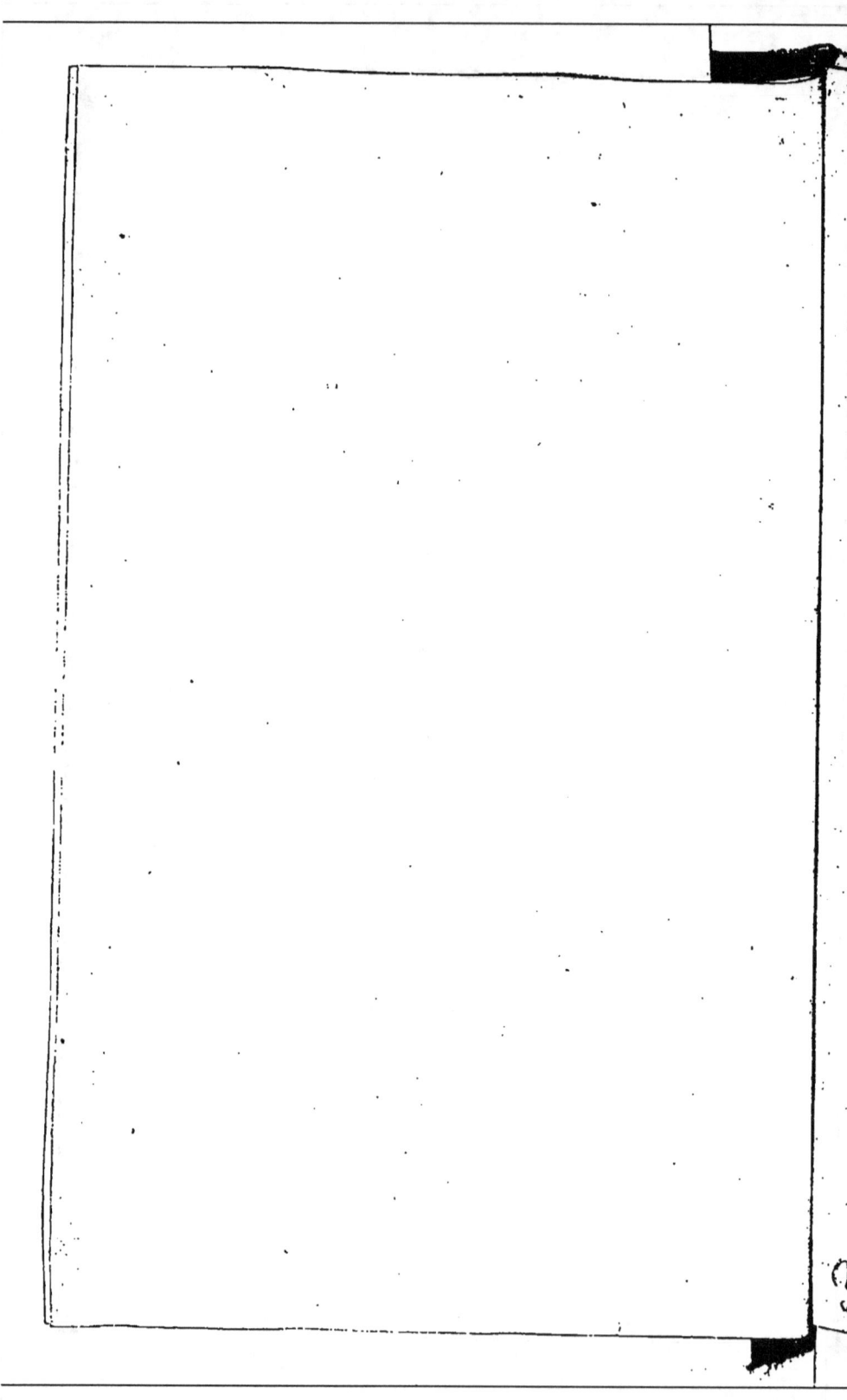

LEÇONS

DE

THERMODYNAMIQUE PURE

LEÇONS

DE

THERMODYNAMIQUE PURE

CONTENANT LES NOTIONS EXIGÉES POUR L'AGRÉGATION
DE L'ENSEIGNEMENT SPÉCIAL

a) LE PRINCIPE DE L'ÉQUIVALENCE, ET SON APPLICATION A LA THÉORIE DE L'ÉCOULEMENT DES GAZ

b) LE PRINCIPE DE CARNOT, ET SON APPLICATION A L'ÉTUDE COMPARATIVE SOMMAIRE AU POINT DE VUE ÉCONOMIQUE DES DIVERSES MACHINES THERMIQUES

PAR

M. Ch. VIRY

Ingénieur des Arts et Manufactures
Ancien Élève et ancien Répétiteur de mécanique à l'École centrale
Agrégé de l'Université
Professeur de mécanique à l'École normale spéciale de Cluny

> Verum, ut opinor, ita est : sunt quædam corpora, quorum
> Concursus, motus, ordo, positura figuræ,
> Efficiunt ignes, mutatoque ordine mutant
> Naturam : neque sunt igni simulata, neque ullæ
> Præterea rei, quæ corpora mittere possit
> Sensibus et nostros adjectu tangere tactus.
>
> *Poëme de Lucrèce* (Livre Ier).

> « La chaleur est une vive agitation des particules d'un « corps qui produit en nous la sensation qui nous fait dire « qu'un objet est chaud ; c'est-à-dire que pour nous, la sen- « sation est chaleur, mais dans l'objet elle n'est que mou- « vement. »
>
> Locke (1670).

PARIS
J. DEJEY ET Cie, IMPRIMEURS-ÉDITEURS
de l'École centrale des Arts et Manufactures, de la Société des anciens Élèves des Écoles nationales d'Arts et Métiers et de l'Association polytechnique
18, RUE DE LA PERLE, 18

1879

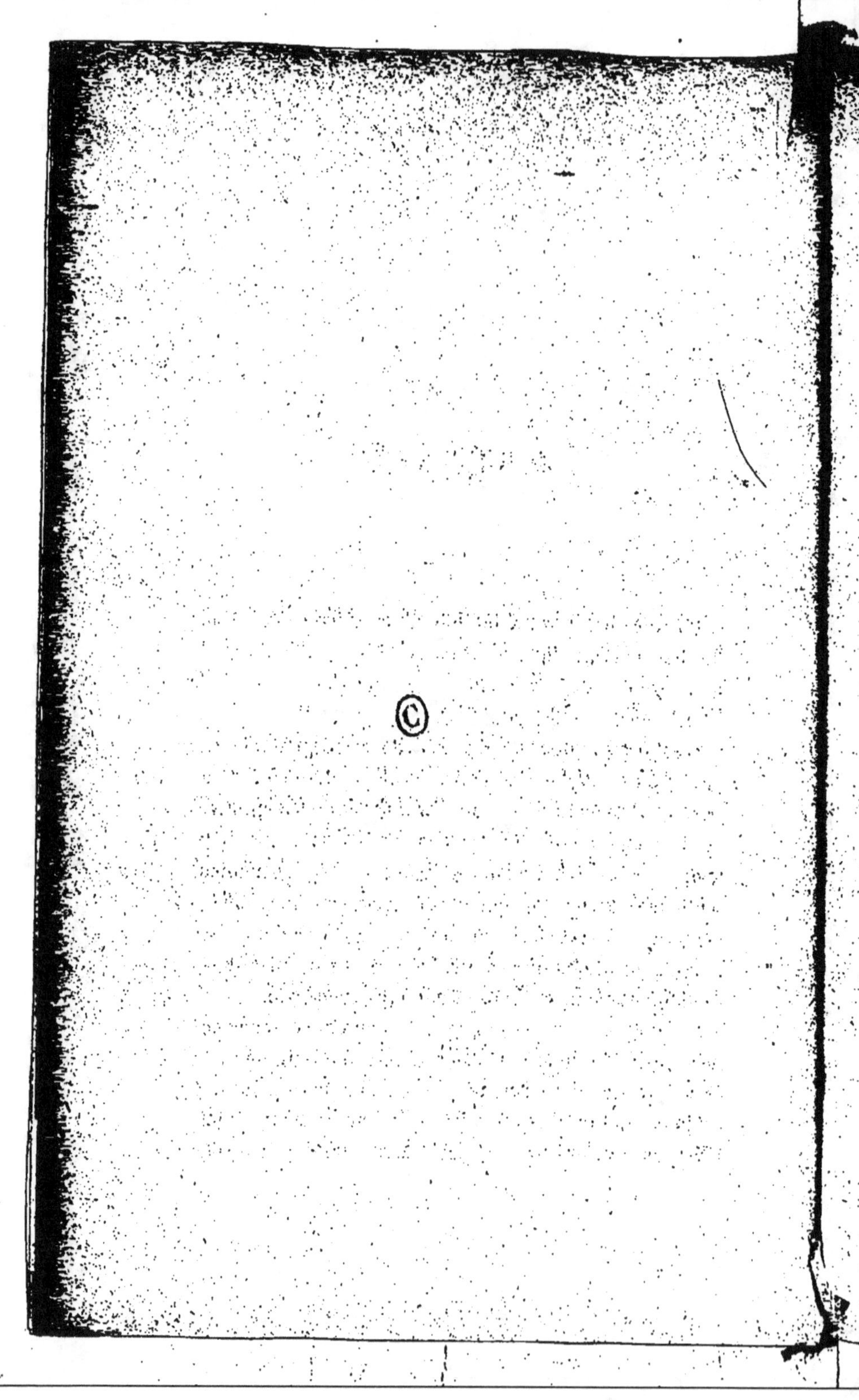

PRÉFACE

Ce livre est la reproduction d'une partie des leçons de thermodynamique que nous professons depuis quelques années déjà aux élèves de troisième année de l'Ecole normale spéciale de Cluny.

C'est dans le but de leur être utile, ainsi qu'aux jeunes professeurs, ingénieurs et anciens élèves des Ecoles Centrale et Polytechnique, qui désirent subir les épreuves de l'agrégation de l'enseignement spécial, que nous avons rédigé ces premières leçons. Elles contiennent seulement le développement des deux principes fondamentaux de la théorie mécanique de la chaleur avec leurs applications immédiates, toutes choses faisant actuellement partie de l'enseignement secondaire.

Ce livre, tout en ne négligeant aucun développement nécessaire, est donc avant tout un livre d'enseignement; c'est ce qui le distingue des publications parues jusqu'à ce jour en France et à l'étranger sur le même sujet. C'est aussi ce qui nous a décidé à le faire paraître sous forme de leçons précédées de sommaires qui en résument l'objet.

D'ailleurs, cette exposition spéciale et minutieuse des deux principes fondamentaux de la thermodynamique nous a paru nécessaire.

En effet, dans la plupart des traités de mécanique générale qui s'occupent de thermodynamique, dans les ouvrages de MM. Résal et Collignon notamment, on passe trop légèrement sur ces deux principes, que l'on admet pour ainsi dire *a priori*, comme s'ils étaient d'une évidence immédiate. On paraît oublier ainsi que, pour les établir rigoureusement et les mettre à l'abri de toute objection, il n'a pas fallu moins, pourtant, que l'intuition de plusieurs hommes de génie secondée des travaux d'une légion d'expérimentateurs.

Or que résulte-t-il de ce peu d'insistance? C'est que ces deux principes ne sont jamais bien compris; aussi les conséquences remarquables qu'on en tire, touchant l'explication des phénomènes naturels, apparaissent-elles généralement, à ceux qui débutent dans cette étude, dans un vague regrettable et, faut-il l'avouer, comme le simple résultat d'une pure prestidigitation algébrique.

Il y a donc là une lacune. Il importe donc, avant tout, d'établir rigoureusement ces deux principes importants et de bien les fixer dans l'esprit en rappelant les noms et les travaux des hommes qui les découvrirent.

C'est cette lacune dans l'enseignement de la thermodynamique que nous essayons de combler dans le présent ouvrage.

Mais à la suite de ce premier livre, simple introduction à la théorie thermodynamique, paraîtront successivement trois autres volumes traçant les principaux linéaments de cette science si vaste de la chaleur et de ses applications.

Le premier, sous le titre de *Leçons de Thermodynamique appliquée*, contiendra l'application des deux principes fondamentaux de l'équivalence et de Carnot à l'étude théorique et pratique des machines gazothermiques de toute nature. Dans ce traité général des machines caloriques, on passera en revue, en en donnant la théorie complète, tous les nouveaux moteurs à air chaud et à gaz parus à l'Exposition de 1878. Il sera, d'ailleurs, précédé d'une introduction dans laquelle seront résumés tous les principes de la thermodynamique développés dans notre premier livre, de telle sorte qu'il formera à lui seul un tout complet.

Le second, sous le titre encore de *Leçons de Thermodynamique pure*, contiendra l'exposé complet de la théorie thermodynamique dont le livre actuel n'est que l'introduction. Il renfermera en particulier les applications des deux principes de l'équivalence et de Carnot :

a. A l'étude des changements de volume dans les gaz, les liquides et les solides ;

b. A l'étude des changements d'état : dissolution, fusion, vaporisation, dissociation ;

c. A l'étude très complète au point de vue thermodynamique des vapeurs saturées et surchauffées.

Le troisième enfin, sous le titre aussi de *Leçons de Thermodynamique appliquée*, contiendra les applications de la théorie thermodynamique des vapeurs saturées et surchauffées, à l'étude complète, théorique et pratique des machines à vapeur.

Ces trois derniers volumes sont d'ailleurs rédigés, comme le présent livre, sous forme de leçons afin de conserver la même allure à l'ensemble de l'ouvrage.

Au reste, la lecture de la table des matières ci-après donne, dès l'abord, une idée de cette large et méthodique introduction à la science de la chaleur, que nous offrons aujourd'hui au public.

TABLE DES MATIÈRES

PREMIÈRE PARTIE

PRINCIPE DE L'ÉQUIVALENCE DU TRAVAIL ET DE LA CHALEUR, CONSIDÉRÉ COMME UNE CONSÉQUENCE DU PRINCIPE DE LA CONSERVATION DE L'ÉNERGIE OU DE LA FORCE.

> Nec stipata magis fuit unquam materiai
> Copia nec porro majoribus intervallis :
> . . . . . *Poème de Lucrèce* (LIVRE II.)

> « Je tiens qu'il y a, dans toute matière créée, une certaine quantité de mouvement qui n'augmente et ne diminue jamais. . . . . .
> DESCARTES (*Lettre 134e de ses œuvres*).
> 1er avril 1648.

1re LEÇON.

Définition. — Théorème des forces vives, *a* pour un point, *b* pour un système; cas du mouvement absolu, cas du mouvement relatif. — Principe de la conservation de la force ou de l'énergie. — Opinions des anciens et des modernes. — Démonstration mathématique du principe de la conservation de l'énergie (Helmholtz), du n° 1 au n° 13 . . . . . 3 à 19

2e LEÇON.

Retour sur la leçon précédente. — Lorsque le potentiel d'un système est maximum pour un certain état du système, cet état est celui de l'équilibre stable; on vérifie ce théorème qui a servi à l'établissement du principe de la conservation de l'énergie sur de nombreux exemples tirés de la résistance des matériaux. — On vérifie ensuite le principe de la conservation de l'énergie en se servant des mêmes exemples, du n° 14 au n° 24. . . . . 21 à 35

3e LEÇON.

Raison des expressions : énergie totale, énergie actuelle, énergie potentielle, adoptées par M. Rankine. — Énergie actuelle intérieure et énergie totale intérieure. — Notions expérimentales sur l'essence même de la chaleur. — Historique de la question. — Introduction de la notion d'énergie calorifique dans l'expression du principe de l'énergie. — Principe de l'énergie dans le cas de forces extérieures : cas du mouvement absolu, cas du mouvement relatif. — On en conclut la relation fondamentale $Z = \Delta D + \mathfrak{T}$. — Sa signification. — Expression du travail externe $\mathfrak{T}$, du n° 25 au n° 44. . . . . 37 à 54

4e LEÇON.

Loi des transformations d'un corps. — Définition d'un gaz parfait. — Loi des transformations d'un gaz parfait. — Loi de Joule : dans un gaz parfait les forces moléculaires sont nulles. — Hypothèse de Bernouilli. — Du zéro absolu. — Forme remarquable, en fonction de la température absolue de la loi des transformations d'un gaz parfait. — Conséquences. — Mode de représentation graphique dû à Clapeyron des variations d'état d'un corps quelconque, et du travail externe qu'il accomplit. — Cycle. — Cycle reversible. — Si l'on reprend la relation fondamentale $Z = \Delta D + \mathfrak{T}$ de la dernière leçon, elle se réduit à $Z = \mathfrak{T}$ dans le cas d'un cycle fermé ; c'est-à-dire que dans ce cas toute l'énergie calorifique absorbée ou dégagée est égale au travail externe accompli ou reçu par le corps, du n° 45 au n° 68. . . . . 55 à 69

5e LEÇON.

Deux démonstrations directes du principe de l'équivalence du travail et de la chaleur. — Equivalent calorifique du travail. — Équivalent mécanique de la chaleur. — Expression de l'énergie calorifique Z en fonction de la quantité de chaleur correspondante Q. — De la relation

$Z = \Delta D + \mathfrak{T}$, on conclut la relation fondamentale : $Q = \Delta U + A \int p dv$

pour une transformation finie et $dQ = dU + A p dv$ pour une transformation élémentaire. — Signification et application de ces relations. — Principe de l'équivalence considéré comme corollaire du principe de la conservation de l'énergie. — Marche générale à suivre pour la détermination de l'équivalent mécanique de la chaleur, du n° 69 au n° 84. 71 à 87

6e LEÇON.

Application de la méthode générale précédente à la recherche de l'expression de l'équivalent mécanique de la chaleur, en fonction des éléments caractéristiques d'un gaz parfait. — On procède successivement des trois manières suivantes :

1° On fait décrire au gaz un cycle rectangulaire fini ;

2° — — élémentaire ;

3° — fini quelconque.

— Expressions des quantités de chaleur absorbées par un gaz parfait pour une transformation élémentaire et pour une transformation finie. — On en déduit la formule $Q = c\theta + A\int p\,dv$. — Signification et discussion de cette formule, du n° 85 au n° 100. . . . . 89 à 104

7e LEÇON.

Recherche dans le cas des gaz parfaits :

1° De la loi de détente *sans variation de température*. — Lignes isothermiques. — Expressions diverses du travail de la détente isothermique. — Applications.

2° De la loi de détente *sans variation de chaleur*. — Lignes adiabatiques. — Expressions diverses du travail de la détente adiabatique. — Applications.

Généralisation : expression de l'équivalent mécanique de la chaleur en fonction des quantités caractéristiques d'un *corps quelconque*, obtenue en lui faisant décrire un cycle rectangulaire élémentaire, du n° 101 au n° 120. . . . . 105 à 124

8e LEÇON.

Première vérification du principe de l'équivalence. — Seconde vérification expérimentale, obtenue en déterminant directement l'équivalent mécanique de la chaleur au moyen de tiges métalliques auxquelles on fait décrire un cycle complet : expériences d'Edlund. — Interprétation et discussion de ces expériences. — 1° Cycle décrit par le fil métallique dans les premières expériences. — 2° Conception d'un cycle propre à la détermination de l'équivalent mécanique de la chaleur, du n° 101 au n° 120. . . . . 125 à 139

9e LEÇON.

Méthode générale à suivre pour la détermination de l'équivalent mécanique quand on connaît l'expression du travail interne. — Applications de cette méthode : 1° détermination approximative, puis exacte, de l'équivalent mécanique au moyen d'un solide, *sans lui faire parcourir un cycle fermé*. — 2° Détermination de l'équivalent mécanique au moyen d'un gaz parfait, *sans lui faire parcourir un cycle fermé*. — On en conclut la loi de Joule que la loi des mélanges des gaz faisait prévoir. — On démontre enfin directement cette loi de Joule en identifiant simplement les deux relations connues :

$$Q = c\theta + A\int p\,dv, \text{ relative aux gaz parfaits,}$$

$$Q = \Delta U + A\int p\,dv, \text{ relative à un corps quelconque.}$$

Du n° 131 au n° 40. . . . . 141 à 155

10e LEÇON.

Démonstration expérimentale de la loi de Joule. — Expériences de Joule établissant cette démonstration. — Ces expériences fournissent de nouvelles vérifications du principe de l'équivalence, en donnant deux méthodes expérimentales inverses l'une de l'autre pour la détermination de l'équivalent mécanique. — Du travail intérieur dans les gaz réels. — Mesure expérimentale de ce travail, méthode de MM. Joule et Thomson. — Mesure de ce même travail par le calcul, du n° 140 au n° 158. 157 à 174

11e LEÇON.

De la chaleur produite par les actions mécaniques, telles que le frottement et le choc. — Transformation du travail en chaleur par le frottement. — Mise en évidence de la production de chaleur par le frottement. — Expériences de Joule fournissant de nombreuses vérifications du principe de l'équivalence en donnant de nombreuses déterminations de l'équivalent mécanique à l'aide du frottement. — Transformation du travail en chaleur par le choc. — Mise en évidence de la production de chaleur par le choc : expériences de Hirn fournissant une nouvelle vérification du principe de l'équivalence en donnant une détermination nouvelle de l'équivalent mécanique par le choc, du n° 159 au n° 175. . 175 à 192

12e LEÇON.

Transformation inverse de la chaleur en travail à l'aide de la machine à vapeur : expériences de Hirn sur une machine à vapeur fournissant une dernière vérification du principe de l'équivalence en donnant encore une détermination de l'équivalent mécanique. — Résumé synthétique de la marche suivie dans l'exposé, qui précède, de cette première partie de la théorie mécanique de la chaleur. — Comparaison de cette marche avec la marche d'invention, qui est celle que l'on doit suivre en physique, du n° 177 au n° 205. 193 à 206

APPLICATION DU PRINCIPE DE L'ÉQUIVALENCE A LA THÉORIE DE L'ÉCOULEMENT DES GAZ PARFAITS.

13e LEÇON.

Application du principe de l'équivalence à la théorie de l'écoulement des gaz parfaits d'un milieu indéfini dans un autre milieu indéfini.
— Formules donnant la vitesse d'écoulement et le débit :
1° Formule de Navier, qui suppose que l'écoulement s'effectue à température constante. — Applications numériques ;
2° Formule de Bernouilli, qui suppose que l'écoulement s'effectue à densité constante. — Applications numériques.
— Comparaison des résultats que donnent ces deux formules, du n° 207 au n° 233. . . . . 210 à 227

14e LEÇON.

Suite de la théorie de l'écoulement d'un gaz parfait d'un milieu indéfini dans un autre milieu indéfini. — Formules exactes donnant la vitesse d'écoulement et le débit, lorsqu'on suppose, ainsi qu'il arrive en réalité, que l'écoulement s'effectue à chaleur constante. — Applications numériques. — Extension de cette théorie aux vapeurs surchauffées et à la vapeur d'eau saturée. — Expériences de MM. Résal et Minary, du n° 234 au n° 253. 229 à 244

15e LEÇON.

Théorie de l'écoulement d'un gaz parfait d'un milieu fini dans un autre milieu fini. — Soient $v_1 p_1 T_1$, $v_2 p_2 T_2$, les conditions caractéristiques initiales des poids m_1 m_2 de gaz contenus dans deux réservoirs A et B, de volume V_1, V_2 ; on demande, le robinet de communication étant ouvert, ce que deviennent ces conditions, quand il s'est écoulé un poids quelconque de gaz m de A en B? — On demande de plus la vitesse d'écoulement à chaque instant? — Après avoir traité cette question dans toute sa généralité, on examine successivement divers cas particuliers :

1er *Cas* : Le gaz renfermé dans A s'écoule dans B absolument vide. — Application aux expériences de Joule.

2e *Cas* : Le gaz renfermé dans A s'échappe dans l'atmosphère.

— Applications numériques. — On conclut d'ailleurs de ce second cas une méthode pour la détermination du rapport γ des chaleurs spécifiques, du n° 254 au n° 285 . . . . 245 à 261

16e LEÇON.

Suite de la théorie de l'écoulement d'un gaz parfait d'un milieu fini dans un autre milieu fini. — Du deuxième cas particulier examiné, on conclut la méthode employée par MM. Hirn et Weisbach pour la détermination expérimentale de γ. — Expériences antérieures de Gay-Lussac et de Laplace.

3e *Cas* : Le gaz s'écoule d'un milieu indéfini dans un milieu fini; l'air atmosphérique, par exemple, se précipite dans le ballon B où on a fait un vide partiel.

4e *Cas* : Le vide fait dans le ballon B est supposé parfait. — Applications numériques, du n° 286 au n° 308. . . . . 263 à 276

17e LEÇON.

Suite et fin de la théorie de l'écoulement d'un gaz parfait d'un milieu fini dans un autre milieu fini. — Du troisième cas particulier examiné dans la dernière leçon, on conclut la méthode employée par MM. Clément et Desormes pour la détermination expérimentale de γ. — Détermination expérimentale de γ au moyen de la formule de Laplace donnant la vitesse du son dans les gaz. — Détermination de γ au moyen de la formule fournissant l'équivalent mécanique en fonction des quantités caractéristiques d'un gaz parfait. — Tableau des constantes utiles à connaître dans les calculs relatifs aux gaz, du n° 309 au n° 327 . . . . 277 à 288

SECONDE PARTIE

PRINCIPE DE CARNOT OU PRINCIPE D'ÉGALITÉ DE RENDEMENT.

« La puissance motrice de la chaleur et la puissance « d'une chute d'eau ont toutes deux un maximum qu'on ne « peut dépasser, quelle que soit d'une part la machine em- « ployée à recevoir l'action de l'eau, et quelle que soit de « l'autre la substance employée à recevoir l'action de la « chaleur. »

« La puissance motrice d'une chute d'eau dépend de la « quantité d'eau dont on dispose et de la hauteur de cette « chute. La puissance motrice de la chaleur dépend de « la quantité de calorique employée et de ce que nous ap- « pellerons la hauteur de sa chute, c'est-à-dire la diffé- « rence de température des corps entre lesquelles se fait « l'échange de calorique. »

SADI CARNOT.

Réflexions sur la puissance motrice du feu et sur les machines propres à développer cette puissance. 1824.

18e LEÇON.

On complète ici les notions de la 4e leçon, relative au mode de représentation graphique des variations d'état d'un corps, dû à Clapeyron. — Lignes isothermiques, isodynamiques, adiabatiques. — Propriétés des lignes adiabatiques. — Réversibilité. — Conditions de réversibilité. — Un cycle quelconque étant donné, déterminer : 1° à partir de quels points de ce cycle il y a absorption puis dégagement de chaleur ; 2° à partir de quels points la température va en croissant, puis en décroissant, du n° 328 au n° 342. . . . . 291 à 301

19e LEÇON.

Cycle de Carnot. — Analyse des quatre périodes qu'il comporte. — Origine de ce cycle. — Il est essentiellement réversible. — Machine *directe* ou motrice, machine *inverse* ou créant de la chaleur par le travail. — Dans le premier cas d'une machine motrice, la continuité du travail moteur implique une perte nécessaire de chaleur. — Quelle est l'importance de cette perte de chaleur ? Dépend-elle de la nature de l'agent intermédiaire ? — *Principe de Carnot* : La perte relative de chaleur $\frac{Q'}{Q}$ est indépendante de la nature du corps et ne dépend que des températures extrêmes TT', entre lesquelles fonctionne le corps. — Ce principe est une simple conséquence du *Théorème de Carnot* dont on donne deux démonstrations, du n° 343 au n° 358. . . . . 302 à 315

20e LEÇON.

On recherche, en considérant un gaz parfait, l'expression de la perte relative $\frac{Q'}{Q}$ de chaleur dans le cas d'un cycle de Carnot; on trouve ainsi $\frac{Q'}{Q} = \frac{T'}{T}$. — Cette relation, mise sous la forme $\frac{Q}{T} - \frac{Q'}{T'} = 1$, adoptée par Clausius, est l'expression même du principe de Carnot dans le cas d'un cycle de Carnot. — Recherche de l'expression $\int_A^B \frac{dQ}{T} = 0$ du principe de Carnot dans le cas d'un cycle quelconque réversible. — Énoncé de cette expression en langage ordinaire, du n° 359 au n° 375. . . . 317 à 330

21e LEÇON.

Recherche de l'expression $\int_A^B \frac{dQ}{T} < 0$ du principe de Carnot dans le cas d'un cycle quelconque non réversible. — Énoncé de cette expression en langage ordinaire. — Résumé des points principaux mis en évidence dans les trois dernières leçons, du n° 376 au n° 393. . . . . 331 à 342

22e LEÇON.

Définition du coefficient économique d'une machine. — Expression du coefficient économique dans le cas d'une machine fonctionnant suivant un cycle de Carnot. — Ce coefficient économique $K_m = \frac{T-T'}{T}$ étant, en vertu du principe de Carnot, constant, quel que soit l'agent intermédiaire : ce principe peut s'appeler, par suite, principe d'égalité de rendement. — Théorie des machines à air chaud réalisant un cycle de Carnot. — Recherche directe du travail moteur et du coefficient économique, du n° 394 au n° 417 343 à 355

23e LEÇON.

Marche inverse suivie en physique pour l'exposition du principe de Carnot et de ses conséquences relatives au coefficient économique. — Théorème : le coefficient économique d'une machine quelconque est maximum lorsqu'elle fonctionne suivant un cycle de Carnot. — Maximum du travail que peut fournir une quantité donnée Q de chaleur : $\mathfrak{T} = \frac{T-T'}{T}$ EQ, du n° 418 au n° 434. . . . . 357 à 368

PREMIÈRE PARTIE

Principe de l'équivalence du travail et de la chaleur

CONSIDÉRÉ COMME UNE CONSÉQUENCE DU PRINCIPE DE LA CONSERVATION DE L'ÉNERGIE OU DE LA FORCE

Nec stipata magis fuit unquam materiai
Copia, nec porro majoribus intervallis;
Nam neque adaugescit quidquam, neque deperit inde.
Quapropter, quo nunc in motu principiorum
Corpora sunt, in eodem anteacta ætate fuere,
Et posthac semper simili ratione ferentur,
Et quæ consuerunt gigni, gignentur eadem
Conditione; et erunt, et crescent, in que valebunt,
Quantum cuique datum est per fœdera Naturai,
Nec rerum summam commutare ulla potest vis.
Nam neque quo possit genus ullum materiai
Effugere ex Omni, quidquam est; neque rursus in Omne
Unde coorta queat nova vis irrumpere, et omnem
Naturam rerum mutare, et vertere motus.

Poëme de *Lucrèce* (liv. II).

« Je tiens qu'il y a une certaine quantité de mouvement « dans toute matière créée qui n'augmente et ne diminue « jamais; et aussi, lorsqu'un corps en fait mouvoir un « autre, il perd autant de mouvement qu'il en donne; « comme lorsqu'une pierre tombe de haut contre la terre, « si elle ne retourne pas et qu'elle s'arrête, je conçois que « cela vient de ce *qu'elle ébranle cette terre*, et ainsi lui « transfère son mouvement. »

DESCARTES, lettre 134e de ses *Œuvres*, 1er avril 1648.

PREMIÈRE LEÇON

SOMMAIRE. — Définition. — Théorème des forces vives, *a* pour un point, *b* pour un système; cas du mouvement absolu, cas du mouvement relatif. — Principe de la conservation de la force ou de l'énergie. — Opinions des anciens et des modernes. — Démonstration mathématique du principe de la conservation de l'énergie (Helmholtz).

---

1. DÉFINITION. — La chaleur n'est autre chose qu'un mouvement vibratoire des molécules des corps (n° 30); cette chaleur, en produisant certains changements dans leur constitution, en les dilatant (machines à gaz), les transformant en vapeur (machines à vapeur), etc., etc., peut se transformer en une action mécanique extérieure, en travail en un mot; ainsi le mouvement vibratoire invisible constituant la chaleur peut dans certaines circonstances se transformer en mouvement sensible visible.

Réciproquement, une action mécanique extérieure, comme le frottement ou le choc, ou plus généralement un travail quelconque dépensé sur un corps, peut faire naître dans ce corps des vibrations calorifiques; le mouvement sensible visible peut donc à son tour se transformer en ce mouvement vibratoire invisible particulier, sensible à nos organes, comme chaleur seulement.

La théorie mécanique de la chaleur ou *la thermodynamique est la science qui traite précisément de cette double transformation de chaleur en travail, et de travail en chaleur*. Elle en recherche les lois, et les applications de ces lois aux phénomènes de la nature.

La chaleur étant ainsi considérée comme un simple mouvement moléculaire, la thermodynamique reposera nécessairement sur les principes de la mécanique rationnelle, et en particulier sur le théorème général des forces vives que nous allons rappeler.

Théorème général des forces vives.

2. Théorème général des forces vives relatif au mouvement absolu.

a. Cas d'un point. — Considérons d'abord le cas d'un seul point matériel de masse m en mouvement sous l'action d'un nombre quelconque de forces F : v_0 étant la vitesse initiale du point, soit v la vitesse acquise au bout du temps t sous l'action des forces F ; on a la relation connue :

$$\frac{1}{2} mv^2 - \frac{1}{2} mv_0^2 = \Sigma \mathcal{T} F,$$

qui exprime que *la variation de force vive éprouvée par le point sous l'action des forces* F *est précisément égale à la somme algébrique des travaux de ces forces dans le déplacement éprouvé par ce point.*

Fig. 1

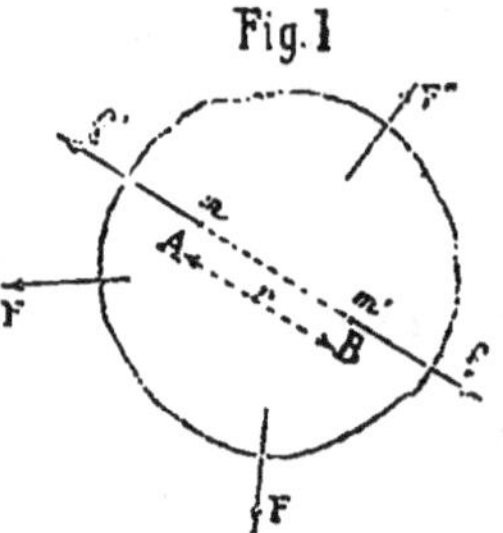

b. Cas d'un système. — Considérons actuellement (fig. 1) le cas d'un système matériel quelconque sollicité à la fois par des forces extérieures F et par ses actions mutuelles f : si on considère successivement et séparément chaque molécule du système et qu'on lui applique le théorème précédent, en ajoutant à la force extérieure F qui peut la solliciter directement la résultante f des actions attractives ou répulsives qu'elle reçoit de toutes les autres, puis, qu'on fasse la somme des égalités ainsi obtenues, on obtient la relation :

$$\Sigma \frac{1}{2} mv^2 - \Sigma \frac{1}{2} mv_0^2 = \Sigma \mathcal{T} F + \Sigma \mathcal{T} f,$$

qui signifie que *la variation de force vive du système est égale à la somme algébrique des travaux de toutes les forces tant extérieures qu'intérieures qui le sollicitent.*

Forme du terme $\Sigma\mathfrak{T}f$. — Il est facile d'ailleurs de voir quelle est la forme du terme $\Sigma\mathfrak{T}f$ relatif aux actions mutuelles; en effet, soient deux forces mutuelles (fig. 1) ff' appliquées aux deux points A et B de masse m et m', actuellement à la distance r, le travail élémentaire de l'ensemble de ces deux forces (égales et directement opposées d'après le principe de Newton), pour un déplacement relatif infiniment petit dr des deux points, est représenté par fdr; d'ailleurs, f étant proportionnelle aux masses m, m' des deux molécules et à une certaine fonction $\varphi(r)$ de leur distance r, on peut écrire :

$$f = mm'\varphi(r),$$

et, par suite,

$$fdr = mm'\varphi(r)\,dr.$$

Si nous considérons actuellement l'ensemble de toutes les forces mutuelles qui s'exercent entre toutes les molécules, la somme des travaux élémentaires correspondant à une déformation infiniment petite du système prendra la forme :

$$\Sigma mm'\varphi(r)\,dr,$$

par suite le travail total de ces forces, $\Sigma\mathfrak{T}f$, correspondant non plus à une déformation infiniment petite, mais à une déformation finie du système, aura pour expression :

$$\int \Sigma mm'\varphi(r)\,dr.$$

3. On voit facilement, d'après cette forme du terme $\Sigma\mathfrak{T}f$ relatif aux forces intérieures, qu'il disparaît de l'équation des forces vives dans deux cas :

1° Si le corps est solide;

2° Si, n'étant pas solide, le corps a repris à l'instant final du temps auquel se rapporte l'équation la même forme qu'à l'instant initial.

Dans ces deux cas la relation des forces vives se réduit donc à :

$$\Sigma \frac{1}{2} mv^2 - \Sigma \frac{1}{2} mv_0^2 = \Sigma \mathfrak{F}.$$

4. Si au contraire le système matériel n'est soumis qu'à l'action de ses forces intérieures, l'équation des forces vives se réduit à :

$$\Sigma \frac{1}{2} mv^2 - \Sigma \frac{1}{2} mv_0^2 = \int \Sigma mm' \varphi(r) dr.$$

5. Théorème général des forces vives dans le cas du mouvement relatif.

Voyons maintenant ce que devient le théorème des forces vives dans le cas du mouvement relatif. Pour cela, démontrons d'abord cette proposition importante :

La force vive totale d'un système matériel quelconque est égale à la force vive de la masse entière concentrée au centre de gravité, plus la force vive de ce système dans son mouvement relatif au centre de gravité.

Soit (fig. 2) ab la trajectoire décrite par le centre de gravité

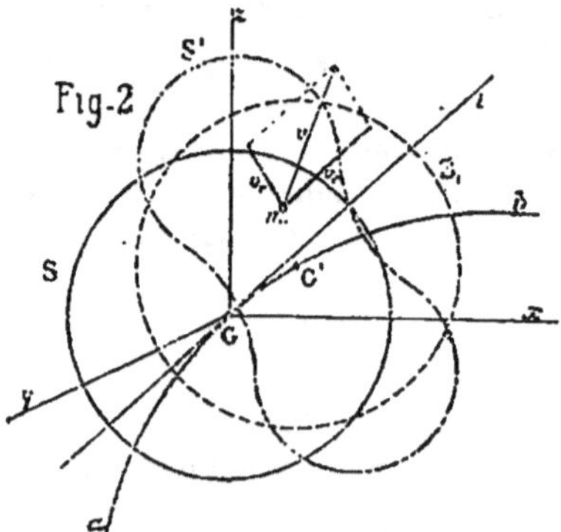

G d'un système matériel quelconque qui peut se déformer aux divers instants de la durée par suite du jeu simultané des forces intérieures et extérieures. Supposons que ce centre de

gravité entraine avec lui d'un mouvement de translation le système de comparaison $Gxyz$. A l'époque t, le centre de gravité est en G et le système a la forme S; à l'époque $t+dt$, le centre de gravité est en G' et le système a la forme S'. Or, on peut concevoir qu'il passe ainsi de S en S' au moyen de deux mouvements simultanés :

1° Un mouvement d'entrainement de translation, en vertu duquel tous les points de S décrivant des chemins égaux et parallèles à GG', il passe ainsi de la position S à la position S_1 (indiquée en pointillé) sans changer de forme;

2° Un mouvement d'expansion ou de contraction en vertu duquel le système dont la position et la forme présente est S_1, prendrait la position et la forme finale S', sans que son centre de gravité qui actuellement est en G' varie de position. Ce dernier mouvement est le mouvement relatif du système autour du centre de gravité, c'est-à-dire celui que verrait un observateur supposé fixé invariablement au système mobile $Gxyz$.

Il résulte de cette conception que la vitesse absolue v d'un point quelconque m du système est la résultante de ses vitesses dans les deux mouvements composants que l'on vient de définir; or, en vertu du mouvement d'entrainement, de translation, ce point possède une vitesse d'entrainement v_e égale et parallèle à celle du centre de gravité G, soit v_r la vitesse qu'il possède également en vertu de son mouvement relatif au centre de gravité; sa vitesse absolue v sera donnée dès lors par la diagonale du parallélogramme des vitesses composantes v_r, v_e, et par suite par la relation :

$$v^2 = v_e^2 + v_r^2 + 2v_e v_r \cos(v_e, v_r)$$

d'où :

$$\frac{mv^2}{2} = \frac{mv_e^2}{2} + \frac{mv_r^2}{2} + mv_e v_r \cos(v_e, v_r).$$

Si l'on pose des égalités analogues pour tous les points du système, en les ajoutant on aura :

$$\Sigma \frac{1}{2} mv^2 = \mathrm{M}\frac{v_e^2}{2} + \Sigma \frac{mv_r^2}{2} + v_e \Sigma mv_r \cos(v_e, v_r).$$

Or, $\Sigma mv_r \cos(v_e, v_r)$ représente la somme des projections sur la tangente en G, des quantités de mouvement des différents éléments du système dans son mouvement relatif; cette somme, comme on sait, est égale à la projection sur le même axe de la quantité de mouvement de la masse entière concentrée au centre de gravité, c'est-à-dire qu'on a :

$$\Sigma mv_r \cos(v_e, v_r) = MV_r.$$

Mais V_r vitesse relative du centre de gravité, est nécessairement nulle, donc :

$$\Sigma mv_r \cos(v_e, v_r) = 0;$$

de sorte que la relation précédente se réduit à :

$$\Sigma \frac{1}{2} mv^2 = \frac{Mv_e^2}{2} + \Sigma \frac{mv_r^2}{2},$$

ce qui démontre la proposition annoncée.

6. Cette relation ayant lieu à un instant quelconque du mouvement du système, à l'instant initial on aura de même :

$$\Sigma \frac{1}{2} mv_0^2 = \frac{Mv_{e_0}^2}{2} + \Sigma \frac{mv_{r_0}^2}{2}.$$

Si nous la retranchons de la précédente, il viendra :

$$\Sigma \frac{mv^2}{2} - \Sigma \frac{mv_0^2}{2} = \frac{Mv_e^2}{2} - \frac{Mv_{e_0}^2}{2} + \Sigma \frac{mv_r^2}{2} - \Sigma \frac{mv_{r_0}^2}{2},$$

ce qui démontre que *la variation de force vive absolue d'un système matériel quelconque est égale à sa variation de force vive dans son mouvement de translation, c'est-à-dire à la variation de force vive du centre de gravité auquel toute la masse du système serait concentrée, augmentée de la variation de force vive du système dans son mouvement relatif au centre de gravité.*

7. Si l'on se rappelle actuellement qu'on a obtenu (n° 2) :

$$\Sigma \frac{mv^2}{2} - \Sigma \frac{mv_0^2}{2} = \Sigma \mathcal{E}F + \Sigma \mathcal{E}f.$$

Cette équation rapprochée de la précédente donne :

$$\frac{Mv_e^2}{2}-\frac{Mv_{e_0}^2}{2}+\Sigma\frac{mv_r^2}{2}-\Sigma\frac{mv_{r_0}^2}{2}=\Sigma\mathfrak{T}F+\Sigma\mathfrak{T}f.$$

Or, on a démontré, dans le cours de mécanique générale, que lorsque le déplacement élémentaire éprouvé par le point d'application d'une force peut être considéré comme résultant de plusieurs déplacements élémentaires simultanés, le travail élémentaire de la force dans le déplacement élémentaire réel ou absolu du point d'application est égal à la somme des travaux de cette force dans les déplacements élémentaires composants. Donc ici on aura pour la force F :

$$d\mathfrak{T}F=d\mathfrak{T}_eF+d\mathfrak{T}_rF,$$

et par suite, pour un déplacement fini :

$$\mathfrak{T}F=\mathfrak{T}_eF+\mathfrak{T}_rF.$$

Pour l'ensemble de toutes les forces F, on aura donc :

$$\Sigma\mathfrak{T}F=\Sigma\mathfrak{T}_eF+\Sigma\mathfrak{T}_rF.$$

Remplaçant $\Sigma\mathfrak{T}F$ par sa valeur dans l'équation précédente, il vient :

$$\frac{Mv_e^2}{2}-\frac{Mv_{e_0}^2}{2}+\Sigma\frac{mv_r^2}{2}-\Sigma\frac{mv_{r_0}^2}{2}=\Sigma\mathfrak{T}_eF+\Sigma\mathfrak{T}_rF+\Sigma\mathfrak{T}f.$$

D'autre part, le centre de gravité se mouvant comme un point de masse $M=\int m$ auquel les forces F seraient transportées parallèlement à elles-mêmes, on a, en appliquant le théorème des forces vives au mouvement de ce centre de gravité :

$$\frac{Mv_e^2}{2}-\frac{Mv_{e_0}^2}{2}=\Sigma\mathfrak{T}_eF.$$

Dès lors l'égalité précédente se réduit à :

$$\Sigma\frac{mv_r^2}{2}-\Sigma\frac{mv_{r_0}^2}{2}=\Sigma\mathfrak{T}_rF+\int\Sigma mm'\varphi(r)\,dr,$$

en remplaçant $\Sigma\mathfrak{G}f$ par son expression (n° 2), ce qui démontre enfin que :

La variation de force vive du système dans son mouvement relatif au centre de gravité est égal à la somme des travaux de toutes les forces tant intérieures qu'extérieures estimées dans ce déplacement relatif.

Tel est le théorème des forces vives dans le cas du mouvement relatif.

Ces préliminaires établis, nous aborderons le sujet spécial de ces leçons par l'exposition du principe de la conservation de l'énergie, qui renferme implicitement, comme on va le voir, le principe d'équivalence.

Principe de la conservation de l'énergie ou de la force.

8. Énoncé du principe, sa signification. — C'est à Lavoisier que revient l'honneur d'avoir prouvé, en créant la chimie, le principe de la conservation de la matière :

« *Rien ne se perd, rien ne se crée,* » en d'autres termes la matière dans ses innombrables transformations est indestructible.

Tel est, avec sa signification, l'adage si connu, formulé par Lavoisier au siècle dernier.

Eh bien, tout comme la matière, l'énergie ou la force dans ses multiples manifestations est également indestructible. Tout comme la matière, dans les innombrables transformations que la force peut subir : *rien ne se perd, rien ne se crée.* Tel est le principe de la conservation de l'énergie ou de la force, *complément nécessaire du principe de la conservation de la matière.*

Et, de même que du principe de la conservation de la matière résulte nécessairement *l'équivalence pondérale* de toutes les substances ; de même, du principe de la conservation de l'énergie résulte immédiatement *l'équivalence mécanique* de toutes les manifestations de la force : chaleur, lumière, électricité, etc.

Qu'une substance déterminée disparaisse en effet sous sa forme présente, elle se retrouve ou ses éléments se retrouvent toujours en *même poids* dans les combinaisons nouvelles où ces éléments sont entrés. Qu'une quantité déterminée d'un agent physique quelconque, de chaleur, par exemple, disparaisse aussi comme chaleur, s'il est vrai que la force vive du mouvement vibratoire constituant cette quantité de chaleur est indestructible, cette force vive, qui disparait comme chaleur, se retrouvera nécessairement toujours *en même quantité* sous une forme ou sous une autre, soit, par exemple, comme mouvement visible, soit encore comme électricité, magnétisme, etc.

Le principe de la conservation de la force contient donc, comme on le voit, *le principe de l'équivalence mécanique de tous les agents physiques* ou *le principe de la corrélation des forces physiques* (Grove).

9. Opinions des anciens et des modernes. — Ce grand principe de la conservation de la force ou de la force vive, qui peut bien changer de forme, être transformée, mais ne saurait jamais disparaître, point de vue supérieur, qui domine en réalité, comme on vient de le montrer, la notion d'équivalence, est entrevu par Descartes dès l'année 1648 :

« *Je tiens, dit-il, qu'il y a une certaine quantité de mouvement dans toute matière créée, qui n'augmente et ne diminue jamais, et ainsi lorsqu'un corps en fait mouvoir un autre, il perd autant de mouvement qu'il en donne, comme lorsqu'une pierre tombe de haut contre la terre, si elle ne retourne pas et qu'elle s'arrête, je conçois que cela vient de ce qu'elle* ÉBRANLE CETTE TERRE *et ainsi lui transfère son mouvement.* »

Que l'on suppose que Descartes « ait tenu également pour certain » que la chaleur n'est qu'un mouvement vibratoire des molécules des corps, et le principe tout moderne de l'équivalence du travail et de la chaleur, formulé nettement pour la première fois par le physiologiste allemand Mayer en 1845, était trouvé. Mais Descartes n'avait alors de cette vérité qu'une assez vague notion.

Ce ne fut que quelques années après Descartes, en 1670 seulement, que Locke pour la première fois, dans les temps modernes, formula nettement et dans les termes remarquables qui servent d'épigraphe à cet ouvrage cette opinion : que la chaleur n'est qu'un mouvement vibratoire des molécules des corps.

10. Mais chose bien remarquable, si au lieu de nous en tenir aux modernes nous remontons aux anciens, nous trouvons nettement formulés non-seulement ce principe que la chaleur n'est que le résultat d'une vive agitation des atomes, mais également le principe de Lavoisier de la conservation de la matière, et le principe soi-disant tout moderne de la conservation de l'énergie ou de la force. En un mot, on reconnaît que tous les principes fondamentaux de la théorie thermodynamique, loin d'être des conquêtes de la science moderne, datent de la plus haute antiquité.

Tout d'abord, en effet, le principe de Lavoisier : *rien ne se perd, rien ne se crée*, était universellement admis par les anciens, ainsi qu'en fait foi ce passage de Perse :

> Ex nihilo nihil, in nihilum nil posse reverti,

qui résume, presque dans les mêmes termes que Lavoisier, l'opinion de l'antiquité.

Si nous parcourons ensuite le magnifique poème de *Lucrèce*, qui, en reproduisant en vers enflammés la doctrine d'Épicure, résume non-seulement de la sorte toute la science de l'antiquité, mais devance souvent même la science moderne, nous trouvons tout au début du premier livre ce même principe de Lavoisier rendu avec une singulière énergie dans le passage suivant :

> PRINCIPIUM hinc cujus nobis exordia sumet,
> *Nullam rem e nihilo gigni divinitus unquam;*
> Quippe ita formido mortales continet omnes,
> Quod multa in terris fieri, cœloque tuentur,
> Quorum operum causas nulla ratione videre
> Possunt, ac fieri divino numine rentur.
> Quas ob'res, ubi viderimus nil posse creari
> De nihilo, tum quod sequimur, jam rectius inde
> Perspiciemus, et unde queat res quæque creari,
> Et quo quæque modo fiant opera sine Divum (*).

(*) Le premier principe (que l'étude de la nature) nous enseigne est celui-ci : *la divinité même ne peut tirer l'être du néant*. En effet, la crainte sub-

Quelques vers plus loin, le poète dépasse Lavoisier; en effet, il combat l'opinion d'Héraclite qui, comme Lavoisier, considère la chaleur comme une substance. Pour lui déjà, comme pour Épicure et toute l'antiquité grecque, l'essence de la chaleur, c'est le mouvement; elle n'est que le résultat du mouvement des atomes. Voici, en effet, comme il exprime dans son langage poétique son opinion sur ce sujet :

> Verum ut opinor, ita est : sunt quædam corpora, quorum
> Concursus, motus, ordo, positura figuræ,
> Efficiunt ignes, mutatoque ordine mutant
> Naturam : neque sunt igni simulata, neque ullæ
> Præterea rei, quæ corpora mittere possit
> Sensibus et nostros adjectu tangere tactus (*).

Enfin, toujours dépassant Lavoisier, il formule à la fois dans les vers suivants du deuxième livre, et dans un même énoncé, *le principe de la conservation de la matière* et *le principe de la conservation de l'énergie ou de la force :*

> Nec stipata magis fuit unquam materiaï
> Copia, nec porro majoribus intervallis :
> Nam neque adaugescit quidquam, neque deperit inde.
> Quæpropter, quo nunc in motu principiorum
> Corpora sunt, in eodem anteacta ætate fuere,
> Et posthac semper simili ratione ferentur,
> Et quæ consuerunt gigni, gignentur eadem
> Conditione ; et erunt, et crescent, inque valebunt,
> Quantum cuique datum est per fœdera Naturaï,
> Nec rerum summam commutare ulla potest vis.
> Nam neque quo possit genus ullum materiaï

jugue tellement les cœurs des mortels qu'à la vue des phénomènes du ciel et de la terre, dont ils ne pouvaient pénétrer les causes, ils ont imaginé des dieux créateurs. Quand nous nous serons assurés que rien ne se fait de rien, nous distinguerons plus aisément le but où nous tendons, la source d'où sortent les êtres, et la manière dont chaque chose peut se former sans le secours des dieux (liv. I, du vers 150 au vers 159).

(*) Voici donc, à mon avis, la vérité : il existe des corps qui, par leurs rencontres, leurs mouvements, leur ordre et leur situation, forment le feu ou en changent la nature en changeant eux-mêmes de combinaisons; ces éléments ne tiennent ni de la nature du feu, ni de celle d'aucun des corps dont les émanations frappent les sens et affectent nos organes (liv. I, du vers 685 au vers 690).

Effugere ex Omni, quidquam est; neque rursus in Omne
Unde coorta queat nova vis irrumpere, et omnem
Naturam rerum mutare, et vertere motus (**).

Ce qu'il y a d'extrêmement remarquable, c'est que pour Lucrèce, c'est-à-dire pour toute l'antiquité, les deux principes : 1° de la conservation de la matière, 2° de la conservation de la force, se confondent en un seul. Ainsi pour le philosophe épicurien l'un des principes entraîne forcément l'autre, ou plutôt il n'y a qu'un seul principe : le principe de la conservation de l'élément *force-matière*. Et il en est nécessairement ainsi parce qu'à ses yeux la force ne se distingue de la matière que par une simple opération d'esprit, ou plus exactement la matière et la force ne sont à ses yeux que de pures abstractions d'esprit qui n'existent *objectivement* que dans leur union indissoluble constituant l'élément *force-matière*, c'est-à-dire l'élément réel, dynamique des choses. Dire et démontrer par conséquent que la matière est indestructible, c'est dire et démontrer en même temps que la force l'est en même temps, car si elle pouvait s'anéantir, il en serait de même de la matière, puisque la force constitue la raison d'être de la matière, ou plus exactement, comme on vient de le dire, puisque ces deux abstractions, force et matière, se confondent en un seul élément, l'élément réel, dynamique des choses, admis d'ailleurs par Leibnitz sous le nom de monade.

Ainsi, ce n'est pas la science moderne qui a découvert tous ces principes généraux qui servent de base à la théorie thermodynamique; la science moderne ne peut que revendiquer l'honneur de les avoir démontrés rigoureusement par la

(**) La somme des éléments n'a jamais été plus dense ni plus rare qu'aujourd'hui, parce que leur nombre n'augmente ni ne diminue. Ainsi le mouvement dont ils sont doués maintenant est le même qu'ils ont eu dans les siècles précédents et qu'ils conserveront à jamais; les corps qui sont produits d'ordinaire le seront encore suivant la même loi; ils reparaîtront, ils croîtront, ils acquerront les qualités propres chacun à sa nature, et aucune force ne pourra changer ce grand tout. Car il n'y a pas d'endroits par où des éléments fugitifs puissent s'échapper de la masse, ni par où des atomes étrangers, par une incursion subite, puissent troubler l'ordre de la nature et en déranger les mouvements (liv. II, du vers 294 au vers 307).

théorie et l'expérience, et de les avoir ainsi vulgarisés, alors qu'autrefois ils ne sortaient pas de l'école.

Quant à leur découverte, due à l'intuition des penseurs de tous les temps et de tous les pays, elle remonte comme on le voit à la plus haute antiquité.

11. Démonstration mathématique du principe de la conservation de l'énergie, par M. Helmholtz (1848).

Ainsi Lavoisier ne découvrit pas le principe de la conservation de la matière, connu de toute l'antiquité, mais *il le démontra* seulement par l'expérience en créant la chimie.

De même aussi, M. Helmholtz, en 1848, ne découvre pas le principe de la conservation de l'énergie contenu implicitement dans le principe de la conservation de la matière, *il le démontre* seulement en le déduisant mathématiquement du théorème des forces vives, dont il n'est, à proprement parler, qu'une forme particulière très élégante. Voici son raisonnement : considérons (fig. 3) un système matériel, uniquement soumis à ses actions mutuelles, soit, par exemple, l'ensemble de l'univers; rapportons ce système à trois axes coordonnés rectangulaires $oxyz$, et soit à un instant quelconque :

$$xyz, \quad x'y'z', \quad x''y''z''\ldots$$

les coordonnées de ses différents points :

$$m \quad m' \quad m''$$

Si j'applique à ce système le théorème des forces vives, j'aurai, puisqu'il n'y a pas de forces extérieures (nº 4) :

$$\Sigma\frac{mv^2}{2} - \Sigma\frac{mv_0^2}{2} = \int \Sigma mm'\varphi(r)dr.$$

Or, chaque terme de la somme :

$$\Sigma mm'\varphi(r)\,dr,$$

le terme $mm'\varphi(r)dr$, par exemple, est la différentielle exacte d'une certaine fonction de r.

Mais r, distance actuelle des deux points mm', étant fonction des coordonnées de ces deux points, puisqu'on a :

$$r = \sqrt{(x-x')^2 + (y-y')^2 + (z-z')^2},$$

le terme $mm'\varphi(r)dr$ sera donc aussi la différentielle exacte d'une certaine fonction des coordonnées des deux points mm', et par suite la somme :

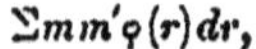

$$\Sigma mm'\varphi(r)dr,$$

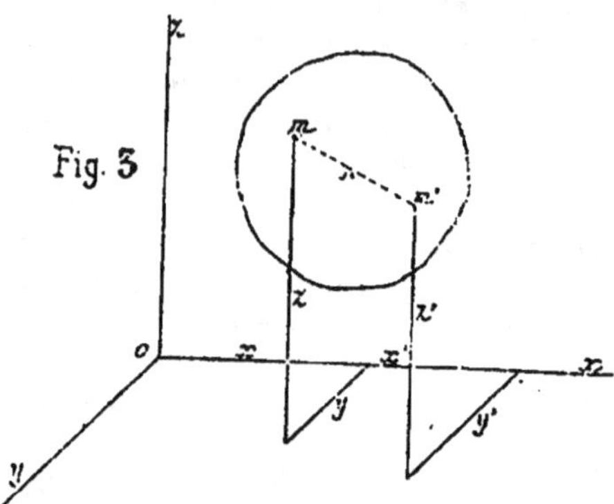

Fig. 3

sera la différentielle exacte d'une certaine fonction des coordonnées de tous les points du système. Soit :

$$U = F(xyz,\ x'y'z',\ x''y''z'',\ \ldots)$$

cette fonction.

On l'appelle la *fonction potentielle* du système donné, ou simplement le *potentiel* relatif au système donné.

Puisque $\Sigma mm'\varphi(r)dr$ est la différentielle exacte de cette fonction, on a donc :

$$\Sigma mm'\varphi(r)dr = dU,$$

et par suite l'équation précédente des forces vives deviendra :

$$\Sigma \frac{1}{2} mv^2 - \Sigma \frac{1}{2} mv_0^2 = \int_{U_0}^{U} dU = U - U_0,$$

dans laquelle U_0 et U représentent les valeurs du potentiel, à l'instant initial et à l'instant final, lesquelles sont :

$$U = F(xyz, x'y'z', x''y''z'', \ldots)$$
$$U_0 = F(x_0y_0z_0, x_0'y_0'z_0', x_0''y_0''z_0'', \ldots).$$

On a donc finalement en remplaçant :

$$\Sigma \frac{1}{2} mv^2 - \Sigma \frac{1}{2} mv_0^2 = F(xyz, x'y'z', \ldots) - F(x_0y_0z_0, x_0'y_0'z_0', \ldots).$$

12. Ceci posé, on démontre en mécanique générale, *que lorsque le potentiel d'un système :*

$$U = F(xyz, x'y'z', x''y''z'' \ldots)$$

est maximum, pour une certaine forme, pour une certaine position du système, caractérisée par les coordonnées

$$x_1y_1z_1, \quad x_1'y_1'z_1', \quad x_1''y_1''z_1'' \ldots$$

de ses différents points, cette position est précisément celle de l'équilibre stable du système.

Admettons ce théorème, dont nous vérifierons d'ailleurs la rigueur dans la prochaine leçon, et posons :

$$C - F(xyz, x'y'z, x''y''z'' \ldots) = A,$$

C étant une constante indéterminée. Il est évident qu'au *maximum* de la fonction potentielle :

$$U_m = F(x_1y_1z_1, x_1'y_1'z_1', x_1''y_1''z_1'' \ldots),$$

correspondant, d'après le théorème qu'on vient de rappeler, à l'état d'équilibre stable, répondra, quel que soit C, un *minimum* de la fonction A.

Si l'on détermine actuellement la constante C de façon que ce minimum de A se réduise à 0, et il suffira pour cela de faire :

$$C = U_m = F(x_1y_1z_1, x_1'y_1'z_1', x_1''y_1''z_1'' \ldots).$$

Cette fonction A, qui devient en remplaçant C par cette valeur :

$$A = F(x_1y_1z_1, x_1'y_1'z_1', x_1''y_1''z_1'' \ldots) - F(xyz, x'y'z', x''y''z'' \ldots),$$

aura dès lors une valeur *constamment positive* quel que soit l'état du système caractérisé par les coordonnées xyz, $x'y'z'$, ... De plus, cette fonction A prend ainsi une signification bien remarquable : elle représente, en effet, d'une manière évidente, en comparant sa valeur au deuxième membre de l'équation des forces vives (équation finale du n° 11), *le travail total toujours positif effectué par les forces du système, lorsque ce système passe de la position quelconque caractérisée par les coordonnées* xyz, $x'y'z'$ ..., *à la position d'équilibre stable caractérisée par les coordonnées* $x_1y_1z_1$, $x_1'y_1'z_1'$, $x_1''y_1''z_1''$ ..., c'est-à-dire *qu'elle représente le maximum de travail que ces forces intérieures peuvent effectuer à partir de la position considérée.*

Puisque, pour un état quelconque du système caractérisé par les coordonnées xyz, $x'y'z'$ ..., on a l'équation précédente, pour l'état initial caractérisé par les coordonnées :

$$x_0y_0z_0, \quad x_0'y_0'z_0', \quad x_0''y_0''z_0'' \ldots,$$

on aura :

$$A_0 = F(x_1y_1z_1, x_1'y_1'z_1', \ldots) - F(x_0y_0z_0, x_0'y_0'z_0', \ldots),$$

représentant encore le travail total maximum dont est susceptible l'ensemble des forces intérieures, depuis la position initiale, jusqu'à la position d'équilibre stable.

Retranchant de cette relation la précédente, il vient :

$$A_0 - A = F(xyz, x'y'z', \ldots) - F(x_0y_0z_0, x_0'y_0'z_0', \ldots).$$

Or, le deuxième membre de cette égalité est précisément le second membre de l'équation des forces vives (équation finale du n° 11); si donc, dans cette relation des forces vives, je remplace le second membre par sa valeur $A_0 - A$, elle deviendra :

$$\Sigma \frac{1}{2} mv^2 - \Sigma \frac{1}{2} mv_0^2 = A_0 - A,$$

d'où on conclut :

$$\Sigma \frac{1}{2} mv^2 + A = \Sigma \frac{1}{2} mv_0^2 + A_0 = \text{constante}.$$

Donc, *si à chaque instant du mouvement du système, on ajoute à la force vive qu'il possède actuellement* (comprenant non-seulement la force vive du mouvement sensible, mais encore la force vive de tous les mouvements vibratoires invisibles, constituant tous les phénomènes physiques, chimiques, vitaux, etc., qu'il présente à l'instant considéré), *le travail total maximum dont sont encore susceptibles les forces intérieures du système à partir de l'état actuel, cette somme est toujours constante.*

13. Si l'on appelle avec Rankine :

Énergie actuelle, le terme $\Sigma \frac{1}{2} mv^2$;

Énergie potentielle, le terme Λ;

Et énergie totale, la somme $\Sigma \frac{1}{2} mv^2 + \Lambda$;

on pourra énoncer le résultat précédent de la manière suivante :

L'énergie totale d'un système, soumis à ses actions mutuelles seulement, laquelle est formée de la somme de ses énergies actuelle et potentielle, est une quantité toujours constante.

D'où il résulte que si l'énergie actuelle du système augmente, l'énergie potentielle diminue et réciproquement.

Conclusion. — Ainsi, dans ces transformations diverses de l'énergie totale : « *rien ne se perd, rien ne se crée,* » absolument comme dans les transformations de la matière.

Tel est le principe actuellement démontré de la conservation de l'énergie ou de la force.

Dans la prochaine leçon, nous ferons bien comprendre ce principe, en le vérifiant sur de nombreux exemples.

SECONDE LEÇON

SOMMAIRE. — Retour sur la leçon précédente. — Lorsque le potentiel d'un système est maximum pour un certain état du système, cet état est celui de l'équilibre stable ; on vérifie ce théorème qui a servi à l'établissement du principe de la conservation de l'énergie sur de nombreux exemples tirés de la résistance des matériaux. — On vérifie ensuite le principe de la conservation de l'énergie en se servant des mêmes exemples.

---

14. Dans la précédente leçon, pour établir le principe de la conservation de l'énergie, sur lequel nous allons bientôt revenir, nous nous sommes appuyés sur le théorème suivant de mécanique générale : *lorsque le potentiel d'un système passe par un maximum pour une certaine position du système, le système se trouve précisément en équilibre stable dans cette position.*

Vérifions ce théorème sur divers exemples.

1er *exemple.* — Soit (fig. 4) un point M, attiré par un point O, proportionnellement à sa distance variable x à ce point. Ce mobile se met à osciller de part et d'autre du point O, et l'on voit par suite que ce point O est la position d'équilibre stable. Or, la force F sollicitant le mobile vers O, étant à chaque instant proportionnelle à la distance variable x du mobile à ce point O, peut s'écrire, en désignant par m la masse du point :

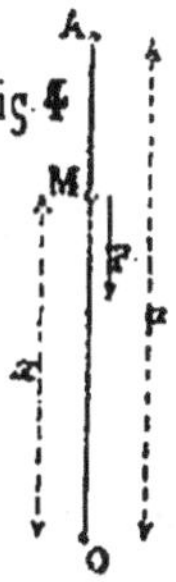

$$F = -mkx.$$

Appliquons le théorème des forces vives, depuis l'instant où le mobile est en A, à la distance a du point O et sans vitesse initiale, jusqu'à l'instant où il es en M, il vient :

$$\frac{1}{2}mv^2 = \int_a^x -mkxdx.$$

Ici, le potentiel est donc :

$$-\frac{mkx^2}{2},$$

et l'on voit qu'en effet il est maximum pour $x=0$, *c'est-à-dire quand le mobile est au point* O, *position d'équilibre stable*, ce qu'il fallait vérifier.

15. D'autres exemples vous remettront en mémoire notre *Cours de résistance des matériaux.*

2e *exemple.* — Soit (fig. 5) une tige élastique BA dont on néglige la masse, encastrée verticalement et soumise à une traction exercée par un poids P lentement et progressivement appliqué. Sous cette action, la tige prend un allongement constant λ donné par la relation :

Fig. 5

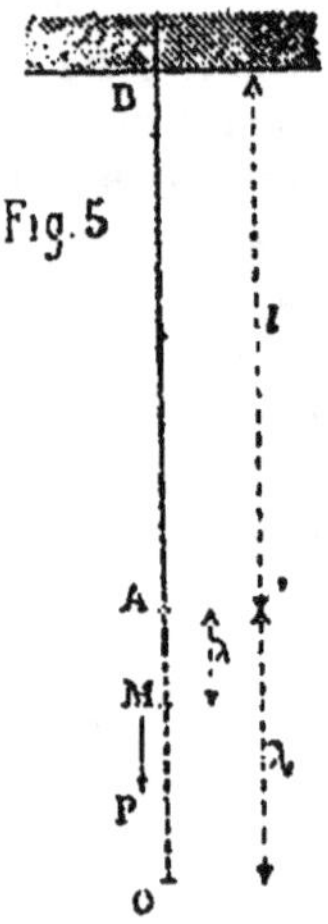

$$P = E\Omega\frac{\lambda}{l},$$

dans laquelle Ω et l représentent la section et la longueur de la tige, et E le coefficient d'élasticité, d'où :

$$\lambda = \frac{Pl}{E\Omega} = \lambda_1.$$

Dans cet état, le poids P étant en O, le système est à l'état d'équilibre stable.

Si maintenant je suspends ce même poids P à l'extrémité de la tige, non plus d'une manière lente et progressive, mais brusquement, il y a oscillation du poids P autour du point O, et en appliquant le théorème des forces vives de la position initiale A à la position quelconque M, on a :

$$\frac{Pv^2}{2g} = \int_0^\lambda \left(P - \Omega E \frac{\lambda}{l}\right) d\lambda.$$

Le potentiel, dans ce cas, est égal à :

$$P\lambda - \frac{E\Omega\lambda^2}{2l},$$

et il est maximum pour la valeur de λ qui annule sa dérivée, c'est-à-dire pour la valeur de λ, donnée par la relation :

$$P - \frac{E\Omega\lambda}{l} = 0;$$

d'où :

$$\lambda = \frac{Pl}{E\Omega} = \lambda_1,$$

valeur qui caractérise, en effet, la position de l'équilibre stable.

16. 3e *exemple.* — Soit (fig. 6) un cylindre, dont on néglige

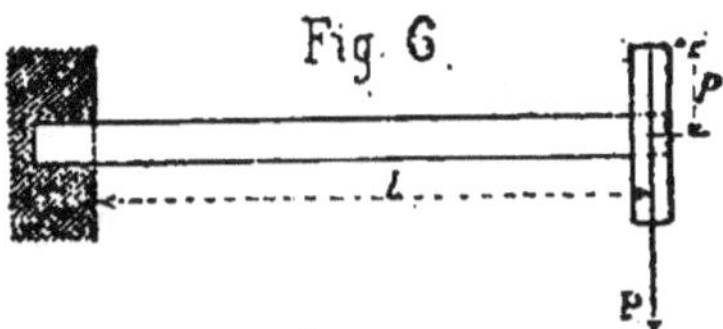

la masse, encastré horizontalement et soumis à une torsion exercée par un poids P appliqué tangentiellement à un tambour de rayon p calé à l'extrémité libre du cylindre.

Ce poids P étant appliqué lentement et progressivement, l'angle de torsion produit θ est donné par la formule :

$$Pp = G\theta I_0,$$

G étant le coefficient d'élasticité et I_0 le moment d'inertie polaire de la section droite du cylindre; d'où l'on tire :

$$\theta = \frac{Pp}{GI_0} = \theta_1.$$

Dans cette position, le système est en état d'équilibre stable.

Si maintenant j'applique P brusquement, il y a oscillation du système autour de la position qu'on vient de définir, et en appliquant le théorème des forces vives, on a :

$$\frac{Pv^2}{2g} = \int_0^\theta (Pp - G\theta I_0)\, l d\theta.$$

Le potentiel est ici :

$$Ppl\theta - GI_0 l \frac{\theta^2}{2}.$$

Or, il est maximum pour la valeur de θ qui annule sa dérivée, c'est-à-dire pour la valeur de θ donnée par la relation :

$$Ppl - GI_0 l\theta = 0,$$

d'où :

$$\theta = \frac{Pp}{GI_0} = \theta_1,$$

valeur qui caractérise, en effet, la position de l'équilibre stable.

17. 4e *exemple.* — Soit (fig. 7) encore un prisme de lon-

gueur *a*, dont on néglige le poids, encastré horizontalement et soumis à une flexion exercée par un poids P appliqué lentement et progressivement à l'extrémité de la pièce; il se produit dans ce cas une flèche f donnée par la formule :

$$f = \frac{P}{\varepsilon} \cdot \frac{a^3}{3} = f_1,$$

dans laquelle $\varepsilon = EI$.

(E coefficient d'élasticité, I moment d'inertie ordinaire de la section droite du cylindre par rapport à un axe horizontal passant par le centre de gravité).

Dans cette position, le système est à l'état d'équilibre stable.

Si maintenant j'applique P brusquement, le système oscille autour de la position que je viens de définir; et en appliquant le théorème des forces vives, on aura :

$$\frac{Pv^2}{2g} = \int_0^f \left(P - \frac{3\varepsilon f}{a^3}\right) df.$$

Le potentiel est dans ce cas :

$$Pf - \frac{3}{2} \frac{\varepsilon}{a^3} f^2,$$

et il est maximum pour la valeur de f qui annule sa dérivée, c'est-à-dire pour la valeur de f donnée par la relation :

$$P - \frac{3\varepsilon f}{a^3} = 0,$$

d'où :

$$f = \frac{P}{\varepsilon} \frac{a^3}{3} = f_1,$$

qui caractérise en effet la position de l'équilibre stable.

18. Si l'on considérait, de même, un système matériel quelconque, soumis uniquement à ses actions mutuelles, le théorème en question se vérifierait toujours ; donc à défaut d'une démonstration rigoureuse, qui ne saurait trouver sa place ici, nous pouvons, après les vérifications précédentes, le considérer cependant comme démontré.

En partant de ce théorème, nous avons établi facilement

le principe de la conservation de la force ou de l'énergie (nos 12 et 13), qu'il s'agit de faire comprendre aujourd'hui d'une manière nette en le vérifiant sur quelques exemples.

Vérification du principe de la conservation de l'énergie.

19. 1er *exemple.* — Si je soulève un corps du poids mg à la hauteur h (fig. 8), j'exerce sur lui un travail :

$$mg.h.$$

Si je l'abandonne alors à lui-même au point A, il n'a pas à cet instant d'énergie actuelle, puisque sa vitesse est nulle, mais tout le travail mgh dépensé sur lui s'est transformé en énergie potentielle, c'est-à-dire que j'ai donné au point en l'élevant le pouvoir de produire, par sa chute, un travail précisément égal à mgh. Donc mgh représente à l'instant initial l'énergie totale du point, puisque son énergie actuelle est nulle.

Fig 8

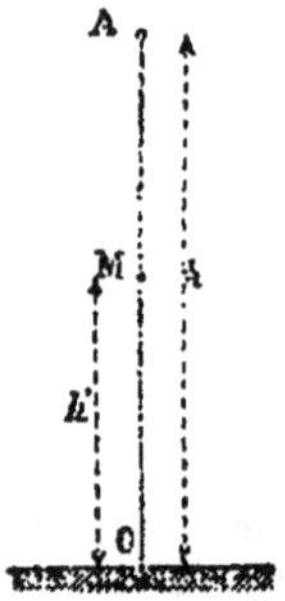

Au bout d'un temps quelconque de chute, quand le point sera venu en M, par exemple, il aura acquis une vitesse v et par suite aura pris une énergie actuelle :

$$\frac{mv^2}{2}.$$

Mais son énergie potentielle, c'est-à-dire le travail dont est encore susceptible le point depuis sa position actuelle M jusqu'à sa position d'équilibre stable O, sera :

$$mgh'.$$

L'énergie totale du point à cet instant, somme de ses énergies actuelle et potentielle, sera donc :

$$\frac{mv^2}{2} + mgh'.$$

Mais d'après le principe de la conservation de l'énergie,

l'énergie totale du point devant rester constante à tous les instants du mouvement, l'énergie totale du point lorsqu'il est en M doit être égale à son énergie totale initiale, c'est-à-dire qu'on doit avoir la relation :

$$\frac{mv^2}{2} + mgh' = mgh.$$

Pour le vérifier, il suffit d'observer qu'on en déduit :

$$\frac{mv^2}{2} = mg(h - h'),$$

qui n'est autre que l'équation des forces vives appliquée au mobile depuis la position initiale A jusqu'à la position finale M.

De plus, en vérifiant ainsi le principe de la conservation de l'énergie, nous montrons d'une manière nette que ce principe n'est rien autre chose au fond que le principe des forces vives sous une forme plus élégante.

20. 2° *exemple*. — Reprenons l'exemple du n° 15 (fig. 4). Imaginons un mobile de masse m, sollicité par une force F toujours dirigée vers le point O et proportionnelle à chaque instant à la distance variable du mobile à ce centre d'attraction O, de telle sorte que l'expression de cette force puisse s'écrire à chaque instant :

$$F = -mkx.$$

Si nous écartons ce mobile de sa position d'équilibre, qui est celle du point O (n° 15), et que nous l'amenions en A à une distance a du point O, il faudra exercer sur lui un travail égal et de signe contraire au travail résistant exercé par F et qui a pour expression :

$$\int_0^a -mkx dx = -mk\frac{a^2}{2}.$$

Le travail dépensé pour amener le mobile de O en A aura donc pour expression :

$$mk\frac{a^2}{2}.$$

Si j'abandonne alors le mobile à lui-même en ce point A, il n'a pas à cet instant d'énergie actuelle puisque sa vitesse est nulle, mais tout le travail $mk\frac{a^2}{2}$ dépensé pour l'amener de O en A s'est transformé en énergie potentielle; c'est-à-dire que j'ai ainsi donné au mobile le pouvoir de produire, par son retour en O, précisément cette même quantité de travail, et en effet le mobile revenant de A en O sous l'action de la force F, il y a production d'un travail maximum :

$$\int_a^0 -mkxdx = mk\frac{a^2}{2}.$$

Ainsi en A l'énergie totale du point se réduit à l'énergie potentielle $mk\frac{a^2}{2}$, c'est-à-dire qu'en ce point le mobile possède une capacité maximum pour le travail égale à :

$$mk\frac{a^2}{2}.$$

Supposons, au bout d'un certain temps, le mobile arrivé en M; il a pris alors une certaine vitesse et par suite une certaine énergie actuelle :

$$\frac{mv^2}{2}.$$

Quant à son énergie potentielle, c'est-à-dire le travail maximum que la force F qui le sollicite peut effectuer depuis cette position jusqu'à la position d'équilibre stable O, elle est égale à :

$$\int_x^0 -mkxdx = mk\frac{x^2}{2}.$$

Donc, l'énergie totale du mobile arrivé en M, somme de ses énergies actuelle et potentielle, est :

$$\frac{mv^2}{2} + \frac{mkx^2}{2}.$$

Or, d'après le principe de la conservation de l'énergie, cette somme étant constante à tous les instants du mouvement, il en résulte que l'énergie totale du mobile en M est égale à l'énergie totale du mobile en A, c'est-à-dire à l'instant initial, d'où l'égalité :

$$\frac{mv^2}{2}+\frac{mkx^2}{2}=\frac{mka^2}{2},$$

et, en effet, pour vérifier la justesse de ce résultat, il suffit d'observer qu'on en déduit :

$$\frac{mv^2}{2}=\frac{mk}{2}(a^2-x^2),$$

qui n'est autre chose que l'expression du théorème des forces vives appliqué au mobile se déplaçant de A en M.

21. 3e *exemple*. — Reprenons l'exemple du n° 15 (fig. 5). Soit une tige élastique dont on néglige la masse, encastrée verticalement et soumise à une traction exercée par un poids P. Sous l'action de ce poids appliqué lentement et progressivement, la tige s'allonge de la quantité :

$$\lambda=\frac{Pl}{E\Omega}=\lambda_1.$$

Dans cette situation, nous avons vu (n° 15) que le système est à l'état d'équilibre stable.

Si je soulève alors le poids P de manière à faire disparaître la déformation λ_1, pour cela il faudra exercer sur le système un travail :

$$P\lambda_1-\Omega E\frac{\lambda_1^2}{2l},$$

et que j'abandonne ensuite le poids P à lui-même : à cet instant la vitesse étant nulle, le système ne possède pas d'énergie actuelle; mais le travail dépensé précédemment pour l'amener de la position d'équilibre stable à cette situation n'est pas perdu; il s'est emmagasiné, pour ainsi dire, dans le système à l'état d'énergie potentielle, c'est-à-dire que les forces qui sollicitent ce système peuvent effectuer en tendant à ramener le système à l'état d'équilibre stable un travail maximum :

$$\int_0^{\lambda_1}\left(P-\Omega E\frac{\lambda}{l}\right)d\lambda=P\lambda_1-\frac{\Omega E\lambda_1^2}{2l},$$

précisément égal au précédent.

Ainsi à l'origine du mouvement, l'énergie totale du système qui se réduit à l'énergie potentielle a pour expression :

$$P\lambda_1-\Omega E\frac{\lambda_1^2}{2l}.$$

Au bout d'un certain temps de chute, le poids P en tombant a pris une certaine vitesse v, et par suite une certaine force vive ou énergie actuelle :

$$\frac{Pv^2}{2g}.$$

Quant à son énergie potentielle, c'est-à-dire quant au travail maximum que les forces intérieures peuvent produire jusqu'à la position d'équilibre stable, elle a pour expression :

$$\int_{\lambda}^{\lambda_1}\left(P-\Omega E\frac{\lambda}{l}\right)d\lambda=P(\lambda_1-\lambda)-\frac{\Omega E}{2l}(\lambda_1^2-\lambda^2).$$

Donc à l'instant considéré, l'énergie totale du système, somme de ses énergies actuelle et potentielle, sera :

$$\frac{Pv^2}{2g}+P(\lambda_1-\lambda)-\frac{\Omega E}{2l}(\lambda_1^2-\lambda^2).$$

Or, d'après le principe de la conservation de l'énergie, l'énergie totale du système étant constante à tous les instants de la durée, l'énergie totale précédente du système à un instant quelconque du mouvement doit être égale à l'énergie totale à l'instant initial, c'est-à-dire qu'on doit avoir l'égalité :

$$\frac{Pv^2}{2g}+P(\lambda_1-\lambda)-\frac{\Omega E}{2l}(\lambda_1^2-\lambda^2)=P\lambda_1-\Omega E\frac{\lambda_1^2}{2l}.$$

Pour le vérifier, il suffit d'observer qu'on en déduit facilement la relation :

$$\frac{Pv^2}{2g} = P\lambda - \frac{\Omega E}{2l}\lambda^2,$$

qui est celle des forces vives appliquée au système passant de sa position initiale à une position quelconque.

22. 4° *exemple*. — Reprenons l'exemple du n° 16 (fig. 6). Soit un cylindre encastré horizontalement et soumis à une torsion exercée par un poids P appliqué tangentiellement à un tambour de rayon p calé à l'extrémité libre du cylindre. Sous l'action de l'effort P appliqué lentement et progressivement, le cylindre se tord de l'angle :

$$\theta = \frac{Pp}{GI_0} = \theta_1.$$

Dans cette situation, le système (n° 16) est à l'état d'équilibre stable. Si je soulève alors le poids P de manière à faire disparaître la déformation θ_1, il faut pour cela exercer sur le système un travail ayant pour expression :

$$Ppl\theta_1 - GI_0 l \frac{\theta_1^2}{2}.$$

Dans cette situation, le système ne possède pas d'énergie actuelle, puisqu'il est au repos ; mais le travail précédent dépensé sur lui n'est pas perdu ; il s'est emmagasiné en quelque sorte à l'état d'énergie potentielle, c'est-à-dire que les forces intérieures qui sollicitent le système peuvent effectuer depuis cette situation jusqu'à celle d'équilibre stable un travail maximum dont l'expression est :

$$\int_0^{\theta_1} (Pp - G\theta I_0) l d\theta = Ppl\theta_1 - GI_0 l \frac{\theta_1^2}{2},$$

lequel est précisément égal, comme on voit, au précédent.

Ainsi, à l'origine du mouvement, l'énergie totale du système se réduit à l'énergie potentielle :

$$Ppl\theta_1 - GI_0 l \frac{\theta_1^2}{2}.$$

Supposons actuellement le système dans une position quelconque, le poids P a pris une certaine vitesse et par suite une certaine force vive ou énergie actuelle :

$$\frac{Pv^2}{2g}.$$

Quant à son énergie potentielle, c'est-à-dire quant au travail maximum que les forces intérieures peuvent produire jusqu'à la position d'équilibre stable, elle est :

$$\int_\theta^{\theta_1} (Pp - G\theta I_0) l\,d\theta = Ppl(\theta_1 - \theta) - GI_0 l \frac{\theta_1^2 - \theta^2}{2}.$$

Donc l'énergie totale du système, somme de ses énergies actuelle et potentielle, sera :

$$\frac{Pv^2}{2g} + Ppl(\theta_1 - \theta) - GI_0 l \frac{\theta_1^2 - \theta^2}{2}.$$

Or, d'après le principe de la conservation de l'énergie, l'énergie totale du système étant constante à tous les instants de la durée, l'énergie totale précédente, à un instant quelconque du mouvement, doit être égale à l'énergie totale du système à l'instant initial, c'est-à-dire qu'on doit avoir l'égalité :

$$\frac{Pv^2}{2g} + Ppl(\theta_1 - \theta) - GI_0 l \frac{(\theta_1^2 - \theta^2)}{2} = Ppl\theta_1 - GI_0 l \frac{\theta_1^2}{2l}.$$

En effet, pour le vérifier, il suffit d'observer qu'on en déduit la relation :

$$\frac{Pv^2}{2g} = Ppl\theta - \frac{GI_0 l\theta^2}{2},$$

qui n'est autre chose que l'équation des forces vives appliquée au système depuis l'instant initial jusqu'à un instant quelconque.

23. 5° *exemple.* — Reprenons enfin l'exemple du n° 17 (fig. 7). Soit donc un prisme dont on néglige le poids, encastré horizontalement et soumis à une flexion exercée par un poids P. Sous l'action de cet effort P, lentement et progressivement appliqué, il se produit une flèche :

$$f = \frac{P}{\varepsilon}\frac{a^3}{3} = f_1.$$

Dans cette situation, le système est à l'état d'équilibre stable (n° 15).

Si je soulève actuellement le poids P de manière à faire disparaître la flèche f_1, j'exerce, je dépense sur lui un travail dont l'expression est :

$$Pf_1 - \frac{3}{2}\frac{\varepsilon}{a^3}f_1^2.$$

Abandonné à lui-même dans cette situation, le système ne possède pas d'énergie actuelle, sa vitesse étant nulle; mais le travail précédemment exercé sur lui n'est pas perdu, il s'est emmagasiné pour ainsi dire dans le système à l'état d'énergie potentielle, c'est-à-dire que depuis cette situation jusqu'à celle d'équilibre stable, les forces qui le sollicitent peuvent accomplir un travail maximum :

$$\int_0^{f_1}\left(P - \frac{3\varepsilon f}{a^3}\right)df = Pf_1 - \frac{3}{2}\frac{\varepsilon}{a^3}f_1^2,$$

précisément égal, comme on voit, au précédent.

Ainsi, à l'origine du mouvement, l'énergie totale du système se réduit à l'énergie potentielle :

$$Pf_1 - \frac{3}{2}\frac{\varepsilon}{a^3}f_1^2.$$

Supposons actuellement le système dans une position quelconque, il a pris une vitesse v et par suite une force vive ou énergie actuelle :

$$\frac{Pv^2}{2g}.$$

Quant à son énergie potentielle, c'est-à-dire quant au travail maximum que les forces peuvent produire jusqu'à la position d'équilibre stable, il a pour expression :

$$\int_f^{f_1}\left(P-\frac{3\varepsilon f}{a^3}\right)df=P(f_1-f)-\frac{3\varepsilon}{a^3}\frac{(f_1^2-f^2)}{2}.$$

Donc l'énergie totale du système à l'instant considéré, somme de ses énergies actuelle et potentielle, sera :

$$\frac{Pv^2}{2g}+P(f_1-f)-\frac{3\varepsilon}{a^3}\frac{(f_1^2-f^2)}{2}.$$

Or, d'après le principe de la conservation de l'énergie, cette énergie totale à un instant quelconque du mouvement étant constante devra être égale à l'énergie totale à l'instant initial, c'est-à-dire qu'on devra avoir l'égalité :

$$\frac{Pv^2}{2g}+P(f_1-f)-\frac{3\varepsilon}{a^3}\frac{(f_1^2-f^2)}{2}=Pf_1-\frac{3}{2}\frac{\varepsilon}{a^3}f_1^2.$$

Et en effet, cela se réduit à la relation des forces vives :

$$\frac{Pv^2}{2g}=Pf-\frac{3\varepsilon}{a^3}\frac{f^2}{2},$$

posée depuis l'instant initial, jusqu'à un instant quelconque.

24. Donc, conclusion :

D'une manière générale, si l'on considère un système matériel quelconque soumis uniquement à ses actions mutuelles, et qu'à un instant quelconque de la durée on estime d'une part son *énergie actuelle*, c'est-à-dire la force vive non-seulement de son mouvement sensible, mais de tous les mouvements vibratoires invisibles constituant les états calorifique, électrique, magnétique, etc., qu'il présente actuellement, et qu'on ajoute à cette énergie actuelle *l'énergie potentielle* du système, c'est-à-dire le travail total maximum dont les forces intérieures sont encore susceptibles jusqu'à la position d'équilibre stable, on pourra toujours vérifier que la somme de ces deux énergies *actuelle* et *potentielle* constituant *l'énergie totale* du système est constante.

Nous dirons dans la prochaine leçon par suite de quelles considérations Rankine a adopté ces dénominations d'énergie totale, d'énergie actuelle et d'énergie potentielle.

TROISIÈME LEÇON

SOMMAIRE. — Raison des expressions : énergie totale, énergie actuelle, énergie potentielle, adoptées par M. Rankine. — Énergie actuelle intérieure et énergie totale intérieure. — Notions expérimentales sur l'essence même de la chaleur. — Historique de la question. — Introduction de la notion d'énergie calorifique dans l'expression du principe de l'énergie. — Principe de l'énergie dans le cas de forces extérieures : cas du mouvement absolu, cas du mouvement relatif. — On en conclut la relation fondamentale $Z = \Delta D + \mathfrak{C}$. — Sa signification. — Expression du travail externe $\mathfrak{C}$.

---

25. Nous avons démontré et de plus vérifié, dans les leçons précédentes, le principe de la conservation de l'énergie consistant en ce que :

L'énergie totale d'un système, uniquement soumis à ses actions mutuelles, formée de la somme de ses énergies *actuelle* $\Sigma \frac{1}{2} mv^2$ et *potentielle* A, est toujours constante. Ce principe peut donc s'exprimer par l'égalité :

$$\Sigma \frac{1}{2} mv^2 + A = C,$$

ou :

$$A + B = C,$$

en posant :

$$\Sigma \frac{1}{2} mv^2 = B.$$

Justification des expressions : énergie totale, énergie actuelle, énergie potentielle, adoptées par Rankine.

26. Cette dénomination d'énergie totale donnée par Rankine à la quantité :

$$\Sigma \frac{1}{2} mv^2 + A,$$

peut se justifier par les considérations suivantes :

Soit, en effet, un système (P) caractérisé par l'équation :

$$\Sigma \frac{1}{2} mv^2 + A = C, \tag{1}$$

et un autre système (Q) pour lequel on ait :

$$\Sigma \frac{1}{2} mv'^2 + A' = C', \tag{2}$$

et supposons que ces deux systèmes soient liés entre eux, de manière que tout changement réalisé dans l'un entraine nécessairement un changement dans l'autre, et qu'en outre les liaisons soient établies de telle sorte qu'on n'ait à considérer l'introduction d'aucune force extérieure aux deux corps ; prenons, par exemple, deux systèmes parfaitement élastiques qui se choquent : deux pendules, je suppose, dont je néglige les fils et qui oscillent autour du même point A.

L'ensemble des deux systèmes (P) et (Q) sera caractérisé par l'équation qu'on obtient en ajoutant membre à membre les deux précédentes, c'est-à-dire par la relation :

$$\underbrace{\Sigma \frac{1}{2} mv^2 + A}_{A_1} + \underbrace{\Sigma \frac{1}{2} mv'^2 + A'}_{A_1'} = \underbrace{C + C'}_{C_1},$$

relation qui montre qu'il ne peut y avoir variation dans la quantité caractéristique A_1' du second système (Q) qu'autant que la quantité caractéristique A_1 du premier système (P) varie elle-même, ou, ce qui revient au même, qu'il ne peut se produire de changement dans le système (Q) qu'autant que dàns le système (P) il s'en produise un égal, et pour ainsi dire, de signe contraire.

Supposons, par exemple (fig. 9), que le système ou pendule (Q) soit au repos dans sa position d'équilibre stable O; alors l'équation (2) qui la caractérise se réduit à :

$$\Sigma \frac{1}{2} mv'^2 + A' = 0.$$

Le système (P) étant constitué, je suppose, par un autre pendule de même masse et de même longueur oscillant autour du même point A, mais écarté de sa position d'équilibre, en M par exemple, sera caractérisé par l'équation (1) :

Fig 9

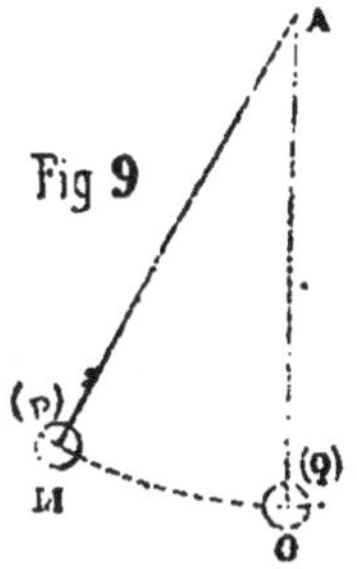

$$\Sigma \frac{1}{2} mv^2 + A = C.$$

Or, à l'instant final du choc, qui se produit lorsque j'abandonne le pendule (P) à lui-même, ce pendule (P) rentre dans le repos, c'est-à-dire que son énergie totale :

$$\Sigma \frac{1}{2} mv^2 + A = C$$

a passé tout entière dans le système ou pendule Q, qui était primitivement au repos.

La quantité $\Sigma \frac{1}{2} mv^2 + A$ exprime donc : *la capacité totale que possède le système* (P) *de modifier l'état du système voisin* (Q) *avec lequel on peut le supposer lié;* de là le nom d'*énergie totale* donné à cette quantité.

27. D'ailleurs le terme :

$$\Sigma \frac{1}{2} mv^2$$

étant une quantité déterminée par l'état actuel du système, par les vitesses *actuelles* de ses différents points, s'appellera avec raison *énergie actuelle*.

28. Quant à la fonction A, qui représente, au contraire, le

travail qu'effectuerait les forces intérieures si le système passait de son état actuel à un autre état défini, généralement l'état d'équilibre stable, elle est complétement indéterminée si l'on ne fait connaître que l'état actuel du système; elle représente donc une grandeur qui, pour emprunter la langue de la philosophie, peut être considérée comme existant en *puissance* dans l'état présent du système; de là le nom d'*énergie potentielle* donnée à cette quantité, quelquefois désignée aussi sous le nom d'*énergie de position*.

Énergie actuelle intérieure et énergie totale intérieure.

29. Reprenons actuellement l'expression

$$A + B = C$$

du principe de la conservation de l'énergie;

Et analysons d'une manière spéciale le terme B ou $\Sigma \frac{1}{2} mv^2$ qui représente l'énergie actuelle du système.

Dans la première leçon (n° 5), on a démontré que cette énergie actuelle B avait pour expression :

$$\text{B ou } \Sigma \frac{1}{2} mv^2 = \frac{Mv_s^2}{2} + \Sigma \frac{mv_r^2}{2},$$

c'est-à-dire se composait de deux parties, l'une :

$$\frac{Mv_s^2}{2}$$

que nous appellerons l'énergie du mouvement de translation et que nous désignerons par B_t, l'autre :

$$\Sigma \frac{mv_r^2}{2}$$

qui est la force vive ou l'énergie actuelle du système dans son mouvement relatif à des axes passant par le centre de gravité du système, énergie que nous appellerons *énergie actuelle intérieure* et que nous désignerons par B_i, de telle sorte qu'on a :

$$B = B_t + B_i.$$

Par suite, l'expression précédente du principe de l'énergie deviendra, en remplaçant B par sa valeur :

$$A + B_t + B_i = C,$$

ce qui exprime que la somme $A + B_t + B_i$ est toujours constante; or, si l'on observe actuellement que B_t est constant puisqu'on suppose essentiellement qu'il n'y a point de forces extérieures, il en résulte également :

$$A + B_i = \text{constante} = D.$$

Ainsi, non-seulement l'énergie totale C d'un système, somme de ses énergies potentielle A et actuelle B est constante; *mais il en est de même aussi de la somme* $A + B_i$ *de l'énergie potentielle et de l'énergie actuelle intérieure*, somme à laquelle on donne le nom d'*énergie totale intérieure* et que nous représentons par D.

Notions expérimentales sur l'essence même de la chaleur.

30. Avant d'aller plus loin, il est nécessaire d'emprunter à l'expérience quelques notions sur l'essence même de la chaleur. Nous avons dit au début de cet enseignement que la chaleur est un mouvement vibratoire des molécules des corps; il s'agit de montrer par suite de quelles analogies on arrive à cette conception.

L'expérience nous apprend que la chaleur et la lumière se réfléchissent, se réfractent, éprouvent le phénomène des interférences, etc., en un mot suivent dans leurs divers modes de propagation les mêmes lois que le son. Or, le son est manifestement dû aux vibrations de la matière; donc, par raison d'analogie, il en est nécessairement de même pour la chaleur et pour la lumière.

Les phénomènes calorifiques et lumineux sont donc dus, comme les phénomènes sonores aux vibrations des molécules des corps; seulement, tandis que les vibrations sonores très lentes et de grande amplitude, presque visibles, intéressent tout l'ensemble du corps, et de plus ne se transmettent pas dans le vide, exigent pour se propager la présence d'un milieu assez dense tel que l'air ou un gaz quelconque; les vibrations calorifiques et lumineuses, au contraire, très rapides et de très faible amplitude, par suite complétement invisibles, intéressent séparément chaque molécule qui vibre dans sa sphère d'activité, et de plus, l'expérience le démontre, se transmettent dans le vide.

De là la nécessité d'admettre que ce vide n'est pas absolu, qu'il est rempli d'un milieu matériel infiniment élastique et subtil, pénétrant d'ailleurs tous les corps; ce milieu hypothétique, nécessaire, c'est l'éther.

Si la chaleur et la lumière ne sont objectivement, comme le son, qu'un mouvement vibratoire des molécules des corps, on comprend que toute action mécanique capable de produire du son, puisse si les circonstances sont favorables, produire de la chaleur et de la lumière. Or, c'est ce que l'expérience vérifie. Tout le monde sait, en effet (nous reviendrons amplement, dans la 11e leçon, sur ce sujet), que le frottement et le choc, par exemple, capables de produire le son, peuvent produire également la chaleur et la lumière. Si les vibrations produites par l'action mécanique sont lentes et de grande amplitude, il y a production de son. Exemple : frottement de l'archet sur la corde d'un violon, choc d'un marteau sur un timbre. Si, au contraire, les vibrations produites par cette action mécanique sont rapides et de faible amplitude, il y a production de chaleur. Exemple : frottement d'un arbre de machine dans ses coussinets, choc d'un marteau sur une masse de plomb. Plus rapides et de plus faible amplitude encore, il y a production de lumière.

D'ailleurs, une action mécanique quelconque développe en général et à la fois ces divers genres de vibrations; dans un frottement ou un choc, il y a toujours en effet production simultanée de son et de chaleur, quelquefois même de lumière.

En résumé, il est donc bien établi par l'expérience aidée de l'induction que la chaleur n'est rien autre chose qu'un mouvement vibratoire des molécules des corps d'autant plus rapide que la température est plus élevée, et par conséquent un mouvement vibratoire dont la force vive est d'autant plus grande que la température est elle-même plus grande. Lorsqu'un corps se refroidit, c'est-à-dire quand ce mouvement vibratoire diminue, il perd à chaque instant, *non pas une partie de sa substance*, mais seulement une certaine quantité de force vive qui se communique par ondulations à l'éther environnant et se dissémine dans toutes les directions; ce corps, au contraire, s'échauffe-t-il, il emprunte alors à l'éther environnant ou aux corps qui produisent cet échauffement une certaine quantité de force vive.

31. Historique de la question. — Cette opinion que la chaleur n'est objectivement qu'un mouvement vibratoire des molécules des corps est fort ancienne, comme on l'a déjà dit (n° 10). Pour ne plus reparler des Anciens, d'Épicure et de Lucrèce notamment (n° 10), Descartes (1596-1650), parmi les Modernes, paraît le premier en avoir eu une vague idée; Newton (1643-1727), ainsi que son rival perpétuel Hooke, considère déja la chaleur comme un certain mouvement moléculaire « *susceptible de mettre l'éther en mouvement*, » et cela, chose curieuse, lorsqu'il combattait le système des ondulations pour l'explication des phénomènes lumineux.

A partir de cette époque, cette opinion se répand et devient plus nette; le célèbre Locke (1632-1734) formule en effet son opinion sur l'essence de la chaleur de la manière remarquable que voici et qui sert d'épigraphe à cet ouvrage :

« *La chaleur est une vive agitation des particules d'un corps, qui* « *produit en nous la sensation qui nous fait dire qu'un objet est chaud,* « *c'est-à-dire que pour nous la sensation est chaleur, mais dans l'objet* « *elle n'est que mouvement.* »

Cette opinion se répandait surtout parmi les philosophes plutôt que chez les savants. Ils s'en tenaient tous alors à la théorie du phlogistique formulée par Stahl à la fin du XVIIe siècle, lorsque Lavoisier (1748-1794) substitua à cette théorie du phlogistique la théorie du calorique, dans laquelle, à l'exemple d'Héraclite, combattu par Lucrèce (n° 10), il explique les effets de la chaleur par la présence « *d'une substance réelle et matérielle, d'un fluide très subtil* (le calorique) *qui s'insinue à travers les molécules de tous les corps et qui les écarte.* »

Pour Lavoisier et ceux de son école, l'échauffement d'un

corps est toujours le résultat d'une accumulation de cette substance matérielle quoique très subtile appelée calorique, tandis que pour ceux qui considèrent la chaleur comme un mouvement vibratoire toujours existant, mais plus ou moins intense, l'échauffement d'un corps est simplement l'effet de l'accroissement de ce mouvement vibratoire. Réciproquement, dans cette hypothèse du mouvement vibratoire, quand un corps se refroidit au lieu de s'échauffer, il ne perd que du mouvement, tandis que dans l'hypothèse du calorique il subit une perte de calorique, c'est-à-dire de quelque chose de matériel.

Le comte de Rumford (1753-1814) qui épousa (1804) la veuve de Lavoisier, et fut peut-être ainsi l'héritier des dernières pensées de ce grand génie, entreprit de démontrer expérimentalement la non existence du calorique, imaginé, il faut bien le remarquer, par Lavoisier, à titre d'hypothèse seulement.

« *Je pensai*, dit-il (Mémoire lu à l'Institut, le 25 juin 1804), « *que si le calorique a une existence réelle, un corps ou un système de* « *corps isolé ne pouvait continuer de fournir cette substance et de la* « *donner à d'autres corps environnants sans en être peu à peu épuisé.* « *Une éponge remplie d'eau, suspendue par un fil au milieu d'une* « *chambre remplie d'air sec, donne de l'humidité à cet air; mais l'é-* « *ponge est bientôt épuisée d'eau et mise en état de ne plus pouvoir en* « *fournir; mais une cloche étant frappée donne du son aussi longtemps* « *que l'on voudra sans aucun signe d'épuisement. L'eau est une subs-* « *tance, mais le son ne l'est pas...* »

« *Il est connu que deux corps durs frottés l'un contre l'autre donnent* « *beaucoup de chaleur. Peuvent-ils en donner sans en être épuisés, voilà* « *ce que l'expérience doit décider.* »

Ici Rumford décrit l'expérience du forage d'un canon, à la fonderie royale de Munich, mettant en évidence *une production de chaleur indéfinie*. Les partisans de la matérialité du calorique expliquant cette apparition de chaleur par la production de la limaille de bronze, dont la capacité calorifique, d'après eux, devait nécessairement être moindre que celle du bronze solide, Rumford réduit à néant cette assertion en vérifiant que la capacité calorifique du bronze à l'état de limaille est la même qu'à l'état solide. Il continue alors dans son Mémoire :

« *D'où vient donc cette chaleur? Qu'est-ce que c'est que la chaleur?*
« *Il m'a toujours paru tout-à-fait impossible d'expliquer les résultats*
« *de cette expérience sans adopter la théorie très ancienne, qui est fondée*
« *sur la supposition que la chaleur n'est autre chose qu'un mouvement*
« *vibratoire des particules dont les corps sont composés.* »

Une expérience de Davy, postérieure d'un an à celle de Rumford, était plus concluante encore : deux morceaux de glace frottés l'un contre l'autre s'étaient fondus rapidement et avaient produit par leur fusion de l'eau dont la capacité calorifique, au lieu d'être moindre que celle de la glace, en est plus que double. D'ailleurs, Davy avait apporté tous ses soins à démontrer que le dégagement de chaleur dû au frottement n'était compensé par aucune absorption semblable de chaleur dans une partie quelconque de son appareil. Il concluait donc de cette expérience que la chaleur de fusion ne pouvait être distincte des vibrations excitées par le frottement, que celles-ci *constituaient la chaleur elle-même* et non le fluide hypothétique auquel on avait donné le nom de calorique.

En résumé, dans cette expérience, comme dans celle de Rumford et comme dans une foule de circonstances connues : l'échauffement produit par la percussion, par le frottement, etc., la chaleur étant le résultat direct d'une action mécanique, comme on ne peut guère concevoir comment de pareilles actions peuvent faire naitre, dégager un fluide matériel, tel que le calorique, en quantité indéfinie variant directement avec le travail dépensé, *il était donc naturel de considérer les mouvements moléculaires produits comme constituant la chaleur même.*

Mais pendant que Rumford, à l'exemple de Lucrèce combattant Héraclite, attaquait ainsi la matérialité du calorique, hypothèse que Lavoisier, son auteur, n'eût pas tardé, selon toute probabilité, d'abandonner s'il eût vécu; Laplace, l'ancien collaborateur de Lavoisier, s'en montrait le défenseur convaincu. Son imposante autorité conserva ainsi des partisans à cette théorie bien longtemps après qu'elle ne reposait plus sur la moindre preuve. Aussi lorsqu'en 1824, Sadi Carnot dans son beau mémoire : *Réflexions sur la puissance motrice du feu*, sur lequel nous aurons l'occasion de revenir, chercha à découvrir les lois générales de la production de la puissance motrice par la chaleur, il n'hésita pas à prendre pour base de ses raisonnements la matérialité, et par conséquent l'indestructibilité du calorique, et, ce qu'il y a d'étonnant, c'est que malgré cette erreur fondamentale, il parvint à un certain nombre de propositions vraies quoique incomplètes. Il est d'ailleurs l'auteur de formes de raisonnement (cycles) développées depuis par Clapeyron, dont nous ferons par la suite un constant usage.

Enfin depuis les travaux récents de Dulong, Ampère, Fresnel, et enfin de Meyer, Joule et Montgolfier, la théorie des vibrations pour la chaleur a acquis le même degré de certitude que la théorie des vibrations pour le son.

Introduction de la notion d'énergie calorifique dans l'expression du principe de l'énergie.

32. Ces notions sur l'essence même de la chaleur étant établies, reprenons le terme B_i représentant *l'énergie actuelle* intérieure :

$$\Sigma \frac{1}{2} m v_r^2.$$

Si, d'après ce qui précède, nous considérons la chaleur comme un mouvement vibratoire des molécules des corps, cette énergie actuelle intérieure B_i se composera nécessairement de deux termes :

1° De l'énergie du mouvement sensible d'expansion ou de contraction du corps, relativement au centre de gravité, que je désigne par :

$$B_i^e;$$

2° De l'énergie ou force vive du mouvement vibratoire invisible appelé chaleur, *énergie dite calorifique*, que je désignerai par :

$$B_i^c;$$

de sorte qu'on aura toujours, en remplaçant B_i par sa valeur dans l'égalité $A + B_i = D$ du n° 29 :

$$A + B_i^s + B_i^c = D.$$

Cette dernière relation exprime que D, l'énergie totale intérieure d'un corps *dont la valeur est constante*, est la somme de l'énergie potentielle A, de l'énergie du mouvement sensible B_i^s et de l'énergie calorifique B_i^c.

Cette somme étant constante, il en résulte que si l'énergie calorifique B_i^c, c'est-à-dire la chaleur, augmente ou diminue, la somme $A + B_i^s$ doit nécessairement varier en sens contraire.

Que l'on suppose, par exemple, un système de plusieurs corps à des températures différentes renfermé dans une enceinte imperméable à la chaleur ; un certain équilibre de température tendra à s'établir, c'est-à-dire que l'énergie calorifique d'un certain nombre de ces corps diminuera et celle des autres augmentera. *Mais ces échanges réciproques s'effectuent toujours de telle sorte que l'énergie totale intérieure du système reste constante.*

Principe de l'énergie dans le cas de forces extérieures.

33. *a. Cas du mouvement absolu.* — Nous avons supposé jusqu'à présent que le système n'était soumis qu'à des forces intérieures, auquel cas la relation des forces vives se réduisait (n° 4) à :

$$\Sigma \frac{1}{2} mv^2 - \Sigma \frac{1}{2} mv_0^2 = \int \Sigma mm'\varphi(r)dr,$$

que l'on peut écrire (équation finale du n° 12) :

$$\Sigma \frac{1}{2} mv^2 - \Sigma \frac{1}{2} mv_0^2 = A_0 - A.$$

Mais si le système est soumis de plus à des forces extérieures F, et qu'on ajoute au second membre de cette relation, qui représente le travail des forces intérieures, la somme algébrique $\Sigma\mathfrak{T}F$ des travaux de ces forces extérieures F; cette relation des forces vives deviendra :

$$\Sigma \frac{1}{2} mv^2 - \Sigma \frac{1}{2} mv_0^2 = A_0 - A + \Sigma\mathfrak{T}F,$$

que l'on peut écrire :

$$A + \Sigma \frac{1}{2} mv^2 - \left(A_0 + \Sigma \frac{1}{2} mv_0^2\right) = \Sigma\mathfrak{T}F,$$

ou, puisqu'on a posé $\Sigma \frac{1}{2} mv^2 = B$,

$$A + B - (A_0 + B_0) = \Sigma\mathfrak{T}F,$$

que l'on peut écrire symboliquement :

$$\Delta(A + B) = \Sigma\mathfrak{T}F,$$

ou enfin, puisque $A + B = C$:

$$\Delta C = \Sigma\mathfrak{T}F.$$

Ce qui démontre que dans tout système matériel soumis à la fois à des forces intérieures et extérieures :

La variation d'énergie totale ΔC, somme des variations d'énergie actuelle ΔB et potentielle ΔA, est égale à la somme des travaux des forces extérieures seules.

34. *b. Cas du mouvement relatif.* — Si nous envisageons maintenant le mouvement du système relatif au centre de gravité, le principe des forces vives appliqué à ce mouvement relatif donne, comme on sait (équation finale du n° 7), la relation :

$$\Sigma \frac{mv_r^2}{2} - \Sigma \frac{mv_{r_0}^2}{2} = \Sigma\mathfrak{T}_r F + \int \Sigma mm'\varphi(r)dr,$$

ou bien, en se rappelant encore que le terme relatif aux forces intérieures est égal à $A_0 - A$:

$$\Sigma \frac{mv_r^2}{2} - \Sigma \frac{mv_{r_0}^2}{2} = \Sigma\mathfrak{T}_r F + A_0 - A,$$

que l'on peut écrire :

$$A + \Sigma \frac{1}{2} mv_r^2 - \left(A_0 + \Sigma \frac{1}{2} mv_{r_0}^2\right) = \Sigma \mathfrak{G}_r F,$$

ou, puisqu'on a posé $\Sigma \frac{1}{2} mv_r^2 = B_i$:

$$A + B_i - (A_0 + B_{i_0}) = \Sigma \mathfrak{G}_r F,$$

que l'on peut écrire symboliquement :

$$\Delta(A + B_i) = \Sigma \mathfrak{G}_r F,$$

ou enfin, puisqu'on a posé $A + B_i = D$:

$$\Delta D = \Sigma \mathfrak{G}_r F;$$

ce qui démontre que dans tout système matériel soumis à la fois à des forces intérieures et extérieures :

La variation d'energie totale intérieure ΔD, *somme des variations d'énergie actuelle intérieure* ΔB_i *et potentielle* ΔA, *est égale à la somme des travaux des forces extérieures, estimés dans le mouvement relatif au centre de gravité.*

Introduction de la chaleur considérée comme force extérieure dans les équations finales des n°° 33 et 34.

35. Il faut remarquer maintenant qu'en outre de l'action des forces extérieures qui viennent modifier l'énergie totale absolue et l'énergie totale intérieure d'un corps, celui-ci peut aussi recevoir de l'extérieur une certaine quantité de chaleur ou d'énergie calorifique, ou bien il peut en perdre par communication avec les corps extérieurs, cet échange se produisant par rayonnement ou par conductibilité.

Supposons, par exemple, qu'une certaine quantité de chaleur, d'énergie calorifique Z, venant du dehors, pénètre dans le corps, il est clair qu'elle augmentera d'autant l'énergie totale du corps, et l'on aura par suite :

$$\Delta C = \Sigma \mathfrak{G} F + Z.$$

Si, au contraire, le corps dégageait une certaine quantité

d'énergie calorifique Z', son énergie totale serait diminuée d'autant, et on aurait par conséquent :

$$\Delta C = \Sigma \mathfrak{T} F - Z'.$$

De là le théorème suivant :

Dans tout système, la variation de l'énergie totale est égale à la somme des travaux des forces extérieures, plus ou moins l'énergie calorifique absorbée ou dégagée.

36. Si nous répétons les mêmes raisonnements, en considérant non plus le mouvement absolu, mais le mouvement relatif au centre de gravité, on aura :

$$\Delta D = \Sigma \mathfrak{T}_r F \pm Z,$$

c'est-à-dire que dans tout système :

La variation de l'énergie totale intérieure est égale à la somme des travaux des forces extérieures estimés dans le mouvement relatif au centre de gravité, plus ou moins l'énergie calorifique absorbée ou dégagée.

37. En général, les forces extérieures qui sollicitent le corps consistent en des pressions normales s'exerçant sur toute sa surface; or, il est clair que dans ce cas, la somme

$$\Sigma \mathfrak{T} F$$

des travaux exercés par ces forces sur le corps est égale et directement opposée à la somme

$$\mathfrak{T}_1$$

des travaux des réactions du corps sur l'agent étranger, généralement l'air atmosphérique, qui produit ces pressions; on a donc :

$$\Sigma \mathfrak{T} F = -\mathfrak{T}_1.$$

En remplaçant dans la relation du n° 35, elle devient :

$$\Delta C = \pm Z - \mathfrak{T}_1,$$

c'est-à-dire que :

La variation de l'énergie totale d'un corps est égale à l'énergie calorifique absorbée ou dégagée, diminuée du travail extérieur effectué.

38. Le même théorème subsiste dans le cas du mouvement relatif au centre de gravité. En désignant alors par

$$\mathfrak{G}$$

le travail extérieur accompli par le corps, travail estimé dans le mouvement relatif, on aura par suite de la relation du n° 36

$$\Delta D = \pm Z - \mathfrak{G};$$

c'est-à-dire que :

La variation de l'énergie totale intérieure d'un corps est égale à l'énergie calorifique absorbée ou dégagée par le corps, moins le travail extérieur accompli dans le mouvement relatif au centre de gravité.

39. Supposons, pour fixer les idées, qu'il s'agisse d'une certaine quantité d'énergie calorifique absorbée, auquel cas Z est positif; on tirera de la relation précédente :

$$Z = \Delta D + \mathfrak{G};$$

comme d'ailleurs :

(N° 29) $$D = A + B_i,$$

on pourra écrire :

$$Z = \Delta A + \Delta B_i + \mathfrak{G};$$

ce qui démontre que cette quantité de chaleur, d'énergie calorifique absorbée par le corps, sert :

1° A augmenter A, l'énergie potentielle du corps, d'une certaine quantité ΔA; en d'autres termes sert à accomplir le *travail interne* d'écartement des molécules du corps ou le *travail interne* accompagnant la dilatation du corps, ou encore ce qu'on appelle simplement le *travail interne*.

2° A augmenter

(N° 32) $$B_i = B_i^s + B_i^c$$

de la quantité

$$\Delta B_i = \Delta B_i^s + \Delta B_i^c$$

et si l'on remarque que ΔB_1^e est, en général, sensiblement nul, on en conclut qu'une portion de cette énergie calorifique Z sert à produire ΔB_1^c, c'est-à-dire *à augmenter* B_1^c *l'énergie calorifique du corps et par suite sa température.*

3° Elle produit enfin le travail extérieur $\mathfrak{T}$, ou ce qu'on nomme le *travail externe.*

Ainsi, en résumé, quand un corps absorbe de la chaleur, elle sert à produire le *travail interne* et le *travail externe* qui accompagnent la variation du volume, de plus *elle élève la température du corps.*

40. Si, au contraire, Z est négatif, c'est-à-dire si le corps perd de la chaleur, les trois quantités précédentes deviennent négatives ; c'est-à-dire *que le corps perdant de la chaleur se contracte au lieu de se dilater, se refroidit au lieu de s'échauffer, reçoit un travail externe au lieu d'en produire.*

Expression du travail externe $\mathfrak{T}$.

41. Cherchons actuellement l'expression du travail externe $\mathfrak{T}$, accompli par le corps dans son mouvement d'expansion ou de contraction autour du centre de gravité, les forces extérieures se réduisant, je le suppose, à une pression s'exerçant uniformément sur toute la surface du corps.

Soit (fig. 10) v le volume du corps à un certain instant; si p représente la pression rapportée à l'unité de surface, s'exerçant uniformément sur toute la surface du corps, la pression supportée par un élément ω de cette surface sera :

$$p\omega.$$

Fig. 10

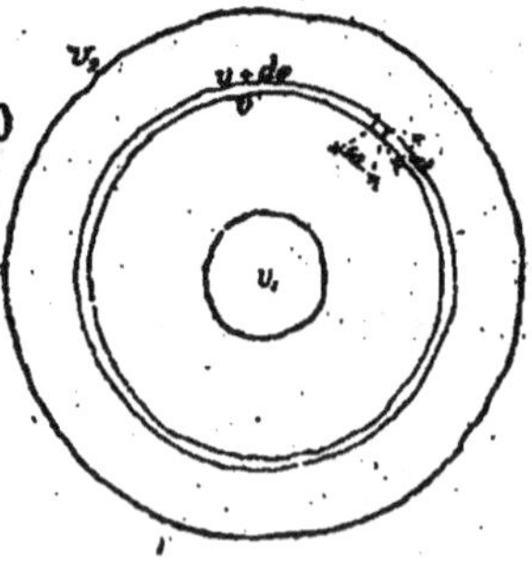

Supposons que le corps éprouve un changement de volume infiniment petit, de telle sorte que ce volume devienne $v + dv$, et soit h la portion de normale comprise entre l'élément ω de la surface limitant le volume v, et la surface limitant le volume $v+dv$; le travail de la réaction du corps sur l'agent extérieur produisant la pression p sera :

$$p\omega h$$

pour l'élément ω. Donc le travail élémentaire total $d\varpi$ effectué par cette réaction pour l'accroissement de volume dv sera :

$$d\varpi = p\omega h + p\omega' h' + p\omega'' h'' + \ldots = p \int \omega h.$$

Mais

$$\int \omega h = dv.$$

Donc :

$$d\varpi = pdv.$$

On en conclut, pour l'expression du travail externe total, lorsque le corps passe du volume fini v_1 au volume fini v_2 :

$$\varpi = \int_{v_1}^{v_2} pdv.$$

42. Si p reste constant pendant que le volume passe de v_1 à v_2, on aura :

$$\varpi = \int_{v_1}^{v_2} pdv = p \int_{v_1}^{v_2} dv = p(v_2 - v_1).$$

43. Si, au contraire, pendant la transformation, cette pression p varie suivant une certaine loi, le travail externe ne sera déterminé que si l'on donne cette loi, c'est-à-dire la relation qui existe entre p et v.

44. Cherchons, par exemple, le travail externe effectué dans l'expansion d'un gaz qui suit la loi de Mariotte (ce qui suppose, comme on le verra plus loin, qu'il se transforme à température constante). Dans ce cas, la relation liant le volume à la pression est :

$$pv = p_1 v_1 = \text{constante}.$$

Si je tire p de cette relation et que je substitue dans l'expression générale du travail (n° 41), j'aurai :

$$\mathfrak{T} = \int_{v_1}^{v_2} p dv = \int_{v_1}^{v_2} p_1 v_1 \frac{dv}{v} = p_1 v_1 \int_{v_1}^{v_2} \frac{dv}{v} = p_1 v_1 \operatorname{Log} \frac{v_2}{v_1},$$

ou en passant aux logarithmes vulgaires :

$$\mathfrak{T} = p_1 v_1 \frac{1}{\log e} \log \frac{v_2}{v_1},$$

ou enfin, puisque $\frac{1}{\log e} = 2{,}3026$:

$$\mathfrak{T} = 2{,}3026\, p_1 v_1 \log \frac{v_2}{v_1}.$$

QUATRIÈME LEÇON

SOMMAIRE. — Loi des transformations d'un corps. — Définition d'un gaz parfait. — Loi des transformations d'un gaz parfait. — Loi de Joule : dans un gaz parfait les forces moléculaires sont nulles. — Hypothèse de Bernouilli. — Du zéro absolu. — Forme remarquable, en fonction de la température absolue de la loi des transformations d'un gaz parfait. — Conséquences. — Mode de représentation graphique dû à Clapeyron des variations d'état d'un corps quelconque, et du travail externe qu'il accomplit. — Cycle. — Cycle reversible. — Si l'on reprend la relation fondamentale $Z = \Delta D + \mathfrak{G}$ de la dernière leçon, elle se réduit à $Z = \mathfrak{G}$ dans le cas d'un cycle fermé ; c'est-à-dire que dans ce cas toute l'énergie calorifique absorbée ou dégagée est égale au travail externe accompli ou reçu par le corps.

---

45. Dans la dernière leçon, nous avons établi la formule importante :

$$Z = \Delta D + \mathfrak{G},$$

qui exprime que le travail externe $\mathfrak{G}$, effectué par un corps qui se transforme, augmenté de l'accroissement d'énergie intérieure totale du corps ΔD, représente exactement l'énergie calorifique Z absorbée.

Il reste actuellement à trouver, pour un corps quelconque quel qu'en soit la nature, *l'expression de cette énergie calorifique* Z, qui est une somme de forces vives ou un travail, *en fonction de la quantité de chaleur correspondante* Q, *exprimée en calories* (n° 77). Tel sera l'objet de cette leçon et de la suivante.

Loi des transformations d'un corps quelconque et d'un gaz parfait.

46. Considérons un corps homogène quelconque, son état est défini à chaque instant par une certaine relation

$$f(t, v, p) = 0$$

entre les trois quantités t, v, p.

t représentant la température;

v le volume de l'unité de poids ou le volume spécifique;

p la pression extérieure rapportée à l'unité de surface.

Malheureusement la forme de cette fonction, qui représente la loi des transformations du corps, n'est connue exactement pour aucun corps de la nature. On sait toutefois que les gaz et les vapeurs surchauffés de tous les corps connus, liquides ou solides, tendent, à mesure que croît la température, vers un état limite idéal caractérisé par les lois de Mariotte et de Gay-Lussac.

Plus le gaz ou la vapeur considérée est, à la température ordinaire, éloigné de son point de liquéfaction, plus il se rapproche de cet état limite idéal; dès lors les gaz, qu'hier encore, avant les belles expériences de MM. Pictet et Cailletet, on appelait permanents, étant extrêmement éloignés de leur point de liquéfaction, se confondront sensiblement avec cet état limite idéal.

47. Définition d'un gaz parfait. — Eh bien, nous appellerons précisément *gaz parfait* un gaz hypothétique présentant cet état limite, c'est-à-dire suivant rigoureusement les deux lois de Mariotte et de Gay-Lussac.

L'étude d'un pareil gaz est importante en elle-même, parce qu'elle conduit à des lois simples et qu'elle peut s'appliquer aux gaz réels en modifiant légèrement ces lois.

48. Loi des transformations d'un gaz parfait. — Recherchons donc la loi des transformations d'un gaz parfait. Cette loi ou relation entre les trois quantités v, p, t, résulte très simplement des deux lois de Mariotte et de Gay-Lussac

que le gaz en question est supposé suivre exactement. En effet :

Soit v_0 le volume de l'unité de poids de gaz à 0° et à la pression p_0, son volume sous la même pression p_0, mais à la température t, sera :

$$v = v_0(1 + \alpha t),$$

puisque, d'après la loi de Gay-Lussac, tous les gaz arrivés à l'état limite que nous considérons et que nous présente sensiblement les gaz appelés autrefois permanents, ont le même coefficient de dilatation, *constant quel que soient la température et la pression*. La valeur de ce coefficient de dilatation est d'ailleurs :

$$\alpha = \frac{1}{273}.$$

Mais si ce gaz, au lieu d'être à la pression p_0, était à la pression 1, son volume serait, en vertu de la loi de Mariotte :

$$v = v_0 p_0 (1 + \alpha t).$$

Or, au lieu d'être à la pression 1, il est à la pression p ; son volume est donc, d'après la même loi :

$$v = \frac{v_0 p_0}{p}(1 + \alpha t);$$

d'où enfin :

$$vp = v_0 p_0 (1 + \alpha t).$$

Telle est la loi des transformations d'un gaz parfait.

Loi de Joule : dans un gaz parfait, les forces moléculaires sont nulles.

49. Je dis maintenant que dans un gaz parfait les forces moléculaires sont nulles, c'est-à-dire qu'un gaz parfait est formé de molécules complètement indépendantes les unes des autres, n'ayant les unes sur les autres aucune action. Cette propriété résulte immédiatement, en effet, de l'identité très

approchée des propriétés mécaniques et calorifiques des gaz permanents de diverse nature, c'est-à-dire de l'identité des lois de compressibilité et de dilatation de ces divers gaz.

Si, en effet, dans ces gaz divers les forces moléculaires avaient une valeur sensible, cette valeur ne saurait être la même entre deux molécules d'un même gaz et pour deux molécules de deux gaz différents; par suite, les propriétés d'un mélange de deux gaz, au point de vue mécanique et calorifique, devraient être tout-à-fait différentes de celles d'un gaz simple. Or, tout le monde sait qu'il n'en est rien, qu'entre l'oxygène pur et l'air atmosphérique (mélange d'azote et d'oxygène), par exemple, il n'y a guère de différence que celle de la densité et de l'indice de réfraction, et que toutes les autres propriétés physiques, les lois de compressibilité et de dilatation en particulier, sont identiques.

Ainsi dans les gaz parfaits les forces moléculaires sont nulles. Cette propriété remarquable qui caractérise ces gaz résulte d'ailleurs mathématiquement, comme nous le verrons plus loin (n° 138) de la loi de leurs transformations qu'on vient d'établir; elle peut donc être regardée comme un corollaire des lois de Gay-Lussac et de Mariotte. Enfin elle se trouve complétement vérifiée par les expériences célèbres de Joule dont nous parlerons dans quelques leçons, et qui mirent pour la première fois cette propriété, cette loi en évidence. Aussi est-elle connue sous le nom de *loi de Joule*.

Hypothèse de Bernouilli sur la constitution des gaz.

50. Mais si dans les gaz parfaits les forces moléculaires sont nulles, on ne peut guère se rendre compte du mode d'existence et des propriétés générales de ces corps qu'en supposant que *leurs molécules*, tout en vibrant, *sont animées de vitesses de translation considérables*, d'autant plus considérables que leur température est plus élevée. En vertu de ces vitesses dirigées dans tous les sens, *elles produisent par leurs chocs répétés sur l'enceinte qui les renferme le phénomène de la pression.*

Telle est l'hypothèse due à Bernouilli sur la constitution des gaz parfaits, sur laquelle nous aurons l'occasion de revenir plus tard, et qui va nous permettre dès maintenant d'établir la position du zéro absolu.

Nécessité et position du zéro absolu.

51. La chaleur n'étant rien autre chose que la force vive d'un certain mouvement vibratoire des molécules des corps, il en résulte immédiatement que la quantité de chaleur contenue dans un corps est nécessairement limitée, et qu'il ne peut par suite en fournir indéfiniment.

Tout au plus ce corps pourra-t-il abandonner la totalité de la chaleur, en quantité limitée, qu'il renferme, lorsque le mouvement vibratoire répondant à cette quantité de chaleur s'éteindra tout-à-fait. Eh bien, *le 0 absolu est précisément la température répondant à cet état limite d'un corps dépouillé ainsi de toute sa chaleur, c'est-à-dire de tout le mouvement interne qui l'animait.*

Ainsi, comme on voit, la nécessité du 0 absolu résulte immédiatement de l'hypothèse de la chaleur conçue comme mouvement. Dans les hypothèses antérieures du phlogistique et du calorique, on était conduit au contraire à regarder comme infinie la quantité de chaleur contenue dans un corps, et par suite à nier l'existence du 0 absolu. Notons bien d'ailleurs que la nécessité du 0 absolu, que l'on vient de mettre en évidence, sujet sur lequel nous reviendrons à propos du principe de Carnot (n° 434), ne veut pas dire du tout que ce point puisse être jamais atteint. A proprement parler le 0 absolu est un véritable point asymptotique sur l'échelle des températures.

52. Cherchons actuellement à fixer, s'il est possible, la position de ce 0 absolu, de ce point asymptotique, sur l'échelle ordinaire des températures.

Reprenons pour cela la loi des transformations d'un gaz parfait (n° 48) :

$$vp = v_0 p_0 (1 + \alpha t),$$

et faisons-y :

$$t = -\frac{1}{\alpha} = -273;$$

elle se réduit alors à :

$$vp = 0.$$

Cette température $t = -273^\circ$, à laquelle il faudrait refroidir l'unité de poids d'un gaz parfait pour que son volume v demeurant constant, si petit soit-il, sa pression p devient nulle; cette température, dis-je, est donc par suite de l'hypothèse de Bernouilli, précisément celle à laquelle ses molécules devenues absolument immobiles et séparées les unes des autres par les mêmes distances qu'aux températures ordinaires n'agissent plus par leurs chocs continuels sur l'enceinte qui les renferme, et cessent dès lors de produire l'effet mécanique que nous appelons pression. En un mot, c'est la température à laquelle la somme des forces vives moléculaires ou l'énergie totale interne du gaz est nulle.

Cette température à laquelle le gaz, *supposé encore à cette limite à l'état de gaz parfait*, devient absolument inerte et par suite complétement dépourvu de chaleur, c'est, d'après ce qui précède, le 0 absolu.

Ainsi les considérations précédentes fixent le 0 absolu à la température $t = -273^\circ$ du thermomètre à air, *en supposant que cet air conserve encore, à cette limite, l'état de gaz parfait.*

Forme remarquable de la loi des transformations d'un gaz parfait en fonction de la température absolue.

53. Supposons actuellement qu'au lieu de compter dans le cas d'un gaz parfait les températures à partir du 0 du thermomètre ordinaire, nous les comptions à partir de ce 0 absolu. Soit t, par exemple, la température du gaz comptée à partir du 0 du thermomètre ordinaire, sa température comptée à partir du 0 absolu, c'est-à-dire *sa température absolue*, sera, en la désignant par T :

$$T = t + \frac{1}{\alpha}.$$

Remplaçant alors dans la loi des transformations du gaz (n° 48) t par sa valeur en fonction de T tirée de l'égalité précédente, on aura :

$$vp = v_0 p_0 \left[1 + \alpha\left(T - \frac{1}{\alpha}\right)\right],$$

ou :

$$vp = \alpha v_0 p_0 T.$$

Si je pose enfin :

$$\frac{1}{\alpha v_0 p_0} = H,$$

nous aurons, en remplaçant, la relation extrêmement simple :

$$Hvp = T.$$

C'est sous cette dernière forme que nous considérerons toujours la loi des transformations d'un gaz parfait; elle s'appliquera d'ailleurs, je le répète, très sensiblement aux gaz réels suffisamment éloignés, comme les gaz appelés autrefois permanents, de leur point de liquéfaction, et aux vapeurs convenablement surchauffées.

54. Conséquences. — Voici quelques propriétés curieuses des gaz parfaits que l'on peut déduire de la loi de leurs transformations et que l'on peut par conséquent regarder comme des conséquences ou des corollaires des lois de Mariotte et de Gay-Lussac.

Soit m un poids déterminé d'un certain gaz parfait quelconque dont la loi des transformations est :

$$Hvp = T.$$

v représentant dans cette formule le volume *de l'unité de poids* du gaz à l'instant considéré, le volume V *du poids m* sera donné à cet instant par la relation :

$$V = mv.$$

Remplaçant dans la loi précédente v par sa valeur en fonction de V, on aura :

$$H\frac{V}{m}p = T,$$

que l'on peut écrire :

$$\frac{Vp}{T}=\frac{m}{H}=\text{constante.} \quad (1)$$

Cette relation, qui lie à chaque instant le volume, la pression et la température du poids m de gaz donné, nous fournit donc cette propriété :

Le produit du volume d'un poids déterminé m de gaz par sa pression, divisé par sa température absolue, est un nombre toujours constant égal à $\frac{m}{H}$, quel que soit l'état du gaz.

55. Autre propriété. — Divisons actuellement le poids m du gaz donné en un nombre quelconque de parties dont les poids soient m_0, m_1, m_2 ..., de telle sorte qu'on ait :

$$m=m_0+m_1+m_2+\ldots \quad (2)$$

Si nous considérons actuellement chacune de ces parties, et que nous soumettions isolément chacune d'elles à des pressions et à des températures absolues quelconques, nous aurons en appliquant la relation (1) à chacune de ces parties,

pour m_0 : $$\frac{V_0p_0}{T_0}=\frac{m_0}{H},$$

V_0 représentant le volume du poids m_0 sous la pression p_0 et à la température absolue T_0. De même,

pour m_1 : $$\frac{V_1p_1}{T_1}=\frac{m_1}{H},$$

pour m_2 : $$\frac{V_2p_2}{T_2}=\frac{m_2}{H}.$$

. . . .

et ainsi de suite.

Faisant la somme de ces égalités, en ayant égard à la condition (2), il vient :

$$\frac{V_0p_0}{T_0}+\frac{V_1p_1}{T_1}+\frac{V_2p_2}{T_2}+\ldots=\frac{m}{H}=\text{constante},$$

que l'on peut écrire symboliquement :

$$\Sigma \frac{V_n p_n}{T_n} = \frac{m}{H} = \text{constante.}$$

Ainsi, étant donné un poids quelconque m d'un gaz parfait quelconque, non-seulement le produit de son volume par sa pression divisé par sa température absolue est un nombre constant $= \frac{m}{H}$ quel que soit l'état de ce gaz, mais :

Si l'on suppose de plus que les diverses parties de ce poids m soient soumises isolément à des pressions et à des températures quelconques, et que pour chacune de ces parties on forme le quotient :

$$\frac{V_n p_n}{T_n}$$

du produit du volume et de la pression par la température absolue, la somme de tous ces quotients sera constante et égale encore à $\frac{m}{H}$.

Mode de représentation graphique dû à Clapeyron des variations d'état d'un corps et du travail externe qu'il accomplit.

56. Cette loi de transformation :

$$Hvp = T,$$

applicable à tous les corps de la nature, à partir d'un certain degré de température, généralement extrêmement élevé, ne s'applique rigoureusement à aucun, aux températures ordinaires. En définitive, la loi rigoureuse des transformations d'un corps quelconque aux températures ordinaires est absolument inconnue, ainsi que nous le disions au commencement de cette leçon (n° 46), *mais elle existe nécessairement.* Soit donc, d'une manière générale :

$$F(v, p, T) = 0,$$

la loi supposée connue des transformations d'un corps quelconque.

Il est évident que deux des trois quantités v, p, T : v et p, par exemple, étant choisies arbitrairement, et considérées comme variables indépendantes, la troisième T (la température absolue) s'en déduit nécessairement; car dans la relation précédente on peut évidemment mettre T en évidence et écrire :

$$T = \varphi(v, p).$$

57. Dès lors, il sera facile de représenter graphiquement les variations d'état par lesquelles peut passer un corps.

Soient, en effet, v, p, T, les quantités caractérisant l'état du corps à un instant quelconque. Traçons (fig. 11) deux axes coordonnés rectangulaires ov, op, et considérons le point M admettant précisément pour coordonnées v, p; la position de ce point représentera, figurera parfaitement l'état du corps, puisque ses coordonnées représentent v, p, et qu'au moyen de la relation :

$$T = \varphi(v, p),$$

on peut en conclure T au même instant. Aussi appelle-t-on ce point M *le point figuratif* de l'état du corps. Ceci posé, le corps se transformant d'une manière continue, le point figuratif M va décrire une ligne continue AB dont les points successifs figureront, représenteront par leurs coordonnées les états successifs du corps. Une pareille ligne s'appelle *ligne de transformation*.

Si le corps éprouve, à partir d'un état quelconque donné, figuré par le point M, une transformation élémentaire qui corresponde à un accroissement de volume dv, le point figuratif M prend la position infiniment voisine M′ dont les coordonnées sont :

$$v + dv, \; p + dp.$$

Dans cette transformation élémentaire, il y a production d'un travail externe qui a pour expression, comme on sait (N° 41) :

$$pdv.$$

Ce travail externe produit se trouve donc représenté graphiquement par l'aire du rectangle infinitésimal MM'mm'.

Si, au contraire, le corps se contracte et revient du volume $v + dv$ au volume v, le point figuratif se déplace de M' en M et le travail externe répondant à cette contraction, dont la valeur absolue est encore :

$$pdv,$$

sera également représenté par la même surface MM'mm'; mais le travail externe accompli dans la dilatation du gaz étant positif, on devra regarder comme négatif le travail externe répondant à la contraction; c'est un travail, non plus effectué par le corps, mais reçu, subi par ce corps.

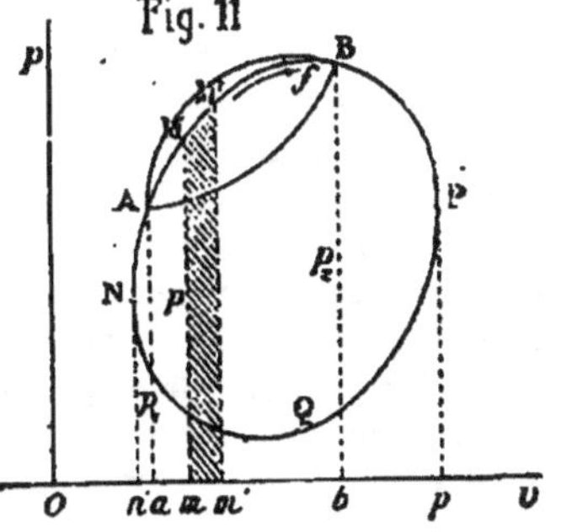

58. Si maintenant le corps éprouve une transformation finie représentée par la ligne de transformation AB, et que le point figuratif décrive cette ligne de A vers B, le travail externe total effectué :

$$\mathfrak{T} = \int_{v_1}^{v_2} pdv,$$

sera représenté, d'après ce qui précède, par la somme des aires de tous les petits rectangles infinitésimaux analogues au rectangle MM'mm', qui peuvent s'appuyer sur ab comme base, c'est-à-dire par l'aire de la surface comprise d'une part entre la ligne de transformation et l'axe des v, et d'autre part entre les ordonnées extrêmes Aa, Bb, représentant les pressions p_1, p_2, qui répondent aux volumes extrêmes v_1 et v_2.

59. On voit clairement, d'après ce mode de représentation et en remarquant qu'entre les deux points A et B on peut

mener une foule de lignes différentes, que le travail externe $\mathfrak{G}$ effectué par le corps dans la transformation AB, dépend non-seulement de l'état initial et de l'état final du corps, figurés par les points A et B, mais encore de tous les états intermédiaires figurés par la courbe AB.

60. Si je suppose maintenant que le corps éprouve cette même transformation finie AB en sens inverse, c'est-à-dire de telle sorte que le point figuratif se meuve de B vers A, il y aura production d'un travail négatif, encore représenté par l'aire comprise entre la courbe AB et l'axe des v d'une part, et entre les ordonnées extrêmes Aa, Bb, d'autre part; mais ce sera non plus un travail effectué, mais subi par le corps. Ce travail dépendra également, puisqu'entre les deux points B et A on peut mener toute espèce de courbe, non-seulement de l'état initial et de l'état final du corps, mais aussi de tous les états intermédiaires.

61. Cycle. — Si je suppose enfin que le corps, partant d'un état déterminé caractérisé par la position A du point figuratif, éprouve une série de changements successifs tels que, à l'instant final le corps ait précisément repris son état moléculaire et calorifique initial, il aura accompli ce qu'on appelle une évolution complète, et le point figuratif A aura décrit une certaine courbe évidemment fermée appelée *cycle*.

62. — Ceci posé (fig. 11), si la suite des transformations élémentaires dont se compose l'évolution sont telles que le point figuratif A décrive le cycle représentatif de cette évolution dans le sens de la flèche f appelé le *sens direct*, il est facile de voir que le corps a effectué un travail externe précisément représenté par l'aire du cycle. — En effet, le point figuratif A décrivant les arcs successifs AMP, PQN, NA qui composent le cycle :

pour AMP, il y a production d'un travail positif AMPpa,
» PQN, » négatif NQPpn,
» NA, » positif NAna.

Il y a donc eu en somme un travail *positif* effectué, égal à la somme algébrique de tous ces travaux, *et représenté dès lors par l'aire du cycle c. q. f. d.*

63. Cycle réversible. — Si j'admets actuellement que les circonstances soient telles, que ce même corps puisse éprouver la suite des mêmes transformations élémentaires, c'est-à-dire puisse effectuer la même évolution en sens inverse, auquel cas le point figuratif A décrit le cycle de la figure en sens inverse du sens précédent, on voit facilement que le corps dans cette évolution inverse, au lieu d'accomplir un travail, reçoit au contraire un travail extérieur représenté encore par l'aire du même cycle.

Quand un cycle donné peut être ainsi parcouru par le point figuratif indifféremment dans les deux sens, on dit qu'il est *réversible*.

Nous parlerons plus tard, avec détails, de la réversibilité (n° 336).

Dans le cas d'un cycle fermé, toute l'énergie calorifique absorbée ou dégagée est égale au travail externe accompli ou reçu par le corps.

64. — Ces généralités établies sur le mode de représentation graphique des variations d'état d'un corps, reportons-nous au n° 45, et reprenons la relation fondamentale

$$Z = \Delta D + \mathfrak{T}$$

établie à la fin de la dernière leçon. Cette relation exprime, comme on sait, que le travail externe $\mathfrak{T}$ produit par un corps qui se transforme, augmenté de l'accroissement de l'énergie totale intérieure, représente l'énergie calorifique Z absorbée.

Or, observons que D, l'énergie totale intérieure étant égale à $A + B_i$, c'est-à-dire représentant la somme de l'énergie potentielle et de l'énergie calorifique du corps (l'énergie B_i' du mouvement sensible étant supposée négligeable), ne dépend absolument que de l'état moléculaire et calorifique *actuel* du corps ; par suite, ΔD ne dépend que de l'état initial et de l'état final de ce corps. — Mais $\mathfrak{T}$, le travail extérieur produit par le corps, dépend, d'après ce qu'on a dit au n° 59, non-seulement de l'état initial du corps et de son état final, mais encore de tous les états intermédiaires.

Il résulte de là que la quantité d'énergie calorifique Z et, par suite, la quantité de chaleur qu'absorbe un corps pour passer d'un état $p_1 v_1$ (état A) à un autre état $p_2 v_2$ (état B), étant égale à $\Delta D + \mathfrak{E}$, c'est-à-dire devant suffire au travail total interne et externe, dépend aussi non-seulement de l'état initial et de l'état final du corps, mais encore de tous les états intermédiaires.

65. — Mais si nous supposons maintenant que, pendant que l'on communique au corps l'énergie calorifique Z, ce corps ne change pas d'état, ni moléculaire ni calorifique; ou bien, si la suite des transformations éprouvées par le corps est telle qu'à l'instant final, il soit revenu au même état moléculaire et calorifique qu'à l'instant initial, ou, en d'autres termes, si l'on suppose que le corps accomplisse une évolution complète représentée par le cycle de la figure, décrit, je le suppose, dans le sens direct; dans ce cas, ΔD étant nul, la relation précédente se réduit à

$$Z = \mathfrak{E},$$

c'est-à-dire que, dans ce cas, toute l'énergie calorifique absorbée par le corps lors de son évolution complète, *disparaît complètement comme chaleur et se transforme en une quantité égale de travail externe effectué* $\mathfrak{E}$, *précisément représenté par l'aire du cycle figurant l'évolution.*

Le corps qui se transforme, en décrivant ainsi le cycle indiqué dans le sens *direct*, constitue une *machine thermique*, c'est-à-dire une machine transformant de la chaleur en travail.

66. Réciproquement. — Si, pendant que le corps reçoit un certain travail extérieur, ce corps, à l'instant final, a repris le même état moléculaire et calorifique qu'à l'instant initial, c'est-à-dire s'il décrit un cycle complet en sens inverse du sens précédent, *il dégagera une certaine quantité d'énergie calorifique précisément égale au travail dépensé, représenté encore par l'aire de ce cycle*. Dans ce cas, le corps qui se transforme ainsi constitue une machine inverse de la précédente, c'est-à-dire une *machine transformant du travail en chaleur*.

67. Enfin si les circonstances extérieures sont telles que

la machine constituée par le corps qui se transforme puisse décrire le cycle figurant l'évolution, soit dans le sens direct, soit dans le sens inverse, c'est-à-dire si cette machine peut fonctionner indifféremment comme machine thermique ou comme machine transformant du travail en chaleur. Dans ce cas, *cette machine est dite réversible* comme le cycle qu'elle décrit.

68. Remarque. — Toute machine constituée par un corps qui se transforme n'est pas nécessairement réversible, mais on peut toujours supposer que, pour un certain corps et un certain cycle parcouru, les conditions de réversibilité (n° 336) soient satisfaites; en d'autres termes, on peut toujours imaginer un corps capable de décrire un certain cycle donné indifféremment dans les deux sens, c'est-à-dire capable de fonctionner, soit comme machine thermique, soit comme machine transformant du travail en chaleur.

Nous verrons dans la prochaine leçon l'utilité de cette remarque.

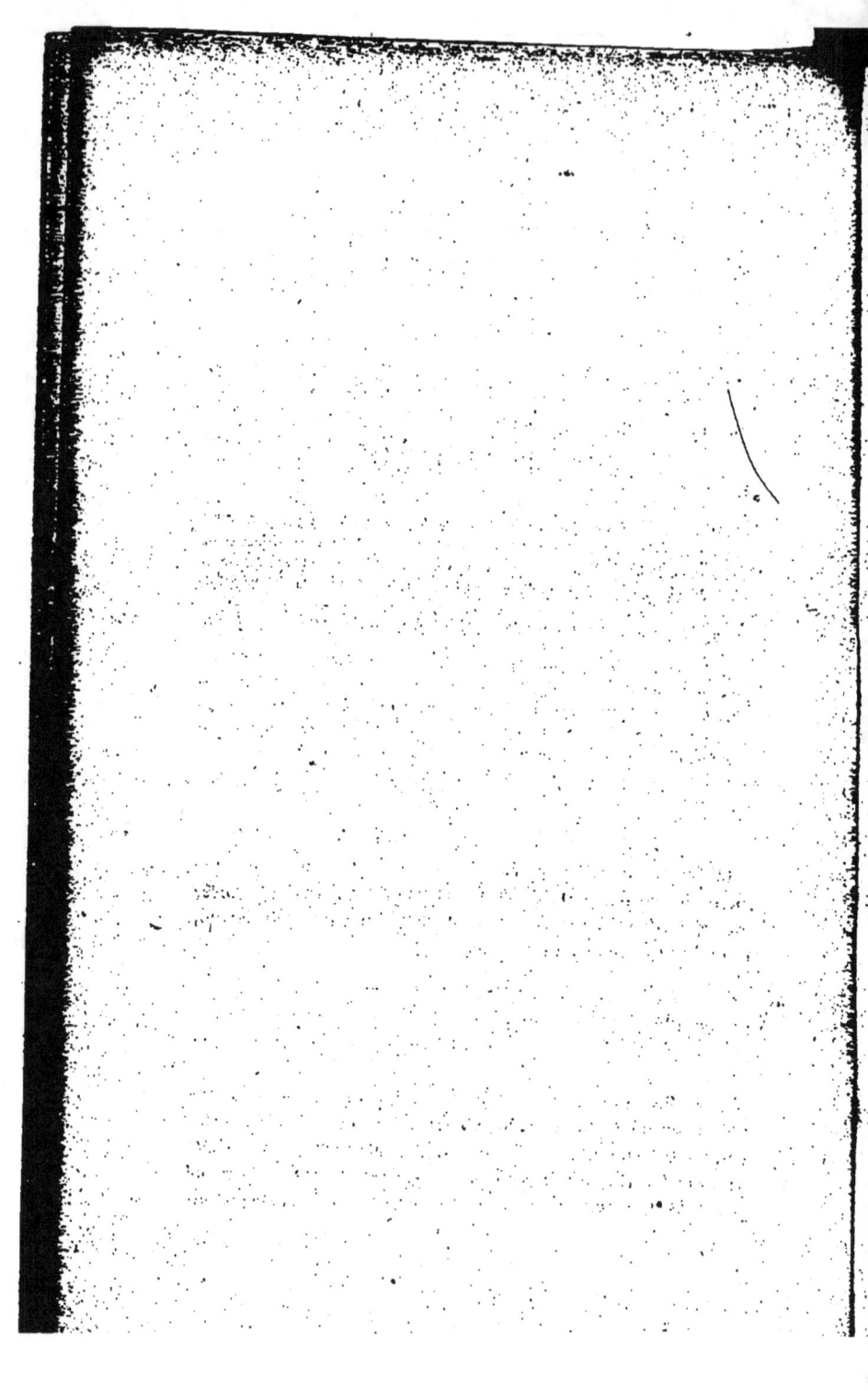

CINQUIÈME LEÇON

Sommaire. — Deux démonstrations directes du principe de l'équivalence du travail et de la chaleur. — Equivalent calorifique du travail. — Équivalent mécanique de la chaleur. — Expression de l'énergie calorifique Z en fonction de la quantité de chaleur correspondante Q. — De la relation $Z = \Delta D + \mathfrak{T}$, on conclut la relation fondamentale : $Q = \Delta U + A \int p dv$ pour une transformation finie et $dQ = dU + A p dv$ pour une transformation élémentaire. — Signification et application de ces relations. — Principe de l'équivalence considéré comme corollaire du principe de la conservation de l'énergie. — Marche générale à suivre pour la détermination de l'équivalent mécanique de la chaleur.

---

69. Nous avons démontré, en terminant la dernière leçon, que lorsqu'un corps, partant d'un état déterminé, revient, après une série de transformations représentée par un cycle fermé, à cet état : la relation fondamentale

$$Z = \Delta D + \mathfrak{T}$$

se réduit à

$$Z = \mathfrak{T}$$

c'est-à-dire que dans ce cas, toute l'*énergie calorifique* absorbée ou dégagée est égale, et par suite, *toute la chaleur correspondante* Q *absorbée ou dégagée est proportionnelle ou équivalente au travail total extérieur accompli ou reçu par le corps et représenté par l'aire de ce cycle*. Et, encore une fois, cela doit être nécessairement, puisque dans cette série de transformations, le travail interne étant nul, toute l'énergie ou la force vive calorifique absorbée ou dégagée doit se retrouver, par suite du principe de la conservation de l'énergie, dans le travail externe effectué ou reçu, représenté par l'aire du cycle.

Eh bien, cette proposition n'est autre chose au fond que le *principe de l'équivalence, considéré comme corollaire du principe de la conservation de l'énergie,* sur lequel nous revenons en détail au n° 82.

70. Mais ce principe fondamental de la thermodynamique, ainsi déduit du principe de l'énergie, suppose essentiellement que la chaleur est considérée comme un mouvement vibratoire, puisque pour le poser (nos 69 et 82), nous supposons implicitement et *a priori* que la chaleur Q, exprimée en calories, est proportionnelle à l'énergie calorifique correspondante Z.

Il importe donc, pour mieux comprendre ce principe fondamental, de l'établir directement, *indépendamment de toute idée préconçue sur la nature de la chaleur*. Il sera d'ailleurs facile après d'en conclure l'expression de Z en fonction de la quantité de chaleur correspondante Q, c'est-à-dire la solution de la question posée au n° 45.

Principe de l'équivalence du travail et de la chaleur démontré directement.

71. Énoncé du principe. — L'énergie calorifique Z, c'est, comme on l'a remarqué déjà au n° 45, une somme de forces vives ou un travail qui, dans le cas considéré d'une évolution complète s'effectuant, je suppose, dans le sens direct, se transforme entièrement en travail externe $\mathfrak{T}$; en d'autres termes, c'est un mouvement vibratoire invisible, qui se transforme complétement en un mouvement visible, en un mouvement de masse. Eh bien, soit actuellement Q la quantité de chaleur exprimée en calories correspondant à cette énergie calorifique Z, il s'agit de prouver que, dans le cas considéré ou le corps parcourt un cycle fermé quelconque, c'est-à-dire dans le cas où le seul effet de cette chaleur est un

travail extérieur effectué représenté par l'aire du cycle.

Le rapport de la quantité de chaleur Q fournie au corps, ou travail exécuté $\mathfrak{T}$, *qui mesure précisément ici l'énergie calorifique* Z, *répondant à* Q, *est un nombre constant, non-seulement quel que soit* Q, *ce qui est évident,* $\mathfrak{T}$ *étant le seul travail exécuté par* Q, *mais encore quel que soit le corps considéré et quel que soit le cycle parcouru pourvu qu'il soit fermé.*

Cette proposition que l'on va démontrer contient implicitement la réponse à la question posée au n° 45 (Voir n° 77).

72. Première démonstration du principe de l'équivalence. — Considérons (fig. 12) deux corps différents, d'ailleurs quelconques A et B, évoluant dans le sens direct suivant les deux cycles quelconques (A) et (B) (ces cycles n'étant pas nécessairement réversibles) ; si l'on peut faire voir qu'ils produisent même travail représenté par l'aire de l'un et l'autre cycle, pour la même quantité de chaleur absorbée Q, on aura évidemment démontré la proposition, c'est-à-dire que le rapport

$$\frac{Q}{\mathfrak{T}}$$

est constant quel que soit le corps et le cycle parcouru.

Désignons (fig. 12) par $\mathfrak{T}$, $\mathfrak{T}'$ les travaux représentés par les aires des cycles (A) et (B), effectués par les deux corps A et B, pour la même quantité de chaleur absorbée Q. Il s'agit de prouver que

$$\mathfrak{T}=\mathfrak{T}'.$$

A cet effet, je considère un troisième corps C constituant (c'est essentiel pour la démonstration) une machine *réversible*, — nous pouvons toujours, d'après la remarque du n° 68, en concevoir l'existence. — Soit $\mathfrak{T}_1$, le travail que le corps C effectue pour cette même quantité de chaleur Q absorbée, lorsqu'il décrit son cycle (C) dans le sens direct ; si je lui compare le premier corps A, produisant le travail $\mathfrak{T}$ pour cette quantitée de chaleur Q absorbée, je dis que

$$\mathfrak{T}=\mathfrak{T}_1,$$

car si $\mathfrak{T}$ est différent de $\mathfrak{T}_1$; si $\mathfrak{T}$ est plus grand que $\mathfrak{T}_1$ par exemple, nous arrivons à une absurdité. En effet, à l'instant où le corps A a effectué son évolution en produisant $\mathfrak{T}$ pour la quantité de chaleur Q absorbée, si je fais évoluer le corps C, en sens inverse du sens direct (on le peut, le cycle étant supposé essentiellement réversible), comme en évoluant dans le sens direct, il produisait $\mathfrak{T}_1$ pour la quantité de chaleur absorbée, en évoluant ainsi en sens inverse, il dégagera cette même quantité de chaleur Q en recevant le travail $\mathfrak{T}_1$.

Si je considère actuellement le système des deux corps A et C comme constituant une machine unique, on voit alors que cette machine unique produit en définitive une quantité de travail

$$\mathfrak{T} - \mathfrak{T}_1$$

essentiellement positive, $\mathfrak{T}$ étant supposé plus grand que $\mathfrak{T}_1$, *sans qu'il y ait dépense de chaleur*, puisque la quantité de chaleur Q absorbée par A a été dégagée par C; or cela est absurde, il n'y a pas d'effet sans cause, il ne peut donc ici y avoir travail produit, puisque la chaleur est, dans le cas considéré, la seule cause possible de travail; et qu'en définitive, aucune parcelle de chaleur ne se trouve dépensée. Donc :

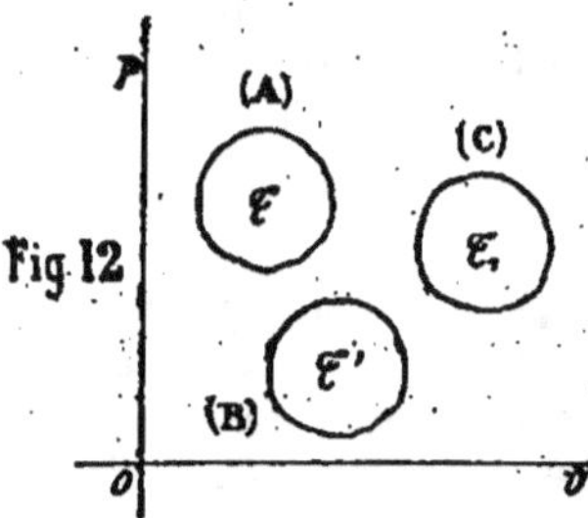

$$\mathfrak{T} = \mathfrak{T}_1.$$

Si je compare ensuite à ce même corps C, le second corps B, on démontrera en répétant identiquement le raisonnement par l'absurde qui précède, que

$$\mathfrak{T}' = \mathfrak{T}_1.$$

De ces deux égalités, on conclut :

$$\mathfrak{T} = \mathfrak{T}',$$

ce qui démontre la proposition.

73. Seconde démonstration du principe de l'équivalence. — On peut encore raisonner de la manière suivante : Il s'agit toujours de démontrer que le rapport

$$\frac{Q}{\mathfrak{E}}$$

est constant, quels que soient le corps et le cycle décrit par celui-ci ; or, cette proposition sera démontrée si, considérant deux corps quelconques A et B évoluant dans le sens direct suivant les cycles (A) et (B), on fait voir qu'ils absorbent une même quantité de chaleur pour le même travail produit.

Si donc, nous prouvons que pour le même travail effectué $\mathfrak{E}$, la quantité de chaleur Q absorbée par A égale la quantité de chaleur Q' absorbée par B, la proposition sera démontrée.

A cet effet, je considère un troisième corps C, constituant essentiellement une machine réversible ; soit Q_1, la quantité de chaleur qu'il absorbe répondant au travail effectué représenté par l'aire du cycle (C) décrit, travail que je suppose égal à $\mathfrak{E}$; il est clair que dans l'évolution inverse ce corps dégagera Q_1 pour un travail reçu $\mathfrak{E}$.

Ceci posé, comparons d'abord au corps C produisant $\mathfrak{E}$ pour la quantité de chaleur Q_1 absorbée, le corps A produisant ce même travail $\mathfrak{E}$ pour une quantité de chaleur différente Q absorbée. Je dis que

$$Q = Q_1.$$

Si Q, en effet, est différent de Q_1, est par exemple plus petit que Q_1, nous arrivons encore à une absurdité, car à l'instant où le corps A a effectué son évolution complète en absorbant Q pour le travail produit $\mathfrak{E}_1$, si nous faisons évoluer le corps C en sens inverse du sens direct : il dégage alors Q_1 pour un travail reçu égal à $\mathfrak{E}$.

Si je considère actuellement le système des deux corps A et C comme constituant une machine unique, on voit alors que cette machine unique produit en définitive une quantité de chaleur

$$Q_1 - Q$$

essentiellement positive, Q_1 étant plus grand que Q, et cela *sans dépense d'aucun travail*, puisque le travail $\mathfrak{T}$ effectué par le corps A est égal au travail $\mathfrak{T}$ reçu par le corps C, or, cela est absurde ; donc

$$Q = Q_1.$$

Si je compare ensuite à ce même corps C, le second corps B, on démontrera, en répétant identiquement le raisonnement précédent, que

$$Q' = Q_1.$$

De ces deux égalités on conclut :

$$Q = Q',$$

ce qui démontre la proposition.

74. Ainsi se trouve démontré directement le premier principe fondamental de la théorie mécanique de la chaleur, appelé le principe de l'équivalence de la chaleur et du travail.

On peut le formuler ainsi :

Toutes les fois que la chaleur en agissant sur un corps quelconque donne lieu, comme unique phénomène, à la production d'un certain travail extérieur, et c'est ce qui a lieu précisément quand le corps décrit un cycle complet, il y a disparition d'une certaine quantité de chaleur ; et le rapport

$$\frac{Q}{\mathfrak{T}}$$

de la quantité de chaleur disparue au travail exécuté est toujours constant quels que soient le corps et le cycle d'opérations accomplis par celui-ci, pourvu que ce cycle soit fermé.

Réciproquement : *toutes les fois qu'il y a dégagement de chaleur, non accompagné d'autres phénomènes, c'est que le corps a subi un certain travail, et de plus le rapport*

$$\frac{Q}{\mathfrak{T}}$$

de la chaleur dégagée au travail reçu, toujours constant quels que soient le corps et le cycle décrit, a même valeur que dans la transformation directe.

Equivalent calorifique du travail. — Équivalent mécanique de la chaleur.

75. Soit, dès lors, $\mathcal{A}$ le rapport constant qui existe entre la chaleur Q absorbée ou dégagée et le travail effectué ou reçu $\mathfrak{T}$, on a :

$$\frac{Q}{\mathfrak{T}}=\mathcal{A},$$

Si j'y fais :

$$\mathfrak{T}=1^{\text{km}},$$

il vient :

$$Q=\mathcal{A},$$

c'est-à-dire que $\mathcal{A}$ représente la quantité de chaleur Q qui, en disparaissant comme chaleur, produit précisément l'unité de travail, le kilogrammètre. Cette quantité $\mathcal{A}$ est appelée pour cette raison *équivalent calorifique du travail.*

76. Si, dans cette même relation, je fais :

$$Q=1 \text{ calorie},$$

$\mathfrak{T}$ représentera le travail exprimé en kilogrammètres que cette calorie est susceptible de produire en disparaissant comme chaleur, et il vient :

$$\mathfrak{T}=\frac{1}{\mathcal{A}}.$$

Ce travail $\mathfrak{T}=\frac{1}{\mathcal{A}}$, accompli par une calorie, quand elle disparait comme chaleur, c'est ce qu'on nomme *l'équivalent mécanique de la chaleur*. En le désignant par E, on a donc :

$$E=\frac{1}{\mathcal{A}}.$$

L'équivalent mécanique de la chaleur est, comme on le voit, l'inverse de l'équivalent calorifique du travail.

Expression de l'énergie calorifique Z en fonction de la quantité de chaleur correspondante Q.

77. Si, dans le rapport toujours constant,

$$\frac{Q}{\mathfrak{G}} = \mathcal{A},$$

je remplace $\mathcal{A}$ par sa valeur en fonction de E, on a :

$$\frac{Q}{\mathfrak{G}} = \frac{1}{E},$$

d'où :

$$\mathfrak{G} = EQ.$$

Ce produit EQ de la quantité de chaleur exprimée en calories par l'équivalent mécanique de la chaleur représente le travail total dont est susceptible cette quantité de chaleur, c'est-à-dire (n° 71) *représente précisément l'énergie calorifique* Z *répondant à cette quantité de chaleur* Q. On a donc :

$$Z = EQ,$$

ou encore :

$$Z = \frac{1}{\mathcal{A}} Q.$$

C'est la réponse à la question posée au n° 45.

Établissement de la formule fondamentale
$Q = \Delta U + \mathcal{A} \int p dv$. — Sa signification.

78. Si nous reprenons actuellement l'équation fondamentale :

$$Z = \Delta D + \mathfrak{G},$$

du n° 39, et que nous y remplacions Z par sa valeur précédente en fonction de Q, on aura :

$$\frac{1}{\mathcal{A}} Q = \Delta D + \mathfrak{G},$$

d'où :

$$Q = \mathcal{A}\Delta D + \mathcal{A}.\mathfrak{T},$$

que l'on peut écrire :

$$Q = \Delta U + \mathcal{A}\int p dv,$$

en se rappelant (n° 41) que $\mathfrak{T} = \int p dv$, et en désignant $\mathcal{A}.\Delta D$ par ΔU.

79. Cette relation très importante exprime (fig. 13) que lorsqu'un corps éprouve une transformation finie quelconque AB, *la quantité de chaleur* ΔU *consommée pour effectuer le travail total interne* ΔD (comprenant : 1° l'accroissement d'énergie calorifique répondant à l'échauffement; 2° l'accroissement d'énergie sensible généralement négligeable; 3° le travail interne qui accompagne la dilatation ou la contraction du corps), *augmentés de la quantité de chaleur* $\mathcal{A}\int p dv$ *nécessaire au travail externe figuré par l'aire* ABab, *représente exactement toute la chaleur* Q *absorbée par le corps.*

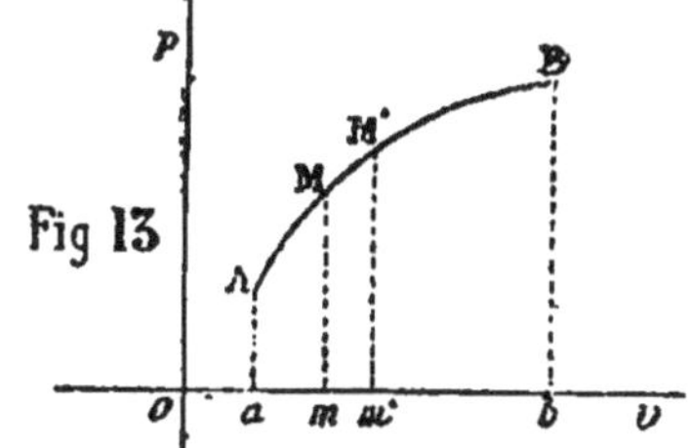

Fig 13

80. Chaleur interne. — La quantité ΔU est ce qu'on nomme *la chaleur interne;* comme

$$\Delta U = \mathcal{A}.\Delta D,$$

on voit que cette *chaleur interne* ne dépend comme ΔD que de l'état initial et de l'état final du corps, tandis que le terme $\mathcal{A}\int p dv$ dépend, comme $\int p dv$ (n° 59), non-seulement de l'état initial et de l'état final, mais encore de tous les états intermédiaires.

En d'autres termes, l'absorption ou le dégagement de

chaleur qui accompagne une modification quelconque d'un corps ne dépend pas seulement de la modification elle-même, mais du travail mécanique extérieur effectué ou reçu pendant que cette modification a lieu.

Il en résulte que si un corps, par exemple, après avoir été porté à une certaine température, se refroidit du même nombre de degrés, c'est-à-dire s'il revient exactement à son état initial, il ne dégage la même quantité de chaleur qu'autant qu'il repasse identiquement par la même série d'états intermédiaires.

L'expérience suivante de Hirn confirme cette proposition.

Considérons (fig. 14) un réservoir, une chaudière à vapeur, par exemple, contenant de la vapeur à une très haute pression, et faisons écouler un certain poids q de cette vapeur à travers un serpentin placé dans un calorimètre et débouchant à l'air libre. Connaissant la température initiale et finale de l'eau du calorimètre, il sera facile, en pesant cette eau, d'en conclure, comme dans toutes les expériences calorimétriques, la quantité de chaleur Q cédée par le poids q de vapeur, en passant de l'état de vapeur à la température t, à l'état d'eau à la température t' (t' température finale du calorimètre).

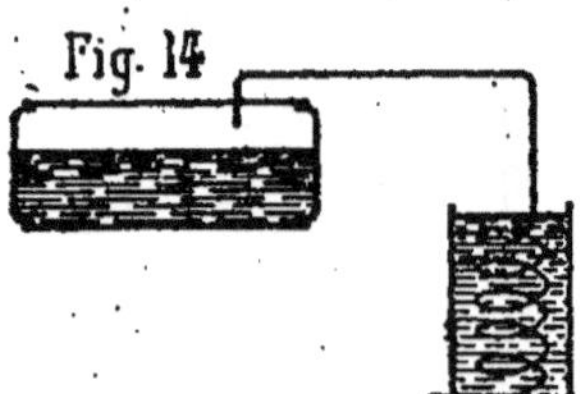
Fig. 14

Si je compare actuellement cette quantité de chaleur Q ainsi abandonnée par le poids q de vapeur à la quantité de chaleur Q' qu'il faudrait donner à l'eau résultant de sa condensation pour l'amener à l'état de vapeur dans le générateur, quantité de chaleur donnée par la formule de Regnault :

$$Q' = q(606,5 + 0,305\,t) - qt';$$

comme dans cette opération inverse, il semble que la vapeur repasse par la même série d'états, il semble que l'on doive trouver par suite :

$$Q' = Q.$$

Or, il n'en est rien, et l'on observe que la quantité de chaleur Q abandonnée dans la première phase est plus grande que Q' quantité de chaleur acquise dans la seconde phase ; Q' étant calculé, comme on vient de le faire, au moyen de la formule de Regnault.

Il est facile de trouver la raison de cette différence, qui tient précisément à ce que dans ces deux phases le poids q ne passe pas en réalité d'une manière exacte par la même série d'états ; en effet, dans les expériences qui ont conduit M. Regnault à adopter la formule qui donne la chaleur totale A renfermée dans un kilogrammètre de vapeur à t^o :

$$A = 606,5 + 0,305\, t,$$

la vapeur passe, *sans vitesse sensible*, du générateur où elle se forme, dans le récipient où elle se condense, parce que la même pression règne dans tout l'appareil. Dans le cas de l'expérience de M. Hirn, il n'en est plus ainsi : la vapeur s'écoule au contraire d'un milieu où la pression est de plusieurs atmosphères dans un milieu où elle n'est que d'une atmosphère ; elle prend donc une *vitesse considérable*, et lorsqu'elle se condense en eau immobile, elle perd toute son énergie actuelle sensible, c'est-à-dire sa force vive, qui se transforme par le choc en énergie calorifique. Il n'est donc pas étonnant que la quantité de chaleur recueillie ici soit plus grande que celle donnée par une formule établie dans le cas où la vapeur passe du générateur dans le calorimètre sans vitesse sensible.

Il n'est pas possible, dans l'état actuel de la science, de calculer, du moins exactement, la quantité de chaleur correspondant à la perte d'énergie sensible qui a lieu dans l'expérience de Hirn, car on ne connait pas bien exactement les lois de l'écoulement des vapeurs. On sait cependant, d'après les recherches de MM. Minary et Résal, que la vapeur qui s'échappe à la pression de 5 atmosphères par un orifice de quelques millimètres n'a pas une vitesse de moins de 600 mètres. L'énergie actuelle

$$\frac{mv^2}{2}$$

que possède cette vapeur par unité de masse, c'est-à-dire pour un poids de vapeur qui s'écoule égal à $9^k,8088$, est donc au minimum égale à :

$$180000^{km}.$$

Or, si nous admettons pour la valeur de l'équivalent mécanique le chiffre 425, cette énergie sensible en se détruisant produira une quantité de chaleur égale à :

$$\frac{180000}{425} = 400 \text{ calories environ.}$$

Dans ces conditions, la vapeur sort donc de la chaudière en emportant par unité de masse 400 unités de chaleur de plus qu'elle n'emporterait sans vitesse sensible.

Nous verrons plus loin, en décrivant les expériences d'Edlund, une seconde confirmation de la même proposition (n° 127).

81. La relation :

$$Q = \Delta U + A \int p dv,$$

appliquée, non plus à une transformation finie AB, mais à une transformation élémentaire ou infiniment petite MM' (fig. 13), donne d'ailleurs en différentiant :

$$dQ = dU + A p dv,$$

exprimant toujours que la chaleur interne dU nécessaire pour effectuer le travail interne dD, augmentée de la quantité de chaleur nécessaire à la production du travail externe pdv, représente toute la chaleur dQ absorbée par le corps.

Principe de l'équivalence du travail et de la chaleur considéré comme conséquence du principe de la conservation de l'énergie.

82. Nous avons démontré directement aux n°s 72 et 73 le principe de l'équivalence. Nous en avons conclu au n° 77

l'expression $Z=EQ$ de l'énergie calorifique Z en fonction de la quantité de chaleur correspondante Q, expression dans laquelle E représente précisément l'équivalent mécanique de la chaleur, constant quel que soit la nature du corps, d'après le principe de l'équivalence préalablement établi.

J'observe actuellement que cette expression $Z=EQ$ de l'énergie calorifique Z en fonction de la quantité de chaleur correspondante Q aurait pu se poser *a priori*, ainsi que nous l'avons admis implicitement au n° 69.

En effet la chaleur n'étant *objectivement* qu'un simple mouvement vibratoire : on conçoit qu'une quantité Q de cette chaleur exprimée en calories soit proportionnelle à l'énergie, à la force vive Z du mouvement vibratoire calorifique correspondant, de telle sorte qu'en désignant par $\mathcal{A}$ le coefficient de proportionnalité, on a :

$$Q=\mathcal{A}Z,$$

d'où

$$Z=\frac{1}{\mathcal{A}}Q,$$

ou enfin en posant $\frac{1}{\mathcal{A}}=E$:

$$Z=EQ, \quad c.\ q.\ f.\ d.$$

Observons de plus qu'on peut admettre également *a priori* que ce coefficient de proportionnalité $\mathcal{A}$ et par suite E est également constant *quel que soit le corps considéré*. Car si la chaleur n'est *objectivement* qu'une somme Z de forces vives : pourvu que cette somme soit la même, *quelle que soit la nature du corps*, la quantité correspondante de chaleur Q sera également la même.

Ces deux points ainsi admis *a priori*, et on voit qu'on en a *jusqu'à un certain point* le droit, d'après l'hypothèse de la chaleur considérée comme un mouvement vibratoire : il sera facile de déduire le principe de l'équivalence tel que nous l'avons énoncé au n° 71 et démontré directement aux n°s 72 et 73, du principe de la conservation de l'énergie. En effet, si dans la formule du n° 39, $Z=\Delta D+\mathfrak{G}$, qui n'est autre chose que l'expression du principe de l'énergie dans le cas de forces extérieures, nous remplaçons Z par sa valeur $\frac{1}{\mathcal{A}}$ Q admise *a priori*, elle devient :

$$Q = \mathcal{A}(\Delta D + \varpi)$$

qu'on peut mettre sous la forme connue n° 78

$$Q = \Delta U + \mathcal{A}\int pdv$$

en posant $\mathcal{A}\Delta D = \Delta U$ et en se rappelant que $\varpi = \int pdv$.

Or, cette relation sous la première forme nous montre que la quantité de chaleur absorbée ou dégagée par un corps quelconque qui se transforme est *équivalente* à la variation de son énergie intérieure ΔD, plus le travail extérieur ϖ accompli par le corps.

Si maintenant je suppose que la modification éprouvée par le corps est une évolution complète dans laquelle il revient à l'instant final à son état primitif, la variation d'énergie intérieure ΔD étant nulle (n° 65) l'équation précédente se réduit à

$$Q = \mathcal{A}\varpi,$$

de laquelle on conclut

$$\frac{Q}{\varpi} = \mathcal{A},$$

comme au n° 75. Or, cette relation exprime précisément le principe de l'équivalence, car elle signifie : que le rapport de la quantité de chaleur Q fournie au corps ou dégagée par lui au travail exécuté ou subi, est un nombre constant, non-seulement quel que soit Q, *mais encore quel que soit le corps considéré et le cycle parcouru pourvu qu'il soit fermé*, attendu que $\mathcal{A}$ peut être considéré *a priori* comme constant dans ces mêmes circonstances.

Mais dans cette démonstration du principe de l'équivalence considéré comme conséquence du principe de la conservation de l'énergie, il faut admettre *a priori* en se basant sur l'hypothèse de la chaleur conçue comme mouvement que $\mathcal{A}$ et par suite E est constant quel que soit la nature du corps. Or cela n'est pas du premier coup d'une évidence parfaite, surtout quand pour la première fois on aborde la théorie thermodynamique. C'est cette remarque qui nous a engagé à suivre d'abord, quoique plus laborieuse, la marche indiquée aux n°s 71 et suivants, dans laquelle nous démontrons d'abord *directement* le principe de l'équivalence (n°s 72 et 73), pour en conclure n° 77, l'expression $Z = EQ$ de l'énergie calorifique dans laquelle E se trouve alors *démontré constant* quelle que soit la nature du corps, *indépendamment de toute idée préconçue sur l'essence même de la chaleur.*

Marche générale à suivre pour la détermination de l'équivalent mécanique de la chaleur.

83. Il nous reste actuellement à trouver la valeur de l'équivalent mécanique de la chaleur, ou ce qui revient au même, la valeur de l'équivalent calorifique $\mathcal{A}$ du travail.

Pour cela, rappelons-nous que, d'après le principe de l'équivalence précédemment démontré (n°s 72 et 73), lorsque le seul effet de la chaleur est un travail externe produit, ce qui arrive précisément quand le corps accomplit une évolution complète, le rapport $\frac{Q}{\mathfrak{T}}$ de la chaleur absorbée au travail produit, représenté par l'aire du cycle figurant l'évolution, est un nombre constant, quels que soient le corps et le cycle d'opérations qu'il accomplit, ce nombre constant étant précisément $\mathcal{A}$.

Donc, pour trouver $\mathcal{A}$, il suffit de prendre un corps absolument quelconque, et de lui faire subir une évolution complète quelconque d'ailleurs. Si alors on calcule, d'une part, la chaleur Q absorbée dans cette évolution, et, d'autre part, le travail $\mathfrak{T}$ effectué représenté par l'aire du cycle figurant l'évolution, le rapport

$$\frac{Q}{\mathfrak{T}} \text{ donnera } \mathcal{A},$$

et le rapport inverse

$$\frac{\mathcal{E}}{Q} \text{ donnera } E.$$

Mais pour qu'on puisse calculer la chaleur Q, nécessaire à l'évolution complète qu'on fait subir au corps que l'on a choisi, et le travail effectué correspondant, il faut absolument connaître la loi

$$F(v, p, T) = 0$$

des transformations de ce corps. Or, nous ne connaissons cette loi, ainsi qu'il a été dit (n° 56), que pour les gaz parfaits qui suivent rigoureusement les lois de Mariotte et de Gay-Lussac.

Nous ne pouvons donc agir que sur un gaz parfait, dont la loi des transformations, déduite, comme on l'a vu au n° 48, de ces deux lois, prend en fonction de la température absolue T la forme simple :

$$Hvp = T,$$

dans laquelle :

$$H = \frac{1}{\alpha v_0 p_0}, \quad T = t + \frac{1}{\alpha} = 273° + t.$$

84. C'est ce que nous ferons dans la prochaine leçon, en nous rappelant également que les expériences calorimétriques de nombreux expérimentateurs permettent d'ajouter aux deux lois de Mariotte et de Gay-Lussac, contenues implicitement dans la loi des transformations précédente, les deux lois suivantes :

1° *La chaleur spécifique sous pression constante* C *est indépendante de la température et de la pression.* Cette loi a été clairement établie pour l'air et l'hydrogène par Regnault; elle ne se soutient pas aussi bien pour l'acide carbonique, mais l'ensemble des expériences en autorise parfaitement l'application aux gaz considérés à l'état parfait.

2° *La chaleur spécifique sous volume constant* c *est également indépendante de la température et de la pression.*

Cette seconde loi résulte d'une part des expériences de Dulong sur la vitesse du son (n° 321) qui conduisent à admettre pour tous les gaz parfaits la même valeur du rapport $\frac{C}{c}$, et, d'autre part, d'expériences dues à Clément et Desormes, Gay-Lussac, Welter et Masson, Hirn et Weisbach (n°s 286, 308), dans le but de déterminer ce rapport entre des limites assez étendues de température et de pression. Ces expériences n'ont ni la précision, ni la généralité de celles de Regnault sur les chaleurs spécifiques à pression constante, mais la tendance de leurs résultats vers la loi énoncée n'en est pas moins évidente.

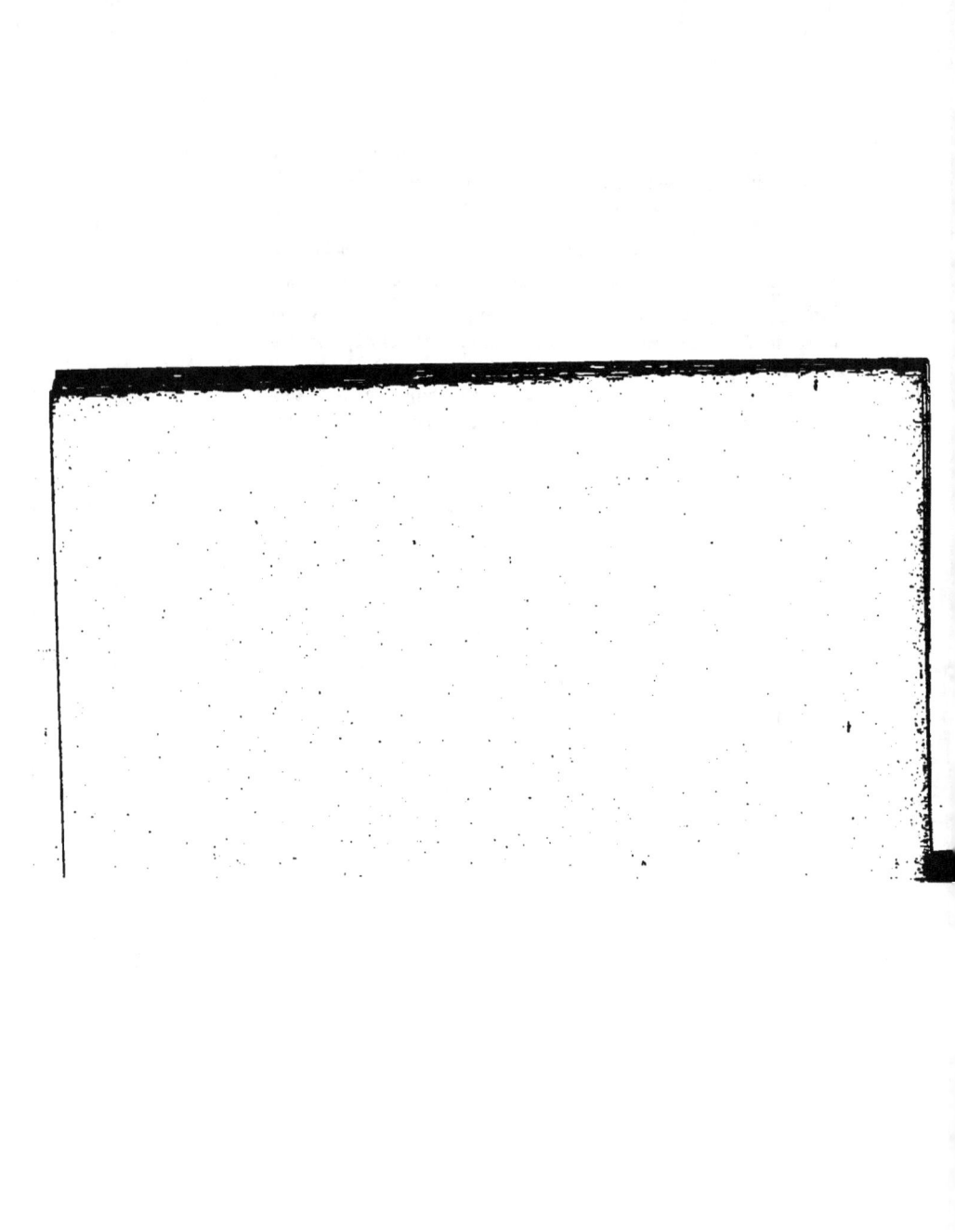

SIXIÈME LEÇON

Sommaire. — Application de la méthode générale précédente à la recherche de l'expression de l'équivalent mécanique de la chaleur en fonction des éléments caractéristiques d'un gaz parfait. On procède successivement des trois manières suivantes :

1° On fait décrire au gaz un cycle rectangulaire fini ;
2° — un cycle rectangulaire élémentaire ;
3° — un cycle fini quelconque.

— Expression des quantités de chaleur absorbées par un gaz parfait pour une transformation élémentaire et pour une transformation finie. On en déduit la formule $Q = c\theta + \mathcal{A} \int p dv$. — Signification et discussion de cette formule.

Expression de l'équivalent mécanique de la chaleur, en fonction des quantités caractéristiques d'un gaz parfait, obtenue en faisant décrire à ce gaz un cycle rectangulaire fini.

85. Appliquons la méthode générale exposée à la fin de la dernière leçon.

Considérons donc l'unité de poids d'un gaz parfait, et pour la facilité du calcul, faisons-lui décrire un cycle simple, le cycle rectangulaire ABCD de la figure 15 par exemple.

L'état initial du gaz est figuré par le point A dont les coordonnées sont v, p. Dans la première période AB, pour faire passer ce gaz de la pression p à la pression p_1, sous le volume constant v, il faut un accroissement de température

$$T_1 - T,$$

qu'on obtient facilement en observant que la loi des transformations du gaz appliquée aux deux états A et B donne :

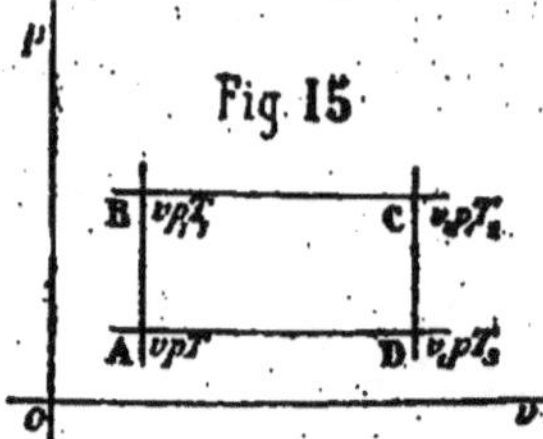

(1) $$Hvp = T$$

(2) $$Hvp_1 = T_1,$$

d'où on déduit par soustraction :

$$T_1 - T = Hv(p_1 - p).$$

Par suite, c désignant la capacité calorifique sous volume constant, laquelle, comme on sait (n° 84), est indépendante du volume et de la pression, et par suite de la température, il faudra communiquer au gaz une quantité de chaleur :

$$q = c(T_1 - T) = cHv(p_1 - p),$$

en remplaçant $T_1 - T$ par sa valeur.

Dans la seconde période BC, pour faire passer le gaz du volume v au volume v_1 sous la pression constante p_1, il faut un accroissement de température

$$T_2 - T_1,$$

qu'on obtient en observant que la loi des transformations du gaz appliquée à l'état C fournit la relation :

(3) $$Hv_1p_1 = T_2.$$

Retranchant alors (2) de (3), il vient :

$$T_2 - T_1 = Hp_1(v_1 - v).$$

Par suite, C désignant la capacité calorifique sous pression constante, constante (n° 84) quels que soient le volume et la pression, et par suite la température, il faudra communiquer au gaz une quantité de chaleur :

$$q_1 = C(T_2 - T_1) = CHp_1(v_1 - v),$$

en remplaçant $T_2 - T_1$ par sa valeur.

Dans la troisième période CD, pour faire passer le gaz de la pression p_1 à la pression p sous le volume constant v_1, il faut un abaissement de température $T_2 - T_3$, qu'on obtient en observant que la loi des transformations du gaz appliqué à l'état D fournit la relation :

$$(4) \qquad Hv_1p = T_3,$$

laquelle retranchée de la relation (3) donne :

$$T_2 - T_3 = Hv_1(p_1 - p).$$

Par suite, il faut enlever au gaz une quantité de chaleur :

$$q_2 = c(T_2 - T_3) = cHv_1(p_1 - p),$$

en remplaçant $T_2 - T_3$ par sa valeur.

Enfin dans la quatrième période DA, pour ramener le gaz à son état initial, c'est-à-dire pour le faire passer du volume v_1 au volume v sous la pression constante p, il faut un abaissement de température

$$T_3 - T,$$

qu'on obtient en retranchant (1) de (4), ce qui donne :

$$T_3 - T = Hp(v_1 - v).$$

Par suite, il faut enlever au gaz une quantité de chaleur :

$$q_3 = C(T_3 - T) = CHp(v_1 - v),$$

en remplaçant $T_3 - T$ par sa valeur.

Dès lors, pendant l'évolution considérée, la quantité totale de chaleur Q disparue comme chaleur et transformée en travail est :

$$Q = q + q_1 - (q_2 + q_3) = q_1 - q_3 - (q_2 - q).$$

Remplaçant q_1, q_3, q_2, q, par leurs expressions trouvées plus haut, il vient :

$$Q = CH(v_1 - v)(p_1 - p) - cH(v_1 - v)(p_1 - p),$$

ou enfin :

$$Q = H(C - c)(v_1 - v)(p_1 - p).$$

D'autre part, le travail effectué $\mathfrak{T}$, représenté par l'aire du cycle, qui est un rectangle, a pour expression :

$$\mathfrak{T} = (v_1 - v)(p_1 - p).$$

Par suite, on a pour l'équivalent calorifique du travail (n° 83) :

$$\mathfrak{A} = \frac{Q}{\mathfrak{T}} = H(C - c),$$

ou, en remplaçant H par sa valeur $\frac{1}{\alpha v_0 p_0}$,

$$\mathfrak{A} = \frac{C - c}{\alpha v_0 p_0}.$$

On en déduit pour l'équivalent mécanique de la chaleur :

$$E = \frac{1}{\mathfrak{A}} = \frac{\alpha v_0 p_0}{C - c}.$$

Expression de l'équivalent mécanique de la chaleur, en fonction des quantités caractéristiques d'un gaz parfait, obtenue en faisant décrire au gaz un cycle rectangulaire infiniment petit.

86. Au lieu de faire parcourir au gaz parfait, dont la loi des transformations est :

$$(1) \qquad Hvp = T,$$

un cycle rectangulaire fini, on peut, ce qui est plus rapide, lui faire décrire un cycle rectangulaire élémentaire ABCD (fig. 16). On raisonnera d'ailleurs identiquement comme dans le cas précédent.

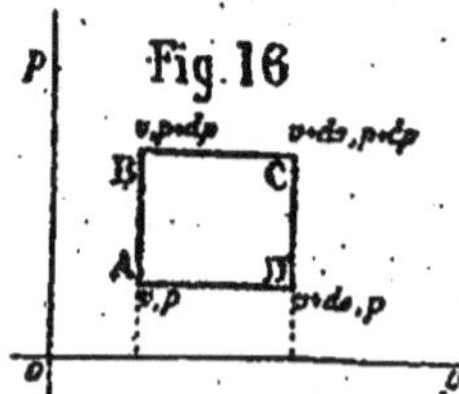

L'état initial de l'unité de poids du gaz étant figuré par le point A dont les coordonnées sont v, p :

Dans la première période AB, pour faire passer ce gaz de

la pression p à la pression $p + dp$ sous le volume constant v, il faut un accroissement de température

$$dT,$$

qu'on obtient en différentiant (1) par rapport à p, le volume v étant regardé comme constant, ce qui donne :

$$Hvdp = dT.$$

Par suite, c désignant la capacité calorifique sous volume constant, il faut communiquer au gaz une quantité de chaleur :

$$dq = cdT = cHvdp.$$

Dans la seconde période BC, pour faire passer le gaz du volume v au volume $v + dv$ sous la pression constante $p + dp$, il faut un accroissement de température

$$d_1T,$$

qu'on obtient en différentiant (1) par rapport à v, la pression $p + dp$ étant regardée comme constante, ce qui donne :

$$H(p + dp)dv = d_1T,$$

et par suite, C désignant la capacité calorifique sous pression constante, il faut communiquer au gaz une quantité de chaleur :

$$dq_1 = C.d_1T = CH(p + dp)dv.$$

Dans la troisième période CD, pour faire passer le gaz de la pression $p + dp$ à la pression p sous le volume constant $v + dv$, il faut un abaissement de température

$$d_2T,$$

qu'on obtient en différentiant (1) par rapport à p, en considérant le volume $(v + dv)$ comme constant, ce qui donne :

$$H(v + dv)dp = d_2T,$$

et par suite, il faut enlever au gaz une quantité de chaleur :

$$dq_2 = cd_2T = cH(v + dv)dp.$$

Enfin, dans la quatrième période DA, pour ramener le gaz à son état initial, c'est-à-dire pour le faire passer du volume $v+dv$ au volume v sous la pression constante p, il faut un abaissement de température

$$d_3T,$$

qu'on obtient en différentiant (1) par rapport à v, en considérant la pression p comme constante, ce qui donne :

$$Hpdv = d_3T;$$

par suite, il faut enlever au gaz une quantité de chaleur :

$$dq_3 = Cd_3T = CHpdv.$$

Dès lors, pendant l'évolution considérée, la quantité totale de chaleur dQ disparue comme chaleur et transformée en travail est :

$$dQ = dq + dq_1 - (dq_2 + dq_3) = dq_1 - dq_3 - (dq_2 - dq),$$

ou, en remplaçant dq_1, dq_3, dq_2, dq, par leurs expressions trouvées plus haut, on a immédiatement :

$$dQ = CHdvdp - cHdvdp,$$

ou enfin :

$$dQ = H(C-c)dvdp.$$

D'autre part, le travail effectué $d\mathfrak{T}$, représenté par l'aire du cycle rectangulaire ABCD, a pour expression :

$$d\mathfrak{T} = dvdp.$$

Par suite on a pour l'équivalent calorifique du travail (n° 83) :

$$\mathcal{A} = \frac{dQ}{d\mathfrak{T}} = H(C-c) = \frac{C-c}{\alpha v_0 p_0},$$

et pour l'équivalent mécanique de la chaleur

$$E = \frac{1}{\mathcal{A}} = \frac{\alpha v_0 p_0}{C-c}.$$

Expression de l'équivalent mécanique de la chaleur en fonction des quantités caractéristiques d'un gaz parfait obtenu en faisant décrire au gaz un cycle fini quelconque.

87. Enfin, au lieu de faire parcourir au gaz parfait considéré un cycle rectangulaire fini ou infiniment petit, nous pouvons lui faire parcourir un cycle fini absolument quelconque.

La nouvelle méthode que nous allons employer, nous permettra de trouver non-seulement l'expression de l'équivalent mécanique établie plus haut, mais encore une foule d'autres résultats intéressants, relatifs aux gaz parfaits.

88. Quantité de chaleur nécessaire a une transformation élémentaire. — Soit toujours (fig. 17) l'unité de poids d'un gaz parfait dont la loi des transformations est

$$\text{(1)} \qquad \mathrm{H}vp = \mathrm{T}.$$

Cherchons la quantité de chaleur

$$d\mathrm{Q}$$

nécessaire à une transformation élémentaire de ce gaz figurée par l'élément de courbe MM'; c'est-à-dire la quantité de chaleur nécessaire pour faire passer l'unité de poids de ce gaz de l'état p,v figuré par le point M à l'état $v+dv, p+dp$ figuré par le point infiniment voisin M'.

89. Pour cela, j'observe d'abord que, sous le rapport de la quantité de chaleur absorbée par le gaz, je puis remplacer la transformation MM' par la transformation $\mathrm{MM_1M'}$, car les états extrêmes sont les mêmes et les travaux extérieurs produits dans les deux cas ne diffèrent que d'une quantité égale à l'aire $\mathrm{MM_1M'}$ qui est un infiniment petit du deuxième ordre, négligeable par conséquent ; de sorte que, dans les deux cas la quantité de chaleur absorbée donnée par la formule du n° 81

$$d\mathrm{Q} = d\mathrm{U} + \mathrm{A}pdv$$

est la même, $d\mathrm{U}$ et pdv étant les mêmes dans les deux cas.

90. On peut encore raisonner comme il suit : il s'agit de faire voir que, sous le rapport de la chaleur absorbée par le

gaz, je puis remplacer la transformation MM' par la transformation MM_1M'. En effet, considérons le cycle infiniment petit $MM'M_1M$, et soient : dQ la quantité de chaleur absorbée pour la transformation MM', dq_1 la quantité de chaleur dégagée dans la transformation $M'M_1$ et dq la quantité de chaleur dégagée dans la transformation M_1M ; il en résulte que la quantité totale de chaleur effective absorbée par le corps pendant l'évolution considérée sera :

$$dQ - dq - dq_1$$

comme elle est, par suite du principe de l'équivalence, proportionnelle au travail effectué représenté par l'aire $MM'M_1M$ du cycle, on a donc

$$dQ - dq - dq_1 = \mathcal{A}\,\text{Surf.}\,(MM'M_1M) ;$$

Mais cette aire $MM'M_1M$ étant le produit de deux infiniments petits du premier ordre, est un infiniment petit du deuxième ordre, négligeable par conséquent, devant les infiniments petits du premier ordre, constituant le premier membre de l'égalité précédente ; on a donc :

$$dQ - dq - dq_1 = 0,$$

et par suite,

$$dQ = dq + dq_1,$$

ce qui montre que pour calculer la quantité de chaleur nécessaire à la transformation MM', il suffit de chercher les quantités de chaleur dq, dq_1 nécessaire aux deux transformations MM_1, M_1M' et d'en faire la somme.

91. Or, 1° pour effectuer la transformation MM_1, c'est-à-dire pour faire passer le gaz du volume v au volume $v+dv$ sans la pression constante p, il faut un accroissement de température dT qu'on obtient en différentiant (1) par rapport à v, p étant considéré comme constant ; ce qui donne

$$Hpdv = dT,$$

et par suite, il faut communiquer au gaz une quantité de chaleur

$$dq = CdT = CHpdv.$$

2°. Pour lui faire éprouver actuellement la transformation M_1M', c'est-à-dire pour le faire passer de la pression p à la pression $p+dp$ sous le volume constant $v+dv$, il faut un accroissement de température d_1T qu'on obtient en différentiant (1) par rapport à p, le volume $v+dv$ étant considéré comme constant, ce qui donne

$$H(v+dv)dp = dT\,;$$

ou en négligeant l'infiniment petit du deuxième ordre $Hdvdp$,

$$Hvdp = d_1T,$$

et par suite, il faut communiquer au gaz une quantité de chaleur

$$dq_1 = cd_1T = cHvdp.$$

Donc la quantité totale de chaleur nécessaire à la transformation élémentaire MM' est :

$$dQ = dq + dq_1 = Hc(vdp + \frac{C}{c}pdv)$$

ou enfin

$$dQ = Hc(vdp + \gamma pdv),$$

en posant $\frac{C}{c} = \gamma$.

92. Quantité totale de chaleur nécessaire a une transformation finie. — Ayant l'expression de la quantité de chaleur nécessaire à une transformation élémentaire MM', la quantité totale de chaleur Q nécessaire à une transformation finie AB, c'est-à-dire la quantité de chaleur nécessaire pour faire passer le gaz de l'état p_1v_1 (état A) à l'état p_2v_2 (état B), s'obtiendra en intégrant l'expression précédente. En observant que γ est constant, quels que soient la température et la pression (n° 84), on aura ainsi :

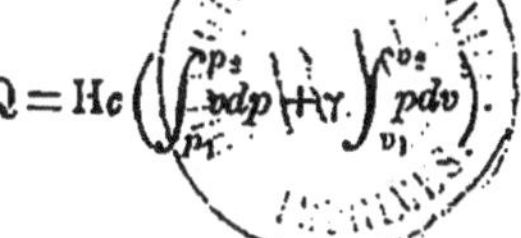

$$Q = Hc\left(\int_{p_1}^{p_2} vdp + \gamma\int_{v_1}^{v_2} pdv\right).$$

Mais on voit géométriquement, en jetant les yeux sur la figure, que

Surf. (ABa'b') = Surf. (Bb'Ob) — Surf. (Aa'Oa) — Surf. (ABab),

c'est-à-dire que

$$\int_{p_1}^{p_2} vdp = v_2 p_2 - v_1 p_1 - \int_{v_1}^{v_2} pdv.$$

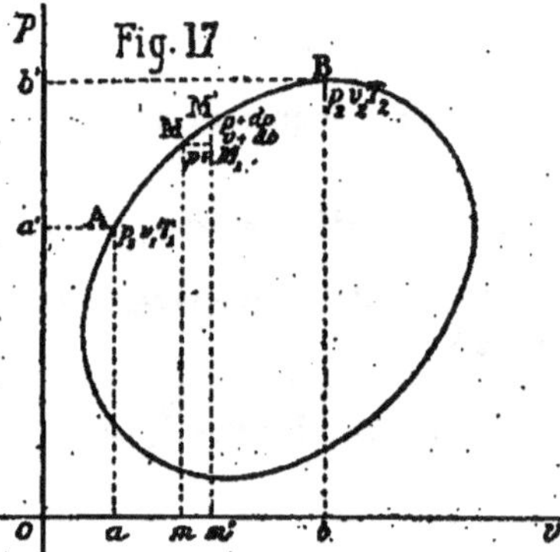

Résultat auquel on arrive d'ailleurs immédiatement en intégrant par parties.

Remplaçant dans l'expression de Q, $\int_{p_1}^{p_2} vdp$ par la valeur précédente, il vient :

$$Q = Hc\left[v_2 p_2 - v_1 p_1 + (\gamma - 1)\int_{v_1}^{v_2} pdv\right].$$

Cette relation donne ainsi l'expression de la chaleur Q nécessaire à une transformation finie du gaz, en fonction du travail extérieur $\int_{v_1}^{v_2} pdv$ accompli par ce gaz.

93. Expression de l'équivalent mécanique. — Eh bien,

supposons actuellement que la transformation finie éprouvée par le gaz, soit une évolution complète représentée par un cycle arbitraire, celui de la figure, par exemple ; c'est-à-dire supposons que l'état final du gaz (B) caractérisé par $v_2 p_2$ redevienne identique à l'état initial (A) caractérisé par $v_1 p_1$ en d'autres termes, supposons que

$$p_2 = p_1,$$
$$v_2 = v_1 ;$$

la formule précédente se réduit alors à

$$Q = Hc(\gamma - 1) \int_{v_1}^{v_2} p dv$$

Mais dans cette relation, Q représente alors la quantité de chaleur fournie au gaz pendant l'évolution *complète* qu'on vient de lui faire subir et $\int_{v_1}^{v_2} p dv$ le travail externe accompli figuré par l'*aire du cycle*. Or, dans ces circonstances, le rapport de ces deux quantités

$$\frac{Q}{\int_{v_1}^{v_2} p dv}$$

c'est précisément $\mathcal{A}$.

On conclut donc de la relation précédente :

$$\mathcal{A} = \frac{Q}{\int_{v_1}^{v_2} p dv} = Hc(\gamma - 1),$$

où en remplaçant γ par sa valeur $\frac{C}{c}$

$$\mathcal{A} = H(C - c) = \frac{C - c}{\alpha v_0 p_0},$$

et par suite

$$E = \frac{1}{\mathcal{A}} = \frac{\alpha v_0 p_0}{C - c}.$$

Etablissement de la formule importante : $Q = c\theta + \mathcal{A}\int_{v_1}^{v_2} pdv$ relative aux gaz parfaits. — Signification et discussion de cette formule.

94. — Reprenons la relation du n° 92,

$$Q = Hc\left[v_2 p_2 - v_1 p_1 + (\gamma - 1)\int_{v_1}^{v_2} pdv\right]$$

donnant la quantité totale de chaleur nécessaire à une transformation finie quelconque AB d'un gaz parfait.

Si l'on observe que la loi des transformations de ce gaz, appliquée aux états A et B, donne

$$Hv_1 p_1 = T_1 \quad (\text{état A}),$$
$$Hv_2 p_2 = T_2 \quad (\text{état B}),$$

d'où on conclut

$$v_2 p_2 - v_1 p_1 = \frac{1}{H}(T_2 - T_1),$$

on aura, en remplaçant dans l'expression de Q la différence $v_2 p_2 - v_1 p_1$ par sa valeur, la nouvelle expression

$$Q = c(T_2 - T_1) + Hc(\gamma - 1)\int_{v_1}^{v_2} pdv$$

Mais on a (n° 93)

$$Hc(\gamma - 1) = \mathcal{A},$$

En remplaçant, et en posant de plus

$$T_2 - T_1 = \theta,$$

l'expression précédente devient enfin :

$$Q = c\theta + A\int_{v_1}^{v_2} p\,dv.$$

95. On pourrait d'ailleurs arriver directement à ce dernier résultat en partant de la formule du n° 91,

$$dQ = \mathrm{H}c\,(v\,dp + \gamma p\,dv),$$

qui donne la quantité de chaleur nécessaire à une transformation élémentaire MM'.

En effet, si je différencie l'équation

$$\mathrm{H}vp = \mathrm{T}$$

en considérant T comme fonction des deux variables indépendantes v, p, et se souvenant que la différentielle totale est égale à la somme des différentielles partielles, j'obtiens

$$\mathrm{H}\,(v\,dp + p\,dv) = d\mathrm{T},$$

d'où,

$$v\,dp = \frac{1}{\mathrm{H}}\,d\mathrm{T} - p\,dv.$$

Remplaçant dans l'expression de dQ, elle devient

$$dQ = \mathrm{H}c\left[\frac{1}{\mathrm{H}}d\mathrm{T} + (\gamma - 1)\,p\,dv\right] = c\,d\mathrm{T} + \mathrm{H}c(\gamma - 1)\,p\,dv.$$

ou, par suite de la relation du n° 93 :

$$dQ = c\,d\mathrm{T} + A\,p\,dv.$$

En intégrant, on a enfin

$$Q = c(\mathrm{T}_2 - \mathrm{T}_1) + A\int_{v_1}^{v_2} p\,dv$$

que l'on peut écrire

$$Q = c\theta + A\int_{v_1}^{v_2} p\,dv$$

96. Signification de cette formule. — Cette relation exprime que la quantité de chaleur correspondant à une transformation quelconque d'un gaz parfait se compose de deux parties; l'une, qui est la quantité de chaleur nécessaire pour que la température varie de θ, *le volume restant constant* (attendu que c est la chaleur spécifique sans volume constant); l'autre, qui représente la quantité de chaleur nécessaire au travail externe $\int_{v_1}^{v_2} pdv$.

97. Discussion. — De la simple inspection de cette formule, il résulte d'ailleurs :

1° Que si l'unité de poids d'un gaz parfait éprouve diverses transformations en absorbant la même quantité de chaleur, l'accroissement de sa température varie en sens inverse du travail extérieur effectué : par exemple, si le travail exécuté diminue, l'échauffement devient plus considérable. L'expérience vérifie cette conséquence de la théorie; tout le monde sait, depuis Rumsford en effet, qu'une arme à feu quelconque, canon ou fusil, s'échauffe bien davantage quand on tire à blanc que lorsqu'on tire à boulet ou à balle.

98. 2° Si l'on suppose, en second lieu, que le gaz éprouve une transformation *sans perte ni gain de chaleur*, hypothèse que l'on introduit dans la formule en y faisant Q=O, on aura

$$O = c\theta + A\int_{v_1}^{v_2} pdv.$$

a. Supposons, par exemple, que le gaz se dilate, auquel cas $\int_{v_1}^{v_2} pdv$ est essentiellement positif, alors il résulte nécessairement de l'expression précédente, que $c\theta$ et par suite θ ou la différence

$$T_2 - T_1.$$

est nécessairement négative, c'est-à-dire que

$$T_2 < T_1.$$

Il y a donc nécessairement *abaissement de température*; et l'expression du travail effectué $\int_{v_1}^{v_2} pdv$ en fonction de cet abaissement de température, sera, en mettant dans l'expression précédente cette quantité en évidence :

$$\int_{v_1}^{v_2} pdv = -\frac{c}{\mathcal{A}}\theta,$$

ou, en remplaçant θ par sa valeur $T_2 - T_1$,

$$\int_{v_1}^{v_2} pdv = \frac{1}{\mathcal{A}} c(T_1 - T_2) = Ec(T_1 - T_2).$$

Ainsi, dans ce cas, il y a transformation de l'énergie calorifique $Ec(T_1 - T_2)$ en une quantité précisément égale de *travail exécuté ou d'énergie sensible* imprimée au gaz.

b. Si le gaz, au contraire, se contracte, auquel cas $\int_{v_1}^{v_2} pdv$ est essentiellement négatif, $c\theta$ et par suite θ, ou la différence

$$T_2 - T_1$$

est nécessairement positive, c'est-à-dire que

$$T_2 > T_1.$$

Il y a donc nécessairement ici *élévation de température*; et l'expression du travail reçu $\int_{v_2}^{v_1} pdv$ en fonction de cette élévation de température sera :

$$\int_{v_1}^{v_2} pdv = -\frac{c}{\mathcal{A}}\theta = -\frac{1}{\mathcal{A}} c(T_2 - T_1).$$

ou en changeant les signes des deux membres,

$$\int_{v_2}^{v_1} pdv = \frac{1}{\mathcal{A}} c(T_2 - T_1) = Ec(T_2 - T_1).$$

Ainsi, dans ce cas, qui se réalise dans l'expérience du briquet à air quand la compression s'effectue rapidement, le travail reçu par le gaz se transforme en totalité en une quantité d'énergie calorifique $E c(T_2 - T_1)$ précisément égale.

99. 3° Enfin, si dans la formule nous faisons $\theta = 0$ ou bien $T_2 = T_1$, c'est-à-dire si le gaz éprouve une transformation *sans variation de température* ou ce qu'on appelle une *transformation à température constante*, comme il arrive dans l'expérience du briquet à air, quand on comprime lentement, on obtient

$$Q = A \int_{v_1}^{v_2} p\,dv.$$

Ce qui démontre que, dans ce cas, la quantité de chaleur absorbée ou dégagée est précisément proportionnelle au travail extérieur effectué ou reçu : le coefficient de proportionnalité étant justement A.

Cette observation fournit donc deux méthodes expérimentales inverses l'une de l'autre pour déterminer la valeur de l'équivalent mécanique de la chaleur : 1° soit par la compression, 2° soit par l'expansion des gaz dits permanents. (Expériences de Joule, nos 140 et suivants).

Ainsi, dans le cas d'une transformation *à température constante*, et pour les gaz parfaits, la totalité de la chaleur absorbée se transforme en travail externe.

SEPTIÈME LEÇON

SOMMAIRE. — Recherche dans le cas des gaz parfaits :

1° De la loi de détente *sans variation de température.* — Lignes isothermiques. — Expressions diverses du travail de la détente isothermique. — Applications.

2° De la loi de détente *sans variation de chaleur.* — Lignes adiabatiques. — Expressions diverses du travail de la détente adiabatique. — Applications.

Généralisation : expression de l'équivalent mécanique de la chaleur en fonction des quantités caractéristiques d'un *corps quelconque*, obtenue en lui faisant décrire un cycle rectangulaire élémentaire.

---

100. En terminant la dernière leçon, nous parlions de transformations d'un gaz parfait s'effectuant *sans variation de température*, et de transformations s'effectuant *sans variation de chaleur*.

Eh bien, il s'agit aujourd'hui de rechercher, dans ce cas des gaz parfaits, les lois suivant lesquelles s'accomplissent ces deux genres de transformations.

Loi de la détente, sans variation de température, dans les gaz parfaits. — Expressions diverses du travail de la détente isothermique.

101. La loi cherchée n'est autre chose que la relation qui existe entre le volume de l'unité de poids du gaz et sa pression, quand ce gaz éprouve une transformation (détente ou compression) telle que sa température T reste constante. Pour

concevoir d'ailleurs qu'une transformation du gaz puisse s'accomplir ainsi, il suffit d'admettre qu'elle s'opère dans une enceinte de masse indéfinie, entretenue à la température constante T, et jouissant par hypothèse d'une conductibilité parfaite, de manière que la chaleur due à la compression, ou la chaleur nécessaire à la dilatation, soit immédiatement absorbée ou fournie par cette enceinte.

Dans ce cas, la loi cherchée n'est autre que celle de Mariotte, contenue implicitement dans la loi des transformations du gaz :

$$\mathrm{H}vp = \mathrm{T},$$

d'où l'on tire, en effet, T étant constant et égal à T_1 je suppose :

$$vp = \frac{T_1}{H} = \text{constante},$$

puisque H est également constant.

102. La courbe représentative de cette loi, c'est-à-dire la ligne qui représente cette transformation à température constante et qu'on nomme pour cette raison *ligne isothermique*, est ici, comme on voit, une hyperbole équilatère telle que AMB (fig. 18), ayant pour asymptotes les axes coordonnés. Cette courbe est d'ailleurs symétrique par rapport à la bissectrice de l'angle des axes.

103. Travail de la détente, sans variation de température, dans les gaz parfaits.

Il est facile de conclure de cette loi l'expression du travail de la détente quand elle s'accomplit sans variation de température.

Première expression du travail de la détente isothermique. — L'expression de ce travail, représenté graphiquement (fig. 18) par la surface AMB*ab*, est, pour 1 kilogramme de gaz :

$$\mathfrak{E} = \int_{v_1}^{v_2} p\,dv;$$

mais p étant lié à v par la relation précédente :

$$vp = \frac{T_1}{H},$$

on a, en remplaçant p par sa valeur en fonction de v, puis en effectuant l'intégration entre les limites indiquées :

$$\mathfrak{T} = \int_{v_1}^{v_2} \frac{T_1}{H} \frac{dv}{v} = \frac{T_1}{H} \operatorname{Log} \frac{v_2}{v_1},$$

ou enfin, en passant aux logarithmes vulgaires :

$$\mathfrak{T} = 2,3026 \frac{T_1}{H} \log \frac{v_2}{v_1}.$$

104. Seconde expression du travail de la détente isothermique. — D'ailleurs, la loi des transformations du gaz, appliquée à l'état initial A, donne :

$$Hv_1p_1 = T_1,$$

d'où on conclut :

$$v_1p_1 = \frac{T_1}{H}.$$

Remplaçant dans l'expression précédente de $\mathfrak{T}$, $\frac{T_1}{H}$ par sa valeur v_1p_1, on obtient la seconde forme :

$$\mathfrak{T} = 2,3026\, v_1p_1 \log \frac{v_2}{v_1}.$$

105. Mais la première forme est plus commode pour les applications, elle n'exige en effet que la connaissance de la température et du degré de détente.

Exemple. — Supposons 1 kilogramme d'air à la température $t_1 = 80$, et par suite à la température absolue $T_1 = 303$; le travail produit par ce poids de gaz se dilatant du volume v_1 au volume

$$v_2 = \frac{4}{3} v_1,$$

la température restant constante, s'obtiendra en remplaçant dans la formule du n° 103 T_1 et $\frac{v_2}{v_1}$ par les valeurs précédentes, et en observant que pour l'air

$$H = \frac{1}{\alpha v_0 p_0} = \frac{1}{29,272},$$

$\mathfrak{G}$ est ainsi fourni par l'expression numérique :

$$\mathfrak{G} = 2,3026 \times 303 \times 29,272 \log \frac{4}{3} = 2752^{\text{km}},838.$$

D'ailleurs, le volume passant de v_1 à $v_2 = \frac{4}{3} v_1$, la pression passera de p_1 à $p_2 = \frac{3}{4} p_1$.

Quant à la quantité de chaleur que l'enceinte à la température constante $T_1 = 303$ devra fournir au gaz pour que ce gaz se détende suivant les lois précédentes, elle sera donnée (n° 99) par la formule :

$$Q = \mathcal{A}.\mathfrak{G}.$$

En remplaçant $\mathcal{A}$, l'inverse de l'équivalent mécanique, par la valeur

$$\mathcal{A} = \frac{1}{424}$$

que l'on trouvera plus loin, on aura :

$$Q = \frac{1}{424} \times 2251,57 = 6^{\text{calor.}},0178.$$

Loi de la détente, sans variation de chaleur, dans les gaz parfaits. — Expressions diverses du travail de la détente adiabatique.

106. La loi cherchée est celle qui relie le volume de l'unité de poids de gaz et sa pression quand pendant la transformation (détente ou compression) qu'il éprouve, il ne reçoit ni n'émet de chaleur.

Pour concevoir d'ailleurs qu'une transformation du gaz s'accomplisse dans ces conditions, c'est-à-dire *à chaleur constante*, il suffit d'admettre qu'elle s'opère dans une enceinte absolument dépourvue de conductibilité, et par suite complétement imperméable à la chaleur. Dans l'expérience du briquet à air, *faite rapidement*, les choses se passent très approximativement ainsi, attendu que l'air et le vase sont très peu conducteurs de la chaleur, et la durée du phénomène est supposée suffisamment courte pour qu'il en puisse se produire le moindre échange de chaleur.

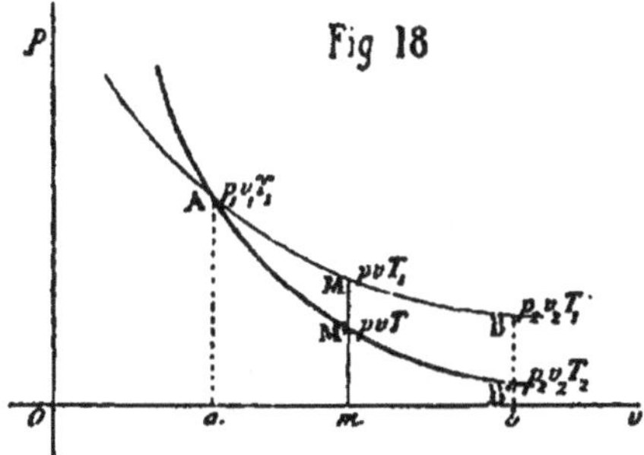

Pour trouver facilement cette loi, il suffit de se rappeler que la quantité de chaleur nécessaire à une transformation élémentaire

$$dv,\ dp,\ dt$$

est, d'après la formule du n° 91 :

$$dQ = Hc(vdp + \gamma pdv).$$

Si cette transformation s'effectue sans perte ni gain de chaleur, $dQ = 0$, et il reste :

$$vdp + \gamma pdv = 0.$$

Divisant par vp pour séparer les variables et observant que γ est constant, quelles que soient la température et la pression (n° 84), on a :

$$\frac{dp}{p} + \gamma \frac{dv}{v} = 0;$$

d'où en intégrant et ajoutant la constante C :

$$\text{Log}\, p = -\gamma\, \text{Log}\, v + C.$$

Pour déterminer la constante C, soient $v_1 p_1$ les quantités caractéristiques du gaz dans l'état initial A; la relation précédente, pour $v = v_1$, devra donner $p = p_1$, d'où la condition suivante :

$$\text{Log}\, p_1 = -\gamma\, \text{Log}\, v_1 + C.$$

Retranchant membre à membre ces deux égalités, C se trouve éliminé, et il vient :

$$\text{Log}\, \frac{p}{p_1} = \gamma\, \text{Log}\, \frac{v_1}{v},$$

ou :

$$\text{Log}\, \frac{p}{p_1} = \text{Log}\left(\frac{v_1}{v}\right)^{\gamma},$$

et enfin :

$$\frac{p}{p_1} = \left(\frac{v_1}{v}\right)^{\gamma},$$

que l'on peut écrire :

$$pv^{\gamma} = p_1 v_1^{\gamma}.$$

Telle est l'expression de la loi cherchée, dite loi de Laplace et Poisson, parce qu'elle fut établie pour la première fois par ces deux savants par une méthode bien plus laborieuse, il est vrai, que celle qui précède.

107. La courbe représentative de cette loi, c'est-à-dire la ligne qui représente cette transformation *à chaleur constante*, c'est-à-dire sans perte ni gain de chaleur, se nomme pour cette raison ligne *adiabatique*. C'est une courbe du genre hyperbolique telle que AM'B' (fig. 18) ayant encore pour asymptotes les axes coordonnés.

108. Ainsi les lignes adiabatiques dans les gaz parfaits ont les mêmes asymptotes que les lignes isothermiques, mais elles en diffèrent en ce qu'elles ne sont pas symétriques par rapport à la bissextrice de l'angle des axes ; elles se rapprochent beaucoup plus vite de l'axe des abscisses que de celui des ordonnées.

Il résulte de ce qui précède, l'état initial du gaz étant supposé le même et figuré par le point A (fig. 18), que la ligne adiabatique AM'B' qui passe par ce point se maintient toujours (à droite de ce point A) *au-dessous* de la ligne isothermique AMB, c'est-à-dire que quand un gaz se dilate sans perte ni gain de chaleur, les pressions décroissent plus rapidement que dans le cas précédent, et quand au lieu de se dilater ce gaz est comprimé sans perte ni gain de chaleur, les pressions croissent beaucoup plus vite.

Observons actuellement qu'ici le gaz se dilatant sans perte ni gain de chaleur, la transformation s'accomplit aux dépens de la chaleur interne du corps, c'est-à-dire que la température (n° 98, *a*) décroît. Cherchons donc la relation qui lie le volume v à la température T.

109. Relation entre le volume et la température dans la détente adiabatique. — Cette relation s'obtient immédiatement au moyen de la précédente :

$$\frac{p}{p_1}=\left(\frac{v_1}{v}\right)^{\gamma},$$

en y remplaçant le rapport :

$$\frac{p}{p_1},$$

par sa valeur tirée des deux conditions :

$$Hv_1p_1=T_1 \quad \text{(état A)}$$

$$Hvp=T \quad \text{(état quelconque M')},$$

d'où l'on conclut :

$$(a)\ \frac{p}{p_1}=\frac{T}{T_1}\cdot\frac{v_1}{v}.$$

Par suite, en substituant dans la formule de Poisson, on a

$$\frac{T}{T_1}\cdot\frac{v_1}{v}=\left(\frac{v_1}{v}\right)^{\gamma},$$

et enfin :

$$\frac{T}{T_1}=\left(\frac{v_1}{v}\right)^{\gamma-1},$$

que l'on peut écrire :

$$Tv^{\gamma-1}=T_1v_1^{\gamma-1}.$$

110. Relation entre la pression et la température dans la détente adiabatique. — Enfin si l'on veut dans le cas considéré trouver la relation liant la pression p à la température T, il suffit dans cette même relation de Poisson

$$\frac{p}{p_1}=\left(\frac{v_1}{v}\right)^{\gamma}$$

de remplacer le rapport $\frac{v_1}{v}$ par sa valeur :

$$\frac{v_1}{v}=\frac{p}{p_1}\cdot\frac{T_1}{T},$$

tirée de cette même condition (α).

On a ainsi en substituant :

$$\frac{p}{p_1}=\left(\frac{p}{p_1}\right)^{\gamma}\cdot\left(\frac{T_1}{T}\right)^{\gamma},$$

ou bien :

$$\frac{T}{T_1}=\left(\frac{p_1}{p}\right)^{\frac{1-\gamma}{\gamma}},$$

que l'on peut écrire :

$$Tp^{\frac{1-\gamma}{\gamma}}=T_1p_1^{\frac{1-\gamma}{\gamma}}.$$

111. Expressions diverses du travail de la détente, sans variation de chaleur, dans les gaz parfaits. — Il

est facile maintenant de conclure de la loi de Poisson l'expression du travail de la détente, dans le cas où elle s'accomplit sans variation de chaleur.

Première expression du travail de la détente adiabatique. — L'expression de ce travail représenté graphiquement (fig. 18) par la surface AM'B'ab est, pour 1 kilogramme de gaz :

$$\mathfrak{T} = \int_{v_1}^{v_2} p dv.$$

Si l'on remplace p par sa valeur en fonction de v :

$$p = p_1 v_1{}^{\gamma} \frac{1}{v^{\gamma}},$$

tirée de la loi de Poisson (n° 106), et que l'on effectue ensuite l'intégration entre les limites indiquées, on obtient :

$$\mathfrak{T} = \int_{v_1}^{v_2} p_1 v_1{}^{\gamma} \frac{dv}{v^{\gamma}} = p_1 v_1{}^{\gamma} \int_{v_1}^{v_2} \frac{dv}{v^{\gamma}} = \frac{p_1 v_1{}^{\gamma}}{1-\gamma} \left[v_2{}^{-\gamma+1} - v_1{}^{-\gamma+1} \right],$$

ou :

$$\mathfrak{T} = \frac{p_1 v_1{}^{\gamma}}{1-\gamma} \left[\frac{1}{v_2{}^{\gamma-1}} - \frac{1}{v_1{}^{\gamma-1}} \right] = \frac{p_1 v_1{}^{\gamma}}{\gamma - 1} \left[\frac{1}{v_1{}^{\gamma-1}} - \frac{1}{v_2{}^{\gamma-1}} \right],$$

ou enfin :

$$\mathfrak{T} = \frac{p_1 v_1}{\gamma - 1} \left[1 - \left(\frac{v_1}{v_2} \right)^{\gamma - 1} \right].$$

112. Autre méthode. — D'ailleurs, on peut arriver plus rapidement encore à ce résultat en partant de l'équation du n° 92 :

$$Q = Hc \left[v_2 p_2 - v_1 p_1 + (\gamma - 1) \int_{v_1}^{v_2} p dv \right]$$

donnant la quantité totale de chaleur nécessaire pour faire passer le gaz de l'état $p_1 v_1$ à l'état $p_2 v_2$. Ici cette transformation s'opérant sans perte ni gain de chaleur, $Q = 0$, et par suite le travail effectué $\int_{v_1}^{v_2} pdv$ se trouve donné par la relation :

$$0 = Hc\left[v_2p_2 - v_1p_1 + (\gamma - 1)\int_{v_1}^{v_2} pdv\right],$$

de laquelle on tire :

$$\mathfrak{G} = \int_{v_1}^{v_2} pdv = \frac{1}{\gamma - 1}\left[v_1p_1 - v_2p_2\right],$$

relation que l'on peut écrire :

$$\mathfrak{G} = \frac{p_1v_1}{\gamma - 1}\left[1 - \frac{v_2p_2}{v_1p_1}\right].$$

Mais de la formule de Poisson :

$$\frac{p_2}{p_1} = \left(\frac{v_1}{v_2}\right)^\gamma,$$

on tire, en multipliant les deux membres par le rapport $\frac{v_2}{v_1}$.

$$\frac{v_2p_2}{v_1p_1} = \frac{v_2}{v_1}\left(\frac{v_1}{v_2}\right)^\gamma = \left(\frac{v_1}{v_2}\right)^{\gamma - 1}.$$

En remplaçant dans l'expression précédente de $\mathfrak{G}$, on a immédiatement :

$$\mathfrak{G} = \frac{p_1v_1}{\gamma - 1}\left[1 - \left(\frac{v_1}{v_2}\right)^{\gamma - 1}\right],$$

expression donnant le travail de la détente en fonction de p_1, v_1, et du degré de détente $\frac{v_2}{v_1}$.

113. Seconde expression du travail de la détente adiabatique. — Si nous remplaçons, dans l'expression précédente, $\frac{v_1}{v_2}$ par sa valeur :

$$\frac{v_1}{v_2} = \left(\frac{p_2}{p_1}\right)^{\frac{1}{\gamma}}$$

tirée de la relation de Poisson, elle prend la seconde forme :

$$\mathcal{T} = \frac{v_1 p_1}{\gamma - 1}\left[1 - \left(\frac{p_2}{p_1}\right)^{\frac{\gamma-1}{\gamma}}\right]$$

donnant le travail de la détente en fonction de v_1 et des pressions extrêmes.

114. TROISIÈME ET QUATRIÈME EXPRESSIONS DU TRAVAIL DE LA DÉTENTE ADIABATIQUE. — D'ailleurs la loi des transformations du gaz appliquée à l'état initial :

$$\mathrm{H} v_1 p_1 = \mathrm{T}_1,$$

donne :

$$v_1 p_1 = \frac{\mathrm{T}_1}{\mathrm{H}}.$$

Remplaçant dans les deux expressions précédentes de $\mathcal{T}$, $v_1 p_1$ par cette valeur, on obtient les deux nouvelles formes :

$$(a) \qquad \mathcal{T} = \frac{1}{\gamma - 1} \cdot \frac{\mathrm{T}_1}{\mathrm{H}}\left[1 - \left(\frac{v_1}{v_2}\right)^{\gamma - 1}\right],$$

donnant le travail de la détente, en fonction seulement, de la température initiale et du degré de détente :

$$(b) \qquad \mathcal{T} = \frac{1}{\gamma - 1} \cdot \frac{\mathrm{T}_1}{\mathrm{H}}\left[1 - \left(\frac{p_2}{p_1}\right)^{\frac{\gamma-1}{\gamma}}\right]$$

donnant le travail de la détente, en fonction seulement, de la température initiale et du rapport des pressions extrêmes.

115. CINQUIÈME EXPRESSION DU TRAVAIL DE LA DÉTENTE ADIABATIQUE. — Enfin (n° 98 *a*), en fonction de l'abaissement de température qui se produit, ce même travail a pour expression :

$$\mathcal{T} = \mathrm{E}c(\mathrm{T}_1 - \mathrm{T}_2).$$

116. Si j'égale cette dernière expression du travail de la détente, à l'expression du n° 112, j'ai l'égalité :

$$\mathrm{E}c(\mathrm{T}_1 - \mathrm{T}_2) = \frac{p_1 v_1}{\gamma - 1}\left[1 - \left(\frac{v_1}{v_2}\right)^{\gamma - 1}\right],$$

d'où l'on tire :

$$Ec(\gamma-1)(T_1-T_2)=p_1v_1\left[1-\left(\frac{v_1}{v_2}\right)^{\gamma-1}\right].$$

Additionnant ces deux dernières égalités membre à membre, il vient en se rappelant que $\gamma=\frac{C}{c}$:

$$EC(T_1-T_2)=\frac{\gamma}{\gamma-1}p_1v_1\left[1-\left(\frac{v_1}{v_2}\right)^{\gamma-1}\right],$$

relation qui nous sera utile à considérer lorsque, dans quelques leçons, nous nous occuperons de l'écoulement des gaz (n° 237).

117. Application des formules précédentes a un exemple. — Soit l'unité de poids d'air, à la température absolue $T_1=303°$, répondant à la température ordinaire $t_1=30°$, et à la pression d'une atmosphère et demie, soit $p_1=1{,}5\times 10334$. On laisse cet air se détendre *sans perte ni gain de chaleur* jusqu'à ce que la pression soit descendue à une atmosphère, soit $p_2=10334$. Et l'on demande :

1° La valeur du travail accompli ;

2° La température finale ;

3° Le degré de détente $\frac{v_2}{v_1}$ et les valeurs des volumes extrêmes v_2 et v_1.

Solution. — Pour l'air, la valeur de $\gamma=1{,}41$ et la valeur de $H=\frac{1}{\alpha v_0 p_0}=\frac{1}{29{,}272}$.

Dès lors le travail effectué est immédiatement donné par l'expression du n° 114, qui donne en remplaçant toutes les lettres par leurs valeurs,

$$\mathfrak{C}=\frac{1}{0{,}41}\times 303\times 29{,}272\left[1-\left(\frac{2}{3}\right)^{\frac{0{,}41}{1{,}41}}\right]=2407^{\text{km}}{,}2.$$

Ce travail répond d'ailleurs à un degré de détente $\frac{v_2}{v_1}$ fourni par la relation de Poisson,

$$\frac{v_2}{v_1}=\left(\frac{p_1}{p_2}\right)^{\frac{1}{\gamma}}=\left(\frac{3}{2}\right)^{\frac{1}{1,41}}=\frac{4}{3} \text{ (très sensiblement).}$$

Remarque. — Si nous comparons cet exemple à l'exemple traité au n° 105, nous vérifions ainsi, que pour la même température initiale $T_1=303$ et le même degré de détente $\frac{v_2}{v_1}=\frac{4}{3}$: le travail accompli, quand cette détente a lieu *sans perte ni gain de chaleur*, lequel est 2407,2, *est moindre* que le travail accompli quand cette détente s'opère à *température constante*, lequel en effet a été trouvé égal à 2552,8. Cela devait être.

Ayant ainsi calculé le travail effectué $\mathfrak{G}$, la température finale T_2 s'obtiendra facilement au moyen de l'expression du n° 115,

$$\mathfrak{G}=Ec(T_1-T_2).$$

En remplaçant $\mathfrak{G}$ par 2407,2, T_1 par 303, puis faisant $E=424$ et $c=0,16847$, on trouve :

$$T_2=269^0,297,$$

correspondant à

$$t_2=-3^\circ,7.$$

Ainsi la température s'abaisse de 30° à —3°,7.

D'ailleurs la quantité de chaleur disparue et transformée en ce travail que l'on vient de calculer, déduite de la formule précédente est :

$$c(T_1-T_2)=\frac{\mathfrak{G}}{E}=\frac{2407,2}{424}=5,^{\text{calor.}}6784.$$

Autre marche. — Au lieu de procéder ainsi, on aurait pu commencer par calculer T_2 au moyen de la relation du n° 110 qui donne :

$$\frac{T_2}{T_1}=\left(\frac{p_2}{p_1}\right)^{\frac{\gamma-1}{\gamma}}=\left(\frac{2}{3}\right)^{\frac{0,41}{1,41}}$$

d'où on tire, en faisant $T_1=303$,

$$T_2=269,297.$$

Transportant cette valeur dans l'expression, n° 115, du travail on retrouve

$$\varepsilon = 2407,2.$$

Enfin si l'on veut calculer le volume initial v_1, il suffit d'observer que la loi des transformations du gaz, appliquée à l'état initial donne

$$Hv_1p_1 = T_1,$$

d'où

$$v_1 = \frac{T_1}{Hp_1},$$

et en remplaçant les lettres par leurs valeurs,

$$v_1 = \frac{303 \times 29,272}{115 \times 10,334} = 0^{mc},057218.$$

Comme d'ailleurs le degré de détente.

$$\frac{v_2}{v_1} = \frac{4}{3},$$

on en conclut :

$$v_2 = \frac{4}{3} v_1 = \frac{4}{3} \times 0^{m},057218 = 0^{mc},07629.$$

Expression de l'équivalent mécanique de la chaleur, en fonction des quantités caractéristiques d'un corps quelconque, obtenue en faisant décrire à ce corps un cycle rectangulaire élémentaire.

118. Dans la dernière leçon, nous avons recherché et trouvé l'expression de l'équivalent mécanique en fonction des quantités caractéristiques d'un *gaz parfait* en lui faisant parcourir un cycle fermé, fini ou élémentaire, rectangulaire ou quelconque.

Nous allons, pour terminer cette leçon, rechercher l'expression de cet équivalent mécanique en fonction des quantités caractéristiques, non plus d'un gaz parfait, mais d'un *corps quelconque*, en faisant parcourir à ce corps quelconque un cycle rectangulaire élémentaire ABCD (fig. 19). Il nous suffira, pour cela, de généraliser la méthode employée au n° 86.

Soit :

$$F(v, p, T) = 0,$$

la loi des transformations d'un corps quelconque. J'ai en mettant T en évidence,

(1) $$T = \varphi(v, p),$$

T représentant toujours la température absolue.

Soit A dont les coordonnées sont v, p, le point figuratif de l'état initial du corps :

Fig 19

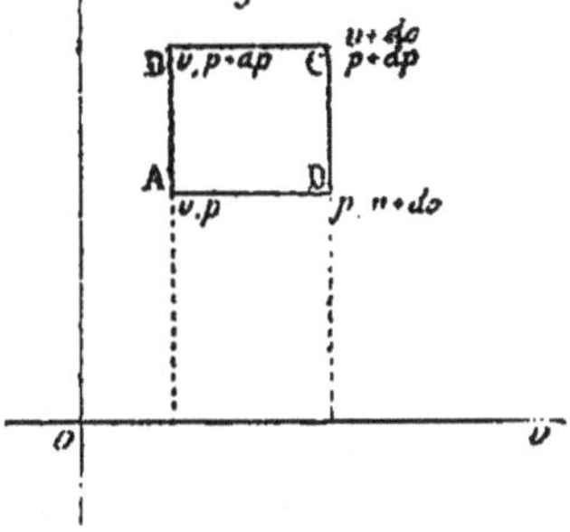

Dans la première période AB, pour faire passer ce corps de la pression p à la pression $p + dp$, sous le volume constant v, il faut un accroissement de température dT, dont l'expression s'obtiendra en différentiant (1) par rapport à p le volume v étant considéré comme constant, c'est-à-dire en prenant la différentielle partielle de T par rapport à p, ce qui donne

$$dT = \frac{dT}{dp} dp,$$

et par suite (c désignant la capacité calorifique sous volume constant à l'instant où l'état du corps est p, v) il faut lui communiquer une quantité de chaleur

$$dq = cdT = c \frac{dT}{dp} dp$$

en remplaçant dT par la valeur précédente.

Dans la seconde période BC, pour faire passer le corps du volume v au volume $v + dv$, il faut un accroissement de température dT_1, qu'on obtiendra en différentiant (1) par rapport à v, en considérant la pression $p+dp$ comme constante, c'est-à-dire en prenant la différentielle partielle de T par rapport à v, ce qui donne

$$dT_1 = \frac{dT_1}{dv} dv$$

dans laquelle T_1, représentant la température au point B, est égal par suite à la température T en A augmentée de dT acquis pendant la période AB. On a donc par suite

$$dT_1 = \frac{d(T+dT)}{dv} dv,$$

et, en y remplaçant dT par sa valeur trouvée précédemment :

$$dT_1 = \frac{d\left[T+\frac{dT}{dp}dp\right]}{dv} dv,$$

ou enfin

$$dT_1 = \frac{dT}{dv} dv + \frac{d^2T}{dpdv} dpdv,$$

donnant l'expression de l'accroissement de température nécessaire à la transformation BC ; d'ailleurs, C représentant la capacité calorifique du corps sous pression constante au point A, comme cette quantité n'est plus ici comme dans le cas des gaz parfaits une constante, mais une certaine fonction de v, p, sa valeur C_1 au point B sera C augmentée de son accroissement pendant la période AB, c'est-à-dire augmentée de la différentielle partielle de C par rapport à p, elle sera donc :

$$C_1 = C + \frac{dC}{dp} dp.$$

Dès lors, pour que le corps puisse passer de l'état B à l'état C, il faudra lui communiquer une quantité de chaleur

$$dq_1 = C_1 dT_1.$$

Remplaçant C_1 et dT_1 par leurs valeurs, qu'on vient de déterminer, on a.

$$dq_1 = \left[C + \frac{dC}{dp}dp\right]\left[\frac{dT}{dv}dv + \frac{d^2T}{dpdv}dpdv\right].$$

Observons maintenant que pour ramener le corps de l'état C à l'état A en suivant le chemin CDA, il faut lui enlever dq_2 suivant CD et dq_3 suivant DA. Mais ces quantités de chaleur à enlever au corps sont égales en valeur absolue à celles qu'il faudrait lui communiquer pour le faire passer de l'état A à l'état D par le chemin AD, puis de l'état D à l'état C par le chemin DC.

Or, dans la période AD, pour faire passer le corps du volume v au volume $v+dv$ sous la pression constante p, il faut un accroissement de température dT qu'on obtiendra en différentiant (1) par rapport à v, en considérant la pression p comme constante, ce qui donne

$$dT = \frac{dT}{dv}dv,$$

et par suite C désignant la capacité calorifique sous pression constante en A, il faudra communiquer au corps une quantité de chaleur

$$dq_3 = CdT = C\frac{dT}{dv}dv$$

en remplaçant dT par la valeur précédente.

Enfin dans la période DC pour faire passer le corps de la pression p à la pression $p+dp$ sous le volume constant $v+dv$, il faut un accroissement de température dT' qu'on obtiendra en différentiant (1) par rapport à p en considérant le volume $v+dv$ comme constant, ce qui donne :

$$dT' = \frac{dT'}{dp}dp$$

dans laquelle T' représentant la température au point D est égale par suite à la température T en A augmentée de dT acquise pendant la période AD, on a donc par suite :

$$dT' = \frac{d(T+dT)}{dp}dp,$$

et en y remplaçant dT par la valeur précédente, on a :

$$dT' = \frac{d\left[T + \frac{dT}{dv} dv\right] dp}{dp},$$

ou enfin,

$$dT' = \frac{dT}{dp} dp + \frac{d^2T}{dvdp} dvdp.$$

D'ailleurs c représentant la capacité calorifique du corps sous volume constant au point A ; cette quantité n'étant plus, ici comme dans le cas des gaz parfaits, une constante, mais une certaine fonction de p, v : sa valeur c' au point D sera c, augmentée de son accroissement pendant la période AD, c'est-à-dire de la différentielle partielle de c, par rapport à v, on aura donc :

$$c' = c + \frac{dc}{dv} dv.$$

Dès lors, pour cette période DC, il faudra communiquer au corps une quantité de chaleur

$$dq_2 = c'dT'.$$

Remplaçant c' et dT' par les valeurs précédentes, on trouve :

$$dq_2 = \left[c + \frac{dc}{dv} dv\right]\left[\frac{dT}{dp} dp + \frac{d^2T}{dvdp} dvdp.\right]$$

Si l'on se rappelle actuellement l'observation faite plus haut : on aura pour la quantité de chaleur totale dQ disparue comme chaleur pendant l'évolution considérée et transformée en travail :

$$dQ = dq + dq_1 - dq_2 - dq_3,$$

et en remplaçant tous ces termes par leurs valeurs trouvées :

$$dQ = \begin{cases} c\frac{dT}{dp} dp + \left[C + \frac{dC}{dp} dp\right]\left[\frac{dT}{dv} dv + \frac{d^2T}{dpdv} dpdv\right], \\ -C\frac{dT}{dv} dv - \left[c + \frac{dc}{dv} dv\right]\left[\frac{dT}{dp} dp + \frac{d^2T}{dvdp} dvdp\right]. \end{cases}$$

Supprimant les termes qui se détruisent, négligeant les infiniment petits du troisième ordre, et réduisant, en observant que $\frac{d^2T}{dpdv} = \frac{d^2T}{dvdp}$, car on sait qu'on peut changer l'ordre des différentiations sans altérer le résultat ; il reste enfin :

$$dQ = \left[(C-c)\frac{d^2T}{dpdv} + \frac{dC}{dp}\frac{dT}{dv}\right]dpdv - \frac{dc}{dv}\frac{dT}{dp}dpdv.$$

D'ailleurs le travail effectué $d\mathfrak{T}$ représenté par l'aire du cycle rectangulaire ABCD a pour expression.

$$d\mathfrak{T} = dvdp.$$

Par suite, on a, pour l'expression cherchée de l'équivalent calorifique :

$$\mathcal{A} = \frac{dQ}{d\mathfrak{T}} = (C-c)\frac{d^2T}{dvdp} + \frac{dC}{dp}\frac{dT}{dv} - \frac{dc}{dv}\frac{dT}{dp}.$$

Telle est l'expression de $\mathcal{A}$ en fonction des diverses quantités caractéristiques d'un corps quelconque. Nous la retrouverons plus loin (n° 134) par une autre méthode.

Appliquée à tous les cas imaginables, elle doit fournir, *d'après le principe de l'équivalence, une seule et même valeur de* $\mathcal{A}$, *et par suite une seule et même valeur de* E.

119. Cas d'un gaz parfait. — Dans le cas particulier d'un gaz parfait, C et c étant des constantes quels que soient le volume v et la pression p, on a :

$$\frac{dC}{dp} = 0, \frac{dc}{dv} = 0;$$

par suite, la formule générale précédente se réduit à :

$$\mathcal{A} = (C-c)\frac{d^2T}{dpdv}.$$

Pour l'appliquer, rappelons-nous que la loi des transformations d'un gaz parfait est :

$$Hvp = T.$$

On en conclut, en différentiant d'abord par rapport à p,

puis par rapport à v,

$$\frac{d^2T}{dpdv}=H.$$

Remplaçant dans l'expression de $\mathcal{A}$, il en résulte :

$$\mathcal{A}=H(C-c)=\frac{C-c}{av_0p_0},$$

et, par suite,

$$E=\frac{av_0p_0}{C-c}.$$

Nous retombons, comme on voit, sur les expressions de $\mathcal{A}$ et de E, trouvées directement dans ce cas, ce qui devait être.

HUITIÈME LEÇON

SOMMAIRE. — Première vérification du principe de l'équivalence. — Seconde vérification expérimentale, obtenue en déterminant directement l'équivalent mécanique de la chaleur au moyen de tiges métalliques auxquelles on fait décrire un cycle complet : expériences d'Edlund. — Interprétation et discussion de ces expériences. — 1° Cycle décrit par le fil métallique dans les premières expériences. — 2° Conception d'un cycle propre à la détermination de l'équivalent mécanique de la chaleur.

Première vérification du principe de l'équivalence.

120. Dans l'avant-dernière leçon, nous avons cherché l'expression de l'équivalent mécanique, en fonction des quantités caractéristiques d'un gaz parfait, auquel on fait décrire un cycle fermé.

Quel que soit le cycle considéré, nous sommes ainsi arrivés à l'expression :

$$E = \frac{\alpha v_0 p_0}{C - c}.$$

D'après le principe de l'équivalence (nos 71, 72, 73), cette expression doit nous fournir pour E la même valeur, *quelle que soit la nature du gaz considéré*, pourvu qu'il soit parfait, c'est-à-dire pourvu que ses transformations soient soumises à la loi :

$$Hvp = T.$$

Donc si je considère les gaz appelés autrefois permanents

(on sait qu'on est parvenu récemment à les solidifier), comme *aux températures ordinaires* ils sont sensiblement parfaits, en appliquant la formule précédente à ces divers gaz, je devrai, dans tous les cas, trouver pour E sensiblement la même valeur.

Mais dans cette expression de E, c, ainsi que nous l'avons dit (n° 84), n'est pas accessible comme C à l'expérience directe; il se déduit du rapport des chaleurs spécifiques

$$\gamma = \frac{C}{c}$$

obtenu pour les différents gaz, soit au moyen des expériences de Dulong sur la vitesse du son (n° 321), soit au moyen des expériences de Clément et de Désormes, de Hirn et de Weisbach, dont nous parlerons plus loin (n°s 286, 308).

Pour appliquer facilement la formule précédente, il sera donc commode d'y remplacer c par sa valeur $\frac{C}{\gamma}$ en fonction de γ; on aura ainsi en mettant C en facteur :

$$E = \frac{\alpha v_0 p_0}{C\left(1 - \frac{1}{\gamma}\right)} = \frac{\gamma}{\gamma - 1} \cdot \frac{\alpha v_0 p_0}{C}.$$

Les constantes :

$$\alpha v_0 p_0 \text{ ou } \frac{1}{H}, \qquad C, \qquad \gamma,$$

sont d'ailleurs pour les divers gaz dits permanents réunis dans le tableau ci-dessous :

DÉSIGNATION	$\frac{1}{H}$ ou $\alpha v_0 p_0$	C	γ
Air.	29.272	0.23751	1.41
Azote.	30.134	0.24380	
Oxygène.	26.475	0.21751	1.41
Hydrogène. . . .	422.612	3.40900	

Remplaçant alors dans la formule précédente et effectuant les calculs, on trouve :

Pour l'air	$E = 426$,
— l'azote	$= 431,3$,
— l'oxygène. . . .	$= 425,7$,
— l'hydrogène. . .	$= 425,3$.

L'accord de ces nombres entre eux est très remarquable, et vérifie aussi exactement qu'on peut le désirer le principe de l'équivalence. Quant à la valeur la plus probable de l'équivalent mécanique, elle serait, d'après ces résultats, égale à 425, nombre relatif à l'hydrogène qui, en effet, de tous les gaz précédents, se rapproche le plus de l'état parfait.

Nous montrerons d'ailleurs plus loin (n° 157) que toutes ces valeurs trouvées pour E sont nécessairement inférieures à sa véritable valeur, qui d'après les plus récentes recherches serait 436.

Si l'on cherche maintenant à appliquer la même formule aux autres gaz beaucoup plus rapprochés de leur point de liquéfaction que les précédents, on trouve des résultats qui ne concordent plus du tout ; ainsi :

Pour le protoxyde d'azote, on trouve :	400,
Pour l'acide carbonique, —	410.

Cela tient évidemment à ce que ces gaz étant près de leur point de liquéfaction ne peuvent plus être assimilés à des gaz parfaits. Ne suivant plus exactement les lois de Mariotte et de Gay-Lussac, la loi de leurs transformations n'est plus :

$$Hvp = T.$$

De plus, C et c ne sont plus ici constants quelles que soient la température et la pression. La formule précédente qui donne E et suppose tout cela n'est donc plus applicable. Cependant les résultats qu'elle donne dans ce cas sont intéressants à connaître, attendu qu'ils nous permettent d'en conclure, comme on le verra plus loin (n° 156), *l'expression du travail interne*, qui dans ces gaz réels n'est pas nul comme dans le cas des gaz parfaits (n° 49).

121. Mais si l'on connaissait pour ces gaz réels ou pour un corps quelconque, solide ou liquide, la loi de ses transformations, ainsi que les lois des variations de C et de c avec le volume et la pression, l'application de la formule générale du n° 118 donnerait pour $\mathcal{A}$ et, par suite, pour E, en vertu du principe de l'équivalence, une valeur constante sensiblement égale à 425, quels que soient la nature et l'état du corps envisagé.

Malheureusement cette vérification est actuellement impossible, puisqu'on ignore pour tous ces corps la loi de leurs transformations aussi bien que les lois des variations de leurs chaleurs spécifiques C et c avec la température et la pression.

122. Mais pour ces corps, pour un solide par exemple, au lieu d'appliquer la méthode générale du n° 82 (qui a le grand avantage d'éliminer le travail interne), *à la recherche de l'expression analytique* de $\mathcal{A}$ en fonction des quantités caractéristiques de ce corps, comme on l'a fait au n° 118, *on peut l'appliquer à la recherche expérimentale de la valeur de* $\mathcal{A}$; il suffit que l'on puisse, pour un cycle déterminé qu'on oblige le solide donné à décrire, apprécier par *l'expérience* d'une part la chaleur absorbée, et d'autre part le travail produit représenté par l'aire du cycle. Le rapport de ces deux quantités donnera $\mathcal{A}$, sans qu'il soit besoin de connaître l'expression du travail interne, ni la loi des transformations du corps, ni celles des variations de C et de c.

C'est ce que le physicien suédois Edlund a réalisé dans les belles expériences que nous allons décrire.

Expériences d'Edlund.

123. Notions expérimentales préliminaires. — Nous avons dit que le frottement et le choc (n° 30) en mettant en vibration les molécules des corps produisent par cela même de la chaleur; mais ce ne sont pas là les seules actions mécaniques capables de produire de la chaleur. En général, toute action mécanique, quelle qu'elle soit, comme une *traction* ou une *pression* exercée sur un corps, capable de modifier la forme ou les dimensions de ce corps, peut dégager de la cha-

leur ou en absorber, suivant les circonstances; nous l'avons vu dans l'étude détaillée que nous avons faite précédemment des gaz parfaits.

Il y a *dégagement de chaleur* si la modification que l'action mécanique fait éprouver au corps peut également se produire par un abaissement de température.

Il y a au contraire *absorption de chaleur* si la modification éprouvée par le corps peut également se produire par une élévation de température.

Si, par exemple, on comprime un gaz ou un corps solide quelconque, il y a dégagement de chaleur, parce que cette compression, cette réduction de volume, pourrait également se produire par un abaissement de température; mais si on fait l'expérience avec du caoutchouc, il y a au contraire dégagement de chaleur, parce que cette contraction de volume pourrait résulter tout aussi bien d'une élévation de température.

Si, au contraire, on dilate un gaz, un solide quelconque, *un fil métallique que l'on allonge par exemple*, il y a absorption de chaleur, parce que cette dilatation pourrait également se produire par une élévation de température. Comme inversement le caoutchouc se dilate par suite d'un abaissement de température, on en concluera qu'il y a dégagement de chaleur lorsqu'on étire vivement une lame de cette substance, ce que l'on vérifie facilement en l'approchant des lèvres au moment de la traction.

124. Ces notions expérimentales rappelées : dans les expériences que nous allons décrire, M. Edlund s'est proposé précisément d'étudier le dégagement et l'absorption de chaleur qui accompagnent la contraction et l'allongement d'un fil métallique. De ces études il a conclu d'ailleurs, ainsi qu'on le verra, un cycle propre à la détermination de l'équivalent mécanique de la chaleur.

125. Rappel des conséquences de la formule du n° 78. — Commençons par rappeler les conséquences de la formule

$$Q = \Delta U + A \int p dv$$

du n° 78.

1° Lorsqu'un corps, partant d'un état déterminé caractérisé par le point figuratif A (fig. 20), éprouve, en absorbant une certaine quantité de chaleur q, une transformation représentée par la ligne AMB par exemple, il ne dégage la même quantité de chaleur q, en revenant de l'état final B à l'état initial A, qu'à une condition : c'est que dans cette transformation inverse il repasse identiquement par la même série d'états, auquel cas le point figuratif revient de B en A en suivant la même ligne BMA. Dans cette évolution du corps, la quantité de chaleur définitivement absorbée

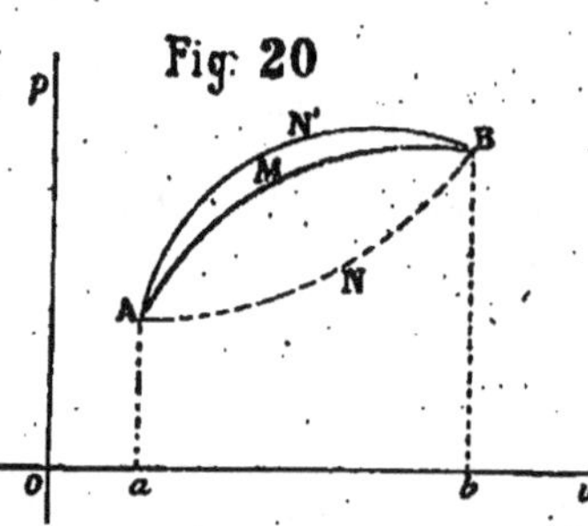

$$Q = q - q$$

est nulle, aussi bien que le travail accompli par le corps, puisqu'ici il n'y a pas de cycle décrit à proprement parler.

2° Si, au contraire, dans cette transformation inverse le corps ne repasse pas identiquement par la même série d'états, si le point figuratif revient en A en suivant la ligne BNA par exemple, la quantité de chaleur dégagée q' est moindre que la quantité de chaleur absorbée q. Il y aura donc dans cette évolution du corps une quantité de chaleur absorbée

$$Q = q - q',$$

produisant le travail externe représenté par l'aire du cycle AMBNA.

3° Si enfin le point figuratif revient de B en A en suivant le chemin BN'A, la quantité de chaleur dégagée q' est plus grande que q. Il y aura donc dans cette évolution complète du corps une quantité définitive de chaleur dégagée

$$Q = q' - q$$

équivalente au travail externe reçu, lequel est représenté par l'aire du cycle AMBN'A.

126. DESCRIPTION DES EXPÉRIENCES D'EDLUND. — Ceci rappelé, on sait que pour étudier les lois de l'allongement des fils métalliques on leur fait supporter des poids, et l'on constate que jusqu'à une certaine limite de charge, dite limite d'élasticité, *l'allongement total rapporté à l'unité de longueur est proportionnel à la charge rapportée à l'unité de section*, de telle sorte, L et Ω représentant la longueur et la section du fil, ΔL l'allongement total qu'il subit sous la charge N et E' le coefficient d'élasticité, qu'on a immédiatement :

$$\frac{\Delta L}{L}=\frac{1}{E'}\frac{N}{\Omega},$$

d'où la formule connue :

$$N=E'\Omega i,$$

i représentant le rapport $\frac{\Delta L}{L}$, ou ce qu'on appelle *l'allongement proportionnel*.

En même temps que le fil s'allonge sous la charge N, suivant la loi précédente, on constate en outre qu'une certaine quantité de chaleur est absorbée, car le fil se refroidit. Le fil étant allongé, si on le laisse revenir à la température ambiante et que l'on soulève alors graduellement le poids N, ce fil revient à sa longueur primitive; en même temps, il s'échauffe, donc il y a dégagement de chaleur. Il semble au premier abord que dans cette seconde phase inverse de la première le fil repasse par la même série d'états, que par suite (n° 125) la quantité de chaleur dégagée dans cette seconde période doit être précisément égale à la quantité de chaleur absorbée dans la première. Or, il n'en est pas exactement ainsi; l'expérience prouve que les quantités de chaleur absorbées et dégagées dans la première et la seconde phase de l'expérience précédente sont différentes. Eh bien, nous allons montrer qu'en effet il doit en être ainsi, que cette différence tient à ce que dans la seconde phase de l'expérience citée, le fil, au lieu de repasser exactement par la même série d'états passe par une série d'états différents, de telle sorte qu'en définitive il y a un cycle décrit et par conséquent un travail accompli ou reçu, nécessitant une certaine absorption ou un certain dégagement de chaleur.

127. Le fil employé par M. Edlund était encastré (fig. 21) à sa partie supérieure ; l'échauffement ou le refroidissement de ce fil pouvait être mesuré par une pince thermo-électrique très sensible, composée de deux cristaux de bismuth et d'antimoine pouvant se rapprocher et serrer le fil ; ces deux métaux étaient d'ailleurs mis en communication avec un galvanomètre très sensible. Quant à l'extrémité inférieure du fil, elle était encastrée dans une pièce ou armature en fer *p* percée d'un trou horizontal ; cette pièce pouvait se fixer à une fourchette *ff*, faisant corps avec un grand levier BAC, au moyen d'une simple clavette *c* traversant les deux branches de la fourchette et le trou horizontal de l'armature disposée entre les deux branches de cette fourchette, de telle sorte que pour interrompre subitement la liaison entre le fil et le levier BAC, il suffisait de retirer cette clavette *c*.

Ce levier, pouvant osciller autour du point C, était équilibré par un poids Q, de telle sorte qu'il fût parfaitement horizontal, lorsque le fil était attaché *sans tension* au levier BAC au moyen de la clavette *c*. Les choses étant ainsi disposées, on place sur le levier à l'aplomb de l'axe de rotation C un petit chariot formé d'un galet pouvant rouler sur ce levier, et à la chape duquel on peut suspendre à volonté des poids, soit P le poids total de tout ce chariot. Il est clair que dans cette situation du chariot, le levier restant horizontal, le fil reste sans tension. Le chariot étant donc en C et le galvanomètre au 0°, on fait glisser d'un mouvement parfaitement uniforme le poids P jusqu'à l'extrémité B du levier.

Il est facile alors de mesurer l'allongement du fil, soit directement, en mesurant la déviation angulaire subie par le levier, soit indirectement et par le calcul ; dans ce dernier cas, j'observe que lorsque le poids P est en B, la charge N à laquelle est alors soumis le fil est facile à trouver. Il suffit de poser la condition d'équilibre du levier, qui est celle des moments autour de l'axe projeté en C ; si *a*, *a'*, sont les longueurs des bras de levier (fig. 21), on a ainsi :

$$Pa = Na';$$

d'où :

$$N = P\frac{a}{a'}.$$

Ayant N, je conclus de la relation :

$$N = E'\Omega i$$

pour l'allongement proportionnel

$$i = \frac{N}{E'\Omega},$$

et pour l'allongement total, L représentant la longueur du fil :

$$\Delta L = iL = \frac{NL}{E'\Omega}.$$

En même temps qu'on mesurait ainsi l'allongement du fil, on observait la déviation α subie par l'aiguille du galvanomètre. Celle-ci se déplaçait d'ailleurs dans le sens indiquant *un abaissement de température.*

Cette déviation α étant proportionnelle à l'abaissement de température, lui-même proportionnel à la quantité de chaleur absorbée : on en conclut que la déviation α est proportionnelle à cette quantité de chaleur absorbée que je désigne par q. Cela étant, on laissait ensuite le fil se mettre en équilibre de température avec l'air ambiant, puis on faisait l'expérience en sens inverse, c'est-à-dire qu'on ramenait le chariot à son point de départ d'un mouvement uniforme absolument identique ; le fil revenait ainsi à sa longueur primitive, et à cet instant l'aiguille du galvanomètre se déplaçait en sens contraire du sens précédent, par conséquent dans le sens indiquant une augmentation de température, et par suite un dégagement de chaleur, soit q' le dégagement de chaleur répondant à l'angle de déviation α' observé. L'expérience prouvant que α' est toujours un peu plus grand que α : q', par suite, est plus grand que q, et dès lors il faut nécessairement en conclure que dans cette seconde période le fil ne repasse pas exactement, ainsi qu'on est tenté de le croire, par la même série d'états que dans la première période. En résumé, dans l'évolution qu'on fait ainsi subir au fil, il y a un cycle appréciable décrit, dont l'aire représente un travail reçu par le fil équivalent à la quantité de chaleur $q' - q$ dégagée. Il est facile en effet de tracer ce cycle.

128. Cycle décrit par le fil dans l'expérience précédente. — Le poids tenseur P étant en B (fig. 21), et le fil ayant repris la température ordinaire, son état à cet instant, regardé

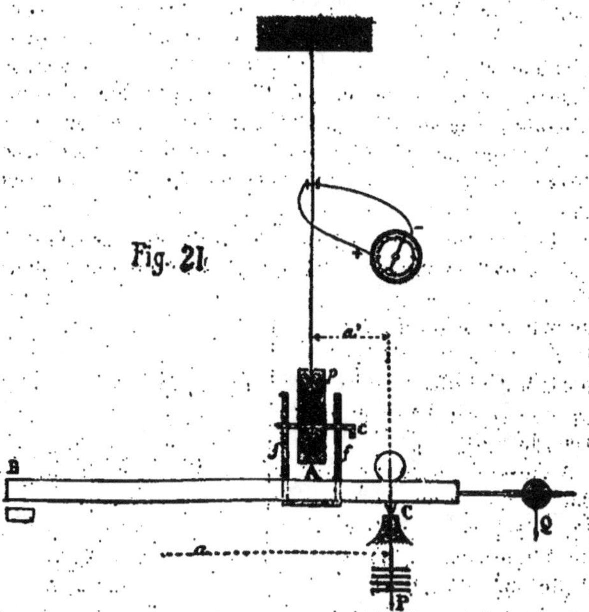

comme l'instant initial, est figuré par le point A dont l'ordonnée (fig. 22) Aa, représentant la pression supportée, sera négative, puisqu'ici le fil subit une *tension*

$$N = P \frac{a}{a'}$$

et non pas une *pression*, et dont l'abscisse oa représente le volume, ou plus simplement la longueur, puisque le volume est proportionnel à la longueur. Si alors on ramène le poids tenseur Q du point B au point C (fig. 21) d'un mouvement uniforme, le fil se raccourcit en soulevant un poids, ou plus exactement en surmontant une tension variable, laquelle va sans cesse en diminuant depuis l'instant initial où elle a pour valeur :

$$N = P\frac{a}{a'},$$

jusqu'à l'instant final où elle se réduit à O, a devenant nul; par suite, le fil en se raccourcissant effectue un certain travail; malgré cela il s'échauffe, ce qui tient à ce que la chaleur dégagée par la contraction, laquelle est équivalente à la perte *d'énergie potentielle* subie par la tige dans cette contraction, est plus grande que la quantité de chaleur absorbée pour effectuer le travail produit (notons que dans le cas du caoutchouc, ce serait le contraire). Si l'on se rappelle maintenant que les variations de longueur de la tige sont à chaque instant proportionnelles à la tension, il en résultera que dans la période considérée le point figuratif A (fig. 22) décrira la droite AB, et que le travail effectué sera représenté par l'aire du triangle AaB.

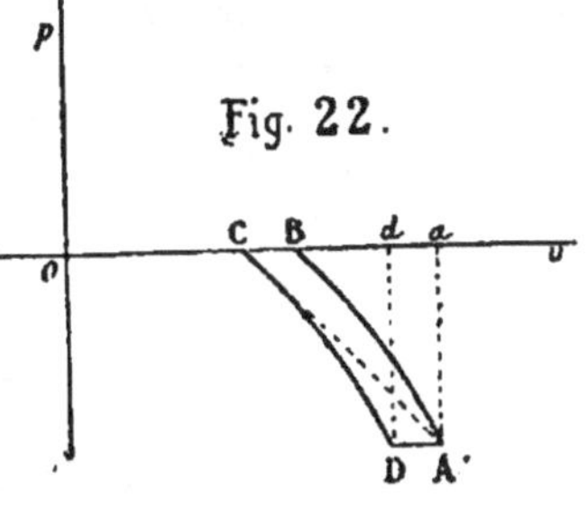

A l'instant où le chariot P est revenu en C (fig. 21), l'état de la tige étant figuré par le point B (fig. 22), cette tige reprend la température ambiante en se refroidissant et par suite en dégageant une certaine quantité de chaleur q'. Se refroidissant, elle diminue donc un peu de longueur, la tension restant nulle; par suite, dans cette seconde période le point figuratif décrit le petit chemin BC. La tige ayant repris la température ambiante et son état étant figuré par le point C (fig. 22), on fait rebrousser le poids tenseur P de C en B (fig. 21) d'un mouvement parfaitement uniforme : le fil s'allonge en recevant un certain travail extérieur exercé par le poids tenseur P déterminant une tension qui varie depuis 0 jusqu'à $N = P\frac{a}{a'}$; malgré cela (à moins qu'il ne s'agisse de caoutchouc) le fil se refroidit, attendu que la chaleur dégagée, équivalente au travail reçu, est moindre que la chaleur absorbée par la tige pour subvenir à l'accroissement d'énergie potentielle correspondant à l'extension. Dans cette période, les allongements du fil étant proportionnels à la tension variable qui le sollicite, le point figuratif décrit (fig. 22) la droite CD et le travail reçu par la tige est représenté par l'aire du triangle C*d*D.

Enfin, à cet instant où le chariot arrive en B (fig. 21) et où l'état de la tige est figuré par le point D (fig. 22), cette tige reprend la température ambiante en se réchauffant et par suite en absorbant une certaine quantité de chaleur q. Se réchauffant, elle augmente donc un peu de longueur sous la tension constante N ; par suite dans cette dernière période qui complète le cycle, le point figuratif décrit (fig. 22) la droite DA, et le travail reçu par la tige dans cette dernière période est représenté par le parallélogramme AD*ad*.

Pendant cette évolution, q' étant plus grand que q, la tige a dégagé une quantité de chaleur $q' - q$ équivalente, comme on sait, au travail extérieur $\mathfrak{G}$ reçu par la tige et représenté par l'aire ABCD. De sorte qu'on a pour l'équivalent mécanique de la chaleur :

$$E = \frac{\mathfrak{G}}{q' - q}.$$

Malheureusement, il est difficile d'évaluer $\mathfrak{G}$ d'une manière précise, à cause de la petitesse des côtés BC et AD représentant la dilatation et la contraction linéaire du fil correspondant à l'échauffement et au refroidissement, lesquels sont très faibles. Ce cycle n'est donc pas commode pour une détermination un peu précise de l'équivalent mécanique. Si nous en avons parlé, c'est afin de faire bien voir que les deux effets, tension et compression, qui au premier abord semblent absolument inverses l'un de l'autre, font en réalité passer le corps par une série de transformations différentes.

129. Conception d'un cycle propre a la détermination de l'équivalent mécanique de la chaleur.

Mais on peut modifier l'expérience précédente de manière à obtenir un cycle d'une surface assez grande pour qu'on puisse l'utiliser à une détermination suffisamment précise de l'équivalent mécanique. En effet :

Le poids tenseur étant encore en B (fig. 21) et le fil ayant repris la température ordinaire, son état à cet instant est figuré, ainsi qu'il a été dit, par le point A (fig. 22); si alors au lieu de ramener progressivement le poids tenseur P de B en C (fig. 21), on supprime subitement la liaison entre le fil et le levier en retirant brusquement la clavette *c*, le fil se contracte subitement sans effectuer de travail, et par suite s'échauffe davantage que dans le cas précédent, attendu que la chaleur dégagée due à la diminution d'énergie potentielle n'est plus ici diminuée de la chaleur qu'absorbe le travail extérieur. Soit q'' cette quantité de chaleur plus grande que q', et par suite plus grande que q. A l'instant où on retire la clavette, la tension du fil passe subitement de la valeur

$$N = P\frac{a}{a'}$$

à la valeur 0; par conséquent, le point figuratif A passe subitement (fig. 22) en a en décrivant l'ordonnée Aa. Le fil se contractant alors sous la tension 0 en dégageant la chaleur q'' pour reprendre la température ambiante, le point figuratif passe de a en C. Rattachant alors le fil au levier, on fait passer le chariot de C en B (fig. 21) comme précédemment, de manière à ramener le fil à son état initial A; il y a donc absorption d'une quantité de chaleur q, et la suite des transformations éprouvées par le fil est représentée par les deux droites CD, DA.

Donc en opérant de cette manière on fait parcourir au fil le cycle fermé

AaCDA,

dont la surface est sensiblement égale à celle du triangle

$$aCA,$$

attendu que le côté DA est très petit, et surtout parce que les lignes de transformation BA, CD, ne sont pas exactement des lignes droites, mais des courbes tournant leur convexité comme l'indique la figure.

Pendant cette évolution, q'' étant plus grand que q, il y a un dégagement de chaleur $q''-q$ équivalente, comme on sait, au travail $\mathfrak{E}$ reçu par le fil et représenté par l'aire du cycle ou du triangle

$$aCA.$$

On a donc pour l'équivalent mécanique de la chaleur E :

$$E = \frac{\text{Surf. }(aCA)}{q''-q}.$$

D'ailleurs la surface du triangle aCA est facile à évaluer : c'est la moitié du produit de sa base aC par sa hauteur Aa. Mais aC est l'allongement total ΔL éprouvé par la tige sous la charge N; or, cet allongement total a pour expression (N° 126) :

$$\frac{NL}{E'\Omega}.$$

D'ailleurs, Aa c'est N; on a donc :

$$\text{Surf. }(aCA) = \frac{1}{2}\frac{N^2L}{E'\Omega},$$

avec la condition

$$N = P\frac{a}{a'}.$$

On a donc pour E :

$$E = \frac{\frac{1}{2}\frac{N^2L}{E'\Omega}}{q''-q} = \frac{\frac{1}{2}\frac{a^2}{a'^2}\frac{P^2L}{E'\Omega}}{q''-q},$$

q'' et q se déduisant d'ailleurs des déviations correspondantes α'' et α de l'aiguille du galvanomètre.

En opérant ainsi, M. Edlund a trouvé les valeurs suivantes pour l'équivalent mécanique :

Fil d'argent.	443,6
Cuivre	430,1
Laiton	428,3

valeurs très rapprochées de celles trouvées par les méthodes précédentes et que l'on peut regarder comme très concluantes, quant à la rigueur de la méthode; d'autant plus que ces expériences sont sujettes à plusieurs causes d'erreur, la première due à la pression exercée sur le fil par la pince thermométrique, pression qui fait qu'en cet endroit l'allongement ou le raccourcissement ne se fait plus normalement; une seconde cause d'erreur tient au rayonnement occasionnant des pertes de chaleur.

NEUVIÈME LEÇON

SOMMAIRE. — Méthode générale à suivre pour la détermination de l'équivalent mécanique quand on connaît l'expression du travail interne. — Applications de cette méthode : 1° détermination approximative, puis exacte, de l'équivalent mécanique au moyen d'un solide, *sans lui faire parcourir un cycle fermé*. — 2° Détermination de l'équivalent mécanique au moyen d'un gaz parfait, *sans lui faire parcourir un cycle fermé*. — On en conclut la loi de Joule que la loi des mélanges des gaz faisait prévoir. — On démontre enfin directement cette loi de Joule en identifiant simplement les deux relations connues :

$$Q = c\theta + \mathcal{A}\int pdv, \text{ relative aux gaz parfaits,}$$

$$Q = \Delta U + \mathcal{A}\int pdv, \text{ relative à un corps quelconque.}$$

---

130. La méthode du n° 83, suivie dans les leçons précédentes pour déterminer analytiquement (n° 118) ou expérimentalement (n° 123) l'équivalent mécanique de la chaleur, méthode consistant à faire subir au corps choisi une évolution complète représentée par un cycle fermé, est fort remarquable, parce qu'elle permet de se passer de l'expression de l'énergie potentielle, c'est-à-dire du travail interne, qu'on ne connaît pas en général.

Méthode générale à suivre pour la détermination de l'équivalent mécanique quand on connaît l'expression du travail interne.

131. Mais si maintenant je suppose que, pour un corps

donné, on puisse déterminer l'expression du travail intérieur ΔD et, par suite, l'expression de la chaleur interne

$$\Delta U = \mathcal{A}\Delta D$$

absorbée par ce travail, dans ce cas il n'y aura pas besoin, pour trouver l'équivalent mécanique, de faire parcourir à ce corps un cycle complet, et dès lors le calcul de cet équivalent sera bien simplifié. En effet, nous n'aurons qu'à appliquer à la transformation finie subie par le corps en question la formule générale du n° 78 :

$$Q = \Delta U + \mathcal{A} \int p dv,$$

exprimant que la chaleur totale absorbée par le corps dans cette transformation sert :

1° A l'échauffer.

2° A augmenter son énergie potentielle ou à produire le travail interne accompagnant son changement de volume.

(Le terme ΔU comprend, comme on sait (n° 79), ces deux termes).

3° A produire le travail externe $\int p dv$.

Comme par hypothèse on peut déterminer ΔU, on déduira facilement de cette formule $\mathcal{A}$ et par suite E, quand on aura évalué Q et $\int p dv$.

Voici deux applications de cette méthode :

Détermination de l'équivalent mécanique au moyen d'un solide, sans lui faire décrire un cycle fermé.

132. Expression approchée de E dans le cas d'un solide. — Comme première application de cette méthode, reprenons la tige métallique élastique de la dernière leçon, et admettons que son poids soit égal à l'unité. Ω et L représentant sa section et sa longueur, δ son poids spécifique, on a :

$$\Omega L \delta = 1.$$

Élevons la température de cette tige de 1°, en lui permettant de se dilater; il faudra, pour cette transformation, lui fournir une quantité totale de chaleur

$$Q = C,$$

C étant la capacité calorifique sous pression constante, et elle s'allongera d'une quantité

$$\lambda = \alpha L,$$

α représentant le coefficient de dilatation.

Or, cette quantité totale de chaleur C sert, d'après la formule générale précédente :

1° A échauffer la tige;

2° A augmenter l'énergie potentielle de celle-ci;

3° A produire le travail extérieur.

Voyons quelles sont les quantités de chaleur qu'exigent ces diverses opérations.

1° D'abord pour échauffer de 1° la température de la tige, le volume restant constant, il faut une quantité de chaleur égale à c, capacité calorifique du solide sous volume constant.

2° Pour déterminer en second lieu la quantité de chaleur nécessaire à l'accroissement d'énergie potentielle de la tige, répondant à l'allongement

$$\lambda = \alpha L$$

qu'elle subit, il suffit d'apprécier cette énergie potentielle en la considérant comme sensiblement mesurée, par le travail qu'il faudrait dépenser sur la tige, pour l'allonger au moyen d'une traction, précisément de la quantité $\lambda = \alpha L$. Or, ce dernier travail a pour expression. (Voir le *Cours de Résistance*) :

$$\int_0^\lambda E'\Omega \frac{\lambda}{L} d\lambda = \frac{E'\Omega\lambda^2}{2L},$$

dans laquelle λ représente αL. Par suite, en remplaçant, on a pour l'expression du travail interne accompagnant la dilatation :

$$\frac{E'\Omega\alpha^2L^2}{2L}=\frac{1}{\delta}\frac{E'\alpha^2}{2},$$

en remplaçant simplement ΩL par sa valeur $\frac{1}{\delta}$ tirée de la condition $\Omega L\delta=1$.

Or, ce travail interne exige une quantité de chaleur

$$A\frac{1}{\delta}\frac{E'\alpha^2}{2}.$$

3° Enfin pour apprécier la quantité de chaleur nécessaire au travail externe, il suffit d'observer que la tige s'accroissant du volume $\Omega\alpha L$, ce travail externe a pour expression, p_0 représentant la pression atmosphérique rapportée au mètre carré :

$$\Omega\alpha L p_0=\frac{\alpha p_0}{\delta},$$

lequel exige une quantité de chaleur :

$$A\frac{\alpha p_0}{\delta}.$$

La somme de ces trois quantités de chaleur devant être égale à $Q=C$, on a enfin l'égalité :

$$C=c+A\frac{\alpha}{\delta}\left(p_0+\frac{E'\alpha}{2}\right).$$

On en conclut :

$$\frac{1}{A}\quad\text{ou}\quad E=\frac{\frac{\alpha}{\delta}\left(p_0+\frac{E'\alpha}{2}\right)}{C-c}.$$

Si j'observe enfin que $\frac{1}{\delta}$ représente le volume initial ΩL de la tige dont le poids est égal à 1, on pourra représenter ce volume $\frac{1}{\delta}$ de l'unité de poids par v_0, en adoptant la même notation que pour les gaz. Par suite, l'expression précédente deviendra en remplaçant $\frac{1}{\delta}$ par v_0 :

$$E = \frac{\alpha v_0 \left(p_0 + \frac{E'\alpha}{2}\right)}{C - c}.$$

Malheureusement, cette formule exige pour l'application la connaissance de c, capacité calorifique à volume constant; or, cette quantité, déjà très difficile à déterminer expérimentalement même d'une manière indirecte pour les gaz, devient presque impossible à déterminer, avec quelque probabilité du moins, pour les solides; ce que l'on sait, c'est que c diffère toujours extrêmement peu de C tout en lui restant constamment inférieur.

Formule générale donnant c dans les solides.

Ainsi cette formule est impropre au calcul de E, mais elle peut nous permettre de trouver précisément c. En effet : l'équivalent mécanique ou l'équivalent calorifique $\mathcal{A}$ ayant été préalablement déterminé par une méthode quelconque, on peut tirer de la formule précédente l'expression

$$c = C - \mathcal{A}\alpha v_0 \left(p_0 + \frac{E'\alpha}{2}\right)$$

de c en fonction de $\mathcal{A}$.

Application. — Prenons l'argent pour exemple.

D'après Laplace, le coefficient de dilatation linéaire

$$\alpha = 0{,}000019097.$$

D'après Regnault $\quad C = 0{,}0570.$

Quant au volume spécifique v_0 à 0, inverse du poids spécifique à la même température, il est égal à $\frac{1}{10511}$.

D'ailleurs $p_0 = 10334, \quad E' = 7{,}357.10^9, \quad \mathcal{A} = \frac{1}{425}$.

Remplaçant dans la formule précédente toutes les lettres par leurs valeurs, on trouve effectivement pour c un nombre qui diffère extrêmement peu de C. (Voir 3e volume. — *Expression générale de la chaleur spécifique sous volume constant dans les solides.*)

Il n'est pas difficile d'observer d'ailleurs que la précédente formule est nécessairement inexacte ; en effet, on a supposé implicitement pour l'établir que

$$C, c, E', \alpha,$$

restent constants pendant qu'on élève la température du corps de 1° ; or, toutes ces quantités qui sont des constantes pour les gaz parfaits varient au contraire pour un solide avec la température. On ne peut donc attendre de cette formule que des résultats grossièrement approximatifs.

133. Cette formule se réduit d'ailleurs pour $E'=0$, c'est-à-dire *quand on suppose les forces intérieures élastiques complètement nulles*, à la forme trouvée dans le cas d'un gaz parfait :

$$E=\frac{\alpha v_0 p_0}{C-c},$$

ce qui devait être.

134. Expression exacte de E dans le cas d'un solide. — Mais si nous ne voulons pas nous contenter de cette grossière approximation donnée par la formule précédente, et que nous tenions à retrouver, pour un solide, l'expression exacte de E, déterminée déjà au n° 118, sans toutefois faire décrire au solide un cycle fermé, il faut raisonner de la manière suivante :

Soit :

$$\text{(1)} \qquad T=\varphi(p, v).$$

la loi des transformations du corps mise sous sa forme explicite.

L'élévation de température nécessaire à une transformation élémentaire AB (fig. 23), c'est-à-dire nécessaire pour faire passer le corps de l'état p, v, à l'état $p+dp, v+dv$, s'obtiendra en prenant la différentielle totale de T, laquelle étant égale à la somme des différentielles partielles sera :

$$\text{(2)} \qquad dT=\frac{dT}{dp}dp+\frac{dT}{dv}dv.$$

Quant à la quantité de chaleur dQ absorbée dans cette transformation élémentaire AB, elle est donnée par la formule générale du n° 81 :

$$dQ = dU + \mathcal{A}p\,dv. \tag{3}$$

Or U, la chaleur interne dépendant de l'état actuel, tant calorifique que moléculaire du corps, est une certaine fonction de p,v; par suite, dU, sa différentielle totale, somme de ses différentielles partielles, sera :

$$dU = \frac{dU}{dp}\,dp + \frac{dU}{dv}\,dv, \tag{4}$$

relation qui donne l'accroissement de chaleur interne qui a lieu pendant la transformation élémentaire considérée.

Fig. 23

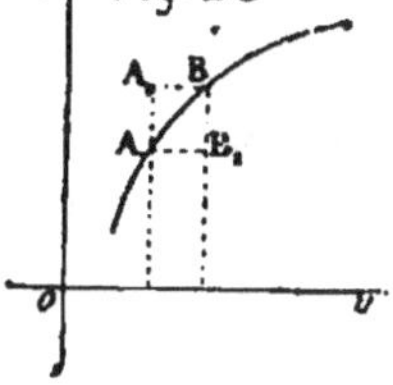

Ceci posé, je fais passer le corps de l'état A à l'état B_1, c'est-à-dire de l'état p,v à l'état $p,v+dv$, ou en langage ordinaire, du volume v au volume $v+dv$ sous la pression constante p; il faut pour cela un accroissement de température dT, donné par la relation (2) dans laquelle on fait $dp = 0$, ou fourni, en d'autres termes, par la différentielle *partielle* de T par rapport à v,

$$dT = \frac{dT}{dv}\,dv.$$

Par suite C étant la capacité calorifique du corps sous pression constante en A, il faut lui communiquer une quantité de chaleur

$$dq = C\,dT = C\,\frac{dT}{dv}\,dv,$$

en remplaçant dT par sa valeur.

Mais une partie de cette chaleur se transforme en travail externe représenté par la surface comprise entre les ordonnées infiniment voisines des points A et B, lequel a par suite pour expression $p\,dv$. Il y a donc du fait de ce travail externe accompli, une quantité de chaleur disparue

$$Apdv.$$

Le corps ne retient donc sous forme de chaleur interne dans cette transformation AB_1 que la différence

$$dq - Apdv,$$

ou en remplaçant dq par sa valeur :

$$\left(C\frac{dT}{dv} - Ap\right)dv.$$

Mais cette chaleur interne relative à la transformation AB_1, s'obtiendra d'autre part en faisant $dp = 0$ dans l'équation (4), c'est-à-dire sera donnée par la différentielle partielle de U par rapport à v,

$$dU = \frac{dU}{dv}dv.$$

Égalant ces deux expressions de la chaleur interne relative à la transformation AB_1, on a l'égalité :

$$(5) \qquad \frac{dU}{dv} = C\frac{dT}{dv} - Ap.$$

Si au contraire, je fais passer le corps de l'état A à l'état A_1, c'est-à-dire de l'état p,v à l'état $p+dp,v$, ou en langage ordinaire, de la pression p à la pression $p+dp$ sous le volume constant v, il faut pour cela un accroissement de température dT donné par la relation (2), dans laquelle on fait $dv = 0$, c'est-à-dire fourni par la différentielle partielle de T, par rapport à p,

$$dT = \frac{dT}{dp}dp.$$

Par suite c, étant la capacité calorifique du corps sous volume constant en A, il faut communiquer au corps une quantité de chaleur

$$dq_1 = cdT = c\frac{dT}{dp}dp.$$

en remplaçant dT par sa valeur.

Aucune portion de cette chaleur ne se transformant en travail externe, elle constitue donc, tout entière, la chaleur interne relative à la transformation AA_1; mais d'autre part, cette chaleur interne s'obtient en faisant $dv=0$ dans l'équation (4), c'est-à-dire est donnée par la différentielle partielle de U par rapport à p

$$dU = \frac{dU}{dp}dp.$$

Égalant ces deux expressions de la chaleur interne relative à la transformation AA_1, on a l'égalité :

$$\frac{dU}{dp} = c\frac{dT}{dp}. \tag{6}$$

Prenant alors la dérivée de (5), par rapport à p, on a :

$$\frac{d^2U}{dvdp} = C\frac{d^2T}{dvdp} + \frac{dT}{dv}\cdot\frac{dC}{dp} - \mathcal{A}.$$

Prenant de même la dérivée de (6), par rapport à v, on a :

$$\frac{d^2U}{dpdv} = c\frac{d^2T}{dpdv} + \frac{dT}{dp}\cdot\frac{dc}{dv},$$

Les premiers membres de ces égalités étant égaux, il en est de même des seconds membres, ce qui fournit la relation :

$$C\frac{d^2T}{dvdp} + \frac{dT}{dv}\cdot\frac{dC}{dp} - \mathcal{A} = c\frac{d^2T}{dpdv} + \frac{dT}{dp}\cdot\frac{dc}{dv},$$

d'où on conclut enfin :

$$\mathcal{A} = (C - c)\frac{d^2T}{dvdp} + \frac{dC}{dp}\cdot\frac{dT}{dv} - \frac{dc}{dv}\cdot\frac{dT}{dp},$$

comme au n° 118.

Détermination de l'équivalent mécanique au moyen d'un gaz parfait sans lui faire décrire un cycle complet.

135. Comme seconde application de cette même méthode du n° 131, reprenons l'unité de poids d'un gaz parfait ; soit v_0

son volume à 0° sous la pression p_0. Echauffons-le de 1° à partir de 0° sous la pression contante p_0; le volume devenant

$$v = v_0 (1 + \alpha)$$

aura subi un accroissement :

$$\alpha v_0.$$

Pour cette transformation, il faudra fournir au gaz une quantité totale de chaleur

$$Q = C,$$

C capacité calorifique à pression constante, *constante ici* quels que soient le volume et la pression.

Or, cette quantité totale de chaleur sert :

1° A échauffer le gaz de 1°, son volume restant constant, ce qui exige une quantité de chaleur

$$c$$

c capacité calorifique sous volume constant.

2° A augmenter l'énergie potentielle du gaz, ou à accomplir le travail des actions mutuelles qui accompagnent le changement de volume. Or, ainsi que nous l'avons dit au n° 49, les lois des mélanges des gaz semblent indiquer que ces actions mutuelles, ces forces moléculaires sont nulles : si nous l'admettons, on en conclura que le travail interne dû à ces forces nulles est lui-même nul, et par suite, il n'y aura pas de chaleur à dépenser, de ce fait.

3° A produire le travail extérieur $\int pdv$; or la pression extérieure étant ici constante et égale à p_0, le travail externe produit, répondant à l'accroissement de volume

$$v_0 \alpha$$

sera le produit de ces deux facteurs, c'est-à-dire :

$$\alpha v_0 p_0$$

lequel exige une quantité de chaleur

$$A . \alpha v_0 p_0.$$

On aura donc l'égalité :

$$C = c + \mathcal{A} a v_0 p_0,$$

d'où

$$\mathcal{A} = \frac{C - c}{a v_0 p_0} \text{ et par suite } E = \frac{a v_0 p_0}{C - c}.$$

136. Autre raisonnement. — On aurait pu, en admettant toujours que les forces intérieures sont nulles, raisonner encore comme il suit :

Soit fig. 24, l'unité de poids d'un gaz parfait, se détendant sans variation de chaleur et passant ainsi de l'état $v_1 p_1 T_1$ (état A) à l'état $v_2 p_2 T_2$ (état B').

Il y a absorption d'une quantité de chaleur $c(T_1 - T_2)$ et par suite absorption d'une quantité d'énergie calorifique

$$Ec(T_1 - T_2)$$

Fig 24

qui doit subvenir au travail interne et externe ; mais si nous admettons que le travail interne accompagnant la dilatation est nul, toute cette énergie calorifique disparue se sera transformée en travail externe ou en énergie sensible, représentée par la surface AB' $a\,b'$, laquelle a pour expression (n° 112) :

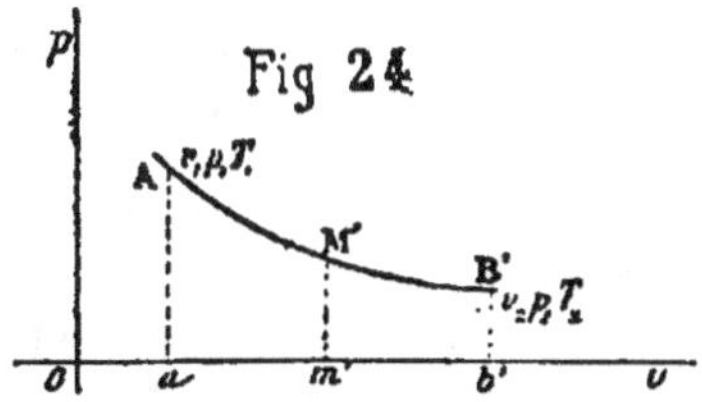

$$\frac{1}{\gamma - 1}(v_1 p_1 - v_2 p_2).$$

On a donc dans ce cas, l'égalité :

$$Ec(T_1 - T_2) = \frac{1}{\gamma - 1}(v_1 p_1 - v_2 p_2).$$

Mais la loi des transformations du gaz appliquée aux deux états A et B' donne

$$H v_1 p_1 = T_1,$$
$$H v_2 p_2 = T_2.$$

Si je remplace dans la relation précédente $T_1 - T_2$ par sa valeur tirée des conditions précédentes, on aura :

$$EcH(v_1p_1 - v_2p_2) = \frac{1}{\gamma - 1}(v_1p_1 - v_2p_2).$$

Il reste donc :

$$EcH = \frac{1}{\gamma - 1},$$

d'où enfin

$$E = \frac{1}{Hc(\gamma - 1)} = \frac{\alpha v_0 p_0}{C - c}.$$

137. La loi de Joule résulte des deux raisonnements qui précèdent. — Ainsi, soit par ce raisonnement, soit par le raisonnement du n° 135, en admettant d'après les lois des mélanges des gaz, que *dans les gaz parfaits, les actions mutuelles sont nulles*, nous retombons, comme on voit, sur l'expression exacte de l'équivalent mécanique, établie dans les leçons précédentes sans faire aucune supposition sur la nature de ces actions mutuelles ; cela prouve donc que cette hypothèse est l'expression même de la vérité.

La loi de Joule résulte d'ailleurs mathématiquement de la relation $Q = c\theta + \mathcal{A}\int pdv$.

138. Enfin cette loi de Joule est comprise implicitement dans la relation du n° 94 :

$$Q = c\theta + \mathcal{A}\int pdv$$

relative aux gaz parfaits.

En effet, si nous identifions à cette relation, la relation générale du n° 78 :

$$Q = \Delta U + \mathcal{A}\int pdv,$$

relative à un corps quelconque, on en conclut :

$$\Delta U = c\theta,$$

c'est-à-dire

$$A.\Delta D = c\theta,$$

d'où

$$\Delta D = \frac{c}{A}\theta$$

qu'on peut écrire :

$$D_2 - D_1 = Ec(T_2 - T_1).$$

Relation qui donne la variation d'énergie totale intérieure du gaz, répondant à une variation finie de température $T_2 - T_1$. Cette variation d'énergie totale intérieure ne dépend, comme on voit, E et *c* étant constants, que de la variation de température et nullement de la variation du volume ; de telle sorte que si le corps éprouve, par exemple, un *changement de volume* sans changement de température, l'énergie totale intérieure n'éprouve aucune variation, reste constante en un mot. Or, s'il en est ainsi, les forces intérieures sont nécessairement nulles, car si elles ne l'étaient pas : au changement de volume éprouvé par le corps répondrait un travail effectué par ces forces intérieures, et par suite, répondrait une *variation* de l'énergie totale intérieure. Puisque cette variation n'a pas lieu, ce travail dû aux forces intérieures supposées est donc nul, par suite, ces forces intérieures sont nulles également, *c.q.f.d.*

L'ÉNERGIE TOTALE INTERNE D'UN GAZ PARFAIT EST PROPORTIONNELLE A SA TEMPÉRATURE ABSOLUE. — Si d'ailleurs dans la relation précédente on fait $T_1 = 0$, il est clair que l'énergie totale intérieure correspondante $D_1 = 0$, et il reste par suite

$$D_2 = EcT_2$$

ou, d'une manière générale,

$$D = EcT,$$

ce qui montre nettement *que l'énergie totale intérieure d'un gaz parfait est simplement proportionnelle à sa température absolue* et complétement indépendante du volume. Cette énergie totale se réduit donc encore une fois à l'énergie calorifique, l'énergie potentielle étant nulle, et par suite, aussi les actions mutuelles.

139. Introduction aux expériences de Joule. — Eh bien, cette loi ou propriété physique des gaz parfaits, que la loi des mélanges des gaz faisait entrevoir, et qui résulte mathématiquement, comme on vient de le montrer, de la formule $Q = c\theta + A\int pdv$, c'est-à-dire des lois de Mariotte et de Gay-Lussac et de la constance des chaleurs spécifiques C et c, trouve sa confirmation dans des expériences célèbres de Joule antérieures à celles de Regnault sur les chaleurs spécifiques, lesquelles constituent une démonstration expérimentale directe de cette loi, appelée pour cette raison *loi de Joule*.

Puisque cette loi ou propriété des gaz parfaits résulte, ainsi qu'on l'a fait voir, de la formule

$$Q = c\theta + A\int pdv:$$

Pour la démontrer expérimentalement, il suffira donc de vérifier expérimentalement toutes les conséquences qui résultent de cette formule, lesquelles renferment implicitement cette loi. Or :

Première conséquence. — Si dans cette formule on y fait $\theta = 0$, c'est-à-dire si la transformation subie par le gaz est telle que la température finale soit égale à la température initiale, il reste

$$Q = A\int pdv,$$

c'est-à-dire que la quantité de chaleur répondant à cette transformation est *proportionnelle au travail extérieur*, ce qui ne peut avoir lieu évidemment que si le travail interne moléculaire est nul.

Deuxième conséquence. — Si dans cette formule on fait en second lieu $Q = 0$, c'est-à-dire, si l'on suppose une transformation sans perte ni gain de chaleur ; si de plus $\int pdv$, le travail extérieur produit est nul, et qu'il n'y ait pas développement d'énergie sensible. Elle donne :

$$0 = 0,$$

c'est-à-dire que : *le gaz se dilatant ou se contractant sans perte ni gain de chaleur dans le vide et sans développement d'énergie sensible, sa température reste constante.*

Dans la prochaine leçon, nous dirons, comment Joule a pu vérifier toutes ces conséquences et, par conséquent, démontrer expérimentalement ainsi *la loi physique qui porte son nom.*

DIXIÈME LEÇON

SOMMAIRE. — Démonstration expérimentale de la loi de Joule. — Expériences de Joule établissant cette démonstration. — Ces expériences fournissent de nouvelles vérifications du principe de l'équivalence, en donnant deux méthodes expérimentales inverses l'une de l'autre pour la détermination de l'équivalent mécanique. — Du travail intérieur dans les gaz réels. — Mesure expérimentale de ce travail, méthode de MM. Joule et Thomson. Mesure de ce même travail par le calcul.

---

140. Il s'agit dans cette leçon de démontrer expérimentalement cette propriété, cette loi qui caractérise les gaz parfaits:

Que les actions mutuelles qui s'exercent entre leurs molécules sont nulles, que par suite le travail interne répondant à un changement de volume sans variation de température est nul également; qu'en un mot l'énergie potentielle des gaz parfaits est toujours égale à 0.

Pour démontrer cette loi, M. James Prescott Joule de Manchester, n'a eu, ainsi que nous l'expliquions en terminant la dernière leçon, qu'à vérifier expérimentalement les conséquences de la formule.

$$Q = c\theta + \mathcal{A}\int pdv.$$

lesquelles renferment implicitement la loi énoncée.

141. Dans la première et la seconde série de ses expériences (Mémoire lu à la Société royale de Londres, le 21 juin 1849), le physicien anglais établit expérimentalement la première de ces

conséquences : à savoir, *que lorsqu'un gaz parfait varie de volume et de pression sans éprouver de changement de température* (comme lorsqu'on comprime lentement de l'air dans le briquet à air), *il y a une absorption ou un dégagement de chaleur proportionnel au travail extérieur*, de telle sorte qu'en divisant le travail reçu ou produit par le gaz, par la quantité de chaleur dégagée ou absorbée, on obtient exactement l'équivalent mécanique de la chaleur.

Observons toutefois que comme il ne pouvait agir sur des gaz parfaits, mais sur des gaz réels s'en approchant sensiblement, tels que les gaz dits *permanents* très éloignés de leur point de liquéfaction : le rapport, donné par l'expérience, du travail reçu à la chaleur dégagée, devait nécessairement différer un peu de l'équivalent exact. Mais les expériences faites successivement avec différents gaz, montrant que cette différence va constamment en diminuant à mesure que le gaz considéré se rapproche davantage de l'état parfait, il était en droit de conclure qu'à la limite, c'est-à-dire pour un gaz parfait, cette différence s'annulait complétement, *que par suite la loi précédente seulement approchée pour les gaz réels était rigoureusement exacte pour les gaz parfaits.*

Ainsi les expériences de Joule et celles de Thomson que nous citons à la suite, prouvent à la fois que le travail interne n'est jamais nul dans les gaz réels, qu'il est d'autant moindre que le gaz considéré est, aux températures ordinaires, plus éloigné de son point de liquéfaction, qu'enfin il est rigoureusement nul pour les gaz parfaits. Ces expériences fournissent, de plus, une méthode expérimentale pour la détermination approchée de l'équivalent mécanique de la chaleur et par suite une vérification nouvelle du principe de l'équivalence.

Première série des expériences de Joule.

142. Dans la première série de ses expériences, Joule comprimait de l'air dans un récipient R (fig. 25), cette compression absorbait un certain travail qui se transformait en chaleur en échauffant le gaz. Pour mesurer l'élévation de température,

on plongeait l'appareil dans un grand calorimètre A ; le gaz à comprimer se desséchait préalablement en passant dans des tubes G contenant de la pierre ponce imbibée d'acide sulfurique, ou du chlorure de calcium. Pour être certain d'ailleurs de la température initiale du gaz, on le faisait passer à travers un serpentin contenu dans un vase W, rempli d'eau où plongeaient des thermomètres très sensibles.

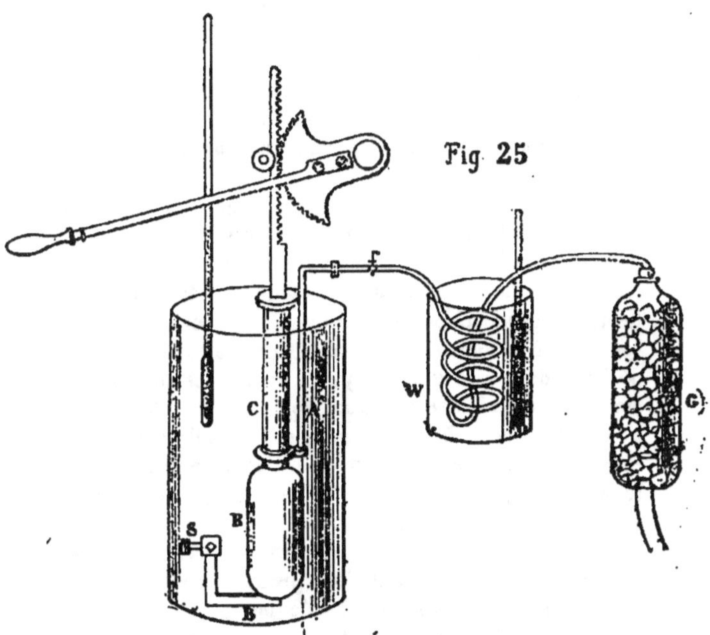

Fig. 25

Voici comment se faisaient les expériences : après avoir noté la température initiale, on donnait au moyen de la pompe C fixée à la partie supérieure du réservoir R et mue comme l'indique suffisamment le croquis, trois cents à quatre cents coups de piston le plus rapidement possible, ce qui portait en peu de temps la pression à 22 ou 25 atmosphères ; on mesurait l'élévation de température; enfin pour avoir le volume du gaz ramené à la pression atmosphérique, on portait le récipient R sous la cuve à eau et on laissait échapper par le tube BS le gaz comprimé qui se dégageait sous la cloche.

143. Calcul de la chaleur produite Q. — On faisait ensuite une seconde série d'expériences à blanc, c'est-à-dire en fermant le robinet *r* d'arrivée du gaz et en donnant le même nombre de coups de piston; on notait encore l'élévation de température due cette fois au simple frottement du piston; en retranchant cette élévation de température de celle observée dans la première série d'expériences, on avait ainsi l'élévation de température due à la *seule* compression du gaz; d'où il était facile de conclure, connaissant le poids de l'eau du calorimètre, la quantité de chaleur dégagée par cette compression.

D'ailleurs on avait bien soin que la masse d'eau du calorimètre fût suffisamment grande pour que l'élévation de température due à la chaleur dégagée fût assez faible pour être regardée comme négligeable; de telle manière que les modifications éprouvées par le gaz pussent être considérées comme *ayant lieu à température constante*. Dans ces conditions, si l'expérience démontre que le rapport du travail dépensé pour la compression, à la chaleur produite, qui vient d'être appréciée, *s'écarte très peu de la valeur exacte de l'équivalent mécanique*, on aura par cela même démontré que l'énergie potentielle ou le le travail des actions mutuelles dans le gaz considéré (l'air atmosphérique) *est très faible*.

144. Calcul du travail dépensé $\mathfrak{T}$. — On vient de dire comment se calculait la chaleur produite par la seule compression du gaz, reste donc à calculer la quantité de travail absorbée par le gaz pour cette compression. Tout d'abord, remarquons que ce travail ne saurait être mesuré par le travail effectivement dépensé par l'agent qui manœuvre la pompe, ce travail servant non-seulement à effectuer la compression du gaz, mais encore à vaincre tous les frottements et les autres résistances nuisibles.

Pour apprécier la portion de ce travail total, uniquement employé à la compression du gaz, remarquons qu'au début de l'expérience on a un certain volume d'air V_0, contenu dans le récipient R à la pression p_0. A chaque coup de piston, il pénètre dans ce récipient un volume u_0 (volume du corps de pompe C) à la pression p_0; après n coups de piston, le volume introduit sera donc :

$$nu_0,$$

Par suite, la pression dans le récipient qui renfermait d'abord le volume V_0 à la pression p_0, sera devenue p_n donnée par la relation de Mariotte :

$$\frac{p_n}{p_0} = \frac{V_0 + nu_0}{V_0}.$$

La question revient donc actuellement, à calculer le travail nécessaire pour comprimer un volume d'air $V_0 + nu_0$ à la pression p_0 (fig. 26) jusqu'à ce que ce volume se trouve réduit à V_0. Or ce travail a évidemment pour expression :

Fig. 26.

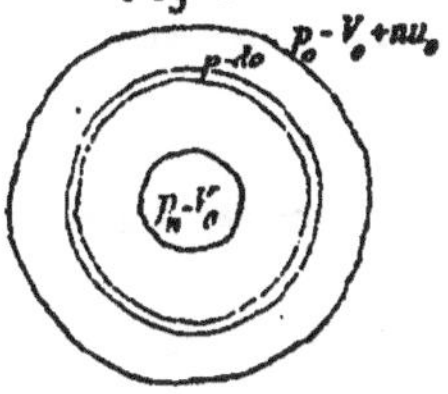

$$\mathfrak{G} = \int_{V_0+nu_0}^{V_0} -pdv.$$

Mais p est lié à v par la relation

$$pv = p_0(V_0 + nu_0),$$

d'où

$$p = p_0(V_0 + nu_0) \cdot \frac{1}{v}.$$

Remplaçant dans $\mathfrak{G}$, on a :

$$\mathfrak{G} = p_0(V_0 + nu_0) \int_{V_0+nu_0}^{V_0} -\frac{dv}{v} = p_0(V_0 + nu_0) \text{ Log. } \frac{V_0 + nu_0}{V_0},$$

ou enfin, en passant aux logarithmes vulgaires et ayant égard à la première égalité établie :

$$\mathfrak{C} = 2,3026 p_0(V_0 + nu_0) \log . \frac{p_n}{p_0}.$$

145. Calcul du rapport $\frac{\mathfrak{C}}{Q}$. — La comparaison de ce travail $\mathfrak{C}$ ainsi mesuré avec la chaleur dégagée Q, appréciée comme on l'a dit plus haut, a donnée pour la valeur approchée de l'équivalent mécanique :

$$\frac{\mathfrak{C}}{Q} = E = 452,5 \text{ quand la pression était de } 21^{atm}5,$$

$$\frac{\mathfrak{C}}{Q} = E = 437,2 \quad — \quad — \quad — \quad 10^{atm}5.$$

Or, ces nombres sont assez voisins de la vraie valeur de E, pour qu'on puisse regarder la loi comme démontrée.

Seconde série des expériences de Joule.

146. M. Joule, dans un second travail, confirma ces résultats en suivant une marche précisément inverse de la précédente : il évalue, dans ces nouvelles expériences, la quantité de chaleur absorbée par un gaz qui se dilate à température constante en effectuant un travail extérieur facile à déterminer.

A cet effet, il comprime l'air dans le récipient R de tout-à-l'heure, puis, le corps de pompe C ayant été enlevé, il adapte à l'orifice un serpentin en plomb immergé dans la même masse d'eau que le récipient (fig. 27). A un moment donné, on ouvre un robinet, et le gaz amené en dehors du calorimètre se dégage sous une cloche pleine d'eau, renversée sur la cuve à eau.

Dans cette expérience, les molécules de gaz en s'échappant prennent une grande vitesse et par suite une force vive, une *énergie sensible* B_t^*, qui absorbe une certaine quantité de chaleur ; en d'autres termes, dans cette détente du gaz, l'énergie calorifique se transforme partiellement en énergie sensible B'_i et partiellement en travail externe; mais si l'on dispose du mode d'écoulement de manière que l'énergie sensible au moment où le gaz pénètre dans la cloche soit assez faible pour être négligeable, toute l'énergie calorifique absorbée dans l'expansion du gaz sera définitivement transformée en travail interne. Si, dans ces circonstances, le rapport du travail produit à la chaleur absorbée est sensiblement égal à l'équivalent mécanique, cela prouvera encore que dans l'air le travail externe est sensiblement nul, et complétement nul par induction dans les gaz parfaits. Or, pour arriver à ce résul-

Fig 27-

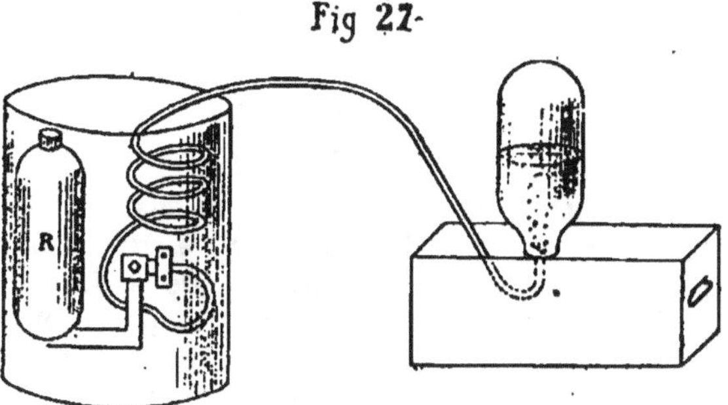

tat, c'est-à-dire à annuler l'énergie sensible B'_ρ, il suffit d'interposer dans le tube de sortie du gaz disposé en serpentin un robinet spécial pouvant rétrécir le passage autant qu'on le veut : toute la force vive ou énergie sensible possédée par les molécules vient alors s'éteindre par suite du frottement, et régénérer ainsi toute la chaleur qui avait été soustraite sous forme d'énergie sensible. Si l'on mesure alors, comme dans toutes les expériences calorimétriques, par l'abaissement de température subi par le calorimètre la quantité de chaleur Q absorbée par le gaz en se dilatant, et qu'on la compare au travail externe $\mathfrak{C}$ effectué par le gaz, qui a tout simplement pour expression : le volume de l'eau expulsée de la cloche multiplié par la pression atmosphérique, on trouve :

$\frac{\mathfrak{C}}{Q}=E=450{,}9$ dans le cas de l'expansion de l'air de $21^{atm.}$ à $1^{atm.}$

$\frac{\mathfrak{C}}{Q}=E=447{,}6$ — — — 10 » à 1 »

$\frac{\mathfrak{C}}{Q}=E=417{,}6$ — — — 23 » à 14 »

Ces nombres étant très voisins de la véritable valeur de l'équivalent mécanique prouvent que le travail interne dans l'air *est très faible*, et par conséquent *absolument nul*, par induction, dans le cas dez gaz parfaits.

147. Ainsi, quand un gaz parfait se dilate, sans développer d'énergie sensible, en produisant un externe $\mathfrak{C}$, il y a absorption d'une certaine quantité de chaleur Q, de telle sorte que le rapport

$$\frac{\mathfrak{C}}{Q}=E.$$

On comprend donc que si le gaz se dilatait sans produire de travail, en se répandant, par exemple, dans un espace *vide*, il n'y aurait, après extinction de l'énergie sensible, ni création ni destruction de chaleur, et, par suite, pas de changement dans la température de la masse gazeuse ; c'est d'ailleurs (n° 139) la seconde conséquence de la formule

$$Q=c\theta+\mathcal{A}\int pdv.$$

Eh bien, les expériences suivantes de Joule vérifient pleinement cette dernière conséquence.

Troisième série des expériences de Joule.

148. Ces dernières expériences de Joule ont été à leur apparition fort remarquées, parce qu'elles ont paru, au premier abord, être en contradiction avec le fait si connu du refroidissement qui accompagne toujours, dans les circonstances

ordinaires, la dilatation d'un gaz. Voici en quoi elles consistent :

Deux réservoirs identiques R et E, réunis par un tube de communication muni d'un robinet, sont renfermés dans un même calorimètre (fig. 28) dont la forme épouse aussi bien que possible celle des réservoirs et *cela dans le but de réduire la masse d'eau employée* ; l'un de ces réservoirs R contient de l'air à 22$^{atm.}$, dans l'autre E on a fait le vide le plus parfait possible. Si on ouvre alors brusquement le robinet de communication, il se fait des changements brusques de pression. Dans le premier réservoir, elle tombe de 22$^{atm.}$ à 11$^{atm.}$, et dans le second elle monte de 0 à 11$^{atm.}$; mais dans ces changements, il n'y a aucun travail externe développé, puisque le gaz qui s'écoule ne rencontre que le vide ; de plus, l'énergie sensible développée dans cette expansion s'est, au bout d'un temps très court, complètement éteinte par le frottement et les chocs sur les parois, en régénérant ainsi toute la chaleur qu'elle avait absorbée pour se produire. Donc il n'y a pas de chaleur absorbée ; et, en effet, les thermomètres les plus sensibles placés dans le calorimètre qui contient l'appareil n'accusent aucune variation de température.

Fig. 28

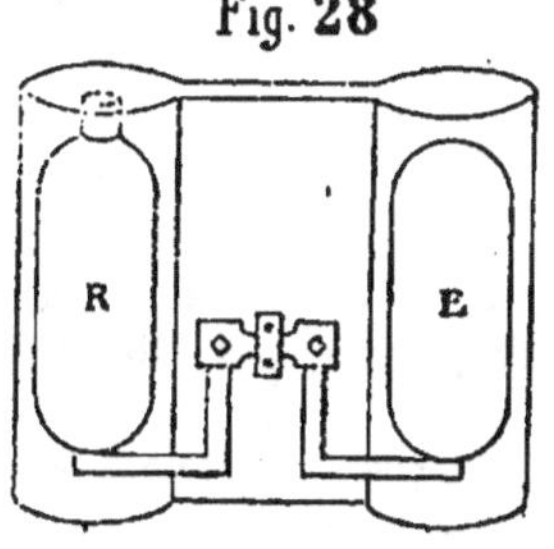

149. Remarque. — Il y a bien toujours un peu d'air dans le second ballon et, par conséquent, un certain travail accompli par la compression de cet air, mais il est si faible, ainsi qu'on va le voir, que l'abaissement de température qui en résulte est inappréciable aux thermomètres les plus sensibles.

En effet, soient V_0 le volume du réservoir E, et p_0 la très faible pression qui y règne après le vide le plus parfait qu'on ait pu produire ; h étant la hauteur d'eau mesurant ce vide, on a :

$$p_0 = \pi h.$$

Si, par exemple, $h = 0^{m},027$, π représentant le poids du mètre cube d'eau, on a :

$$p_0 = 1000 \text{ kilog.} \times 0,027 = 27 \text{ kilog. par mètre carré.}$$

Ce volume V_0 à la pression $p_0 = 27$ kilog. se trouve comprimé à la pression de 11 atmosphères, c'est-à-dire que

$$p_n = 11 \times 10334 = 113674.$$

Par suite, le travail dû à la compression de cet air, en raisonnant comme au n° 144, a pour expression.

$$\mathfrak{E} = 2,3026 \, p_0 V_0 \log. \frac{p_n}{p_0};$$

et, en remplaçant par les valeurs calculées, sachant d'ailleurs que $V_0 = 0^{mc},002$, on a :

$$\mathfrak{E} = 2,3026 \times 27 \times 0,002 \log. \frac{113674}{27} = 0^{kg.m.},03.$$

Or, l'effet calorifique dû à ce travail est insignifiant, si l'on songe qu'il faut 425 kilog. pour produire une calorie.

150. Puisqu'il n'y a, dans l'expérience précédente, ni énergie sensible développée, ni travail extérieur produit et qu'il n'y a ni création, ni absorption de chaleur puisque la température ne varie pas au moins d'une manière appréciable; c'est que l'accroissement d'énergie potentielle acquise par le gaz dans cette expansion est nul, ou ce qui revient au même, c'est que le travail des actions mutuelles dans cette opération est sensiblement nul ; s'il n'en était pas ainsi, il y aurait, en effet, une absorption de chaleur qu'on reconnaîtrait par un refroidissement, un abaissement de température appréciable.

151. En réfléchissant encore plus attentivement sur l'expérience que nous venons de relater, nous remarquerons que l'air renfermé dans le premier réservoir R, à la pression de 11 atmosphères à la fin de l'expérience, n'occupait, au début de cette expérience, sous la pression de 22 atmosphères, qu'une partie seulement du volume de ce premier réservoir ; il s'est donc dilaté dans une enceinte, dont la pression va en décrois-

sant progressivement de 22 à 11 atmosphères. Il y a donc eu, nécessairement, absorption de chaleur et, par suite, abaissement de température dans ce premier réservoir ; or puisque la température de l'ensemble n'a pas varié, il en résulte donc que, dans le deuxième réservoir, il a dû nécessairement se produire une création de chaleur et, par suite, un accroissement de température précisément égal à l'abaissement de température observé dans le premier réservoir. Pour vérifier ces prévisions, M. Joule n'a eu qu'à renverser l'appareil qui lui avait servi dans l'expérience précédente et à introduire dans deux calorimètres spéciaux (fig. 29) chacun des deux récipients ; le système des tubes de communication auxquels sont adaptés les robinets était d'ailleurs introduit dans un troisième petit calorimètre. Le robinet de communication étant ouvert et l'écoulement terminé, on constate alors que le thermomètre baisse en effet dans le premier calorimètre renfermant le réservoir R, tandis que dans les deux autres on observe une élévation de température. Ces résultats, encore une fois, s'expliquent aisément : le travail développé dans le premier calorimètre, qui a absorbé pour se produire une certaine quantité de chaleur, se transforme immédiatement lors de l'écoulement en énergie sensible, en force vive d'écoulement, mais cette énergie sensible, cette force vive, cette vitesse ne tarde pas à s'étendre tant par le frottement réciproque des molécules d'air, que par leurs chocs contre les parois de l'appareil et leurs frottements contre les orifices des robinets; or, cette force vive ainsi détruite, régénère en s'anéantissant toute la quantité de chaleur qu'elle avait absorbée. C'est ce qui explique pourquoi, dans l'expérience précédente, on observe une compensation exacte entre les effets calorimétriques constatés dans les trois calorimètres.

Fig. 29

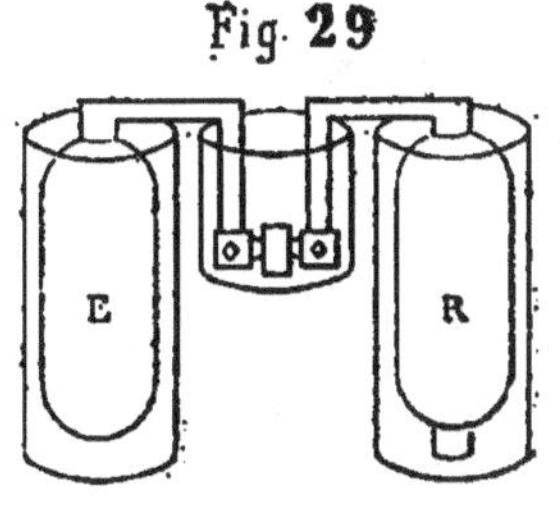

152. Conclusions des expériences de Joule. — Ainsi, toutes ces expériences concordent et tendent à prouver que le

travail intérieur dans l'air, gaz très rapproché de l'état parfait, est très peu sensible.

Si, d'ailleurs, le mode d'expérimentation de Joule exposé au n° 148 était suffisamment sensible, en l'appliquant à des gaz de plus en plus rapprochés de leur point de liquéfaction, on reconnaîtrait que l'abaissement de température, le refroidissement de l'appareil, quand l'écoulement est terminé et que l'équilibre des pressions est atteint, *n'est jamais absolument nul et va sans cesse en croissant*. Cela démontrerait, par conséquent, qu'en effet le travail intérieur n'est jamais absolument nul dans les gaz réels; qu'il va constamment en augmentant à mesure que le gaz considéré se rapproche de son point de liquéfaction et, par suite, s'éloigne de l'état parfait; qu'au contraire il va sans cesse en diminuant à mesure que le gaz considéré s'éloigne de son point de liquéfaction, et, par suite, se rapproche de l'état parfait, *pour s'annuler complètement à cette limite*.

Mesure du travail intérieur dans les gaz réels par l'expérience.

153. Eh bien, M. Thomson a imaginé précisément un procédé très sensible qui permet non-seulement de mettre en évidence l'existence du travail intérieur dans les gaz réels, mais qui permet aussi de mesurer pour chaque nature de gaz l'intensité de ce travail, et de reconnaître par suite la justesse de ce que nous venons de dire au numéro précédent.

Fig 30

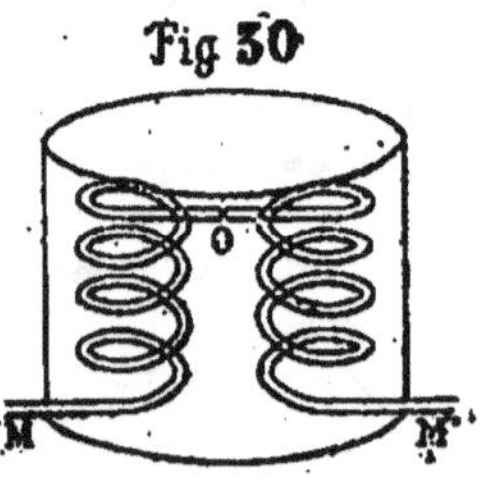

Imaginons deux longs tubes en hélice, deux serpentins, communiquant ensemble *par un orifice très étroit* O (fig. 30) et plongés dans un bain à température constante. Ces tubes étant supposés rectifiés comme l'indique la figure (31), on fait passer dans l'appareil un courant continu de gaz au moyen d'une pompe foulante; le gaz pénètre, je suppose, par l'extrémité M et s'échappe dans l'atmosphère par l'extrémité M'. Le régime permanent de l'écoulement étant établi, la pression pourra être regardée comme constante dans chacun des deux tubes ou serpentins, MO, OM, à partir des deux sections A, A', situées à une certaine distance de l'orifice O. Soient p_1, p_2 les pressions dans les régions MA, M'A'; soient également AB le volume v_1 occupé par l'unité de poids du gaz dans le premier tube, à partir de la section A, et A'B', le volume v_2

Fig. 31

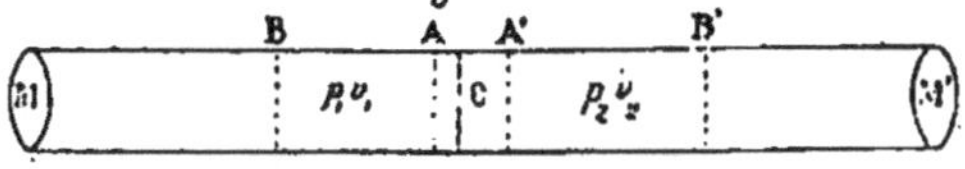

occupé par le même poids de gaz dans le deuxième tube, à partir de la section A'.

Considérons à un instant donné le poids du gaz contenu entre les sections B et A', lequel est fort peu différent d'un kilogramme (le poids du gaz renfermé dans AA' étant négligeable devant un kilogramme); au bout d'un certain temps d'écoulement, ce poids se trouvera tout entier compris entre les sections A et B', et, dans ce passage, le travail extérieur effectué par ce poids de gaz sera, en désignant par ω la section du tube :

$$p_2\omega.\mathrm{A'B'} - p_1\omega.\mathrm{AB},$$

c'est-à-dire :

$$p_2v_2 - p_1v_1$$

lequel absorbe pour se produire une quantité de chaleur égale à

$$A(p_2v_2 - p_1v_1).$$

Dans ce même passage, le travail intérieur, s'il y en a un, sera simplement le travail qui accompagne la dilatation du kilogramme de gaz envisagé passant du volume AB ou v_1 au volume A'B' ou v_2.

Si je désigne par ΔU la chaleur consommée pour la production de ce travail, on aura (n° 78) pour la quantité totale de chaleur Q absorbée dans cette transformation

$$Q = \Delta U + A(p_2v_2 - p_1v_1).$$

Si le gaz suivait la loi de Mariotte, on aurait

$$p_2v_2 = p_1v_1,$$

si, de plus, le travail intérieur était nul, on aurait également

$$\Delta U = 0,$$

par suite, il viendrait :

$$Q = 0,$$

c'est-à-dire que dans ce cas, il y aurait compensation exacte entre les phénoménes calorifiques dont le gaz est le siége lorsqu'il traverse l'espace AA', c'est-à-dire que le refroidissement qu'il éprouve de A en O en se dilatant serait égal au réchauffement qu'il éprouve de O en A', réchauffement dû à l'extinction de la force vive prise par le gaz qui se dilate, extinction produite par le frottement et les chocs du gaz sur lui-même et sur les parois de l'orifice. Par conséquent, dans ce cas où il n'y a pas de travail interne, le gaz en s'écoulant à travers le très petit orifice O reviendrait à sa température initiale dès qu'il aurait atteint la région A' très rapprochée de cet orifice O où la pression est redevenue constante : en d'autres termes, le gaz s'écoulerait sans éprouver de variations de température. (Voir écoulement des gaz parfaits, n° 240.) Or, cette conséquence facile à vérifier au moyen d'appareils thermo-électriques, ou simplement d'un thermomètre à mercure sensible, ne se vérifie jamais exactement pour aucun gaz réel, la température en A' est toujours moindre qu'en A ; on en conclut que le travail interne n'est pas exactement nul et a pour chaque gaz une valeur déterminée qu'il est facile dès lors de calculer.

154. En effet, reprenons la formule

$$Q = \Delta U + A(p_2v_2 - p_1v_1).$$

Si le gaz est plus compressible que ne l'indique la loi de

Mariotte, et c'est ce qui arrive d'ordinaire,

$$p_2v_2 > p_1v_1$$

alors la chaleur consommée en travail externe

$$A(p_2v_2 - p_1v_1)$$

peut s'évaluer directement au moyen de la loi de compressibilité des gaz fournie par M. Regnault.

Dans le cas de l'hydrogène, l'inverse a lieu

$$p_2v_2 < p_1v_1$$

le travail externe dégage alors la quantité de chaleur

$$A(p_1v_1 - p_2v_2)$$

qu'on évalue de la même manière.

Pour un gaz quelconque, on peut donc évaluer le terme $A(p_2v_2 - p_1v_1)$; on peut d'ailleurs mesurer directement aussi la quantité de chaleur Q absorbée dans la transformation, et, par suite, on peut déduire ΔU de la formule précédente. — Pour mesurer en effet cette quantité de chaleur Q, si on appelle δ un nombre constant pour un même gaz à une même température, les expériences de Thomson et de Joule prouvent que l'abaissement de température du gaz de A en A′ lorsque sa pression s'abaisse de p_1 à p_2 au lieu d'être nul, est proportionnel à $p_1 - p_2$ et peut s'écrire

$$\delta(p_1 - p_2).$$

Par conséquent, la quantité de chaleur Q qu'il faut fournir au gaz pour le conserver en A′ à la température qu'il avait en A est :

$$Q = C\delta(p_1 - p_2).$$

C capacité calorifique à pression constante.

On a donc ainsi tous les éléments nécessaires pour calculer ΔU au moyen de la relation précédente.

155. MM. Joule et Thomson ont trouvé par cette méthode, en remplaçant l'orifice étroit par un diaphragme poreux de coton ou de bourre de soie, que ce travail intérieur était inap-

préciable pour l'hydrogène, faible pour l'air et extrêmement sensible pour l'acide carbonique; c'est-à-dire que le travail intérieur va, en effet, comme nous l'avons dit précédemment, en augmentant à mesure que le gaz considéré se rapproche de son point de liquéfaction et par suite s'éloigne de l'état parfait.

Ces expérimentateurs ont pu d'ailleurs, pour les gaz qu'on vient de citer, trouver le rapport du travail interne $\mathfrak{C}_1$ au travail externe $\mathfrak{C}$: pour un changement infiniment petit de volume répondant à un changement infiniment petit de pression, ils ont trouvé pour le rapport cherché :

Hydrogène. . . . . . $\frac{\mathfrak{C}_1}{\mathfrak{C}}=\frac{1}{1250}$

Air. . . . . $\frac{\mathfrak{C}_1}{\mathfrak{C}}=\frac{1}{500}$

Acide carbonique. . . $\frac{\mathfrak{C}_1}{\mathfrak{C}}=\frac{1}{125}$

Mesure du travail intérieur dans les gaz réels, par le calcul.

156. On peut d'ailleurs, sans recourir à une expérimentation spéciale comme la précédente, estimer approximativement le travail intérieur dans un gaz réel en suivant la marche suivante :

Nous avons dit (n° 121) que si on cherche à appliquer la formule

$$E=\frac{\alpha v_0 p_0}{G \quad c}$$

(qui donne l'expression exacte de l'équivalent mécanique de la chaleur *dans les gaz parfaits*) à des gaz *réels*, les résultats que l'on obtient diffèrent énormément entre eux et de la véritable valeur de E. Ce qui n'est pas étonnant, la formule précédente n'étant plus applicable (n° 121). Mais des résultats qu'on obtient ainsi pous les différents gaz réels, on peut comme nous l'avons fait prévoir en conclure l'expression du travail interne dans ces gaz, connaissant par d'autres méthodes la véritable valeur de l'équivalent mécanique.

En effet : échauffons de 1° à partir de 0° l'unité de poids d'un gaz réel et désignons par $\mathfrak{C}_1$ le travail intérieur répondant à cette transformation, c'est-à-dire l'accroissement d'énergie potentielle ΔA répondant à la dilatation αv_0 éprouvée par le gaz par suite de cet échauffement; C et c désignant d'ailleurs les deux chaleurs spécifiques moyennes du gaz entre 0° et 1°, en appliquant à cette transformation la formule générale

$$Q = \Delta U + \mathcal{A}\int pdv$$

on aura, comme aux nos 131 et 135 :

$$C = c + \mathcal{A}\mathfrak{C}_1 + \mathcal{A}\alpha v_0 p_0$$

D'où on tire

$$\mathfrak{C}_1 = \frac{C - c - \mathcal{A}\alpha v_0 p_0}{\mathcal{A}} = (C - c)\left(\frac{1}{\mathcal{A}} - \frac{\alpha v_0 p_0}{C - c}\right)$$

Si je pose :

$$\frac{\alpha v_0 p_0}{C - c} = E_1$$

et observant que $\frac{1}{\mathcal{A}}$ représente E le véritable équivalent mécanique *supposé connu*, la formule précédente deviendra :

(1) $$\mathfrak{C}_1 = (C - c)(E - E_1)$$

D'où pour le rapport du travail interne $\mathfrak{C}_1$ au travail externe $\mathfrak{C} = \alpha v_0 p_0$:

(2) $$\frac{\mathfrak{C}_1}{\mathfrak{C}} = \frac{C - c}{\alpha v_0 p_0}(E - E_1) = \frac{E - E_1}{E_1} = \frac{E}{E_1} - 1$$

157. Considérons la formule (1) qui donne l'expression du travail intérieur, comme ce travail intérieur existe pour un

gaz réel quelconque, $\mathfrak{E}_1$ est essentiellement positif ; par suite :

E_1 *est toujours plus petit que* E.

Ce qui nous prouve :

1° Que toutes les valeurs trouvées pour l'équivalent mécanique en appliquant la formule $\frac{\alpha v_0 p_0}{C - c}$ à un gaz réel quelconque sont nécessairement inférieures à la véritable valeur de l'équivalent mécanique ; et, en effet, de nouvelles recherches semblent fixer pour véritable valeur de l'équivalent mécanique le chiffre 436, supérieur à toutes les valeurs que donne la formule précédente pour un gaz quelconque.

2° Plus la valeur trouvée pour E_1 est grande et se rapproche de E, plus le gaz se rapproche de l'état parfait.

ONZIÈME LEÇON

Sommaire. — De la chaleur produite par les actions mécaniques, telles que le frottement et le choc. — Transformation du travail en chaleur par le frottement. — Mise en évidence de la production de chaleur par le frottement. — Expériences de Joule fournissant de nombreuses vérifications du principe de l'équivalence en donnant de nombreuses déterminations de l'équivalent mécanique à l'aide du frottement. — Transformation du travail en chaleur par le choc. — Mise en évidence de la production de chaleur par le choc : expériences de Hirn fournissant une nouvelle vérification du principe de l'équivalence en donnant une détermination nouvelle de l'équivalent mécanique par le choc.

---

158. Dans la dernière leçon, nous avons exposé dans le plus grand détail les expériences de Joule sur la chaleur dégagée ou absorbée par la compression ou l'expansion des gaz. Ces expériences, en même temps qu'elles prouvent que le travail intérieur est nul dans les gaz parfaits, donnent, ainsi qu'on l'a vu, deux méthodes expérimentales inverses l'une de l'autre pour la détermination de l'équivalent mécanique.

Mais la compression et la dilatation ou l'extension ne sont pas les seules actions mécaniques, capables de produire ou d'absorber de la chaleur, et par suite capables, en nous permettant des déterminations expérimentales de l'équivalent mécanique, de nous donner des vérifications du principe de l'équivalence. La chaleur, de même que le son, n'étant objectivement (n° 30) qu'un mouvement vibratoire des molécules des corps, on comprend, en effet, que tout travail, toute action mécanique capable de mettre *directement* les molécules en vibration *le frottement ou le choc par exemple*, puisse dans des circonstances favorables se transformer en chaleur, en partie du moins.

159. Exposé de l'objet de la leçon. — Eh bien, dans cette leçon nous avons précisément pour but :

1° De mettre en évidence au moyen de nombreux exemples cette production de chaleur *par le frottement et le choc;*

2° De déterminer, au moyen de ces deux actions mécaniques, l'équivalent mécanique de la chaleur, ce qui nous fournira ainsi de nouvelles vérifications du principe de l'équivalence.

Mais pour ces déterminations nouvelles *par l'expérience* de l'équivalent mécanique, il faudra, comme dans les précédentes, d'ailleurs (nos 142 et suivants), avoir constamment présente à l'esprit la signification bien précise du principe de l'équivalence.

Il importe donc de rappeler ici ce principe avec quelque détail.

Rappel de la signification précise du principe de l'équivalence.

160. *a*. Si le seul effet produit par le travail extérieur reçu par un corps quelconque est l'apparition d'une certaine quantité de chaleur, comme il arrive par exemple, si pendant cette application de travail le corps éprouve une évolution complète ; dans ce cas le rapport du travail reçu à la quantité de chaleur dégagée est constant quels que soient le corps et le genre d'opérations qu'il subit et représente l'équivalent mécanique de la chaleur ;

b. Si au contraire, comme au n° 131, outre le phénomène thermique résultant du travail reçu, il se produit, le corps ne subissant plus une évolution complète, d'autres phénomènes physiques ou mécaniques absorbant une partie de ce travail reçu, le phénomène thermique n'aura plus comme équivalent en travail que la différence entre le travail reçu et les travaux absorbés par les autres phénomènes concomitants.

L'équivalent mécanique étant donc le rapport entre la chaleur produite et le travail qui *seul* a servi à la produire : quand un corps reçoit un certain travail extérieur, une action mécanique quelconque, un *frottement ou un choc* par exemple, développant de la chaleur en même temps qu'il se produit d'autres phénomènes physiques et mécaniques (son, désagrégation moléculaire, etc.), si l'on peut évaluer exactement la portion de travail absorbée par ces phénomènes concomitants, en la retranchant du travail total reçu, on aura la quantité de travail qui seule s'est transformée en chaleur, et en divisant ce travail par cette chaleur on aura l'équivalent mécanique.

161. C'est en se guidant sur ces principes que M. Joule, en étudiant la production de la chaleur par le frottement, et M. Hirn, en étudiant la production de la chaleur par le choc ont pu, malgré les difficultés de l'expérimentation, obtenir des déterminations de l'équivalent mécanique d'une précision inespérée.

Nous parlerons d'abord des expériences de Joule.

Mise en évidence de la production de la chaleur par le frottement. Nature du frottement.

162. D'abord, tout le monde sait par sa propre expérience qu'en effet le frottement développe de la chaleur. C'est le frottement qui enflamme les allumettes, c'est en frottant vivement l'un contre l'autre deux morceaux de bois que les sauvages se procurent du feu ; c'est le frottement du briquet qui développe la chaleur suffisante pour porter au rouge les particules de fer arrachées par le silex, lesquelles brûlent alors en se transformant en oxyde de fer. Dans ce dernier phénomème précisément, une partie du travail dépensé est employée à désagréger le fer en petites particules ; c'est donc la différence entre le travail total reçu et ce travail de désagrégation qui produit seul l'échauffement. C'est également par l'effet du frottement dans l'air que s'enflamment les astéroïdes qui traversent parfois notre atmosphère à l'état de météores lumineux. Enfin nous allons mettre en évidence cette transformation de frottement en chaleur au moyen de l'appareil classique de Tyndall (fig. 32).

Il se compose d'un tube de cuivre *t* rempli d'eau froide et fermé par un bouchon de liége. Il est mis en mouvement de rotation rapide par l'intermédiaire de la roue-manivelle R et d'une courroie. Dans cet état, si on le presse énergiquement entre les branches d'une large pince en bois P agissant comme le frein de Prony dans les machines ordinaires, et qu'en même temps on entretienne le mouvement de rotation à l'état d'uniformité : ce tube s'échauffe à tel point que l'eau se vaporise et qu'au bout de peu de temps le bouchon est projeté en l'air par la force expansive de la vapeur formée. Pour

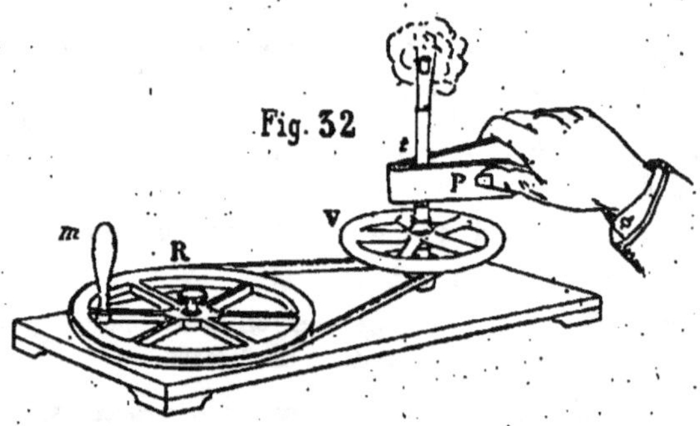

que l'expérience marche plus rapidement, on peut d'ailleurs remplacer l'eau par l'éther.

163. Nature du frottement. — Au lieu de considérer la machine précédente, considérons d'une manière générale une machine quelconque *arrivée à l'état de mouvement uniforme*. D'après le principe des forces vives, la somme algébrique des travaux de toutes les forces qui y sont appliquées, pour une durée quelconque, est égale à 0, puisque pendant cette durée la variation de force vive du système est nulle. On a donc :

$$\mathcal{T}_m - \mathcal{T}_u - \mathcal{T}_f = 0,$$

d'où :

$$\mathcal{T}_f = \mathcal{T}_m - \mathcal{T}_u.$$

Si on suppose actuellement que toutes les résistances passives se réduisent à des résistances de frottement : cette relation exprime que le frottement absorbe une partie du travail moteur. Mais qu'est-ce que c'est, en définitive, que cette résistance particulière de frottement qui, tout en absorbant une partie du travail moteur, se manifeste toujours par une apparition de chaleur? Serait-elle distincte de cette apparition de chaleur? Pour résoudre cette question, il suffit de nous rappeler l'étude que nous avons faite du frottement dans le cours de mécanique générale; nous reconnaîtrons ainsi que cette force appelée frottement n'est point une force naturelle véritable, que c'est une force purement *empirique* imaginée précisément pour expliquer cette différence que l'on constate toujours entre le travail moteur et le travail effectué — cette force empirique étant simplement définie par cette condition : que son travail représente précisément la différence que l'on observe entre le travail moteur et le travail utile.

Si d'ailleurs, ce frottement n'est accompagné d'aucune altération permanente des surfaces, s'il n'y a pas de grippement, production de limaille, ni décomposition des liquides interposés, et l'on peut atténuer indéfiniment ces phénomènes sans que le frottement disparaisse : le travail résistant des forces moléculaires devenant absolument nul, il est évident dès lors, que la différence que l'on observe encore entre le travail moteur et le travail utile a pour seul équivalent la quantité de chaleur Q qui se produit au contact des parties frottantes. De sorte qu'en divisant $\mathfrak{G}_m - \mathfrak{G}_u$ par Q, on a l'équivalent mécanique de la chaleur. Si l'on suppose d'ailleurs $\mathfrak{G}_u = 0$, c'est-à-dire que la machine soit entretenue en mouvement uniforme par le seul effet de la force motrice et du frottement, supposé non accompagné de grippement, comme dans l'expérience que nous venons de faire avec l'appareil de Tyndall, ou comme il arrive dans une machine dont on mesure la puissance motrice au moyen du frein de Prony. On aura pour l'équivalent mécanique

$$E = \frac{\mathfrak{G}_m}{Q},$$

Q représentant la chaleur dégagée.

Ainsi donc, en résumé, le frottement ou plus exactement

le travail absorbé par cette force purement empirique appelée frottement, ne se distingue nullement de l'énergie calorifique développée. En d'autres termes, quand deux corps frottent l'un contre l'autre sans qu'il y ait arrachement de particules, les molécules en contact entrent en vibration calorifique, absolument comme le frottement de l'archet sur un timbre fait entrer celui-ci en vibration sonore.

Et dans le premier cas comme dans le second, il est clair que la force vive du mouvement vibratoire calorifique ou sonorifique produit, absorbe une partie du travail moteur dépensé. Eh bien, c'est cette portion du travail moteur dépensé que l'on dit, être absorbée par le *frottement*. Et par cette expression, on ne veut pas dire, encore une fois, que le frottement soit une force, une résistance particulière absorbant cette portion du travail moteur : on exprime simplement ainsi d'une manière abrégée que, dans tout phénomène de frottement, il y a toujours une partie du travail moteur qui disparaît sous forme de chaleur ou de son.

Ces notions établies sur la vraie nature du frottement, nous pouvons décrire les célèbres expériences sur le frottement, au moyen desquelles Joule détermina directement avec une précision inattendue l'équivalent mécanique de la chaleur.

Expériences de Joule sur le frottement et la chaleur qu'il engendre.

164. Description de l'appareil. — Son appareil se composait (fig. 33) d'un calorimètre en laiton A, plein d'eau, au milieu duquel peut se mouvoir un axe en laiton *cc* muni de quatre systèmes de palettes séparées par des cloisons horizontales fixées au calorimètre et trouées à leur centre pour permettre le mouvement de l'axe (fig. 34).

Cet axe est d'ailleurs interrompu en *d* (fig. 34) par une pièce de bois, corps mauvais conducteur, qui ne permet pas à la chaleur dégagée par le frottement de se perdre par conductibilité. D'ailleurs le calorimètre A repose également, par la même raison, par le plus petit nombre de points possible, sur un corps mauvais conducteur ; il est de plus préservé du rayonnement au moyen d'une enveloppe de coton ou de duvet de cygne.

Sur l'axe des palettes est monté un treuil *f*, sur lequel s'enroulent deux cordes, qui passent ensuite sur deux poulies *a*,*a'*

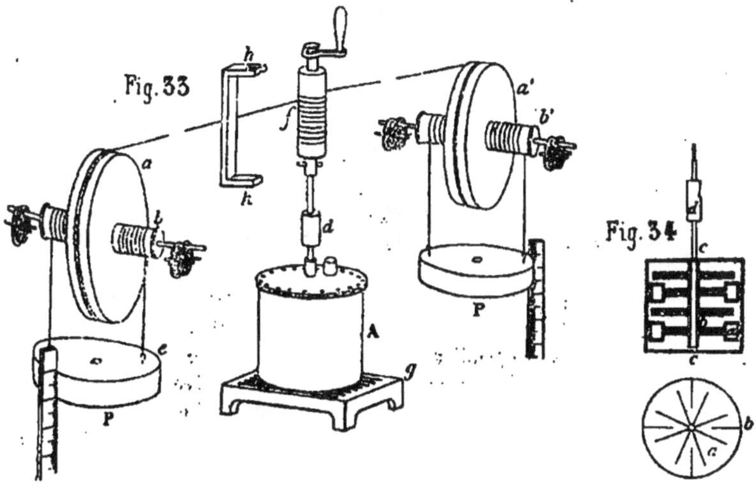

très légères et très mobiles dont les axes, pour diminuer le frottement, reposent comme la poulie de la machine d'Atwood sur les jantes croisées de quatre roues et soutiennent deux poids égaux P ; enfin le long du trajet de ces poids sont disposées des règles graduées.

165. Mode d'expérimentation. — Voici comment on procédait aux expériences :

Première expérience.— On dispose les deux fils autour du treuil f de manière que les deux poids P *fassent tourner l'axe dans le même sens*. On laisse tomber ces deux poids d'une même hauteur H; par suite de la résistance des palettes, le mouvement ne tarde pas à devenir uniforme, et, si le nombre des palettes est suffisant, ces poids arrivent au bas de leur course avec une vitesse *u* aussi petite que possible. Le travail produit par la chûte de ces deux poids est dès lors

$$2PH.$$

Or ce travail moteur a pour équivalent:

1° Le frottement dans l'appareil calorimétrique, *c'est-à-dire la chaleur produite* (n° 163);

2° Le frottement des poulies et des cordons, ainsi que leur raideur;

3° La force vive détruite par le choc des deux poids à la fin de l'expérience.

On pourrait croire qu'une quatrième partie de ce travail moteur est absorbée par la force vive qui reste aux palettes et au liquide à l'instant final de l'expérience, mais il faut observer que cette force vive en s'anéantissant se transforme en chaleur, ce quatrième terme est donc contenu implicitement dans le premier.

Dès lors, si l'on désigne par $\mathfrak{T}$ ce travail total absorbé par le frottement dans le calorimètre, par t le travail absorbé par le frottement des poulies et cordons ainsi que leur raideur, en observant de plus que la quantité de force vive qui reste aux poids à l'instant où ils touchent le sol, et qui est détruite par le choc, est égale à

$$2P\frac{u^2}{2g},$$

on a l'égalité:

$$(1) \qquad 2PH = 2P\frac{u^2}{2g} + \mathfrak{T} + t.$$

D'ailleurs, si nous désignons par π le poids de l'eau du calorimètre et par θ la différence des températures initiale et finale appréciées au moyen de thermomètres accusant jusqu'à $\frac{1}{100}$° de degré Fahrenheit: $\pi\theta$ représentera en calories la chaleur produite Q, équivalente au travail de frottement $\mathfrak{T}$, de sorte qu'on aura pour E:

$$E = \frac{\mathfrak{T}}{Q} = \frac{\mathfrak{T}}{\pi\theta}.$$

$\mathfrak{C}$ se déduit d'ailleurs de la relation précédente; à cet effet, on fait une seconde expérience à blanc afin d'évaluer expérimentalement la somme inconnue

$$2P\frac{u^2}{2g}+t$$

qui entre dans cette relation (1).

166. *Deuxième expérience.* — Pour cela, on enlève le calorimètre, et le treuil f étant placé sur deux pivots h,h (fig.33) dont le frottement est parfaitement négligeable, *on enroule sur lui les deux cordons de façon que les deux poids* P *se fassent équilibre*, alors si on ajoute à l'un d'eux un poids additionnel p, tel qu'à la fin de la chute qui se produit du côté ou agit p, la *vitesse du système soit encore* u, le travail effectué dans cette chute sera :

$$pH,$$

et il aura pour équivalent :

1° la quantité de force vive qui reste aux poids après leur chute :

$$\frac{2P+p}{2g}u^2;$$

2° le frottement et la raideur des cordes et poulies :

$$t.$$

D'où l'égalité :

$$(2) \qquad pH=\frac{2P+p}{2g}u^2+t.$$

Retranchant (2) de (1) membre à membre, il reste :

$$H(2P-p)=\mathfrak{C}-\frac{pu^2}{2g}.$$

Observons, maintenant, que comme on s'est arrangé de manière que p et u soient très petits, $\frac{pu^2}{2g}$ est négligeable et il reste simplement pour le travail absorbé par le frottement :

$$\mathfrak{C}=H(2P-p).$$

On a donc pour l'équivalent mécanique

$$E = \frac{\mathfrak{T}}{Q} = \frac{H(2P - p)}{\pi\theta}.$$

L'expérience fait voir que ce rapport reste constant quels que soient P et H et égal à 424,9 pour le frottement *d'eau sur laiton*.

167. M. Joule reprit ensuite les mêmes expériences en substituant à l'eau, du mercure ; il dut, par conséquent, remplacer son calorimètre en laiton par un calorimètre en fer pour éviter l'amalgamation.

Il arriva ainsi sensiblement au même résultat que précédemment, puisqu'il trouva, dans ce cas du frottement du mercure sur le fer, le chiffre 424 pour la valeur de l'équivalent mécanique.

168. Il fit encore d'autres expériences, dans lesquelles il exerçait sur une masse d'eau, une pression déterminée qui la forçait à traverser un diaphragme d'argile poreuse ; en observant l'échauffement produit et le comparant au travail dépensé, il obtenait encore le nombre 425.

169. Enfin, il disposa dans le calorimètre dont nous avons parlé, au lieu de palettes tournant dans un liquide, deux disques métalliques frottant l'un contre l'autre sans qu'il y ait grippement, c'est-à-dire travail moléculaire produit, et il trouva ainsi pour l'équivalent mécanique E = 416.

Si ce résultat ne concorde pas avec la moyenne des expériences précédentes, qui est sensiblement 425, cela tient à ce que les deux disques métalliques en frottant l'un contre l'autre s'usent toujours un peu, il y a donc toujours production d'un certain travail moléculaire, de plus il y a aussi production de son ; or le son est comme la chaleur un mouvement vibratoire qui absorbe une partie du travail moteur. M. Joule a bien cherché à tenir compte de cette force vive acoustique, en prenant l'unisson de son produit au moyen d'un violoncelle, mais ces expériences ne l'ont amené à aucun bon résultat.

170. Conclusion des expériences précédentes. — Quoi qu'il en soit, la précision de l'ensemble des expériences précédentes est très satisfaisante et l'on peut énoncer avec certi-

tude complète le résultat suivant qu'elles mettent en évidence et qui vérifie une fois de plus le principe de l'équivalence établi par le raisonnement pur, aux nos 72, 73, 82 :

La quantité de chaleur dégagée par le frottement est proportionnelle au travail dépensé pour le vaincre, et le coefficient de proportionnalité ou le rapport du travail à la quantité de chaleur produite, c'est-à-dire l'équivalent mécanique de la chaleur, est indépendant de la nature des surfaces frottantes.

Du reste, M. Joule reprend en ce moment même toutes ces expériences au moyen d'appareils nouveaux qui lui promettent plus d'exactitude encore que les précédents.

Du choc au point de vue de la chaleur qu'il engendre. — Mise en évidence de la production de la chaleur par le choc.

171. Occupons-nous actuellement, du phénomène connu sous le nom de choc, au point de vue de la chaleur engendrée.

Tout le monde sait que le choc de deux corps développe de la chaleur, surtout s'ils ne sont pas élastiques. Ainsi une masse de plomb frappée avec un marteau peut s'échauffer au point qu'il n'est plus possible de la tenir à la main. En faisant tomber cette masse de plomb d'une hauteur de 12 mètres environ, elle peut s'échauffer de 1 degré en supposant que tout le travail de la chute se transforme en chaleur. — Il est facile d'ailleurs, en admettant pour équivalent mécanique le chiffre 425, de calculer la hauteur de laquelle il faut laisser tomber un corps quelconque, supposé parfaitement mou, en négligeant d'ailleurs le travail de la déformation et le son produit, c'est-à-dire la force vive acoustique développée, pour que la température de ce corps s'élève de t^0; il suffit, en désignant par P le poids du corps et par C la capacité calorifique sous pression constante, de poser l'équation :

$$PH = 425.PCt$$

d'où

$$H = 425\ Ct.$$

S'il s'agit d'eau, par exemple, que l'on fasse $t = 1^{0}$, comme $C = 1$, on trouve

$$H = 425.$$

Ainsi pour que de l'eau en tombant s'échauffe de 1 degré, il faut qu'elle tombe de 425 mètres. Si elle tombait de 20 mètres seulement, l'échauffement serait

$$t = \frac{H}{425} = \frac{20}{425} = \frac{1}{21,25} \text{ de degré.}$$

Or 20 mètres est à peu près la hauteur de chute du Rhin à Schaffouse; l'eau en aval de la chute est donc plus chaude qu'en amont de $\frac{1}{21}$ de degré environ. Il serait facile d'ailleurs de calculer que cette chute, vu son débit, développe 3600000 calories à peu près par heure, et l'on va jusqu'à prétendre que la douceur relative du climat de Schaffouse tient à cette cause! — De même l'agitation des vagues de la mer se brisant sans cesse est une cause incessante de création de chaleur; tous les marins savent très bien, en effet, qu'après la tempête l'eau de la mer est plus chaude qu'avant! — Si nous considérons de nouveau les astéroïdes dont nous avons parlé tout à l'heure à propos du frottement (n° 162), au moment où ils touchent le sol, s'ils ne brûlent pas complétement dans l'air, comme ils sont animés d'une énorme vitesse, il y a production d'un choc tel qu'en s'enfouissant dans le sol, il y a apparition de phénomènes calorifiques et lumineux excessivement intenses qui frappent vivement ceux qui en sont témoins.

Cette remarque nous conduit à une hypothèse fort curieuse sur l'origine du soleil et des autres étoiles; l'univers serait rempli d'astéroïdes, petites masses distribuées par groupes et constituant les nébuleuses. Chacun de ces groupes, gravitant autour d'un centre, s'y condenserait graduellement et finirait par constituer un globe. La condensation s'effectuerait ainsi par le choc de ces petites masses sur le noyau central et la chaleur résulterait de la destruction de leurs vitesses.

C'est ainsi que le soleil se serait formé et serait devenu

une source intense de chaleur. Comme d'ailleurs l'observation prouve que l'énorme émission de chaleur du soleil ne modifie pas sa température, quelques auteurs ont pensé que la chute des astéroïdes continuait et entretenait la chaleur solaire ; mais cette dernière hypothèse est aujourd'hui abandonnée ; et l'on attribue avec M. Faye la constance du rayonnement solaire à une certaine action du noyau sur l'enveloppe. Si maintenant nous supposions que le double mouvement de la terre s'arrête tout à coup par suite d'un choc où d'un frottement suffisant, si toute sa force vive sensible, en un mot, se transformait subitement en force vive calorifique, il en résulterait une quantité de chaleur suffisante pour réduire en vapeur le globe terrestre entier. Si alors, étant dénué de vitesse initiale, la terre tombait sur le soleil, comme un des astéroïdes précédents, elle dégagerait autant de chaleur par le choc, qu'un globe de charbon six mille fois plus gros qu'elle brûlant dans l'oxygène !

La chaleur et la lumière qui apparaissent dans tous les combinaisons chimiques n'ont vraisemblablement pas d'autre origine que le choc énorme des molécules de nature diverse qui par suite de l'affinité se précipitent les unes sur les autres en se combinant. — Ainsi, chose remarquable, la chaleur et la lumière dues à la combustion auraient absolument la même origine que la chaleur et la lumière solaire, *le choc* !

172. La chaleur étant conçue comme un mouvement vibratoire des molécules des corps : cette transformation d'énergie de force vive sensible en énergie en force vive calorifique, — où en d'autres termes, cette transformation, d'un mouvement de *masse* visible, en ce mouvement vibratoire invisible *des molécules*, sensible comme chaleur seulement, qui s'opère dans le phénomène du choc, se conçoit d'ailleurs facilement.

« Pour mieux comprendre, dit M. Balfour-Stewart, le ca-
« ractère de cette transformation, imaginons un wagon plein
« de voyageurs courant avec une vitesse considérable ; les
« personnes qui l'occupent seront parfaitement à leur aise,
« parce que, bien qu'elles soient animées d'un mouvement
« très rapide, elles se meuvent toutes avec la même vitesse et

« dans la même direction. — Que le train vienne à s'arrêter « brusquement, il en résultera un désastre... En supposant « que le wagon ne soit point brisé et ses occupants tués, « ceux-ci se trouveront dans un violent état d'agitation : ceux « qui font face à la machine seront projetés avec force contre « leurs voisins, lesquels à leur tour les repousseront violem- « ment. Or, il nous suffira de substituer des particules aux « personnes, et nous aurons une idée de ce qui arrive quand « le choc est transformé en chaleur.

« Nous avons, ou nous supposons que nous avons dans « cet acte, la même collision violente d'atomes. A est projeté « avec la même force contre B et rejeté par lui : il s'effectue « une lutte, une confusion, une excitation du même genre. « La seule différence, c'est que des particules s'échauffent et « non plus des êtres humains. »

Expériences de Hirn, relatives à la détermination de l'équivalent mécanique de la chaleur par le choc.

173. Description de l'appareil. — Voici actuellement comment M. Hirn a cherché à mesurer l'équivalent méca-

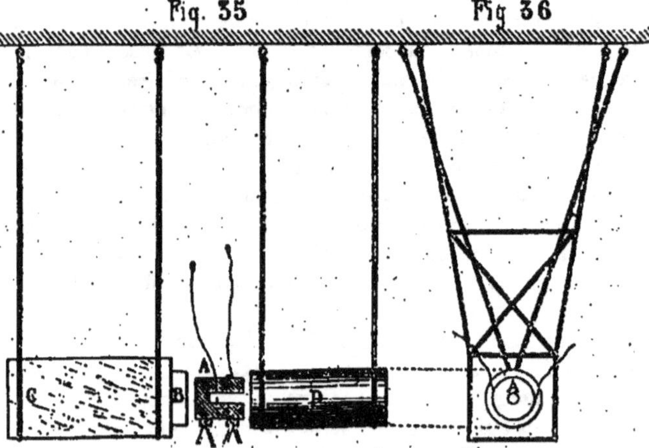

nique au moyen du choc : il s'est servi pour cela (fig. 35 et 36) d'une masse de plomb A de trois à quatre kilogrammes, présentant une cavité; immédiatement avant le choc un thermomètre placé dans cette cavité donnait la température initiale a. Cette masse, munie de deux ficelles pour pouvoir la suspendre immédiatement après le choc (fig. 35), était disposée, ainsi que l'indique le croquis, sur un chevalet en bois, entre une pièce de fer forgé B boulonnée sur l'une des faces d'une masse prismatique de grès des Vosges C de 941 kilogrammes, suspendue à une poutre supérieure au moyen de cordes, et une masse cylindrique de fer D de 350 kilogrammes, soutenue également par des cordes fixées à la poutre précédente. La masse C servant d'enclume, la masse D servait de marteau ou de bélier.

174. Mode d'expérimentation. Mesure de G. — Pour faire l'expérience, la masse de plomb A étant en place et sa température initiale étant connue, on écarte le bélier D de sa position d'équilibre en l'élevant d'une certaine hauteur H, et on le laisse retomber. Le travail converti en chaleur et en modification moléculaire pour vaincre la cohésion est alors facile à évaluer. En effet, la chute du bélier produit, en désignant par P son poids un travail

$$PH,$$

dont il faut retrancher le travail qu'il absorbe pour se relever d'une hauteur h; le travail moteur est donc

$$P(H-h),$$

lequel sert :

1° à relever l'enclume de grès et le plomb d'une hauteur H′, ce qui absorbe un travail égal à

$$(P'+p)H'$$

en désignant par P′ le poids de l'enclume et par p le poids du bloc de plomb;

2° à déformer ce bloc de plomb, soit t le travail absorbé par cette déformation;

3° à produire de plus son échauffement, c'est-à-dire à augmenter son énergie, sa force vive calorifique ; soit $\mathfrak{E}$ cet accroissement de force vive calorifique.

On aura donc l'égalité :

$$P(H-h)=(P'+p)H'+\mathfrak{E}+t,$$

d'où :

$$\mathfrak{E}=P(H-h)-(P'+p)H'-t\,;$$

telle est la portion du travail moteur qui disparaît par le fait de l'échauffement du bloc de plomb, c'est-à-dire qui se transforme en chaleur.

On peut d'ailleurs négliger, à cause de sa petitesse, le travail t de la déformation, ainsi que la force vive acoustique absorbée par le son d'ailleurs très mat qui se produit.

Dès lors, si on peut mesurer exactement Q, la quantité de chaleur gagnée par le bloc de plomb, on aura pour E :

$$E=\frac{\mathfrak{E}}{Q}.$$

175. Mesure de Q. — Pour faire cette mesure, immédiatement après le choc, on suspendait la masse de plomb déformée A, à l'aide des deux ficelles dont on a parlé ; puis dans la cavité on plaçait un certain poids π d'eau à 0° et un thermomètre sensible (fig. 37). Cela fait, quatre minutes après le choc, on notait la température θ', huit minutes après le choc, on notait la température θ''.

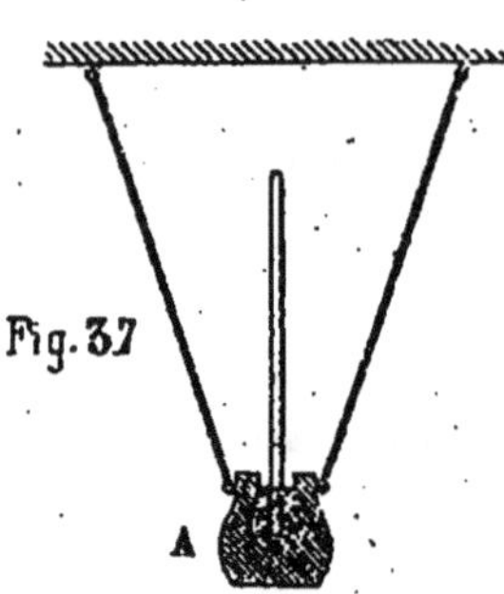

Fig. 37

Ces observations faites, on pouvait alors, au moyen de la loi de Newton sur le refroidissement, en déduire la température exacte θ à l'instant même du choc.

En effet, en désignant par α la température ambiante, les excès de température

$$\theta-\alpha \qquad \theta'-\alpha \qquad \theta''-\alpha$$

sont, en vertu de la loi de Newton en progression géométrique, de sorte que si nous représentons par q la raison de cette progression, on a :

$$\frac{\theta' - \alpha}{\theta - \alpha} = q, \qquad \frac{\theta'' - \alpha}{\theta' - \alpha} = q,$$

d'où on conclut :

$$\frac{\theta' - \alpha}{\theta - \alpha} = \frac{\theta'' - \alpha}{\theta' - \alpha}$$

et par suite

$$\theta - \alpha = \frac{(\theta' - \alpha)^2}{\theta'' - \alpha} \quad \text{ou enfin} \quad \theta = \alpha + \frac{(\theta' - \alpha)^2}{\theta'' - \alpha}$$

fournissant la température θ du bloc de plomb au moment du choc.

Il est facile d'en conclure la quantité de chaleur Q accumulée par le fait du choc dans la masse de plomb A; en effet, cette quantité de chaleur est égale :

1° à celle qu'a prise l'eau, laquelle, puisqu'elle est introduite à 0°, a pour expression, π étant son poids :

$$\pi\theta;$$

2° augmentée de celle prise par le plomb, dont la température s'élève de a température avant le choc, à θ température après le choc, laquelle a dès lors pour expression :

$$pc(\theta - a).$$

c capacité calorifique du plomb employé, laquelle mesurée directement par M. Hirn, était de 0,03145.

On a donc pour Q :

$$Q = \pi\theta + pc(\theta - a) = \theta(\pi + pc) - pca,$$

et en remplaçant θ par la valeur précédente

$$Q = (\pi + pc)\left[\alpha + \frac{(\theta' - \alpha)^2}{\theta'' - \alpha}\right] - pca.$$

176. Mesure de E. — On a donc pour l'équivalent mé-

canique de la chaleur en remplaçant $\mathfrak{T}$ et Q par leurs valeurs :

$$E = \frac{\mathfrak{T}}{Q} = \frac{P(H-h)-(P'+p)H'}{(\pi+pc)\left[\alpha+\frac{(\theta'-\alpha)^2}{\theta''-\alpha}\right]-pc\alpha}$$

M. Hirn, en procédant ainsi, a trouvé un nombre qui est encore très voisin de 425, malgré les causes d'erreur que nous avons signalées : ce qui vérifie une fois de plus le principe de l'équivalence.

DOUZIÈME LEÇON

SOMMAIRE. — Transformation inverse de la chaleur en travail à l'aide de la machine à vapeur : Expériences de Hirn sur une machine à vapeur fournissant une dernière vérification du principe de l'équivalence en donnant encore une détermination de l'équivalent mécanique. — Résumé synthétique de la marche suivie dans l'exposé qui précède de cette première partie de la théorie mécanique de la chaleur. — Comparaison de cette marche avec la marche d'invention qui est celle que l'on doit suivre en physique.

177. Dans les expériences précédentes, on a vérifié ce que la théorie pure (nos 72, 73, 82) nous avait démontré : c'est-à-dire que tout travail mécanique extérieur reçu par un corps se transforme en chaleur; que de plus, le rapport du travail dépensé à la chaleur produite, constituant l'équivalent mécanique, est un nombre constant égal à 425 environ, quelle que soit la nature de ce travail extérieur reçu et quelle que soit aussi la nature du corps.

178. Les expériences suivantes, dont nous allons parler, vérifient cette proposition inverse également démontrée par la théorie pure :

Lorsqu'un corps, au lieu de recevoir un travail extérieur, en effectue un, il y a absorption, disparition d'une quantité de chaleur correspondante, et, le rapport entre le travail effectué et la chaleur absorbée est encore constant et égal à 425. — C'est-à-dire que l'équivalent mécanique est le même dans la transformation directe et dans la transformation inverse.

Transformation de la chaleur en travail. — Expériences de Hirn sur une machine à vapeur.

179. Ces expériences, dont nous parlons, sont encore dues à M. Hirn.

Pour chercher quelle quantité de travail peut produire une quantité déterminée de chaleur, il s'est précisément servi de la machine à vapeur, que l'on peut définir *a priori* d'après son objet : un appareil destiné à la transformation de la chaleur en travail. Elle se compose, comme on sait, d'un générateur ou chaudière produisant de la vapeur à une certaine pression à laquelle répond une certaine température t; cette vapeur se rend dans le cylindre, puis, après y avoir produit son effet, elle s'échappe dans le condenseur à la température t_1, pour faire ensuite retour à la chaudière au moyen de la pompe alimentaire.

t représentant la température de la vapeur venant de la chaudière à l'instant où elle pénètre dans le cylindre : si je désigne actuellement par q le poids d'eau à l'état de vapeur qui passe dans le cylindre à chaque oscillation du piston, ce poids possède une quantité de chaleur égale, d'après la formule de Regnault, à :

$$q(606{,}5 + 0{,}305t).$$

Après avoir agi sur le piston, ce poids de vapeur s'échappe dans le condenseur et s'y réduit en eau à la température t_1, elle ne possède plus alors que la quantité de chaleur qt_1. La différence

$$q(606{,}5 + 0{,}305t) - qt_1$$

ou

$$q(606{,}5 + 0{,}305t - t_1)$$

représentera donc à la fois :

1° La chaleur disparue en se transformant en travail ;

2° La chaleur prise par l'eau nécessaire à la condensation.

Or, si je désigne par Q le poids d'eau à la température t_0

nécessaire à la condensation du poids q de vapeur (ce poids Q étant facilement mesurable par l'expérience), ce poids d'eau absorbe une quantité de chaleur

$$Q(t_1 - t_0),$$

par suite la différence

$$q(606,5 + 0,305t - t_1) - Q(t_1 - t_0)$$

représente exactement la quantité de chaleur convertie en travail à chaque coup de piston.

Si nous évaluons actuellement le travail d'un coup de piston, et nous le pouvons, soit en employant la formule connue (voir le *Cours de machines à vapeur*), soit, ce qui vaut mieux, en se servant d'un diagramme fourni par un indicateur de Watt bien taré, — c'est de cette manière du reste qu'opérait M. Hirn : — on n'aura plus qu'à diviser ce travail, par la quantité de chaleur correspondante disparue, fournie par l'expression précédente, pour avoir l'équivalent mécanique de la chaleur. — Les nombres obtenus ainsi par M. Hirn variaient de 300 à 600, la moyenne de toutes ses expériences était 415.

La divergence de ces résultats avec les précédents tient à des causes faciles à comprendre. D'abord les indications de l'indicateur de Watt, quoiqu'on fasse, sont assez incertaines ; de plus, la chaleur non convertie en travail ne passe pas tout entière dans le condenseur ; une partie sert à échauffer les différentes pièces de la machine et se disperse par rayonnement.

180. Nous pouvons donc conclure de là que si ces expériences sur la machine à vapeur sont peu importantes au point de vue de la détermination précise de l'équivalent mécanique, elles sont néanmoins capitales en ce sens qu'elles sont une vérification du double fait suivant, démontré par la théorie pure :

1° de même que le travail se transforme en chaleur, de même aussi la chaleur, en disparaissant comme chaleur, se transforme en travail ;

2° de plus, l'équivalent mécanique dans cette transformation directe de chaleur en travail est identiquement le même que dans la transformation inverse de travail en chaleur.

Conclusion de cette première partie du Cours.

181. Donc l'expérience par les méthodes les plus diverses vérifie parfaitement le principe de l'équivalence établi par la théorie pure (n°s 72, 73 et 82). Je résumerai une dernière fois ce principe dans les trois propositions suivantes :

1° Toutes les fois qu'un corps effectue un certain travail extérieur, ou éprouve un accroissement de force vive sensible qui ne paraît avoir aucun équivalent mécanique, cet équivalent mécanique est une consommation de chaleur.

Si, au contraire, le corps subit un certain travail extérieur sans éprouver d'accroissement de force vive sensible, c'est que ce travail extérieur s'est transformé en force vive invisible, en énergie calorifique se manifestant par un dégagement de chaleur.

2° Réciproquement, toutes les fois que dans un phénomène physique se produit une création ou un anéantissement de chaleur, il y a en même temps dépense équivalente ou production équivalente de travail ou de force vive.

3° L'équivalent mécanique de la chaleur, c'est-à-dire le rapport du travail reçu ou effectué à la chaleur dégagée ou absorbée est le même dans la transformation directe et la transformation inverse ; de plus, il est constant pour tous les ordres de phénomènes et égal à 425.

Résumé synthétique de la marche suivie dans l'exposition du principe de l'équivalence.

182. Avant d'appliquer le principe de l'équivalence à la théorie de l'écoulement des gaz parfaits, résumons en quelques mots la marche que nous avons suivie dans l'exposition de cette première partie du cours.

183. Nous sommes partis de ce fait, qui résulte de l'étude comparative des divers modes de propagation de la chaleur et du son : que la chaleur n'est objectivement qu'un mouvement vibratoire des molécules des corps transmissible par les ondulations de l'éther qui les pénètre et les entoure de toutes parts.

184. L'énergie dite *calorifique* de ce mouvement vibratoire moléculaire *invisible*, où la force vive totale de ce mouvement vibratoire calorifique étant tout-à-fait comparable à la force vive ou à l'énergie du mouvement *sensible* : on conçoit immédiatement une transformation possible d'un de ces modes de mouvement en l'autre, c'est-à-dire la possibilité de la double transformation de chaleur en travail ou en force vive sensible, et de travail ou de force vive sensible en force vive ou en énergie calorifique se manifestant à nos sens par une apparition de chaleur.

185. Introduisant alors cette notion d'énergie calorifique dans l'expression générale du principe de la conservation de l'énergie, qui n'est rien autre chose au fond que le principe des forces vives : nous sommes ainsi arrivés (n° 39), sans aucun emprunt à l'expérience, à la formule fondamentale :

$$(1) \qquad Z = \Delta D + \mathfrak{T},$$

exprimant que le travail externe $\mathfrak{T}$ effectué par un corps qui se transforme sous l'action de la chaleur, augmenté de la variation d'énergie totale intérieure ΔD, représente exactement toute l'énergie calorifique Z absorbée.

186. Si d'ailleurs la transformation éprouvée par le corps est telle qu'à l'instant final il ait repris le même état moléculaire et calorifique qu'à l'instant initial, le terme ΔD s'annule et il reste :

$$(2) \qquad Z = \mathfrak{T}.$$

C'est-à-dire que, dans ce cas d'une évolution complète, l'énergie calorifique absorbée se transforme *intégralement* en travail externe (n° 65).

187. On démontre alors directement (n°s 72, 73) par un simple raisonnement par l'absurde, et toujours sans le secours de l'expérience, que, dans ce cas d'une évolution complète où le seul effet de la chaleur est un travail externe produit : le rapport $\frac{Q}{\mathfrak{T}}$ de la chaleur dépensée exprimé en calories, au travail exécuté $\mathfrak{T}$ exprimé en kilogrammètres, est un nombre toujours constant quel que soit le corps et la série des trans-

formations qu'il subit. — C'est le principe de l'équivalence.

188. Désignant par $\mathcal{A}$ la valeur du rapport constant $\frac{Q}{\mathfrak{T}}$, qui est l'équivalent calorifique du travail, inverse de l'équivalent mécanique de la chaleur E, on a :

$$\frac{Q}{\mathfrak{T}} = \mathcal{A}$$

d'où

$$\mathfrak{T} = \frac{1}{\mathcal{A}} Q = EQ. \tag{3}$$

189. La relation (2) nous donne, dans le cas considéré d'un cycle complet, l'expression du travail externe $\mathfrak{T}$, en fonction de l'énergie calorifique absorbée Z. — La relation (3) nous donne d'autre part l'expression de ce même travail $\mathfrak{T}$ en fonction de la quantité de chaleur depensée Q exprimée en calories : égalant ces deux expressions de $\mathfrak{T}$ on a :

$$Z = \frac{1}{\mathcal{A}} Q = EQ.$$

C'est l'expression de la force vive, de l'énergie calorifique répondant à une quantité déterminée de chaleur Q exprimée en calories (n° 77).

190. Remplaçant alors Z par sa valeur en fonction de Q dans la relation fondamentale (1), on a :

$$\frac{1}{\mathcal{A}} Q = \Delta D + \mathfrak{T}$$

d'où

$$Q = \mathcal{A}\Delta D + \mathcal{A}.\mathfrak{T},$$

ou enfin, en posant $\mathcal{A}.\Delta D = \Delta U$ et observant que $\mathfrak{T} = \int p dv$:

$$Q = \Delta U + \mathcal{A} \int p dv.$$

Cette formule, simple déduction *mathématique*, comme on

voit, du théorème des forces vives ou de la conservation de l'énergie et du principe de l'équivalence, exprime cette vérité *physique :*

Que, lorsqu'un corps se transforme sous l'influence de la chaleur en accomplissant un certain travail extérieur, la chaleur nécessaire à ce travail externe augmenté de la chaleur nécessaire au travail total interne, c'est-à-dire nécessaire pour produire : 1° l'échauffement du corps ; 2° son accroissement d'énergie sensible ; 3° et le travail interne proprement dit, répondant au changement de volume du corps, représente la quantité totale de chaleur absorbée par ce corps (n° 79).

191. Remarquons d'ailleurs que si on admet *a priori*, en se basant simplement sur l'hypothèse de la chaleur considérée comme mouvement vibratoire, que l'expression de l'énergie calorifique Z en fonction de la quantité de chaleur correspondante Q est :

$$Z = EQ,$$

dans laquelle E est constant quelle que soit la nature du corps, remarquons, dis-je, que le principe de l'équivalence se déduira alors *immédiatement* du principe de la conservation de l'énergie, ainsi qu'on l'a fait voir au n° 82.

192. Quant à la valeur de $\mathcal{A}$, et par suite de E, on en trouve facilement l'expression, en fonction des quantités caractéristiques d'un gaz parfait, auquel on fait décrire un cycle fermé rectangulaire fini ou élémentaire, ou un cycle absolument quelconque ; cette dernière méthode nous fournit d'ailleurs l'occasion d'établir mathématiquement toutes les propriétés des gaz parfaits notamment la loi de Joule relative à l'absence de la partie du travail interne total répondant au changement de volume, puis les lois de la détente à température constante ou à chaleur constante. Enfin on termine cette première partie toute *déductive* en recherchant encore l'expression de $\mathcal{A}$ en fonction des quantités caractéristiques d'un corps quelconque auquel on fait décrire un cycle rectangulaire élémentaire (n° 118).

193. A partir de là, nous faisons appel à l'expérience en lui demandant des *vérifications nombreuses* de tous les prin-

cipes établis précédemment par la théorie pure, notamment *du principe de l'équivalence.*

On fait voir d'abord que tous les gaz réels sensiblement parfaits tels que les anciens gaz permanents, fournissent pour l'équivalent mécanique dont l'expression est alors sensiblement

$$E = \frac{\alpha v_0 p_0}{C - c}$$

une même valeur identique quelle que soit la nature du gaz considéré, pourvu, encore une fois, qu'il puisse être considéré comme sensiblement parfait.

Nous exposons ensuite les curieuses expériences d'Edlund qui fournissent aussi pour E la même valeur, quelle que soit la nature du fil métallique expérimenté, seconde vérification du principe de l'équivalence.

194. On expose également dans le plus grand détail les expériences antérieures de Joule sur la compression et l'expansion des gaz; les résultats auxquels on arrive, en même temps qu'ils vérifient *la loi de Joule* nous donnent de nouvelles vérifications du principe de l'équivalence : les valeurs qu'on en déduit pour $\mathcal{A}$ et par suite pour E étant toujours sensiblement les mêmes.

195. Enfin nous terminons (11e et 12e leçons) en cherchant encore d'autres vérifications du principe de l'équivalence, ou de la constance de $\mathcal{A}$ et par suite de E.

Pour cela on considère le développement de chaleur dû aux actions mécaniques telles que le frottement et le choc. — Nous exposons, à ce propos, dans le plus grand détail les célèbres expériences de Joule sur le frottement, et celles de Hirn sur le choc et sur la machine à vapeur.

Marche d'invention.

196. Observons actuellement que cette marche que nous avons suivie est précisément inverse de la marche d'invention. Ce sont, en effet, ces dernières expériences de Joule et de Hirn que nous avons présentées comme de simples vé-

rifications du *principe de l'équivalence*, qui ont en réalité servi à l'établissement de ce principe.

On commença par faire des expériences, on observa d'abord que dans certains cas la chaleur se transformait en travail, que d'autres fois le travail se transformait en chaleur : de là l'idée d'un certain rapport entre la chaleur dépensée et le travail produit. On fut ainsi amené à instituer des expériences plus précises pour trouver ce rapport; les résultats, peu concordants d'abord, firent croire au début que l'équivalent mécanique pouvait avoir diverses valeurs suivant les circonstances; mais bientôt des expériences plus précises encore, celles de Joule et de Hirn notamment, prouvèrent que cet équivalent mécanique est constant, que de plus sa valeur est la même dans la transformation de chaleur en travail et dans la transformation inverse de travail en chaleur.

197. Du reste, sans recourir à la démonstration des nos 72, 73, un raisonnement bien simple, le même au fond que celui des nos 72, 73, fit voir qu'il doit nécessairement en être ainsi, l'existence de plusieurs équivalents mécaniques conduisant à une absurdité : l'existence du mouvement perpétuel ou la production possible de travail sans dépense de chaleur. — Voici ce raisonnement :

Considérons deux machines, l'une transformant du travail en chaleur, une machine à frottement, par exemple, comme l'appareil de Tyndall dont nous avons parlé, ou le thermogénérateur de MM. Beaumont et Mayer, l'autre transformant de la chaleur en travail, la machine à vapeur, par exemple, et supposons ces deux machines accouplées. Si nous dépensons le travail $\mathfrak{T}$ dans la première machine, il y aura production d'une quantité de chaleur Q donnée par la relation

$$\mathfrak{T} = EQ.$$

E représentant l'équivalent mécanique dans la transformation de travail en chaleur.

Faisons actuellement agir cette quantité de chaleur Q dans la machine à vapeur, elle produira un travail $\mathfrak{T}'$ donné par la relation

$$\mathfrak{T}' = E'Q.$$

E' représentant l'équivalent mécanique dans la transformation de chaleur en travail.

Si on suppose maintenant que E' puisse être différent de E de telle sorte qu'on puisse poser

$$E' = E(1 + h),$$

h étant plus petit ou plus grand que 0 : la relation précédente deviendra en remplaçant E' par sa valeur :

$$\mathfrak{T}' = EQ(1 + h).$$

Supposons maintenant que nous utilisions le travail $\mathfrak{T}'$ dans la première machine, il y aura production d'une quantité de chaleur Q' donnée par la relation

$$\mathfrak{T}' = EQ'$$

d'où :

$$Q' = \frac{\mathfrak{T}'}{E} = Q(1 + h)$$

en vertu de la relation précédente.

Cette quantité de chaleur Q' agissant alors dans la machine à vapeur produira un travail $\mathfrak{T}''$ donné par la relation

$$\mathfrak{T}'' = E'Q'$$

ou en remplaçant E', Q' par les valeurs précédentes :

$$\mathfrak{T}'' = EQ(1 + h)^2.$$

Continuons ainsi indéfiniment, faisons agir $\mathfrak{T}''$ dans la première machine, il y aura production d'une quantité de chaleur Q'' qui dans la machine à vapeur produira un travail $\mathfrak{T}'''$ dont l'expression sera :

$$\mathfrak{T}''' = EQ(1 + h)^3.$$

Donc au bout de n opérations semblables, il y aura production d'un travail effectué

$$\mathfrak{T}^n = EQ(1 + h)^n.$$

Or si on suppose d'abord $h > 0$, on voit d'après cette formule, qu'on pourrait avec un travail initial $\mathfrak{G}$ fini, produire un travail $\mathfrak{G}^n$ indéfiniment croissant : le mouvement perpétuel serait réalisé. —Si, au contraire, on suppose $h < 0$, on voit que le travail fini $\mathfrak{G}$ primitivement dépensé diminuera de plus en plus jusqu'à s'anéantir, sans produire aucun effet équivalent, ce qui est contraire aussi au principe de la conservation de la force; donc il est impossible que h diffère de 0 et, par suite, que E' diffère de E, donc :

$$E' = E.$$

198. Ce raisonnement suffit en même temps pour prouver qu'il n'existe pas plusieurs valeurs de l'équivalent mécanique de la chaleur. L'équivalent mécanique est donc indépendant des phénomènes et des substances qui peuvent servir à le déterminer :

En effet, si au lieu d'accoupler à la machine à vapeur une machine à frottement, j'accouple une machine à choc et que je répète le raisonnement précédent, on verra que l'équivalent mécanique dans cette machine à choc sera le même aussi que dans la machine à vapeur. — Les équivalents mécaniques dans la machine à frottement et dans la machine à choc étant égaux à l'équivalent mécanique dans la machine à vapeur, sont égaux entre eux. — c. q. f. d.

199. Le principe de l'équivalence entre la chaleur et le travail où la force vive étant ainsi démontrée expérimentalement, on fut ensuite amené à supposer que la chaleur n'est pas un agent matériel particulier, tel que le calorique, par exemple, mais seulement un mode particulier de mouvement, qui ne peut être qu'un mouvement vibratoire des corps ; de telle sorte que céder de la chaleur à un corps, c'est lui communiquer une certaine somme de force vive ou de travail, appelée énergie calorifique, dont l'expression est :

$$EQ,$$

Q étant la chaleur communiquée exprimée en calories et E l'équivalent mécanique.

Et l'on arrive ainsi *par l'expérience aidée de l'induction* au principe même d'où nous sommes partis dans cet enseignement, principe que nous avions pu d'ailleurs poser *a priori* (n° 30) comme conséquence de l'étude comparative des divers modes de propagation de la chaleur et du son.

200. Or, cette énergie calorique EQ communiquée au corps, absorbée, je suppose, par le corps, produit manifestement trois effets :

1° Elle échauffe le corps, c'est-à-dire qu'elle augmente l'énergie vibratoire calorifique B_i^c de la quantité

$$\Delta B_i^c$$

2° Elle dilate le corps en surmontant les actions mutuelles; elle accomplit donc le travail interne accompagnant le changement de volume du corps, c'est-à-dire qu'elle augmente l'énergie potentielle A de

$$\Delta A$$

et de plus, dans certains cas particuliers, lui communique un certain accroissement d'énergie sensible

$$\Delta B_i^s$$

3° Enfin cette énergie calorifique accomplit un certain travail extérieur, si le corps, au lieu de se dilater dans le vide, se dilate dans une enceinte qui résiste, travail dont l'expression est $\int pdv$.

On a donc l'égalité :

$$EQ = \Delta A + \Delta B_i^c + \Delta B_i^s + \int pdv$$

Si je pose :

$$A + B_i^c + B_i^s = D$$

elle devient :

$$EQ = \Delta D + \int pdv$$

ou bien :

$$Q = \frac{1}{E}\Delta D + \frac{1}{E}\int p dv = \mathcal{A}.\Delta D + \mathcal{A}\int p dv$$

et enfin en posant : $\mathcal{A}.\Delta D = \Delta U$, il vient :

$$Q = \Delta U + \mathcal{A}\int p dv.$$

On arrive donc ainsi par la méthode expérimentale aidée de l'induction au résultat auquel nous sommes arrivés directement (n° 78) par l'emploi du théorème des forces vives.

201. Il est facile d'ailleurs de reconnaître *a posteriori* que cette relation considérée sous sa forme

$$EQ = \Delta A + \Delta B_i^c + \Delta B_i^e + \int p dv$$

n'est rien autre chose que l'expression de ce théorème des forces vives; elle exprime, en effet que la force vive calorifique EQ communiquée par une source de chaleur à un corps, produit dans ce dernier une force vive vibratoire ΔB_i^c de même nature, l'excédent étant employé à vaincre les travaux résistants interne et externe :

$$\Delta A, \quad \Delta B_i^e, \quad \int p dv.$$

202. Étant ainsi arrivé par l'expérience à la formule

$$Q = \Delta U + \mathcal{A}\int p dv$$

on peut alors donner le mode de représentation graphique des transformations d'un corps imaginé par Sadi-Carnot et développé par Clapeyron (n° 56), parler des cycles, donner les expressions de l'équivalent mécanique en fonction des quantités caractéristiques des gaz parfaits ou d'un corps quelconque, exposer enfin toute la théorie des gaz parfaits comme on l'a fait dans les sixième et septième leçons.

203. Cette marche d'invention, c'est précisément celle que l'on suit et que l'on doit suivre en physique pour l'exposition de cette théorie; parce que dans cette science on doit indiquer en même temps que l'historique de la question, la manière dont on arrive par l'expérience aidée de l'induction à l'établissement des principes et des lois. — Ici le principe c'est que *la chaleur n'est rien autre chose objectivement qu'un mouvement vibratoire moléculaire.*

204. Mais une fois en possession du principe on doit pouvoir par déduction en tirer rapidement et avec élégance toutes les conséquences; c'est ce que l'on fait dans toutes les sciences de déduction, et en particulier en mécanique, et voilà pourquoi nous avons ainsi procédé.

205. Dans la prochaine leçon nous appliquerons le principe de l'équivalence à la théorie de l'écoulement des gaz parfaits.

APPLICATION DU PRINCIPE DE L'ÉQUIVALENCE

A LA THÉORIE

de l'Écoulement des gaz parfaits

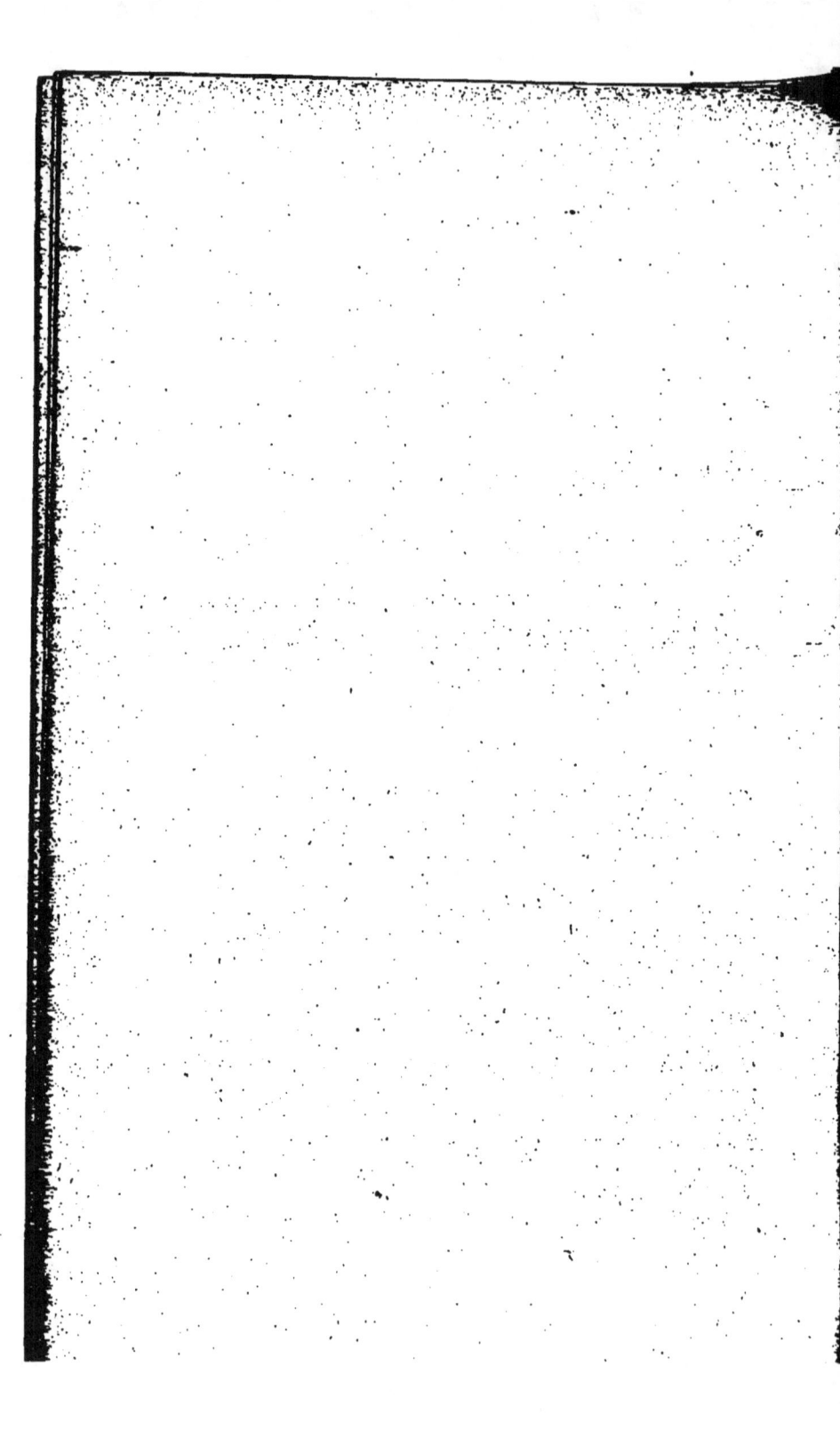

TREIZIÈME LEÇON

SOMMAIRE. — Application du principe de l'équivalence à la théorie de l'écoulement des gaz parfaits d'un milieu indéfini dans un autre milieu indéfini. — Formules donnant la vitesse d'écoulement et le débit :

1° Formule de Navier, qui suppose que l'écoulement s'effectue à température constante. — Applications numériques.

2° Formule de Bernoulli, qui suppose que l'écoulement s'effectue à densité constante. — Applications numériques. — Comparaison des résultats que donnent ces deux formules.

Théorie de l'écoulement des gaz parfaits.

206. DESCRIPTION DU PHÉNOMÈNE DE L'ÉCOULEMENT D'UN GAZ PAR UN ORIFICE EN MINCE PAROI. — Soient (fig. 38) deux masses de gaz indéfinies A et C, à la même température T_1, séparées par une cloison MN percée d'un orifice en mince paroi ; soient p_1, p_2 les pressions dans les deux milieux A et C ; p_1 étant supposé plus grand que p_2, il y aura écoulement de A vers C. Le régime permanent de l'écoulement étant établi : la pression p_1 dans le milieu A ira en diminuant progressivement, depuis une certaine surface AB où la vitesse w_1 des molécules gazeuses qui la traversent est aussi près de 0 qu'on peut l'imaginer, jusqu'à la section contractée ab, où cette pression en diminuant toujours sera devenue p_2, et où la vitesse des molécules sera devenue w_2. De AB en ab, il y aura donc détente et, par suite, absorption de chaleur, la température s'abaissera par conséquent de T_1 à T_2.

A partir de cette section contractée ab, la veine gazeuse s'épanouit en perdant progressivement sa vitesse, et dans la région CD la vitesse est redevenue sensiblement nulle. — D'ailleurs, les molécules gazeuses en perdant ainsi leurs vitesses, par suite de leurs frottements et leurs chocs réciproques régénèrent de la sorte la chaleur précédemment absorbée ; par conséquent la température sera redevenue T_1 dans cette région CD.

207. Application du théorème des forces vives ou de l'énergie au phénomène de l'écoulement. — Ceci posé, concevons le volume gazeux ABab compris entre la surface AB et la section contractée ab : au bout du temps dt, par suite du mouvement, ce volume sera venu occuper la position A'B'$a'b'$. Appliquons alors à ce déplacement le théorème des forces vives ou de l'énergie (n° 35 et 36), exprimons en d'autres termes que la variation d'énergie totale éprouvée par la masse gazeuse considérée passant de AB ab en A'B' $a'b'$ est égale à la somme algébrique des travaux de toutes les forces extérieures qui la sollicitent. — A cet effet :

208. On observe d'abord, le régime permanent de l'écoulement étant atteint, que l'énergie totale de la partie commune A'B'ab reste toujours constante, puisque son état calorifique et moléculaire ne varie pas ; par suite la variation d'énergie totale de la masse gazeuse considérée passant de AB ab en A'B'$a'b'$ est égale à celle qu'éprouverait la partie non commune ABA'B' pour passer de cette position initiale AB A'B' à la position finale ab $a'b'$.

Fig. 38

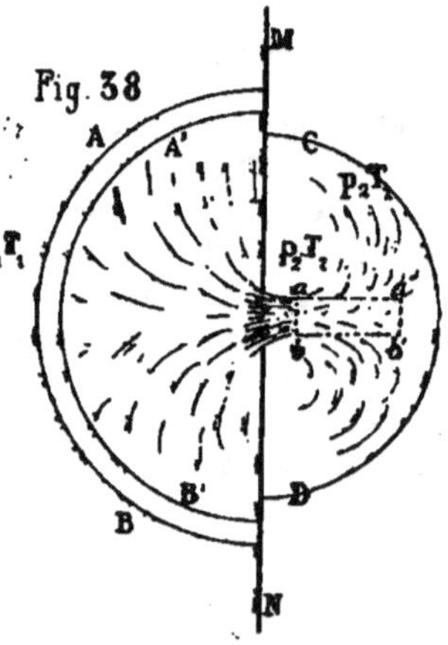

Or, cette partie non commune, c'est le poids de gaz qui s'écoule dans le temps dt, c'est donc

$$Pdt,$$

P représentant le poids de gaz qui s'écoule par seconde. Son énergie *totale*, somme de son énergie ou force vive sensible et de son énergie intérieure tant calorifique que potentielle ou moléculaire sera donc :

1° à l'instant initial

$$Pdt\left(\frac{w_1^2}{2g}+D_1\right),$$

2° et à l'instant final

$$Pdt\left(\frac{w_2^2}{2g}+D_2\right),$$

D_1 et D_2 représentant, suivant la notation adoptée, l'énergie *intérieure* tant calorifique que potentielle de l'unité de poids de gaz dans l'état initial et dans l'état final.

La variation d'énergie totale éprouvée par la masse gazeuse pour le déplacement considéré aura donc pour expression :

$$Pdt\left(\frac{w_2^2}{2g}-\frac{w_1^2}{2g}+D_2-D_1\right).$$

209. Évaluons d'autre part, la somme des travaux des forces sollicitant cette masse gazeuse pendant le temps dt.

Ces forces sont, d'une part, les pressions en amont et en aval de la masse considérée et, d'autre part, la *chaleur absorbée* qui agit comme force extérieure en augmentant l'énergie totale de la masse considérée de toute l'énergie calorifique répondant à cette quantité de chaleur. — Estimons séparément les travaux de ces forces :

Travail de p_1. — La pression p_1 par unité de surface, en amont, s'exerçant normalement à tous les éléments de la surface AB, effectuera dans le déplacement considéré un travail égal à

$$p_1\,dv_1$$

dv_1 représentant le volume compris entre les deux surfaces infiniment voisines AB, A'B', c'est-à-dire le volume à la pression p_1 du poids Pdt de gaz qui s'écoule dans le temps dt. Or,

v_1 étant le volume de l'unité de poids de gaz à la pression p_1, le volume dv_1 du poids Pdt de ce gaz à la même pression p_1 sera :

$$dv_1 = v_1 . Pdt ;$$

par suite le travail $p_1 dv_1$ effectué par cette pression, dans le déplacement considéré aura pour expression :

$$p_1 v_1 . Pdt.$$

Travail de p_2. — De même la contrepression p_2, en aval, sur la surface contractée ab exerce un travail résistant dont l'expression est :

$$p_2 v_2 Pdt.$$

Énergie calorifique absorbée. — Enfin, si nous désignons par Q la quantité de chaleur extérieure absorbée par l'unité de poids de gaz qui s'écoule, l'énergie totale de cette unité de poids de gaz s'accroît de l'énergie calorifique EQ répondant à cette quantité de chaleur absorbée. — Par suite, l'énergie totale du poids Pdt du gaz qui s'écoule pendant le temps dt s'accroîtra de :

$$EQ.Pdt.$$

210. Si nous exprimons enfin que la variation de l'énergie totale de la masse considérée, dont l'expression a été trouvée au n° 208 est égale à la somme des travaux des forces extérieures, y compris l'énergie calorifique qui peut être absorbée pendant l'écoulement ; on obtient la relation :

$$Pdt\left(\frac{w_2^2}{2g} - \frac{w_1^2}{2g} + D_2 - D_1\right) = Pdt(p_1 v_1 - p_2 v_2) + EQ.Pdt,$$

qui se reduit évidemment à :

$$(1) \qquad \frac{w_2^2}{2g} - \frac{w_1^2}{2g} = p_1 v_1 - p_2 v_2 + EQ - (D_2 - D_1).$$

211. D'autre part la relation générale du n° 78

$$Q = \Delta U + A \int_{v_1}^{v_2} p dv$$

dans laquelle on se rappelle que

$$\Delta U = \mathcal{A}\Delta D = \mathcal{A}(D_2 - D_1),$$

donne en divisant tous les termes par $\mathcal{A}$:

$$\frac{Q}{\mathcal{A}} = D_2 - D_1 + \int_{v_1}^{v_2} pdv,$$

ou bien

$$EQ = D_2 - D_1 + \int_{v_1}^{v_2} pdv.$$

Or de cette dernière relation on conclut :

$$EQ - (D_2 - D_1) = \int_{v_1}^{v_2} pdv$$

212. Si je remplace actuellement, dans la relation (1), $EQ - (D_2 - D_1)$ par sa valeur $\int_{v_1}^{v_2} pdv$, elle devient enfin, *quelle que soit la quantité de chaleur absorbée* :

$$\frac{w_2^2}{2g} - \frac{w_1^2}{2g} = p_1v_1 - p_2v_2 + \int_{v_1}^{v_2} pdv.$$

213. Expression générale de la vitesse d'écoulement. — Si l'on se souvient d'ailleurs que w_1, la vitesse du gaz dans la région AB est aussi petite qu'on peut l'imaginer, en concevant cette région AB suffisamment éloignée de l'orifice d'écoulement, il restera, en faisant $w_1 = 0$:

$$(2) \qquad \frac{w_2^2}{2g} = p_1v_1 - p_2v_2 + \int_{v_1}^{v_2} pdv$$

Cette formule nous fait voir que la vitesse d'écoulement w_2

dépend non seulement des pressions intérieures et extérieures p_1, p_2 mais encore du terme $\int_{v_1}^{v_2} pdv$, *c'est-à-dire de la loi suivant laquelle varie la pression de p_1 à p_2 dans la région comprise entre la surface AB et la surface ab.* — Et en effet cette loi de *détente* doit être nécessairement connue pour qu'on puisse évaluer le terme $\int_{v_1}^{v_2} pdv$.

Nous sommes ainsi amenés à faire plusieurs hypothèses sur la manière dont s'opère la détente du gaz depuis la surface AB jusqu'à la surface *ab*.

Première hypothèse : Écoulement s'effectuant à température constante.

214. Supposons que la détente s'opère à température constante, et admettons pour cela qu'on fournisse au gaz la quantité de chaleur nécessaire.

Dans ce cas la détente s'opère suivant la loi de Mariotte et l'on a :

$$p_1 v_1 = p_2 v_2,$$

les deux premiers termes du second membre de l'équation (2) disparaissent donc; de plus, le troisième terme $\int_{v_1}^{v_2} pdv$, c'est-à-dire le travail de la détente, aura par suite de la condition :

$$pv = p_1 v_1$$

pour expression :

$$\int_{v_1}^{v_2} pdv = p_1 v_1 \int_{v_1}^{v_2} \frac{dv}{v} = p_1 v_1 \, \text{Log.} \frac{v_2}{v_1}.$$

215. Formule de Navier. — L'équation (2) se réduit

donc à :

$$\frac{w_2^2}{2g} = p_1 v_1 \text{ Log.} \frac{v_2}{v_1}.$$

Cette formule est connue dans la dynamique des gaz sous le nom de *formule de Navier*.

216. Si on observe d'ailleurs que la loi de Mariotte, applicable ici, donne :

$$\frac{v_2}{v_1} = \frac{p_1}{p_2},$$

que de plus, la loi des transformations du gaz, appliquée à l'état initial, donne :

$$\text{H} v_1 p_1 = \text{T}_1 \qquad \text{d'où} \qquad v_1 p_1 = \frac{\text{T}_1}{\text{H}}.$$

La formule de Navier deviendra, en remplaçant $v_1 p_1$ et le rapport $\frac{v_2}{v_1}$ par les valeurs précédentes, et en passant aux logarithmes vulgaires :

$$\frac{w_2^2}{2g} = 2{,}3026 \frac{\text{T}_1}{\text{H}} \log \frac{p_1}{p_2}.$$

217. Vitesse d'écoulement. — Par suite la vitesse d'écoulement sera enfin :

$$w_2 = \sqrt{2g \times 2{,}3026 \frac{\text{T}_1}{\text{H}} \log \frac{p_1}{p_2}},$$

formule d'une application commode, connaissant d'avance $\frac{1}{\text{H}}$ pour chaque gaz (n°s 120 et 326).

218. Débit en poids par seconde. — Il est facile d'en conclure le débit en poids P par seconde. Si en effet ω est la section de l'orifice, m le coefficient de contraction, on aura :

$$\text{P} = m . \omega w_2 . \pi_2,$$

dans laquelle π_2 représente le poids spécifique du gaz sous la pression p_2 et à la température T_1 ; mais v_2 étant le volume spécifique dans les mêmes conditions, on a

$$\pi_2 = \frac{1}{v_2}.$$

Comme la loi des transformations du gaz appliquée à l'état final donne

$$Hv_2p_2 = T_1,$$

on en tire :

$$\pi_2 = \frac{1}{v_2} = \frac{Hp_2}{T_1},$$

Remplaçant alors dans l'expression de P, w_2 et π_2 par les valeurs précédentes, on a :

$$P = m\omega p_2 \sqrt{2g \times 2{,}3026 \frac{H}{T_1} \log \frac{p_1}{p_2}}.$$

219. Maximum du débit. — P passe par un maximum pour la valeur de p_2 qui annule la dérivée de

$$p_2 \sqrt{\log \frac{p_1}{p_2}}$$

ou de

$$p_2^2 \log \frac{p_1}{p_2}$$

prise par rapport à p_2. — Or si on écrit cette expression comme ci-dessous :

$$p_2^2 \log p_1 - p_2^2 \log p_2,$$

sa dérivée par rapport à p_2 sera :

$$2p_2 \log p_1 - 2p_2 \log p_2 - \frac{\log e}{p_2} \cdot p_2^2.$$

En l'égalant à 0, et divisant par p_2, il vient :

$$2 \log p_1 - 2 \log p_2 - \log e = 0,$$

d'où

$$2 \log \frac{p_1}{p_2} = \log e,$$

ou bien :

$$\log \frac{p_1}{p_2} = \frac{1}{2} \log e = \log e^{\frac{1}{2}}.$$

On a donc enfin pour le rapport des pressions répondant au maximum du débit :

$$\frac{p_1}{p_2} = e^{\frac{1}{2}} = \sqrt{e} = 1,65 \text{ environ.}$$

Ce maximum sera d'ailleurs, en remplaçant dans l'expression de P, $\log \frac{p_1}{p_2}$ par $\frac{1}{2} \log e$, et en remarquant que le nombre 2,3026 qui entre dans cette expression, c'est la valeur de $\frac{1}{\log e}$:

$$P_m = m\omega p_2 \sqrt{\frac{gH}{T_1}}.$$

Lequel maximum répond à une vitesse d'écoulement donnée par la formule du n° 217, dans laquelle on fait les mêmes suppositions, ce qui fournit l'expression :

$$w_2 = \sqrt{\frac{gT_1}{H}}.$$

220. Phénomènes calorifiques accompagnant l'écoulement. — Quant à la chaleur qu'il faut fournir au gaz pour maintenir sa température constante malgré son expansion, elle est facile à calculer : en effet, pour chaque unité de poids de gaz qui s'écoule en passant de la vitesse v_1 à la vitesse w_2, il y a développement d'un travail se manifestant immédiatement en vitesse ou en énergie sensible dont l'expression est $\frac{w_2^2}{2g}$. Cette énergie sensible acquise nécessite donc une dépense

de chaleur Q :

$$Q = \text{A} \frac{w_2^2}{2g}$$

qui devient en remplaçant $\frac{w_2^2}{2g}$ par son expression (n° 216) :

$$Q = \text{A} . 2,3026 \frac{T_1}{H} \log \frac{p_1}{p_2}.$$

Si donc on ne fournit pas au gaz cette quantité de chaleur, il ne s'écoulera pas suivant la loi de Navier, il s'écoulera *moins vite* en transformant en vitesse, c'est-à-dire en énergie sensible, une partie de sa chaleur interne.

221. Application des formules précédentes a un exemple. — Soient (fig. 38) deux réservoirs A et C renfermant de l'air entretenu aux pressions constantes : $p_1 = 2^{atm.}$ dans A et $p_2 = 1^{atm.}$ dans C. — La température observée dans les deux réservoirs est $T_1 = 290°$, répondant à $t_1 = 17°$.

Un orifice en mince paroi étant pratiqué dans la cloison de séparation des deux réservoirs, et étant muni d'un ajutage ayant la forme du jet contracté, auquel cas le coefficient $m = 0,981$, on demande :

1° la vitesse d'écoulement,

2° le débit en poids rapporté à l'unité de section,

3° la quantité de chaleur à fournir, par unité de poids d'air écoulé, pour que l'écoulement s'opère, comme on le suppose, à température constante,

4° le maximum du débit, avec le rapport correspondant des pressions, et la vitesse d'écoulement correspondante.

Solution. — $\frac{1}{H}$ ayant pour valeur 29,272 dans le cas supposé de l'air atmosphérique, la vitesse d'écoulement, donnée par la relation du n° 217, sera en remplaçant les lettres par leurs valeurs :

$$w_2 = \sqrt{2 \times 9,8088 \times 2,3026 \times 290 \times 29,272 \times \log 2} = 339^{m},7522.$$

— Le débit en poids par seconde rapporté à l'unité de section de l'ajutage à son extrémité, donné par la relation du n° 218, sera de même :

$$\frac{P}{\omega}=0,981\times 10334\sqrt{\frac{2\times 9,8088\times 2,3026}{29,272\times 290}\log.2}=267,387.$$

— La quantité de chaleur à fournir par unité de poids d'air écoulé est (n° 220):

$$Q=A.\frac{w_2^2}{2g}=\frac{1}{425}\times 5893=13^{\text{calor.}},8.$$

— Le maximum du débit répond à

$$\frac{p_1}{p_2}=1,65;$$

p_2 étant égal à une atmosphère, p_1 devra donc être égal à $1^{\text{atm.}},65$. — Et ce maximum donné par la formule du n° 219

$$P_m=m\omega p_2\sqrt{\frac{gH}{T_1}}$$

sera, en remplaçant les lettres par leurs valeurs :

$$\frac{P_m}{\omega}=0,981\times 10334\sqrt{\frac{9,8088}{29,272\times 290}}=350^{k}$$

La vitesse d'écoulement correspondante, donnée par la formule du n° 219 :

$$w_2=\sqrt{\frac{gT_1}{H}}$$

sera, en remplaçant les lettres pour leurs valeurs :

$$w_2=\sqrt{9,8088\times 290\times 29,272}=288^{m},56.$$

Deuxième hypothèse : Écoulement s'effectuant à densité constante.

222. Supposons maintenant que pendant la durée de l'écoulement *la densité du gaz reste constante,* on a alors

$$v_2 = v_1 \qquad \text{et} \qquad dv = 0.$$

Par suite la formule générale (2) du n° 213 se réduit à :

$$\frac{w_2^2}{2g} = v_1(p_1 - p_2).$$

C'est la formule de Bernoulli que nous avons déjà établie en hydraulique.

223. D'ailleurs la loi des transformations du gaz, appliquée à l'état initial donne

$$\mathrm{H}v_1p_1 = \mathrm{T}_1.$$

Si je remplace dans la formule précédente, v_1 par sa valeur tirée de cette condition, elle pourra s'écrire

$$\frac{w_2^2}{2g} = \frac{\mathrm{T}_1}{\mathrm{H}} \cdot \frac{p_1 - p_2}{p_1}.$$

224. Vitesse d'écoulement. — Par suite la vitesse d'écoulement sera donnée par la formule

$$w_2 = \sqrt{2g \cdot \frac{\mathrm{T}_1}{\mathrm{H}} \cdot \frac{p_1 - p_2}{p_1}}.$$

225. Expressions du débit en poids par seconde. — Il est facile d'en conclure le débit en poids P par seconde. Si, en effet, ω est la section de l'orifice, m le coefficient de contraction, on aura :

$$\mathrm{P} = m\omega w_2 . \pi_1,$$

dans laquelle π_1 représente le poids spécifique du gaz sous la pression p_1 et à la température T_1 ; mais v_1 étant le volume spécifique dans les mêmes conditions, on a

$$\pi_1 = \frac{1}{v_1}.$$

Or, de la loi des transformation du gaz : $Hv_1p_1 = T_1$, on tire

$$\pi_1 = \frac{1}{v_1} = \frac{Hp_1}{T_1}.$$

Remplaçant alors dans l'expression de P, w_2 et π_1 par les valeurs précédentes, on a :

$$P = m\omega\sqrt{2g \cdot \frac{H}{T_1} \cdot p_1(p_1 - p_2)} = m.\omega.p_1\sqrt{2g\frac{H}{T_1}\left(1 - \frac{p_2}{p_1}\right)}$$

Cette formule, ainsi que celle du n° 224, qui donne la vitesse d'écoulement w_2, sont d'une application très facile connaissant H pour les différents gaz.

Si dans cette première expression de P j'y remplace le rapport $\frac{H}{T_1}$ par sa valeur $\frac{1}{v_1p_1}$ tirée de la loi des transformations du gaz appliquée à l'état initial : $Hv_1p_1 = T_1$, cette expression devient :

$$P = m\omega\sqrt{2g\frac{(p_1 - p_2)}{v_1}},$$

donnant le débit en fonction des pressions dans les deux réservoirs, et du volume spécifique $v_1 = \frac{1}{\pi_1}$ dans le premier réservoir.

226. Formes données en physique aux précédentes formules fournissant la vitesse d'écoulement et le débit. — En physique, on donne à ces deux formules des formes différentes :

On vient de trouver :

$$\pi_1 = \frac{1}{v_1} = \frac{Hp_1}{T_1}.$$

Si je remplace $\frac{1}{H}$ par sa valeur $\alpha . v_0 . p_0$, il vient :

$$\frac{1}{v_1} = \pi_1 = \frac{1}{v_0} . \frac{p_1}{p_0} . \frac{1}{\alpha T_1}.$$

Mais $\frac{1}{v_0}$ représente π_0, c'est-à-dire le poids spécifique du gaz considéré, sous la pression $p_0 = 10334$. — On a donc en désignant par δ la densité de ce gaz par rapport à l'air, — le poids du mètre cube d'air à 0° (du thermomètre ordinaire) et à la pression $p_0 = 10334$ étant d'ailleurs $1^k,294$ — :

$$\frac{1}{v_0} = \pi_0 = 1{,}294 \delta;$$

Remplaçant dans l'expression de π_1, il vient :

$$\frac{1}{v_1} = \pi_1 = 1{,}294 \delta . \frac{p_1}{p_0} . \frac{1}{\alpha T_1},$$

mais :

$$\frac{1{,}294}{p_0} = \frac{1{,}294}{10334} = \frac{1}{7955}.$$

On a donc :

$$\frac{1}{v_1} = \pi_1 = \frac{\delta p_1}{7955 . \alpha T_1}.$$

et en posant :

$$\frac{7955 . \alpha T_1}{\delta} = k,$$

il vient enfin :

$$\frac{1}{v_1} = \pi_1 = \frac{p_1}{k},$$

D'ailleurs :

$$p_1 = \pi_m h_1 \qquad p_2 = \pi_m h_2$$

h_1, h_2, étant les hauteurs de mercure mesurant les pressions p_1, p_2 et π_m le poids du mètre cube de mercure égal à 13596k.

227. Remplaçant alors : p_1, p_2, v_1, par les valeurs précédentes dans la formule de Bernoulli

$$\frac{w_2^2}{2g} = v_1(p_1 - p_2)$$

trouvée au n° 222, il vient :

$$w_2 = \sqrt{2g\frac{h_1 - h_2}{h_1}.k}$$

et en remplaçant k par sa valeur :

$$w_2 = \sqrt{2g.7955.\frac{h_1 - h_2}{\delta h}.\alpha T_1}.$$

Effectuant et remplaçant T_1 par sa valeur en fonction de la température ordinaire

$$T_1 = \frac{1}{\alpha} + t_1,$$

il vient enfin :

$$w_2 = 395\sqrt{\frac{(h_1 - h_2)(1 + \alpha t_1)}{\delta h}}.$$

228. D'ailleurs le débit, fourni par la relation

$$P = m\omega w_2 . \pi_1$$

prendra successivement, en remplaçant π_1 et w_2 par les valeurs précédentes, les expression suivantes :

$$P = m\omega\sqrt{\frac{2g.\pi_m^2 h_1(h_1 - h_2)}{k}}$$

$$P = m\omega.\pi_m\sqrt{\frac{2g}{7955}.\frac{\delta h_1(h_1 - h_2)}{\alpha T_1}}$$

$$P = 675.m\omega\sqrt{\frac{\delta h_1(h_1 - h_2)}{\alpha T_1}}$$

et enfin en fonction de la température ordinaire t_1, on aura l'expression définitive :

$$P = 675 . m\omega \sqrt{\frac{\delta h_1 (h_1 - h_2)}{1 + \alpha t_1}}.$$

229. Phénomènes calorifiques accompagnant l'écoulement. — Observons actuellement que, pour que les formules précédentes s'appliquent, il faut que les circonstances calorifiques soient telles, qu'elles assurent, suivant l'hypothèse admise, la constance du volume spécifique v_1 et, par suite, du poids spécifique $\pi_1 = \frac{1}{v_1}$.

Or si le volume spécifique reste constant et égal à v_1 pendant l'écoulement, c'est-à-dire lorsque le gaz passe de la région AB à la région *ab*; il en résulte nécessairement que le gaz subit un abaissement de température; en effet, la loi des transformations du gaz appliquée à l'état initial (dans la région AB), donne:

$$Hv_1 p_1 = T_1.$$

Appliquée à l'état final, c'est-à-dire dans la région *ab*, elle donnera en désignant par T_2 la température dans cette région

$$Hv_1 p_2 = T_2.$$

De ces deux relations, on conclut :

$$T_1 - T_2 = Hv_1 (p_1 - p_2),$$

qui fournit l'abaissement de température $T_1 - T_2$, répondant à l'abaissement de pression $p_1 - p_2$.

Or cet abaissement de température représente par unité de poids une perte de chaleur interne Q dont l'expression est :

$$Q = c(T_1 - T_2) = cHv_1 (p_1 - p_2) = \frac{1}{\gamma - 1} . \mathcal{A} . \frac{w_2^2}{2g},$$

à cause de la formule de Bernoulli (n° 222), et en se rappelant que : $\mathcal{A} = Hc(\gamma - 1)$. Cette expression *donne la perte de chaleur Q que le gaz doit éprouver par suite du contact d'un corps froid, pour que l'écoulement ait lieu à densité constante,* ainsi qu'on l'a supposé.

A cette perte de chaleur, répond d'ailleurs une perte d'énergie calorifique

$$Ec(T_1 - T_2) = \frac{1}{\gamma - 1} \cdot \frac{w_2^2}{2g}$$

qui aurait pu être utilisée pour l'écoulement du gaz.

230. Donc le gaz s'écoulera en réalité *plus vite* que ne l'indique cette formule de Bernoulli. Comme on a fait voir qu'il s'écoulait *moins vite* que ne l'indique la formule de Navier (n° 220); on en conclut que la valeur vraie de la vitesse d'écoulement est précisément comprise entre les valeurs données par la formule de Navier et par celle de Bernoulli. D'ailleurs, l'expérience a prouvé que la formule de Bernoulli, plus simple que celle de Navier, donne également des résultats plus exacts, surtout dans le cas où la différence des pressions $p_1 - p_2$ est faible. Aussi, se contente-t-on généralement en pratique de cette formule, ce qui revient à admettre qu'un gaz en mouvement se comporte comme un liquide de densité constante, *c'est-à-dire ne commence à se détendre qu'à partir de la section contractée.*

231. Application des formules précédentes a un exemple. — Soient toujours (fig. 38) deux réservoirs A et C renfermant de l'air entretenu aux pressions constantes : $p_1 = 2^{atm.}$ dans A et $p_2 = 1^{atm.}$ dans C.

La température absolue dans les deux réservoirs est $T_1 = 290°$ répondant à $t_1 = 17°$.

Un orifice en mince paroi étant pratiqué dans la cloison de séparation des deux réservoirs, et étant suivi d'un ajutage ayant la forme du jet contracté, auquel cas $m = 0,981$, on demande (l'écoulement étant supposé se produire à densité constante) :

1° la vitesse d'écoulement,

2° le débit en poids rapporté à l'unité de section,

3° la perte de chaleur par unité de poids de gaz écoulé, qui doit se produire, pour que l'écoulement s'opère, comme on le suppose à densité constante.

Solution. — $\frac{1}{H}$ ayant pour valeur 29,272 dans le cas supposé de l'air atmosphérique, la vitesse d'écoulement donnée par la relation du n° 224, sera en remplaçant les lettres par leurs valeurs :

$$w_2 = \sqrt{\frac{2 \times 9,8088 \times 290 \times 29,272}{2}} = 288^{m},557.$$

Le débit en poids par seconde, rapporté à l'unité de section de l'ajutage à son extrémité, donné par la relation du n° 225, sera en remplaçant les lettres par leurs valeurs :

$$\frac{P}{\omega} = 0,981 \times 2 \times 10334 \sqrt{\frac{2 \times 9,8088}{29,272 \times 290} \times \frac{1}{2}} = 689^{k},208.$$

La perte de chaleur Q qui doit se produire pour que l'écoulement ait lieu, comme on le suppose, est égale, par unité de poids de gaz qui s'écoule, à (n° 229) :

$$Q = \frac{1}{\gamma - 1} \cdot A \cdot \frac{w_2^2}{2g}.$$

Or $\gamma = 1,41$; A l'équivalent calorifique $= \frac{1}{425}$; $\frac{w_2^2}{2g}$ hauteur génératrice de la vitesse $w_2 = 288^{m}.557$, est égale à 4287. On a donc pour cette perte de chaleur, en remplaçant les lettres par leurs valeurs :

$$Q = \frac{1}{\gamma - 1} \cdot A \cdot \frac{w_2^2}{2g} = \frac{1}{0,41} \cdot \frac{1}{425} \times 4287 = 24^{\text{calor.}},6.$$

232. Si nous comparons ces résultats, qui supposent que l'écoulement s'effectue à densité constante et par suite *en perdant de la chaleur*, à ceux que l'on a trouvé aux n°s 214 et suivants, lorsqu'on supposait que l'écoulement s'effectuait à température constante, c'est-à-dire *en absorbant de la chaleur* : on vérifie, qu'en effet, la vitesse d'écoulement est plus faible dans le cas où *il y a perte de chaleur* ($w_2 = 288,557$), que dans le cas où, au contraire, *il y a absorption de chaleur* ($w_2 = 339,752$). C'est ce qu'on avait fait prévoir au n° 230.

Commo en réalité, l'écoulement s'effectue sans perte ni gain de chaleur, la véritable valeur de la vitesse d'écoulement est donc nécessairement comprise entre ces deux valeurs extrêmes. C'est ce que nous vérifierons dans la prochaine leçon.

QUATORZIÈME LEÇON

SOMMAIRE. — Suite de la théorie de l'écoulement d'un gaz parfait d'un milieu indéfini, dans un autre milieu indéfini. — Formules exactes donnant la vitesse d'écoulement et le débit, lorsqu'on suppose, ainsi qu'il arrive en réalité, que l'écoulement s'effectue à chaleur constante. — Applications numériques. — Extension de cette théorie aux vapeurs surchauffées et à la vapeur d'eau saturée. — Expériences de Résal et de Minary.

---

233. RÉSUMÉ DE LA DERNIÈRE LEÇON. — Dans la dernière leçon, nous nous sommes occupés de l'écoulement d'un gaz parfait, d'un milieu indéfini dans un autre milieu indéfini, par un orifice en mince paroi; et l'on a trouvé pour la vitesse d'écoulement dans la section contractée *ab* (fig. 38) la formule générale (2) du nº 213 que je rappelle :

$$(2) \qquad \frac{w_2^2}{2g} = p_1v_1 - p_2v_2 + \int_{v_1}^{v_2} pdv.$$

Le terme $\int_{v_1}^{v_2} pdv$, variant suivant la loi de la détente entre les deux surfaces AB et *ab*, on a été ainsi conduit à faire plusieurs hypothèses sur la manière dont s'opère cette détente.

On a d'abord supposé : première hypothèse, que cette détente s'opérait à température constante, *ce qui nécessitait une certaine absorption de chaleur pendant l'écoulement* (formule de Navier).

On a supposé ensuite : deuxième hypothèse, qu'il n'y avait

pas de détente entre les deux surfaces AB et *ab* (fig. 38), que la détente du gaz ne commençait qu'à partir de la section contractée *ab*, *ce qui nécessitait un certain abandon de chaleur pendant l'écoulement* (formule de Bernoulli).

Si nous observons actuellement ce qui se passe en réalité lors de l'écoulement du gaz considéré, nous reconnaitrons que la masse gazeuse qui s'écoule, ne *reçoit pas de chaleur de l'extérieur*, au moins d'une manière sensible (hypothèse de Navier), ni n'en *communique à l'extérieur* (hypothèse de Bernoulli). Donc, troisième hypothèse conforme à la réalité : *l'écoulement s'opère sans perte ni gain de chaleur ou à chaleur constante.*

Troisième hypothèse : Ecoulement s'opérant sans perte ni gain de chaleur.

234. Dans ce cas la détente entre les deux surfaces AB et *ab* s'effectue suivant la loi de Poisson (n° 106), on a donc la condition :

$$p_2 v_2^{\gamma} = p_1 v_1^{\gamma},$$

qu'on peut écrire :

$$p_2 v_2 . v_2^{\gamma - 1} = p_1 v_1 . v_1^{\gamma - 1},$$

d'où :

$$p_2 v_2 = p_1 v_1 \left(\frac{v_1}{v_2}\right)^{\gamma - 1}.$$

On en conclut :

$$p_1 v_1 - p_2 v_2 = p_1 v_1 \left[1 - \left(\frac{v_1}{v_2}\right)^{\gamma - 1}\right].$$

D'ailleurs le travail de la détente $\int_{v_1}^{v_2} p dv$, a pour expression dans ce cas (n° 111) :

$$\int_{v_1}^{v_2} p dv = \frac{p_1 v_1}{\gamma - 1}\left[1 - \left(\frac{v_1}{v_2}\right)^{\gamma - 1}\right].$$

En remplaçant $p_1v_1 - p_2v_2$ et $\int_{v_1}^{v_2} pdv$ par leurs valeurs dans la formule générale (2), donnant la vitesse d'écoulement que l'on a rappelée au n° 233, on aura donc :

$$\frac{w_2^2}{2g} = \frac{\gamma}{\gamma - 1} p_1v_1 \left[1 - \left(\frac{v_1}{v_2}\right)^{\gamma - 1}\right].$$

235. Formes diverses de la vitesse d'écoulement. — Si j'observe que par suite de la loi de Poisson, on a :

$$p_2v_2^{\gamma} = p_1v_1^{\gamma},$$

on en conclut :

$$\frac{v_1}{v_2} = \left(\frac{p_2}{p_1}\right)^{\frac{1}{\gamma}}.$$

En remplaçant dans la formule précédente le rapport $\frac{v_1}{v_2}$ par cette valeur, j'en concluerai pour la vitesse d'écoulement l'expression

$$w_2 = \sqrt{\frac{2g}{1 - \frac{1}{\gamma}} \cdot p_1v_1 \left[1 - \left(\frac{p_2}{p_1}\right)^{1 - \frac{1}{\gamma}}\right]},$$

en fonction des pressions dans les deux réservoirs, et du volume spécifique $v_1 = \frac{1}{\pi_1}$.

236. D'autre part, la loi des transformations du gaz, appliquée à l'état initial (surface AB),

$$Hv_1p_1 = T_1,$$

donne :

$$v_1p_1 = \frac{T_1}{H}.$$

Remplaçant dans la précédente, j'en conclus pour la vitesse

d'écoulement la nouvelle expression :

$$w_2 = \sqrt{\frac{2g}{1-\frac{1}{\gamma}} \cdot \frac{T_1}{H}\left[1-\left(\frac{p_2}{p_1}\right)^{1-\frac{1}{\gamma}}\right]},$$

en fonction des pressions dans les deux réservoirs, et de la température absolue T_1 *dans le premier réservoir.*

237. — Expression de la vitesse d'écoulement, en fonction des températures T_1 et T_2 dans les deux réservoirs.

Si l'on se rappelle qu'on a démontré au n° 116 que :

$$\frac{\gamma}{\gamma-1} p_1 v_1 \left[1-\left(\frac{v_1}{v_2}\right)^{\gamma-1}\right] = EC(T_1 - T_2).$$

La relation finale du n° 234, donnera encore pour la vitesse d'écoulement en fonction des températures extrêmes :

$$\frac{w_2^2}{2g} = EC(T_1 - T_2).$$

238. Cette expression remarquable de la vitesse d'écoulement, en fonction de l'abaissement de température, donnée pour la première fois par Weisbach peut d'ailleurs se trouver rapidement d'une manière directe.

En effet : la quantité de chaleur absorbée par l'unité de poids d'un gaz parfait passant de l'état $p_1\, v_1\, T_1$, à l'état $p_2\, v_2\, T_2$, est donné par la formule connue (n° 94) :

$$Q = c(T_2 - T_1) + A \int_{v_1}^{v_2} p dv$$

Si cette transformation s'opère sans perte ni gain de chaleur : $Q = 0$, et la formule précédente donne alors pour le travail correspondant de la détente :

$$\int_{v_1}^{v_2} p dv = \frac{1}{A} c(T_1 - T_2)$$

en fonction de l'abaissement de température qui se produit

par suite de cette transformation d'énergie calorifique en énergie sensible.

D'ailleurs, la loi des transformations du gaz appliquée à l'état initial et à l'état final donne :

$$Hv_1p_1 = T_1$$
$$Hv_2p_2 = T_2$$

On en conclut par soustraction

$$v_1p_1 - v_2p_2 = \frac{1}{H}(T_1 - T_2).$$

Remplaçant alors $v_1p_1 - v_2p_2$ et $\int_{v_1}^{v_2} pdv$ par les expressions précédentes dans la relation générale rappelée au n° 233, il vient :

$$\frac{w_2^2}{2g} = \frac{1}{H}(T_1 - T_2) + \frac{1}{\mathcal{A}}c(T_1 - T_2) = (T_1 - T_2)\left(\frac{1}{H} + \frac{c}{\mathcal{A}}\right).$$

Mais (n° 93) :

$$\mathcal{A} = Hc(\gamma - 1)$$

d'où

$$\frac{1}{H} = \frac{c}{\mathcal{A}}(\gamma - 1).$$

Remplaçant $\frac{1}{H}$ par sa valeur dans l'expression précédente, il vient :

$$\frac{w_2^2}{2g} = \frac{1}{\mathcal{A}} \cdot \gamma c(T_1 - T_2)$$

ou enfin, puisque $\gamma = \frac{C}{c}$ d'où $\gamma c = C$, et observant que $\frac{1}{\mathcal{A}} = E$:

$$\frac{w_2^2}{2g} = EC(T_1 - T_2) \qquad \text{c. q. f. d.}$$

239. Dans l'application, on déterminera w_2 au moyen de la relation du n° 236 ; la relation du n° 237 fera alors connaître l'abaissement de température :

$$T_1 - T_2 = \frac{1}{C} A . \frac{w_2^2}{2g} = \frac{Ho(\gamma - 1)}{C} . \frac{w_2^2}{2g} = H \frac{\gamma - 1}{\gamma} . \frac{w_2^2}{2g}.$$

240. D'ailleurs, à partir de la section contractée *ab*, il y a épanouissement de la veine gazeuse, la force vive $\frac{w_2^2}{2g}$ possédée par l'unité de poids du jet fluide, se détruit peu à peu en régénerant une quantité de chaleur

$$A . \frac{w_2^2}{2g}$$

qui ramène *précisément* le gaz de la température T_2 à la température T_1.

Ainsi donc lorsqu'un gaz parfait s'écoule d'un réservoir dans un autre sans qu'on lui fournisse ni qu'on lui enlève de la chaleur et que la pression reste constante dans chaque réservoir : *il n'y a pas de changement de température*, ou plus exactement : la température à la sortie, après l'épanouissement, c'est-à-dire dans la région CD (fig. 38), est là même que la température initiale. Nous vérifions ainsi d'une manière parfaite ce que nous avions dit, au n° 153, au sujet des expériences de Joule et Thomson sur le travail interne des gaz. — Si au lieu d'un gaz parfait il s'agissait d'un gaz réel très compressible dont les forces moléculaires ne soient plus négligeables, il y aurait au contraire (n° 153) abaissement de température dans la région CD (fig. 38).

241. Remarque. — On sait qu'il y a toujours perte de vitesse dans l'écoulement par des orifices en mince paroi : la véritable vitesse que je désigne par w est toujours plus petite que la vitesse théorique w_2. — Soit μ le rapport de ces deux vitesses, appelé *coefficient de vitesse*, qu'il faut se garder de confondre avec le *coefficient de contraction m*, qui affecte seulement la section, on aura :

$$w = \mu . w_2.$$

— Il y a donc, comme on l'a démontré en hydraulique, une perte de charge, une perte de travail, dont l'expression est :

$$\mathfrak{G}f = \frac{w_2^2}{2g} - \frac{w^2}{2g} = \frac{w_2^2}{2g}\left(1 - \frac{w^2}{w_2^2}\right),$$

ou enfin

$$\mathfrak{G}f = (1 - \mu^2)\frac{w_2^2}{2g}.$$

Ce travail perdu représente le travail nécessaire pour vaincre les frottements dans l'orifice — ou plus rigoureusement, en nous rappelant les considérations du n° 163 sur la nature du frottement, — représente la chaleur créée par le frottement quand les particules du gaz passent le long des parois de l'orifice. — Le gaz et les parois de l'orifice absorbent cette chaleur créée ; mais à cause de la mobilité du fluide on peut admettre qu'il prend presque la totalité de cette chaleur et qu'une quantité négligeable se porte sur les parois de l'orifice. La chaleur totale créée se manifeste donc, dans le jet de gaz, par un accroissement du mouvement vibratoire calorifique, de telle sorte que l'on peut dire que, dans l'écoulement d'un gaz, les résistances produisent non pas une perte absolue de travail, mais seulement une diminution de la force vive du mouvement visible. Cette perte d'énergie sensible, en se transformant en énergie calorifique, se manifeste dans le gaz par une augmentation de la température. Un gaz s'écoule donc, par suite des résistances, avec une vitesse w plus petite que celle w_2, donnée par les expressions précédentes, tandis que la température vraie T dans la section contractée *ab* est plus élevée que la température T_2 donnée par la relation du n° 239 ; mais la somme de l'énergie calorifique développée et de l'énergie sensible, c'est-à-dire du travail qui correspond au mouvement visible, *n'est point changée* par ces frottements. Il est clair également que ces résistances ne modifient pas non plus la température que possède le gaz dans la région CD où il rentre dans le repos.

La même chose arrive évidemment, quand l'écoulement d'un gaz se fait sans perte ni gain de chaleur par des orifices quelconques, par exemple : par des tuyaux de conduite horizontaux, qui présentent des élargissements, des rétrécissements, des courbes, des coudes brusques, etc., etc. ; chacune de ces résistances produit une diminution de la force vive du mouvement visible, mais en même temps elle produit une augmentation de la température du gaz qui correspond à cette diminution.

242. Expression de la vitesse effective d'écoulement, et de la température effective dans la section contractée. —La vitesse effective d'écoulement w, ayant pour expression en fonction de la vitesse théorique w_2 :

$$w = \mu . w_2,$$

on aura, en remplaçant w_2 par l'une ou l'autre des expressions trouvées, celle du n° 236 par exemple :

$$w = \mu \sqrt{\frac{2g}{1-\frac{1}{\gamma}} \cdot \frac{T_1}{H}\left[1-\left(\frac{p_2}{p_1}\right)^{1-\frac{1}{\gamma}}\right]}$$

— Quant à la température effective T dans la section contractée ab, elle sera donnée par la relation du n° 239, dans laquelle on remplacera T_2 et w_2 par T et w, on aura donc pour déterminer cette température la relation :

$$T_1 - T = \frac{1}{C} A . \frac{w^2}{2g} = H\frac{\gamma-1}{\gamma} . \frac{w^2}{2g}.$$

243. Expressions du débit effectif. — Connaissant la vitesse effective d'écoulement, il est facile d'en conclure le débit en poids P par seconde. En effet : ω représentant la section de l'orifice, m le coefficient de contraction, on aura :

$$P = m\omega w . \pi_2,$$

mais puisque $w = \mu w_2$, on pourra écrire :

$$P = \mu . m . \omega w_2 . \pi_2,$$

ou en posant $\mu m = m_1$, qui s'appelle ordinairement *le coeffi-*

cient d'écoulement, on aura :

$$P = m_1 \omega w_2 . \pi_2,$$

dans laquelle π_2, poids spécifique sous la pression p_2 et à la température T_2, se détermine en fonction de π_1, en observant qu'on a :

$$\frac{\pi_2}{\pi_1} = \frac{v_1}{v_2}.$$

Mais, par suite de la loi de Poisson, on a :

$$\frac{p_2}{p_1} = \left(\frac{v_1}{v_2}\right)^{\gamma}.$$

Remplaçant dans la précédente $\frac{v_1}{v_2}$ par sa valeur tirée de cette dernière, on a :

$$\frac{\pi_2}{\pi_1} = \left(\frac{p_2}{p_1}\right)^{\frac{1}{\gamma}}$$

d'où :

$$\pi_2 = \pi_1 \left(\frac{p_2}{p_1}\right)^{\frac{1}{\gamma}}.$$

Mais $\pi_1 = \frac{1}{v_1}$, et la loi des transformations du gaz appliquée à l'état initial donnant

$$Hv_1 p_1 = T_1,$$

on en conclut :

$$\pi_1 = \frac{Hp_1}{T_1}.$$

Donc, on a pour π_2 :

$$\pi_2 = \frac{Hp_1}{T_1} . \left(\frac{p_2}{p_1}\right)^{\frac{1}{\gamma}}.$$

Par suite, en substituant dans P, on a ;

$$P = m_1 \omega w_2 . \frac{Hp_1}{T_1} . \left(\frac{p_2}{p_1}\right)^{\frac{1}{\gamma}}.$$

Et en remplaçant enfin v_2 par son expression du n° 236, on a facilement :

$$P = m_1 \omega \sqrt{\frac{2g}{1-\frac{1}{\gamma}} \cdot \frac{H}{T_1} p_1^2 \left(\frac{p_2}{p_1}\right)^{\frac{2}{\gamma}} \left[1 - \left(\frac{p_2}{p_1}\right)^{1-\frac{1}{\gamma}}\right]},$$

donnant le débit P *en fonction des pressions dans les deux réservoirs, et de la température initiale* T_1.

244. Si j'y remplace le rapport $\frac{H}{T_1}$ par sa valeur $\frac{1}{v_1 p_1}$ tirée de la loi des transformations appliquée à l'état initial : $Hv_1p_1 = T_1$, cette expression devient :

$$P = m_1 \omega \sqrt{\frac{2g}{1-\frac{1}{\gamma}} \cdot \frac{p_1}{v_1} \cdot \left(\frac{p_2}{p_1}\right)^{\frac{2}{\gamma}} \left[1 - \left(\frac{p_2}{p_1}\right)^{1-\frac{1}{\gamma}}\right]},$$

donnant le débit P *en fonction des pressions dans les deux réservoirs, et du volume spécifique* $v_1 = \frac{1}{\pi_1}$ *dans le premier réservoir.*

245. Pour appliquer ces formules, il faut connaître les *coefficients de vitesse et d'écoulement* μ et m_1. — Or d'après les expériences de Weisbach, corrigées par Grashof, on trouve pour ces coefficients les valeurs suivantes :

1° Orifices circulaires en mince paroi de 10 à 24^{mm} de diamètre, pour une charge $p_1 - p_2$ de 50 à 850^{mm} de mercure : on a, en posant $\mu = 0{,}98$,

$$m_1 = 0{,}555 \text{ à } 0{,}795.$$

Le coefficient m_1 augmente donc avec la charge, ce qu'on pouvait prévoir.

2° Ajutages ayant la forme du jet contracté et 10^{mm} de largeur, pour une charge $p_1 - p_2$ variant de 180 à 850^{mm} de mercure, on a :

$$\mu = m_1 = 0{,}981,$$

car ici il n'y a pas de contraction : $m = 1$.

3° Ajutages cylindriques très courts de 10 à 24^{mm} de diamètre, on a pour une charge variant de 50 à 850^{mm} de mercure :

$$\mu = m_1 = 0,737 \text{ à } 0,839.$$

Ces diverses valeurs de m_1 diffèrent peu de celles qu'on a trouvées pour l'écoulement de l'eau dans les mêmes circonstances.

246. Avant d'appliquer les formules précédentes à un exemple, nous allons démontrer ce que du reste l'expérience vérifie, ainsi que je l'ai dit au n° 230 : que dans le cas de faibles excès de pression, *les formules exactes que l'on vient de trouver, donnant la vitesse d'écoulement et le débit, fournissent sensiblement les mêmes résultats que les formules très simples des nos 222 et 225 bis, obtenues dans le cas de l'hypothèse de Bernouilli, c'est-à-dire en supposant que l'écoulement ait lieu à densité constante.* — De telle sorte qu'en pratique, dans le cas de faibles excès de pression on pourra se contenter de ces formules d'une application facile.

247. Identification dans le cas de très faibles pressions des expressions des nos 235 et 244, donnant la vitesse d'écoulement et le débit dans le cas ou l'écoulement s'opère sans perte ni gain de chaleur, aux expressions des nos 222 et 225 *bis*, qui donnent la vitesse d'écoulement et le débit, lorsque cet écoulement s'opère a densité constante, c'est-a-dire comme un fluide incompressible.

Je dis qu'il est facile de voir que, lorsque les pressions extrêmes p_1, p_2 diffèrent très peu l'une de l'autre, les deux formules des nos 235 et 244 se confondent avec les formules des nos 222 et 225 *bis* relatives à l'écoulement d'un fluide incompressible ; en effet :

Pour cela observons qu'on peut écrire :

$$\frac{p_2}{p_1} = 1 - \frac{p_1 - p_2}{p_1}.$$

Élevons les deux membres de cette égalité à la puissance $\frac{2}{\gamma}$ et développons le deuxième membre suivant la loi du binôme, nous aurons :

$$(\alpha)\quad \left(\frac{p_2}{p_1}\right)^{\frac{2}{\gamma}} = \left[1 - \frac{p_1 - p_2}{p_1}\right]^{\frac{2}{\gamma}} = 1 - \frac{2}{\gamma}\frac{p_1 - p_2}{p_1} + \frac{\frac{2}{\gamma}\left(\frac{2}{\gamma} - 1\right)}{1.2}\left(\frac{p_1 - p_2}{p_1}\right)^2 - \ldots\ldots$$

On a également :

$$1 - \left(\frac{p_2}{p_1}\right)^{1 - \frac{1}{\gamma}} = 1 - \left[1 - \frac{p_1 - p_2}{p_1}\right]^{\frac{\gamma - 1}{\gamma}}$$

d'où en développant suivant la loi du binôme :

$$(\beta)\quad 1 - \left(\frac{p_2}{p_1}\right)^{1 - \frac{1}{\gamma}} = 1 - \left[1 - \frac{\gamma - 1}{\gamma}\left(\frac{p_1 - p_2}{p_1}\right) + \frac{\frac{\gamma - 1}{\gamma}\left(\frac{\gamma - 1}{\gamma} - 1\right)}{1.2}\left(\frac{p_1 - p_2}{p_1}\right)^2 - \ldots\right]$$

Si nous multiplions actuellement les deux membres de cette dernière égalité par p_1 et que nous négligions les puissances de $p_1 - p_2$ supérieures à la première, puisque cette différence est supposée très petite, il vient :

$$p_1\left[1 - \left(\frac{p_2}{p_1}\right)^{1 - \frac{1}{\gamma}}\right] = \frac{\gamma - 1}{\gamma}(p_1 - p_2).$$

Remplaçant alors dans la formule du n° 235,

$$p_1\left[1 - \left(\frac{p_2}{p_1}\right)^{1 - \frac{1}{\gamma}}\right],$$

par la valeur précédente, elle se réduit, en effet, à :

$$w_2 = \sqrt{2g.v_1(p_1 - p_2)}$$

qui est précisément l'expression de la vitesse d'écoulement donnée au n° 222 dans le cas d'un fluide incompressible.

248. Multipliant membre à membre et par p_1 les équations (α) et (β), on aura en négligeant également les puissances de $p_1 - p_2$ supérieures à la première :

$$p_1\left(\frac{p_2}{p_1}\right)^{\frac{2}{\gamma}}\left[1 - \left(\frac{p_2}{p_1}\right)^{1 - \frac{1}{\gamma}}\right] = \left[p_1 - \frac{2}{\gamma}(p_1 - p_2)\right]\left(\frac{p_1 - p_2}{p_1}\right)\left(1 - \frac{1}{\gamma}\right),$$

ou bien :

$$p_1\left(\frac{p_2}{p_1}\right)^{\frac{2}{\gamma}}\left[1-\left(\frac{p_2}{p_1}\right)^{1-\frac{1}{\gamma}}\right]=\left(1-\frac{1}{\gamma}\right)\left[(p_1-p_2)-\frac{2}{\gamma}\frac{(p_1-p_2)^2}{p_1}\right].$$

Négligeant encore le terme en $(p_1-p_2)^2$, il reste :

$$p_1\left(\frac{p_2}{p_1}\right)^{\frac{2}{\gamma}}\left[1-\left(\frac{p_2}{p_1}\right)^{1-\frac{1}{\gamma}}\right]=\left(1-\frac{1}{\gamma}\right)(p_1-p_2).$$

Remplaçant alors dans la formule du n° 244,

$$p_1\left(\frac{p_2}{p_1}\right)^{\frac{2}{\gamma}}\left[1-\frac{p_2}{p_1}\right)^{1-\frac{1}{\gamma}}\right],$$

par la valeur précédente, elle se réduit en effet à :

$$P=m_1\omega\sqrt{2g\frac{p_1-p_2}{v_1}},$$

qui est précisément l'expression du débit, donnée au n° 225 *bis*, dans le cas d'un fluide incompressible.

249. Application des formules précédentes a un exemple. Soient toujours (fig. 38) deux réservoirs A et C renfermant de l'air entretenu aux pressions constantes : $p_1=2^{atm.}$ dans A et $p_2=1^{atm.}$ dans C. La température absolue dans les deux réservoirs est $T_1=290°$ répondant à $t_1=17°$. Un orifice en mince paroi étant pratiqué dans la cloison de séparation des deux réservoirs et suivi d'un ajutage ayant la forme du jet contracté, auquel cas

$$\mu=m_1=0{,}981,$$

on demande, l'écoulement se produisant sans perte ni gain de chaleur :

1° la vitesse d'écoulement,

2° le débit en poids rapporté à l'unité de section,

3° la température T_2 à l'extrémité de l'orifice.

Solution. — $\frac{1}{H}$ ayant pour valeur 29,272 dans le cas supposé de l'air atmosphérique, et γ étant égal à 1,41, la vitesse d'écoulement w_2, donnée par la relation du n° 236, sera en remplaçant les lettres par leurs valeurs :

$$w_2 = \sqrt{2 \times 9{,}8088 \times \frac{1{,}41}{0{,}41} \times 290 \times 29{,}272\left[1 - \left(\frac{1}{2}\right)^{\frac{0{,}41}{1{,}41}}\right]}$$

$$= 323{,}329.$$

Le débit en poids par seconde, rapporté à l'unité de section de l'ajutage à son extrémité, donné par la relation du n° 243, sera en remplaçant les lettres par leurs valeurs :

$$\frac{P}{\varpi} = 0{,}981 \times 2 \times 10334\sqrt{2 \times 9{,}8088 \times \frac{1{,}41}{0{,}41} \times \frac{1}{29{,}272 \times 290} \times \left(\frac{1}{2}\right)^{\frac{2}{1{,}41}}\left[1 - \left(\frac{1}{2}\right)^{\frac{0{,}41}{1{,}41}}\right]}$$

$$= 472{,}3516.$$

La température T_2 donnée par la formule du n° 239, sera :

$$T_2 = T_1 - H\frac{\gamma - 1}{\gamma} \cdot \frac{w_2^2}{2g}.$$

En y remplaçant les lettres par leurs valeurs, et observant que $\frac{w_2^2}{2g}$, hauteur génératrice de la vitesse $w_2 = 323{,}329$, est égale à 5319, on aura :

$$T_2 = 290 - \frac{0{,}41}{1{,}41 \times 29{,}272} \times 5319 = 290 - 52{,}8 = 237^0.$$

Ce qui correspond à

$$t_2 = -36^0.$$

— Après l'épanouissement hors de l'ajutage, l'air a repris dans la région CD la température $T_1 = 290^0$. — Si l'on veut avoir le volume des $\frac{P}{\varpi}$ kilogrammes d'air écoulés, mesuré sous la pression p_2 et à la température T_1 il suffira de multiplier P par le volume spécifique v_2' dans les mêmes conditions, lequel est donné par la relation :

$$Hv'_2 p_2 = T_1$$

d'où

$$v'_2 = \frac{T_1}{Hp_2} = \frac{29,272 \times 290}{10334} = 0^m,8214.$$

On en conclut pour le volume cherché

$$V = \frac{P}{\omega} \cdot v'_2 = 472,35 \times 0,8214 = 288^{m.c.}$$

Ce volume ramené à la pression $p_1 = 2p_2$ du premier réservoir sera, par suite, juste la moitié du nombre précédent, c'est-à-dire égal à

$$194^{m.c.}.$$

250. Si nous comparons ces résultats, à ceux des nos 221 et 231 on voit qu'en effet la vitesse d'écoulement, ici égale à 323,329, se trouve comprise entre les vitesses d'écoulement 288,557 et 339,752 qui se produisent dans les deux cas où il y a perte de chaleur, et absorption de chaleur. C'est ce que nous avions fait prévoir au n° 232.

Extension de la théorie de l'écoulement des gaz parfaits aux vapeurs surchauffées et à la vapeur d'eau saturée ou sursaturée.

251. Enfin, pour terminer ce sujet, notons que les considérations précédentes sont encore très sensiblement applicables aux gaz réels et aux vapeurs très surchauffées, mais elles ne sauraient s'appliquer aux vapeurs saturées, qui se condensent partiellement en se détendant. (Voir plus loin n° 481.)

Cependant, il résulte des expériences de M. Zeuner et après lui de MM. Résal et Minary, *sur la vapeur d'eau* en particulier, que lorsque celle-ci se détend sans perte ni gain de chaleur : la loi qui lie les pressions aux volumes a encore la même forme que celle de Laplace et Poisson, mais l'exposant γ au lieu d'être égal à 1,41 prend la valeur 1,135 si la vapeur est saturée. — Si elle est humide, c'est-à-dire si elle entraine avec elle une certaine proportion d'eau : — la loi de détente conserve encore la même forme, mais l'exposant γ va alors en diminuant à partir de la valeur 1,135, à mesure que la proportion d'eau augmente (*Voir troisième volume*).

Si l'on représente dès lors par γ_1 la valeur que prend ainsi l'exposant γ dans ces diverses circonstances on aura :

$$\frac{p}{p_1} = \left(\frac{v_1}{v}\right)^{\gamma_1}$$

et pour expression du travail de la détente

$$\mathfrak{G} = \int_{v_1}^{v_2} pdv = \frac{p_1 v_1}{\gamma_1 - 1}\left[1 - \left(\frac{p_2}{p_1}\right)^{\frac{\gamma_1 - 1}{\gamma_1}}\right]$$

Par suite les formules précédentes donnant la vitesse d'écoulement et le débit seront encore applicables à l'écoulement de la vapeur d'eau saturée et sursaturée en remplaçant γ par γ_1.

252. Dans le cas de la vapeur d'eau à peu près sèche, MM. Résal et Minary ont d'ailleurs proposé la formule empirique suivante pour le calcul du débit :

$$P = \omega\sqrt{\frac{10334(n_1 - 1)\pi_1 g}{\varphi}}$$

dans laquelle π_1 a la même signification que dans les formules précédentes,

n_1 représente la pression p_1 en atmosphères,

φ est un coefficient dépendant de n_1 et de la nature de l'orifice :

Orifice en mince paroi. . . $\varphi = 2,37 \log n_1 + 0,904$.
Orifice conique. . . . . . $\varphi = 2,3 \log n_1 + 0,591$.
Orifice rentrant. . . . . . $\varphi = 0,34\, n_1 + 1$.

QUINZIÈME LEÇON

SOMMAIRE. — Théorie de l'écoulement d'un gaz parfait d'un milieu fini, dans un autre milieu fini. — Soient $v_1\ p_1\ T_1$, $v_2\ p_2\ T_2$ les quantités caractéristiques initiales des poids $m_1\ m_2$ de gaz contenus dans deux réservoirs A et B de volume V_1, V_2 : on demande, le robinet de communication étant ouvert, ce que deviennent ces quantités, quand il s'est écoulé un poids quelconque de gaz m de A en B ? — On demande, de plus, la vitesse d'écoulement à chaque instant ? — Après avoir traité cette question dans toutes sa généralité, on examine successivement divers cas particuliers.

Premier cas : Le gaz renfermé dans A s'écoule dans B absolument vide. Application aux expériences de Joule.

Deuxième cas : Le gaz renfermé dans A s'échappe dans l'atmosphère.

Applications numériques. — On conclut de ces deux cas particuliers une méthode pour la détermination expérimentale du rapport des chaleurs spécifiques.

---

253. OBJET DE LA LEÇON. — Dans les deux dernières leçons nous nous sommes occupés de l'écoulement d'un gaz parfait se produisant d'un milieu *indéfini* dans un autre milieu *indéfini*. Il s'agit aujourd'hui de généraliser la question en étudiant l'écoulement d'un gaz parfait d'un réservoir *fini* dans un autre réservoir *fini*.

Écoulement d'un gaz parfait d'un milieu fini dans un autre milieu fini. — Cas général.

254. Soient, à l'instant initial

$$v_1 p_1 T_1$$

les quantités caractéristiques du poids m_1 de gaz renfermé dans le ballon A dont le volume est V_1, et :

$$v_2 p_2 T_2$$

les quantités caractéristiques du poids m_2 du même gaz renfermé dans le ballon B dont le volume est V_2 (fig. 39):

On ouvre brusquement le robinet de communication R, p_1 étant plus grand que p_2, il y a écoulement de A vers B; eh bien, on se propose de chercher ce que deviennent les quantités caractéristiques initiales précédentes quand un poids quelconque m de gaz a passé de A dans B.

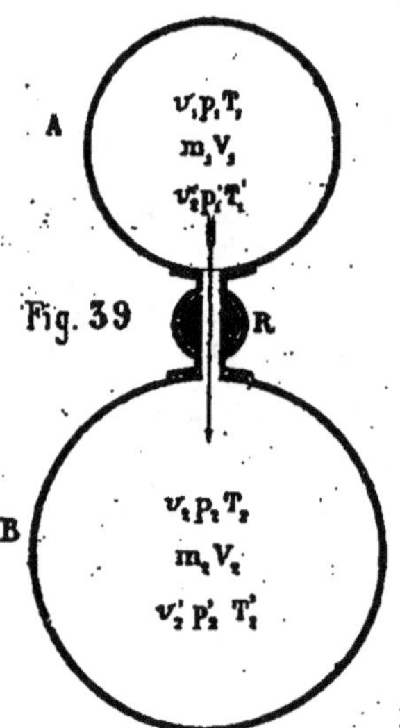

Fig. 39

255. Solution.— 1° État du gaz dans A après l'écoulement du poids m. — Pour cela, observons que le poids $(m_1 - m)$ qui reste dans A quand m s'est écoulé, n'occupait d'abord qu'une partie du ballon; donc ce poids de gaz s'est dilaté sans perte ni gain de chaleur, de manière à occuper le volume V_1. On a donc, d'après la loi de Poisson (n° 106), en désignant par p'_1 la pression nouvelle dans A et v'_1 le volume spécifique à cette nouvelle pression :

$$\frac{p'_1}{p_1} = \left(\frac{v_1}{v'_1}\right)^\gamma.$$

Or, on a évidemment

$$v_1 = \frac{V_1}{m_1}, \qquad v'_1 = \frac{V}{m_1 - m},$$

d'où il résulte :

$$\frac{v_1}{v'_1} = \frac{m_1 - m}{m_1} = 1 - \frac{m}{m_1}.$$

Remplaçant dans la formule précédente, elle devient :

$$\frac{p'_1}{p_1} = \left(1 - \frac{m}{m_1}\right)^{\gamma}.$$

relation qui donne p'_1 dans A après l'écoulement du poids m.

256. On aura d'ailleurs T'_1 dans A au même instant par la relation du n° 110, reliant la température à la pression sans variation de chaleur,

$$\frac{T'_1}{T_1} = \left(\frac{p'_1}{p_1}\right)^{\frac{\gamma-1}{\gamma}},$$

dans laquelle il faut remplacer $\frac{p'_1}{p_1}$ par la valeur précédente ; ce qui donne pour T'_1 :

$$\frac{T'_1}{T_1} = \left(1 - \frac{m}{m_1}\right)^{\gamma-1}.$$

257. Enfin, de la loi des transformations du gaz appliquée à l'état final dans A,

$$Hv'_1 p'_1 = T'_1,$$

on conclut pour v'_1 :

$$v'_1 = \frac{T'_1}{Hp'_1}$$

et en remplaçant T'_1, p'_1 par les valeurs précédentes :

$$v'_1 = \frac{T_1}{Hp_1} \cdot \frac{1}{1 - \frac{m}{m_1}}.$$

Remplaçant enfin $\frac{T_1}{Hp_1}$ par sa valeur v_1 tirée de la loi des transformations du gaz $Hv_1 p_1 = T_1$ appliquée à l'état initial, on a :

$$v'_1 = v_1 \cdot \frac{m_1}{m_1 - m}.$$

258. Les équations finales des nos 255, 256 et 257 donnant $v'_1 p'_1 T'_1$, définissent parfaitement l'état du gaz dans le ballon A après l'écoulement du poids m.

259. 2° État du gaz dans B après l'écoulement du poids m. — On trouvera actuellement, d'une manière très facile, les quantités analogues, $p'_2\, v'_2 T'_2$, qui définissent l'état du gaz dans le second réservoir B au même instant, en observant que pendant la transformation considérée, aucune force extérieure n'agit sur le système qui, de plus, n'émet ni ne reçoit de chaleur. Dès lors (n° 32), l'énergie totale de la masse totale de gaz renfermée dans les deux réservoirs *reste constante*, puisqu'encore une fois, il n'y a pas de travail extérieur produit, ni communication de force vive calorifique. Par suite, l'énergie totale de cette masse gazeuse est la même au commencement et à la fin de l'opération. Comme à ces deux instants, il s'agit d'un gaz parfait au repos, l'énergie totale se réduit, comme on sait, à l'énergie calorifique proportionnelle (n° 138) à la température absolue. On aura donc, en exprimant que l'énergie totale du système avant l'écoulement est égale à l'énergie totale à l'instant final de l'écoulement du poids m, l'équation :

$$\overbrace{m_1 \mathrm{E}c\mathrm{T}_1 + m_2 \mathrm{E}c\mathrm{T}_2}^{\text{Energie du système av. l'écoulement}} = \overbrace{(m_1 - m)\mathrm{E}c\mathrm{T}'_1 + (m_2 + m)\mathrm{E}c\mathrm{T}'_2}^{\text{Energie du système après l'écoulement}}.$$

Supprimant le facteur Ec commun à tous les termes, il reste la relation :

$$m_1\mathrm{T}_1 + m_2\mathrm{T}_2 = (m_1 - m)\mathrm{T}'_1 + (m_2 + m)\mathrm{T}'_2.$$

Remplaçant T'_1 par sa valeur (n° 256), et mettant T'_2 en évidence, j'ai :

$$\mathrm{T}'_2 = \frac{m_1\mathrm{T}_1}{m_2 + m} + \frac{m_2\mathrm{T}_2}{m_2 + m} - \frac{m_1 - m}{m_2 + m}\mathrm{T}_1\left(1 - \frac{m}{m_1}\right)^{\gamma - 1},$$

qu'on peut écrire, en multipliant et divisant en même temps le dernier terme par $1 - \frac{m}{m_1}$:

$$\mathrm{T}'_2 = \frac{m_1\mathrm{T}_1}{m_2 + m} + \frac{m_2\mathrm{T}_2}{m_2 + m} - \frac{m_1\mathrm{T}_1}{m + m_2}\left(1 - \frac{m}{m_1}\right)^{\gamma}.$$

ou enfin

$$T'_2 = \frac{m_2 T_2}{m_2 + m} + \frac{m_1 T_1}{m_2 + m}\left[1 - \left(1 - \frac{m}{m_1}\right)^\gamma\right].$$

260. D'ailleurs, puisqu'il s'agit toujours d'un gaz parfait, la loi des transformations de ce gaz appliquée à l'état initial et à l'état final dans le deuxième réservoir B, donne

$$Hv_2 p_2 = T_2,$$
$$Hv'_2 p'_2 = T'_2,$$

d'où :

$$\frac{p'_2}{p_2} = \frac{T'_2}{T_2} \cdot \frac{v_2}{v'_2}.$$

Mais :

$$v_2 = \frac{V_2}{m_2} \qquad v'_2 = \frac{V_2}{m_2 + m},$$

et par suite

$$\frac{v_2}{v'_2} = \frac{m_2 + m}{m_2}.$$

Remplaçant dans l'équation précédente, il vient :

$$\frac{p'_2}{p_2} = \frac{m_2 + m}{m_2} \cdot \frac{T'_2}{T_2},$$

substituant à T'_2 sa valeur (n° 259), on a pour déterminer p'_2 la relation :

$$\frac{p'_2}{p_2} = \frac{m_2 + m}{m_2}\left\{\frac{m_2}{m_2 + m} + \frac{T_1}{T_2}\frac{m_1}{m_2 + m}\left[1 - \left(1 - \frac{m}{m_1}\right)^\gamma\right]\right\}$$

qui donne enfin, en simplifiant :

$$\frac{p'_2}{p_2} = 1 + \frac{m_1}{m_2} \cdot \frac{T_1}{T_2}\left[1 - \left(1 - \frac{m}{m_1}\right)^\gamma\right].$$

261. Ayant ainsi déterminé T'_2 et p'_2, on en conclut v'_2 au moyen de la relation :

$$Hv'_2 p'_2 = T'_2,$$

où il suffit de remplacer T'_2 et p'_2 par les valeurs précédentes.

Les équations finales des nos 255, 256, 259, 260 suffisent donc pour faire connaître l'état du gaz dans les deux ballons en fonction du poids m de gaz écoulé.

262. 3° Poids total de gaz écoulé et températures dans les deux réservoirs, a l'instant ou cesse l'écoulement. — L'écoulement cesse évidemment quand les pressions p'_1, p'_2 dans les deux ballons deviennent égales. On a donc pour déterminer à cet instant le poids m d'air écoulé, en égalant les expressions nos 255 et 260 de ces deux quantités, l'équation :

$$p_1\left(1-\frac{m}{m_1}\right)^{\gamma}=p_2\left\{1+\frac{m_1T_1}{m_2T_2}\left[1-\left(1-\frac{m}{m_1}\right)^{\gamma}\right]\right\}.$$

D'où on conclut :

$$\left(1-\frac{m}{m_1}\right)^{\gamma}\left(p_1+p_2\frac{m_1T_1}{m_2T_2}\right)=p_2\left(1+\frac{m_1T_1}{m_2T_2}\right).$$

263. J'observe actuellement que la loi des transformations du gaz appliquée à son état initial dans chacun des deux réservoirs donne :

$$Hv_1p_1=T_1$$
$$Hv_2p_2=T_2,$$

et par simple division :

$$(\alpha)\ \frac{T_1}{T_2}=\frac{v_1p_1}{v_2p_2}.$$

De plus, les relations

$$v_1=\frac{V_1}{m_1}, \qquad v_2=\frac{V_2}{m_2},$$

donnant :

$$(\beta)\ \frac{m_1}{m_2}=\frac{V_1}{V_2}\cdot\frac{v_2}{v_1},$$

on conclura de (α) et (β) par multiplication :

$$\frac{m_1T_1}{m_2T_2}=\frac{V_1p_1}{V_2p_2}.$$

264. Si je remplace alors $\frac{m_1 T_1}{m_2 T_2}$ par sa valeur dans l'équation finale du n° 262, elle deviendra :

$$\left(1-\frac{m}{m_1}\right)^{\gamma}\left(p_1+\frac{V_1 p_1}{V_2}\right)=p_2\left(1+\frac{p_1 V_1}{p_2 V_2}\right),$$

d'où l'on tire

$$1-\frac{m}{m_1}=\left[\frac{p_2}{p_1}\cdot\frac{\left(1+\frac{p_1 V_1}{p_2 V_2}\right)}{\left(1+\frac{V_1}{V_2}\right)}\right]^{\frac{1}{\gamma}}=\left[\frac{p_2 V_2+p_1 V_1}{p_1(V_1+V_2)}\right];$$

On a donc définitivement pour la valeur de m :

$$m=m_1\left\{1-\left[\frac{p_2 V_2+p_1 V_1}{p_1(V_1+V_2)}\right]^{\frac{1}{\gamma}}\right\}.$$

265. Remplaçant m par cette valeur dans les équations finales des n°s 255, 256, 259, 260 on aura l'état final du gaz dans les deux réservoirs.

En particulier, si nous remplaçons m par sa valeur dans la relation du n° 255, nous aurons :

$$p'_1=p'_2=p_1\cdot\frac{p_2 V_2+p_1 V_1}{p_1(V_1+V_2)}.$$

266. En remplaçant également m par sa valeur dans la relation du n° 256, on aura pour la température finale dans le premier réservoir A

$$T'_1=T_1\left[\frac{p_2 V_2+p_1 V_1}{p_1(V_1+V_2)}\right]^{\frac{\gamma-1}{\gamma}}.$$

En remplaçant également m par sa valeur dans la relation du n° 259 on aurait la température finale dans le deuxième réservoir B.

267. 4° Expression de la vitesse d'écoulement a l'instant ou le poids de gaz écoulé est m. — Cette vitesse est donnnée d'une manière générale par la relation,

$$\frac{w_2^2}{2g}=\frac{\gamma}{\gamma-1}\cdot\frac{T_1}{H}\left[1-\left(\frac{p_2}{p_1}\right)^{\frac{\gamma-1}{\gamma}}\right]$$

du n° 236 de la dernière leçon.

Mais ici, à l'instant considéré,

$$T_1 = T'_1 \qquad p_2 = p'_2 \qquad p_1 = p'_1,$$

On a donc

$$\frac{w_2^2}{2g} = \frac{\gamma}{\gamma-1} \cdot \frac{T'_1}{H}\left[1 - \left(\frac{p'_2}{p'_1}\right)^{\frac{\gamma-1}{\gamma}}\right].$$

Remplaçant T'_1 par sa valeur en fonction de T_1 tirée de la relation de Poisson :

$$\frac{T'_1}{T_1} = \left(\frac{p'_1}{p_1}\right)^{\frac{\gamma-1}{\gamma}},$$

on a :

$$\frac{w_2^2}{2g} = \frac{\gamma}{\gamma-1} \cdot \frac{T_1}{H}\left[\left(\frac{p'_1}{p_1}\right)^{\frac{\gamma-1}{\gamma}} - \left(\frac{p_2}{p_1}\right)^{\frac{\gamma-1}{\gamma}}\right].$$

Si nous y remplaçons $\frac{p'_1}{p_1}$ par sa valeur n° 255, que je rappelle :

$$\frac{p'_1}{p_1} = \left(1 - \frac{m}{m_1}\right)^{\gamma},$$

et $\frac{p'_2}{p_1}$ par sa valeur n° 260, que je rappelle également :

$$\frac{p'_2}{p_1} = \frac{p_2}{p_1}\left\{1 + \frac{m_1 T_1}{m_2 T_2}\left[1 - \left(1 - \frac{m}{m_1}\right)^{\gamma}\right]\right\},$$

on aura enfin pour déterminer la vitesse d'écoulement, la relation :

$$\frac{w_2^2}{2g} = \frac{\gamma}{\gamma-1} \cdot \frac{T_1}{H}\left\{\left(1 - \frac{m}{m_1}\right)^{\gamma-1} - \left(\frac{p_2}{p_1}\right)^{\frac{\gamma-1}{\gamma}}\left\{1 + \frac{m_1 T_1}{m_2 T_2}\left[1 - \left(1 - \frac{m}{m_1}\right)^{\gamma}\right]\right\}^{\frac{\gamma-1}{\gamma}}\right\}.$$

268. Au début de l'écoulement :

$$m = 0$$

et la formule précédente se réduit à celle du n° 236,

$$\frac{w_2}{2g}=\frac{\gamma}{\gamma-1}\frac{T_1}{\Pi}\left[1-\left(\frac{p_2}{p_1}\right)^{\frac{\gamma-1}{\gamma}}\right]$$

ainsi que cela devait être.

269. Le poids de gaz qui s'écoule m, croissant actuellement d'une manière continue depuis 0 jusqu'à la valeur donnée au n° 264, w_2 va en diminuant depuis la valeur précédente jusqu'à 0.

Cas particuliers.
Écoulement d'un gaz parfait d'un milieu fini dans un autre milieu fini absolument vide.

270. Premier cas particulier. — Examinons actuellement quelques cas particuliers de ce cas général ; *supposons en premier lieu que le ballon* A *soit plein de gaz et le ballon* B *vide* comme dans l'expérience de Joule du n° 148. Dans ce cas :

$$m_2=0, \qquad p_2=0.$$

Introduisant ces conditions dans la relation du n° 264, on aura pour le poids de gaz écoulé à l'instant où l'écoulement cesse

$$(\alpha) \quad m=m_1\left[1-\left(\frac{V_1}{V_1+V_2}\right)^{\frac{1}{\gamma}}\right],$$

Si comme dans l'expérience de Joule, n° 148 : $V_2=V_1$, on a pour m :

$$m=m_1\left[1-\left(\frac{1}{2}\right)^{\frac{1}{\gamma}}\right].$$

271. De (α) on conclut :

$$\frac{m_1-m}{m_1} \text{ ou } 1-\frac{m}{m_1}=\left(\frac{V_1}{V_1+V_2}\right)^{\frac{1}{\gamma}}.$$

272. Remplaçant alors m et $1-\frac{m}{m_1}$ par les valeurs précé-

dentes dans les équations finales des n°s 255, 256, 259, on aura à ce même instant final de l'écoulement : p'_1 et T'_1 dans A et T'_2 dans B.

La relation du n° 255 donne ainsi :

$$\frac{p'_1}{p_1} = \frac{V_1}{V_1 + V_2} \qquad \text{d'où } p'_1 = p'_2 = p_1 \frac{V_1}{V_1 + V_2}.$$

La relation du n° 256 donne également

$$\frac{T'_1}{T_1} = \left(\frac{V_1}{V_1 + V_2}\right)^{\frac{\gamma - 1}{\gamma}} \qquad \text{d'où } T'_1 = T_1 \left(\frac{V_1}{V_1 + V_2}\right)^{\frac{\gamma - 1}{\gamma}}.$$

Et la relation du n° 259, où l'on fait $m_2 = 0$ et qui devient ainsi :

$$T'_2 = T_1 \frac{m_1}{m}\left[1 - \left(1 - \frac{m}{m_1}\right)^{\gamma}\right]$$

fournira en remplaçant m et $1 - \frac{m}{m_1}$ par les valeurs précédentes, la valeur :

$$T'_2 = T_1 \frac{1 - \frac{V_1}{V_1 + V_2}}{1 - \left(\frac{V_1}{V_1 + V_2}\right)^{\frac{1}{\gamma}}}.$$

On voit, par ces formules, que la température finale T_1' dans A, est inférieure à la température initiale T_1, et que la température finale T'_2 du ballon vide B est plus grande que T_1. Nous avons vu que les expériences de Joule (n°s 148, 149, 150, 151) confirment pleinement ces résultats.

Cas particuliers.

Écoulement d'un gaz parfait d'un milieu fini dans un milieu indéfini.

273. Deuxième cas particulier. — Supposons en second lieu *que l'écoulement s'opère du vase* A *dans l'atmosphère, représenté par le vase* B. Dans ce cas :

$$V_2 = \infty \qquad m_2 = \infty.$$

Introduisant ces conditions dans les équations générales :

N° 255, N° 256, N° 259, N° 260,

elles donnent,

la première :

(255)' $$p'_1 = p_1\left(1 - \frac{m}{m_1}\right)^{\gamma},$$

la deuxième :

(256)' $$T'_1 = T_1\left(1 - \frac{m}{m_1}\right)^{\gamma - 1},$$

la troisième :

(259)' $$T'_2 = T_2,$$

ou bien :

$$T'_2 = T_1,$$

si l'on suppose que la température initiale du gaz T_1 soit égale à la température initiale T_2 de l'atmosphère.

Enfin la quatrième formule donne :

(260)' $$p'_2 = p_2.$$

Ces formules donnent l'état du gaz dans le ballon A et dans l'atmosphère pour le poids m écoulé ; on observera d'ailleurs que les deux dernières formules sont évidentes *a priori*.

274. Si j'introduis ces mêmes conditions $V_2 = \infty$ $m_2 = \infty$ dans les équations générales,

N°s 264 et 266,

qui donnent le poids écoulé et la température du vase A à l'instant final de l'écoulement, elles fourniront ici :

La première :

(264)' $$m = m_1\left[1 - \left(\frac{p_2}{p_1}\right)^{\frac{1}{\gamma}}\right].$$

La deuxième :

(266)' $$T'_1 = T_1\left(\frac{p_2}{p_1}\right)^{\frac{\gamma - 1}{\gamma}}.$$

275. Introduisant encore ces mêmes conditions dans la relation générale du n° 267 donnant la vitesse d'écoulement, on aura ici :

$$(267)' \quad \frac{w_2^2}{2g} = \frac{\gamma}{\gamma - 1}\frac{T_1}{H}\left[\left(1 - \frac{m}{m_1}\right)^{\gamma - 1} - \left(\frac{p_2}{p_1}\right)^{\frac{\gamma - 1}{\gamma}}\right].$$

276. Ayant ainsi, à l'instant considéré où le poids de gaz écoulé est m, la vitesse théorique w_2, on en conclura pour la vitesse effective w au même instant, en désignant toujours par μ le coefficient de vitesse :

$$w = \mu . w_2.$$

Par suite, la température absolue T', à ce même instant, dans le plan de la section contractée, se déduira de la formule du n° 242 *bis*, fournissant la relation :

$$T'_1 - T' = H\frac{\gamma}{\gamma - 1}\frac{w^2}{2g}.$$

277. Application des formules précédentes a un exemple. Faisons une application numérique de ces formules. Supposons que le gaz considéré soit l'air atmosphérique auquel cas $\frac{1}{H} = 29{,}272$, et soient :

$V_1 = 1^{mc}$, $p_1 = 5^{atm} \times 10334$, $T_1 = 303°$ répondant à $t_1 = 30°$,

le volume, la pression et la température dans le ballon A.

Le poids m_1 renfermé dans ce ballon a pour expression :

$$m_1 = \frac{V_1}{v_1},$$

ou en remplaçant v_1 par sa valeur tirée de la loi des transformations du gaz : $Hv_1p_1 = T_1$ appliquée à l'état initial :

$$m_1 = \frac{HV_1p_1}{T_1}.$$

En remplaçant toutes les lettres par les valeurs données, on trouve :

$$m_1 = \frac{1 \times 5 \times 10334}{29,272 \times 303} = 5^k,8256.$$

278. On demande actuellement de déterminer les quantités caractéristiques du gaz : p'_1, T'_1 dans A quand il s'est écoulé un poids d'air

$$m = \frac{m_1}{2}, \qquad \text{d'où } \frac{m}{m_1} = \frac{1}{2}.$$

Il suffira pour cela de remplacer dans (255)′ et (256)′, $\frac{m}{m_1}$ par sa valeur $\frac{1}{2}$:

La première donne, en se rappelant que pour l'air $\gamma = 1,41$,

$$\frac{p'_1}{p_1} = \left(\frac{1}{2}\right)^{1,41} = 0,3763.$$

La pression p'_1 mesurée en atmosphères, à l'instant où la moitié de l'air s'est échappée sera donc :

$$p'_1 = 5 \times 0,3763 = 1^{\text{atm}}.881.$$

La deuxième donne également pour la température de l'air dans A au même instant :

$$\frac{T'_1}{T_1} = \left(\frac{1}{2}\right)^{0,41} = 0,7526 ;$$

d'où l'on conclut :

$$T'_1 = 303 \times 0,7526 = 228^\circ,04,$$

à laquelle correspond la température ordinaire :

$$t'_1 = -44^\circ,96.$$

279. Si l'on veut le poids de gaz écoulé et la température dans le vase A à l'instant où l'écoulement cesse, les formules (264)′ et (266)′ donneront immédiatement :

$$m = m_1\left[1 - \left(\frac{p_2}{p_1}\right)^{\frac{1}{\gamma}}\right] = 5,8256\left[1 - \left(\frac{1}{5}\right)^{\frac{1}{1,41}}\right] = 3^k,9652,$$

$$T'_1 = T_1\left(\frac{p_2}{p_1}\right)^{\frac{\gamma - 1}{\gamma}} = 303\left(\frac{1}{5}\right)^{\frac{0,41}{1,41}} = 190^\circ$$

à laquelle correspond la température ordinaire :

$$t'_1 = -83^\circ.$$

L'écoulement du gaz est donc accompagné d'un abaissement considérable de température.

280. Ces résultats supposent essentiellement l'orifice d'écoulement très grand, de telle sorte que, cet écoulement ayant lieu très rapidement, l'air extérieur n'ait pas le temps de fournir de la chaleur à l'air intérieur.

Mais cette température, T'_1 à un instant quelconque de l'écoulement, ne peut être observée directement ; on la déduit d'une mesure de pression obtenue au moyen d'un manomètre ; pour cela, p_1 étant la pression initiale observée, et p'_1 la pression observée à un instant quelconque de l'écoulement, on a pour la température T'_1 correspondante, la relation :

$$\frac{T'_1}{T_1} = \left(\frac{p'_1}{p_1}\right)^{\frac{\gamma - 1}{\gamma}};$$

D'ailleurs la formule (255)', dans laquelle p_1 p'_1 sont aussi donnés par l'observation directe, fournira le poids m d'air écoulé, et par suite, la quantité $m_1 - m$ qui est restée dans le vase A.

Méthode de MM. Hirn et Weisbach pour la détermination expérimentale de γ déduite de ce deuxième cas particulier.

281. Ce second cas particulier, nous conduit à une méthode expérimentale commode pour la détermination du coefficient de détente :

$$\gamma = \frac{C}{c}.$$

Supposons toujours le réservoir, le ballon A, muni d'un orifice aussi grand que possible, et rempli d'air à la pression p_1 et à la température T_1. Si, au moyen d'un robinet, on ouvre subitement cet orifice et qu'on le referme aussitôt d'un seul et même mouvement de rotation, une partie de l'air s'échappera dans l'atmosphère où la température est également T_1. Au moment de la fermeture, soit p'_1 la pression accusée par le manomètre, la température T'_1 correspondante s'obtiendra par la relation (n° 280):

$$\frac{T'_1}{T_1} = \left(\frac{p'_1}{p_1}\right)^{\frac{\gamma-1}{\gamma}}$$

T'_1 étant plus petit que T_1.

282. Mais cette température s'accroît peu à peu par l'effet réchauffant des parois ; en même temps la pression p'_1 accusée par le manomètre va aussi en croissant. Soient à un instant quelconque de cette transformation, T la température et p la pression correspondante, comme cette transformation s'accomplit sous volume constant, la loi des transformations du gaz, appliquée à cet instant quelconque puis à l'instant initial, donnera :

$$Hvp = T,$$
$$Hvp'_1 = T'_1.$$

De ces deux relations, on conclut :

$$T = T'_1 \frac{p}{p'_1};$$

et, en remplaçant T'_1 par sa valeur en fonction de T_1,

$$T = \left(\frac{p_1}{p'_1}\right)^{\frac{1-\gamma}{\gamma}} \frac{p}{p'_1} . T_1.$$

283. En observant au moyen d'un manomètre la pression p à des intervalles successifs égaux, la formule précédente donne T à ces mêmes intervalles. Cette formule permet donc de déterminer la loi de l'introduction de la chaleur par les parois.

Au bout d'un certain temps, on a :

$$T = T_1,$$

répondant à une valeur limite p' de p qu'on peut facilement observer. Alors de la relation précédente dans laquelle on fait :

$$T = T_1, \qquad p = p'.$$

on conclut :

$$\left(\frac{p_1}{p'_1}\right)^{\frac{1-\gamma}{\gamma}} = \frac{p'_1}{p'}.$$

284. Or, les trois pressions p_1, p'_1, p' s'observent facilement au moyen d'un manomètre. On peut donc, de cette relation, conclure γ.

Pour cela, je prends les logarithmes des deux membres, ce qui donne :

$$\frac{1-\gamma}{\gamma} \log \frac{p_1}{p'_1} = \log \frac{p'_1}{p'},$$

d'où

$$\frac{1-\gamma}{\gamma} = \frac{\log p'_1 - \log p'}{\log p_1 - \log p'_1},$$

et enfin :

$$\gamma = \frac{\log p_1 - \log p'_1}{\log p_1 - \log p'}.$$

285. On peut d'ailleurs arriver directement et d'une manière très rapide à cette formule en raisonnant comme il suit :

Dans la première phase de l'expérience, lorsqu'on ouvre et qu'on ferme successivement d'un seul mouvement de rotation l'orifice d'échappement, la pression passe de p_1 à p'_1 sans variation de chaleur ; on a donc en vertu de la loi de Poisson (n° 106) :

$$\frac{p_1}{p'_1} = \left(\frac{v'_1}{v_1}\right)^{\gamma}.$$

Dans la seconde phase de l'expérience, l'orifice étant fermé, la pression s'élève lentement de p'_1 à p' par suite du réchauffement des parois, sans que le volume spécifique v'_1 change.

Or, au début de l'expérience, la pression était p_1 et le volume spécifique v_1 ; à l'instant final, la température étant redevenue la même qu'au début, la pression est devenue p' et le volume spécifique v'_1. Puisque à ces deux instants, la *température est la même,* les pressions p_1 et p' sont évidemment proportionnelles aux poids spécifiques, et par suite, en raison inverse des volumes spécifiques v_1, v'_1 ; c'est-à-dire qu'on a la relation :

$$\frac{p_1}{p'} = \frac{v'_1}{v_1}.$$

De ces deux dernières relations, on conclut immédiatement en éliminant le rapport $\frac{v'_1}{v_1}$,

$$\frac{p_1}{p'_1} = \left(\frac{p_1}{p'}\right)^\gamma.$$

Prenant les logarithmes, il vient :

$$\gamma \log \frac{p_1}{p'} = \log \frac{p_1}{p'_1},$$

ou enfin :

$$\gamma = \frac{\log p_1 - \log p'_1}{\log p_1 - \log p'} \qquad c.q.f.d$$

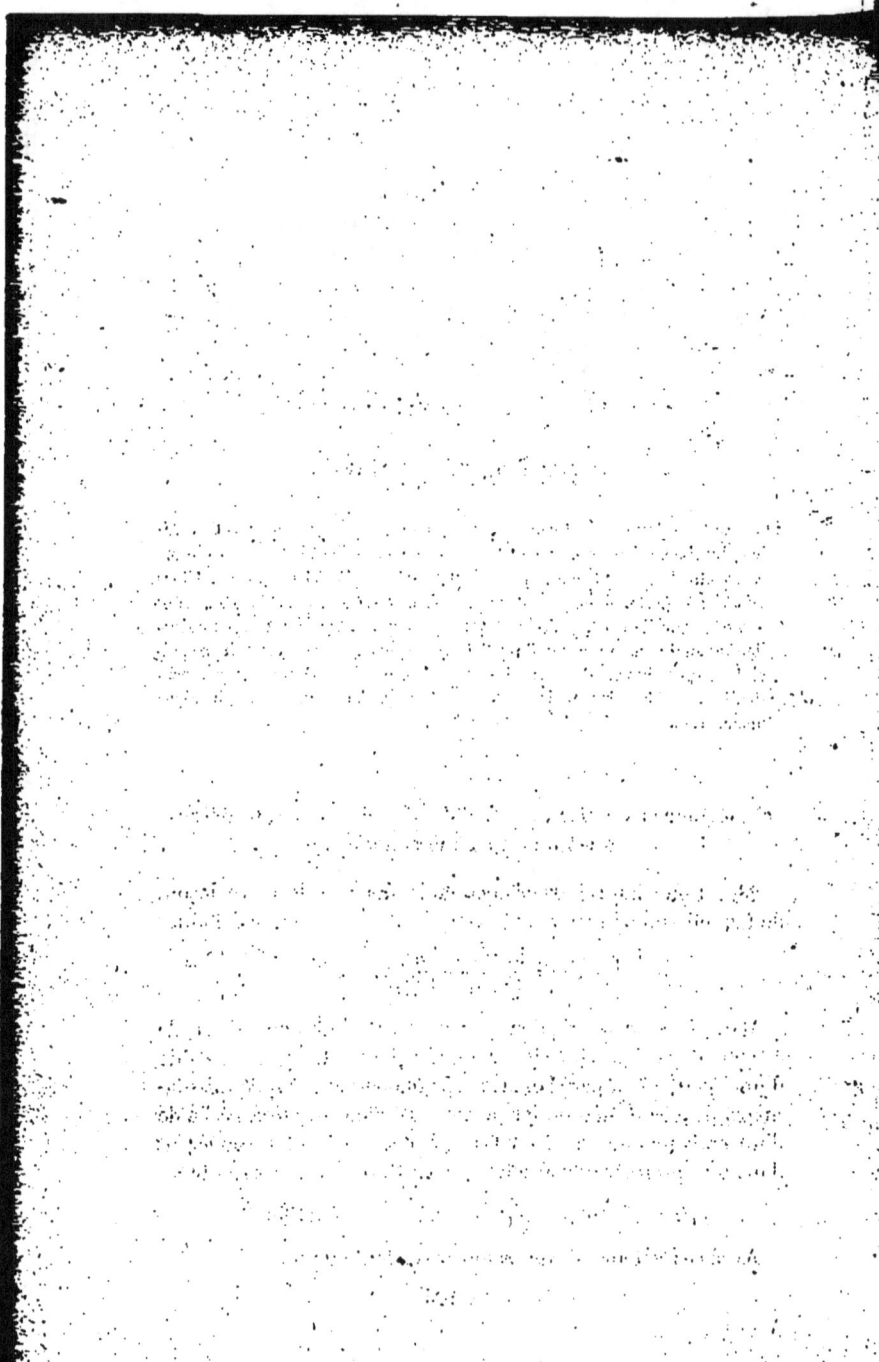

SEIZIÈME LEÇON

SOMMAIRE. — Suite de la théorie de l'écoulement d'un gaz parfait d'un milieu fini dans un autre milieu fini. — Du deuxième cas particulier examiné on conclut la méthode employée par MM. Hirn et Weisbach pour la détermination expérimentale de γ. — Expériences antérieures de Gay-Lussac et Welter, et de Laplace. — Troisième cas particulier, le gaz s'écoule d'un milieu indéfini dans un milieu fini ; l'air atmosphérique, par exemple, se précipite dans le ballon B où on a fait un vide partiel. — Quatrième cas particulier : le vide fait dans le ballon B est supposé parfait. — Applications numériques.

Expériences de Hirn et Weisbach relatives à la détermination expérimentale de γ.

286. Pour faire l'expérience citée dans la dernière leçon, de laquelle on déduit pour le rapport des chaleurs spécifiques

$$\gamma = \frac{\log p_1 - \log p'_1}{\log p_1 - \log p'},$$

MM. Weisbach et Hirn, se servirent d'une chaudière de 4$^{m.c}$,66 dans laquelle ils comprimaient de l'air à l'aide d'une petite pompe ; l'orifice d'échappement avait un diamètre de 4 centimètres, les pressions étaient mesurées à l'aide d'un petit manomètre à air libre, à mercure. — Ils trouvèrent dans une première expérience, en millimètres de mercure :

$$p_1 = 1452{,}2 \qquad p'_1 = 1323{,}2 \qquad p' = 1359{,}2$$

Avec ces valeurs l'expression précédente donne

$$\gamma = 1{,}405$$

Dans une deuxième expérience ils obtinrent

$$p_1 = 1332{,}8 \qquad p_1 = 892{,}7 \qquad p_2 = 1018{,}2.$$

Ce qui donne pour γ

$$\gamma = 1{,}400.$$

Expériences antérieures de Gay-Lussac et Welter relatives à la détermination expérimentale de γ.

287. Gay-Lussac et Welter avaient déjà employé cette méthode avant les expériences de Hirn et Weisbach ; seulement ils laissaient continuer l'écoulement jusqu'au moment où la pression intérieure p'_1 devenait égale à la pression atmosphérique. — Pour obtenir de cette manière des résultats exacts, il faut procéder comme il suit.

288. Soit un ballon de très grande dimension. Le robinet R étant fermé et le robinet r ouvert (fig. 40); on détermine, au moyen d'une petite pompe, une pression p_1 dans le ballon, très peu supérieure à la pression atmophérique. Cette pression p_1 est mesurée par la dénivellation h_1 du petit manomètre à air libre *cde*, de telle sorte qu'on a :

$$p_1 = p_0 + \pi h_1$$

p_0 pression atmosphérique, π poids du mètre cube du liquide manométrique. (Acide sulfurique monohydraté.)

— Si l'on tourne alors rapidement le robinet R, p_1 étant très peu différent de p_0, et l'orifice d'échappement étant supposé très large, la pression finale p'_1, à l'instant où le robinet est fermé, devient précisément égale à la pression atmosphérique p_0; et, en effet, la dénivellation h_1 disparait.

Mais à partir de cet instant, par suite du réchauffement des parois, la pression s'élève et atteint une valeur limite p' mesurée par la dénivellation

$$h' < h_1.$$

De telle sorte qu'on a :

$$p' = p_0 + \pi h'.$$

Si d'ailleurs, ainsi qu'on l'a supposé, les dimensions du ballon sont considérables, cette transformation du gaz qui se réchauffe pourra très sensiblement être regardée comme s'accomplissant à volume constant : les variations de volume du petit tube *abc* étant négligeables devant le volume total.

En procédent ainsi, γ sera donné par la formule rappelée précédemment, en y changeant toutefois p'_1 en p_0, ce qui donne :

$$\gamma = \frac{\log p_1 - \log p_0}{\log p_1 - \log p'}.$$

Gay-Lussac et Welter en procédant ainsi, trouvèrent pour γ

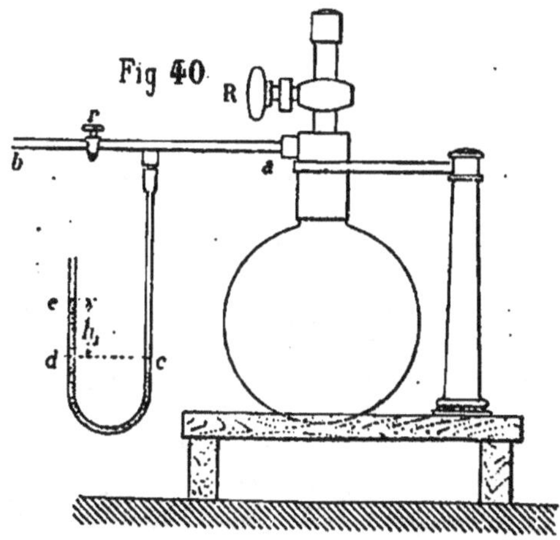

des valeurs trop faibles, parce qu'ils employaient une pression initiale trop forte relativement à la section de l'orifice trop faible et que par suite la durée de l'écoulement était trop longue, d'où résultait un réchauffement de l'air intérieur. — La même cause d'erreur existe aussi, quoiqu'à un moindre degré, dans les expériences de Hirn et Weisbach.

Expériences anciennes de Laplace relatives à la détermination expérimentale de γ.

289. Laplace employait avant les expériences de Gay-Lussac et Welter une formule plus simple qu'il est facile de déduire de la précédente. En effet, si on se rappelle que quand deux nombres diffèrent très peu, leur différence est sensiblement proportionnelle à la différence de leurs logarithmes et réciproquement; il en résultera que si on suppose les différences $p_1 - p_0$, $p_1 - p'$ très faibles, on pourra d'après le principe rappelé substituer à la formule précédente la formule plus simple qu'on en déduit, en y supprimant simplement le signe log., d'où :

$$\gamma = \frac{p_1 - p_0}{p_1 - p'}.$$

Remplaçant alors p_1 et p' par leurs valeurs (nº 288) en fonction de h_1 et h' fournis par l'expérience, il vient :

$$\gamma = \frac{h_1}{h_1 - h'}.$$

Il suffit dès lors pour déterminer γ de deux observations manométriques facile à faire.

290. Remarque. — Dans cette manière d'opérer suivie par Laplace, Gay-Lussac et Welter, laquelle consiste à laisser continuer l'écoulement jusqu'au moment où la pression intérieure p'_1 devient égale à la pression atmosphérique p_0, il se présente une cause d'erreur très grave, à part celles que nous avons déjà signalées. Lorsqu'on ouvre le robinet R, *le gaz oscille, en effet, de part et d'autre de l'orifice*, si donc on ne le referme pas à l'instant précis où la pression intérieure est égale à la pression extérieure, on aura des valeurs de p' tantôt beaucoup trop petites, tantôt beaucoup trop grandes, suivant l'instant de la fermeture, et par suite des valeurs de γ où trop fortes où trop faibles.

M. Cazin, qui s'est occupé spécialement de cette question, a donné une méthode qui permet de reconnaître si la fermeture de l'orifice s'effectue au moment précis où la pression intérieure commence à égaler celle de l'atmosphère, et, dans le cas contraire, le moyen de corriger l'erreur commise. Mais ce n'est pas ici le lieu d'entrer dans ces détails.

291. Vérification de la formule employée par Laplace. — Il est facile d'ailleurs de vérifier la rigueur de la formule

$$\gamma = \frac{p_1 - p_0}{p_1 - p'}$$

et par suite de l'expression simple du coefficient de détente :

$$\gamma = \frac{h_1}{h_1 - h'},$$

dans l'hypothèse où l'on se place de très faibles excès de pression.

En effet, lorsque dans la première phase de l'expérience, on ouvre brusquement le robinet R, la pression varie de

$$dp = p_1 - p_0 = \pi h_1 \qquad \text{(n° 288)}$$

et la température s'abaisse d'une quantité correspondante dT que l'on obtient en prenant la différentielle totale de T dans la loi des transformations du gaz parfait considéré : Hvp = T, ce qui donne :

$$(\alpha) \qquad \mathrm{H}(vdp + pdv) = d\mathrm{T},$$

dans laquelle il faut remplacer p par p_1 et dp par sa valeur πh_1, d'où :

$$(1) \qquad \mathrm{H}(v.\pi h_1 + p_1 dv) = d\mathrm{T}.$$

— D'ailleurs, la transformation considérée, ayant lieu sans perte ni gain de chaleur; si on fait dQ = 0 et $p = p_1$ dans la relation

$$d\mathrm{Q} = cd\mathrm{T} + \mathrm{A}pdv$$

du n° 95, qui donne la quantité de chaleur nécessaire à une transformation élémentaire d'un gaz parfait, on a la condition :

$$(2) \qquad 0 = cd\mathrm{T} + \mathrm{A}p_1 dv.$$

Dans la seconde phase de l'expérience, le robinet R étant fermé, le gaz se réchauffe sous volume constant, sa température s'élève précisément de dT, et la pression croît, par suite, de la quantité

$$dp = p' - p_0 = \pi h' \qquad (\text{n}^\circ\, 288),$$

D'ailleurs dT et dp sont encore liés par la relation (α) dans laquelle il faut faire $dp = \pi h'$ et $dv = 0$ (puisque la transformation a lieu sous volume constant), ce qui donne :

$$(3) \qquad Hv . \pi h' = dT.$$

292. Divisant (1) par (3), on a :

$$\frac{h_1}{h'} = \frac{dT - Hp_1 dv}{dT} = 1 - Hp_1 \frac{dv}{dT}.$$

Mais de la condition (2) on tire

$$\frac{dv}{dT} = -\frac{c}{\mathcal{A} p_1}.$$

Remplaçant dans l'équation précédente, on a donc, en observant que p_1 disparaît :

$$\frac{h_1}{h'} = 1 + \frac{Hc}{\mathcal{A}} = \frac{\mathcal{A} + Hc}{\mathcal{A}}.$$

D'où l'on tire immédiatement :

$$\frac{h_1}{h_1 - h'} = \frac{\mathcal{A} + Hc}{Hc} = 1 + \frac{\mathcal{A}}{Hc}.$$

Mais (n° 93)

$$\mathcal{A} = Hc(\gamma - 1)$$

remplaçant, on a enfin

$$\frac{h_1}{h_1 - h'} = \gamma. \qquad c.\ q.\ f.\ d.$$

Cas particuliers.
Écoulement d'un gaz parfait d'un milieu indéfini dans un milieu fini.

293. Troisième cas particulier. — Considérons enfin le cas particulier inverse de celui que nous venons d'étudier. Supposons, en d'autres termes, que l'écoulement s'opère cette fois de l'atmosphère représenté par le vase A dans le vase B. — Dans ce cas :

$$V_1 = \infty \qquad\qquad m_1 = \infty$$

p_1 représentant d'ailleurs la pression atmosphérique.

Introduisant ces hypothèses dans les formules générales :

n° 255 n° 256 n° 259 n° 260

les deux premières donnent :

$$(255)'' \qquad p'_1 = p_1$$
$$(256)'' \qquad T'_1 = T_1$$

résultats d'ailleurs évidents *a priori*.

294. Quant aux deux autres (n° 259) et (n° 260) qui renferment le produit

$$m_1 T_1 \left[1 - \left(1 - \frac{m}{m_1}\right)^\gamma\right]$$

lequel se présente, pour $m_1 = \infty$, sous la forme indéterminée :

$$0 \times \infty ;$$

il faut étudier ce qu'elles deviennent dans cette hypothèse.

Pour cela, il suffit de chercher la vraie valeur du produit précédent dans ce cas de $m_1 = \infty$. — A cet effet, développons

$$\left(1 - \frac{m}{m_1}\right)^\gamma$$

suivant la loi du binôme, nous aurons :

$$\left(1-\frac{m}{m_1}\right)^\gamma=1-\gamma\frac{m}{m_1}+\frac{\gamma(\gamma-1)}{1.2.}\left(\frac{m}{m_1}\right)^2-\frac{\gamma(\gamma-1)(\gamma-2)}{1.2.3}\left(\frac{m}{m_1}\right)^3+\dots$$

par suite, le produit précédent devient, en négligeant les puissances de $\frac{m}{m_1}$,

$$m_1T_1\times\gamma\frac{m}{m_1}=\gamma mT_1.$$

Dès lors, les deux équations dont il s'agit deviendront en remplaçant :

(259)″ $$T'_2=\frac{m_2T_2+\gamma mT_1}{m_2+m}$$

(260)″ $$p'_2=p_2\left[1+\frac{\gamma mT_1}{m_2T_2}\right].$$

295. D'ailleurs l'écoulement cesse quand on a :

$$p'_2=p'_1=p_1,$$

c'est-à-dire quand on a :

$$p_2\left[1+\frac{\gamma mT_1}{m_2T_2}\right]=p_1,$$

d'où il est facile de conclure le poids m d'air écoulé. — Pour cela, j'observe que la loi des transformations du gaz appliquée à son état initial dans les deux milieux donne :

(α) $$Hv_1p_1=T_1$$
$$Hv_2p_2=T_2$$

d'où l'on tire :

$$\frac{T_1}{T_2}=\frac{p_1v_1}{p_2v_2}.$$

D'ailleurs

$$m_2=\frac{V_2}{v_2}.$$

Remplaçant dans la relation précédente $\frac{T_1}{T_2}$ et m_2 par ces expressions, elle se réduit à

$$p_2 + \frac{\gamma m p_1 v_1}{V_2} = p_1 ;$$

d'où :

$$m = \frac{(p_1 - p_2)V_2}{\gamma \cdot p_1 v_1},$$

ou enfin, en remplaçant $p_1 v_1$ par sa valeur tirée de (α),

$$(264)'' \qquad m = \frac{H(p_1 - p_2)V_2}{\gamma T_1}$$

296. Si maintenant, dans (259)'' on remplace m par cette valeur (264)'', on obtient pour la température finale dans le réservoir :

$$(259)''' \qquad T'_2 = \frac{m_2 T_2 + H(p_1 - p_2)V_2}{m_2 + \frac{HV_2}{\gamma T_1}(p_1 - p_2)}$$

297. En faisant varier dans (259)'' et (260)'', m d'une manière continue depuis 0 jusqu'à la valeur (264)'', ces relations donnent la loi des accroissements de température T'_2 et des accroissements correspondants de pression p'_2.

298. Quant à la formule générale du n° 267 qui donne la vitesse d'écoulement ; en y faisant $m_1 = \infty$, et en se rappelant (n° 294) que la limite du produit $m_1 T_1 \left[1 - \left(1 - \frac{m}{m_1}\right)^\gamma\right]$ pour $m_1 = \infty$ est $\gamma m T_1$, elle deviendra :

$$(294)'' \qquad \frac{w_2^2}{2g} = \frac{\gamma}{\gamma - 1} \frac{T_1}{H} \left\{ 1 - \left(\frac{p_2}{p_1}\right)^{\frac{\gamma - 1}{\gamma}} \left[1 + \frac{\gamma m T_1}{m_2 T_2}\right]^{\frac{\gamma - 1}{\gamma}} \right\}$$

299. Application des formules précédentes a un exemple. — Faisons une application numérique de ces formules. Supposons que le gaz considéré soit l'air atmosphérique auquel

cas $\frac{1}{H} = 29,272$, et soient :

$$V_2 = 1^{m.c.}, \qquad p_2 = \frac{1}{2}^{atm.} \times 10334, \qquad T_2 = 293$$

correspondant à $t_2 = 20^0$, le volume, la pression et la température absolue dans le ballon B.

La température T_1 de l'air intérieur étant supposée égale à $T_2 = 293^0$ et sa pression p_1 étant égale à $1^{atm.}$ — On demande : le poids d'air entré dans le ballon B à l'instant précis où la pression dans ce ballon atteint la pression extérieure, et de plus la température du gaz à cet instant ?

Solution. — Le poids m_2 d'air contenu dans le ballon B est

$$m_2 = \frac{V_2}{v_2},$$

remplaçant v_2 par la valeur tirée de la condition

$$Hv_2p_2 = T_2$$

il viendra :

$$m_2 = \frac{HV_2p_2}{T_2},$$

et en remplaçant les lettres par leurs valeurs :

$$m_2 = \frac{1 \times \frac{1}{2} \times 10334}{29,272 \times 293} = 0^k,6024.$$

Actuellement, ouvrons l'orifice pendant le temps juste nécessaire pour que la pression intérieure atteigne la pression extérieure, puis fermons aussitôt le robinet ; alors le poids d'air qui aura pénétré dans le ballon sera donné par l'équation (264)", qui donne en remplaçant les lettres par leurs valeurs :

$$m_2 = \frac{HV_2(p_1 - p_2)}{\gamma T_2} = \frac{10334\left(1 - \frac{1}{2}\right)}{1,41 \times 29,272 \times 293} = 0^k,4272.$$

— Quant à la température finale dans le ballon B, elle sera donnée, soit immédiatement par la relation (259)‴, soit par la relation (259)″ dans laquelle on remplace m par la valeur précédemment calculée, ce qui donne :

$$T'_2 = \frac{m_2 T_1 + \gamma m T_1}{m_2 + m} = \frac{0,6024 \times 293 + 1,41 \times 0,4272 \times 293}{0,6024 + 0,4272} = 353,06$$

à laquelle correspond la température ordinaire :

$$t'_2 = 80°,06,$$

la température initiale t_2 étant 20°.

300. Remarquons bien, que si l'on n'avait pas fermé l'orifice précisément à l'instant où les pressions extérieure et intérieure deviennent égales, il y aurait eu, à partir du moment où les pressions sont égales, refroidissement de l'air intérieur dû au rayonnement du ballon B, et par suite une diminution de pression, en vertu de laquelle il serait entré encore dans le ballon une certaine quantité d'air.

301. Nous ferons voir dans la prochaine leçon, que la méthode de Clément et Desormes, pour la détermination expérimentale du coefficient de détente γ est une simple application de ce cas particulier de l'écoulement qu'on vient d'étudier.

Cas particuliers.
Écoulement d'un gaz parfait d'un milieu indéfini dans un milieu fini absolument vide.

302. Quatrième cas particulier. — Mais auparavant, comme cas plus particulier encore que le précédent, supposons que le ballon B, dans lequel se précipite l'air extérieur, soit au début *complètement vide d'air*. — Supposons, en d'autres termes :

$$p_2 = 0 \qquad m_2 = 0.$$

En introduisant ces nouvelles hypothèses dans les équations relatives au cas précédent, elles se simplifient.

La formule (259)″ donne immédiatement :

$$(259)''_1 \qquad T'_2 = \gamma T_1.$$

Cette valeur de T'_2 étant indépendante de m, cela prouve que la température de l'air qui se précipite dans le ballon vide *acquiert subitement la valeur* γT_1 *et reste constante pendant toute la durée de l'écoulement*.

303. Pour voir ce que devient (260)", que l'on peut écrire :

$$p'_2 = p_2 + \gamma m \frac{p_2}{m_2} \frac{T_1}{T_2},$$

quand on y introduit les hypothèses nouvelles $p_2 = 0$, $m_2 = 0$; transformons-la. A cet effet, j'observe que

$$m_2 = \frac{V_2}{v_2},$$

par suite, on peut écrire en remplaçant :

$$p'_2 = p_2 + \frac{\gamma m}{V_2} \cdot \frac{v_2 p_2 T_1}{T_2}.$$

Mais :

$$Hv_1 p_1 = T_1$$
$$Hv_2 p_2 = T_2$$

Multipliant en croix, membre à membre, on a :

$$v_2 p_2 T_1 = v_1 p_1 T_2;$$

d'où l'on tire

$$\frac{v_2 p_2 T_1}{T_2} = v_1 p_1.$$

Remplaçant alors dans l'expression de p'_2, on a enfin :

$$p'_2 = p_2 + \frac{\gamma m}{V_2} \cdot \frac{T_1}{H}.$$

Si, dans cette formule, on introduit alors les hypothèses $p_2 = 0$, $m_2 = 0$, elle se réduit à :

(260)"$_1$ $$p'_2 = \frac{\gamma m}{V_2} \cdot \frac{T_1}{H}.$$

304. D'ailleurs l'équation (264)" donnant le poids total d'air

écoulé à l'instant précis où cesse l'écoulement, devient immédiatement en y faisant $p_2 = 0$, $m_2 = 0$:

$$(264)''_1 \qquad m = \frac{H}{T_1} \frac{p_1 V_2}{\gamma}.$$

305. Et l'équation (259)''' donnant au même instant la température finale, se réduit immédiatement aussi à :

$$(259)'''_1 \qquad T'_2 = \gamma T_1.$$

Résultat qu'on pouvait d'ailleurs prévoir d'après ce qu'on a dit au n° 302.

306. Enfin l'équation (294)'' donnant la vitesse d'écoulement w_2 peut s'écrire :

$$\frac{w_2^2}{2g} = \frac{\gamma}{\gamma - 1} \frac{T_1}{H} \left\{ 1 - \left[\frac{p_2}{p_1} + \frac{\gamma m}{p_1} \cdot \frac{p_2 T_1}{m_2 T_2} \right]^{\frac{\gamma - 1}{\gamma}} \right\}$$

Mais d'après ce qui précède

$$\frac{p_2 T_1}{m_2 T_2} = \frac{T_1}{V_2 H}$$

remplaçant, il vient :

$$\frac{w_2^2}{2g} = \frac{\gamma}{\gamma - 1} \frac{T_1}{H} \left\{ 1 - \left[\frac{p_2}{p_1} + \gamma m \frac{T_1}{H} \cdot \frac{1}{p_1 V_2} \right]^{\frac{\gamma - 1}{\gamma}} \right\}$$

Si nous y introduisons alors les hypothèses $p_2 = 0$, $m_2 = 0$, il vient :

$$(294)''_1 \qquad \frac{w_2^2}{2g} = \frac{\gamma}{\gamma - 1} \frac{T_1}{H} \left\{ 1 - \left(m \frac{T_1}{H} \cdot \frac{\gamma}{p_1 V_2} \right)^{\frac{\gamma - 1}{\gamma}} \right\}$$

307. Telle est la formule, donnant la vitesse d'écoulement, dans le cas particulier considéré. — A l'origine de l'écoulement pour $m = 0$, elle se réduit à :

$$\frac{w_2^2}{2g} = \frac{\gamma}{\gamma - 1} \frac{T_1}{H},$$

m allant en croissant à partir de 0, w_2 va en diminuant à partir de la valeur donnée par l'équation précédente, pour s'annuler pour la valeur de m donnée par l'égalité :

$$1-\left(m\frac{T_1}{H}\frac{\gamma}{p_1V_2}\right)^{\frac{\gamma-1}{\gamma}}=0,$$

c'est-à-dire pour

$$m=\frac{H}{T_1}\frac{p_1V_2}{\gamma},$$

comme on l'a vu directement au n° 304.

DIX-SEPTIÈME LEÇON

SOMMAIRE. — Suite et fin de la théorie de l'écoulement d'un gaz parfait d'un milieu fini dans un autre milieu fini. — Du troisième cas particulier examiné dans la dernière leçon on conclut la méthode employée par MM. Clément et Desormes pour la détermination expérimentale de γ. — Détermination expérimentale de γ au moyen de la formule de Laplace, donnant la vitesse du son dans les gaz. — Détermination de γ au moyen de la formule fournissant l'équivalent mécanique en fonction des quantités caractéristiques d'un gaz parfait. — Tableau des constantes utiles à connaître dans les calculs relatifs aux gaz.

Méthode de MM. Clément et Desormes pour la détermination expérimentale de γ déduite du troisième cas particulier.

308. Dans la dernière leçon, nous avons étudié (3e cas particulier : n° 293 et suivants) les lois de l'écoulement d'un gaz tel que l'air atmosphérique, se précipitant d'un milieu indéfini dans une capacité finie figurée par le ballon B (fig. 39), où règne un vide relatif.

Cette étude nous conduit à une seconde méthode expérimentale pour la détermination du coefficient de détente γ, précisément inverse de celle que nous avons développée aux n°s 281 et suivants.

309. En effet, admettons qu'après l'entrée dans le ballon B de m kilogrammes d'air, on ferme brusquement le robinet R, et qu'on attende que la température de l'air extérieur devenue T'_2, redescende à sa valeur initiale $T_2 = T_1$ par suite du re-

froidissement des parois. Pendant ce temps la pression de l'air intérieur devenue p_2, s'abaissera d'une manière continue de p_2 à une valeur limite p' qu'elle atteindra précisément quand la température T_2 en décroissant sera redevenue égale à $T_2 = T_1$. Cette transformation s'opérant d'ailleurs à volume constant, la loi des transformations du gaz appliquée successivement à l'instant initial et à l'instant final de cette transformation, fournira les deux conditions :

$$Rvp_2 = T_2$$
$$Rvp' = T_1$$

D'où l'on conclut, v étant le même dans ces deux égalités :

$$\frac{p'}{p_2} = \frac{T_1}{T_2}$$

Or, si on fait $T_1 = T_2$ dans (262)' et (263)'', on a :

$$T_2 = \frac{T_1(m_2 + \gamma m)}{[illegible]}, \qquad p'_2 = \frac{p_2(m_2 + \gamma m)}{[illegible]}$$

[illegible]

Multipliant ces deux dernières égalités membre à membre, il [illegible]

[illegible]

[illegible]

[illegible]

$$\frac{p_2}{p'} = \frac{1}{[illegible] + [illegible]\frac{m}{m_2}}$$

le rapport $\frac{m}{m_2}$ par l'expression précédente, il vient :

$$\frac{p_2}{p'_2}=\frac{1}{1+\gamma\left(\frac{T_1}{T'_2}\cdot\frac{p'_2}{p_2}-1\right)}.$$

311. Introduisant enfin dans cette relation la condition (α), on a :

$$\frac{p_2}{p'_2}=\frac{1}{1+\gamma\left(\frac{p'}{p_2}-1\right)},$$

d'où

$$\gamma\left(\frac{p'}{p_2}-1\right)=\frac{p'_2}{p_2}-1,$$

et enfin :

$$\gamma=\frac{p'_2-p_2}{p'-p_2}.$$

312. Donc, pour déterminer γ : raréfions l'air dans un ballon B d'une capacité assez grande (fig. 41), et attendons que la température de cet air ait atteint celle de l'atmosphère, soit alors p_2 la pression de cet air raréfié. Ouvrons, puis au bout d'un temps très court, fermons le robinet R, une certaine quantité d'air aura pénétré dans le ballon, soit p'_2 la pression de l'air intérieur accusée par un manomètre, à l'instant de la fermeture du ballon. Attendons enfin que la température qui s'est accrue soit redevenue celle de l'air extérieur, ce que l'on reconnait au manomètre qui reste stationnaire à la pression p'. En procédant ainsi et remplaçant dans la formule précédente p'_2, p_2, p' par les valeurs observées, on aura γ.

314. Remarque. — Observons que si on supposait, comme dans le quatrième cas particulier examiné au n° 302, que le vide opéré dans le ballon B soit absolu, auquel cas $p_2=0$, l'expression précédente donnant γ se simplifierait et deviendrait simplement

$$\gamma=\frac{p'_2}{p'},$$

ce qui résulte d'ailleurs de la formule (259)″, (n° 302) :

$$T'_2 = \gamma T_1,$$

d'où

$$\gamma = \frac{T'_2}{T_1}.$$

Mais par suite de la condition (α) établie tout à l'heure,

$$\frac{T'_2}{T_1} = \frac{p'_2}{p'},$$

on a donc :

$$\gamma = \frac{p'_2}{p'}.$$

Malheureusement on ne peut se mettre pratiquement dans ces conditions.

Expériences de Clément et Desormes.

315. Généralement le vide que l'on fait dans le ballon B est très faible, c'est-à-dire que p_2 diffère très peu de la pression

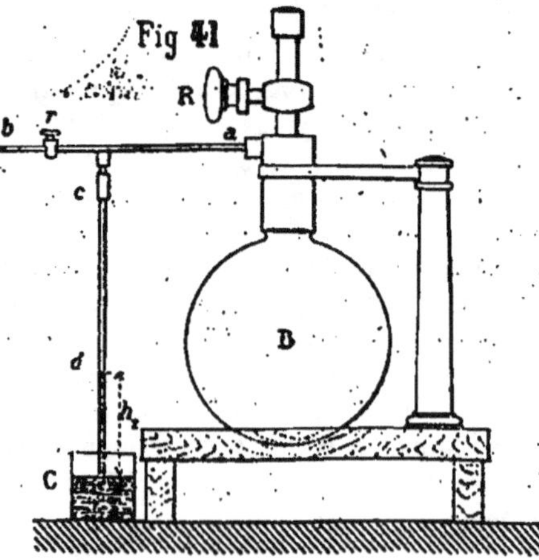

atmosphérique p_1 ; par suite, quand on fait l'expérience en ouvrant et fermant successivement R d'un seul et même mouvement de rotation : à l'instant de la fermeture, l'orifice étant supposé très large, la pression p'_2 devient égale à la pression atmosphérique p_1.

Dans ce cas, la formule n° 311 qui donne γ devient, en y remplaçant p'_2 par p_1 :

$$\gamma = \frac{p_1 - p_2}{p' - p_2}.$$

316. Les pressions p_2, p' se mesurent d'ailleurs au moyen d'un petit manomètre formé simplement d'un tube *acd* plongé dans une cuvette C renfermant un liquide très peu volatil, tel que l'acide sulfurique monohydraté légèrement coloré en rose.

Le robinet R étant fermé et le robinet *r* ouvert, on fait donc un vide partiel au moyen d'une petite pompe ou simplement en aspirant fortement par l'orifice *b* du tube *ab*, puis on ferme *r*. On attend que le gaz ait repris la température extérieure ; la dépression que l'on détermine ainsi dans le ballon se trouve dès lors mesurée par la colonne h_2 soulevée, de telle sorte, qu'on a, en désignant par p_2 la pression déterminée dans le ballon :

$$p_1 = p_2 + \pi h_2,$$

π poids du mètre cube du liquide manométrique soulevé.

On ouvre alors, puis on ferme successivement d'un seul mouvement rapide de rotation le robinet R ; l'orifice étant supposé très large, la pression p_2 au moment de la fermeture est redevenue p_1 ; puis, par suite du refroidissement des parois, cette pression s'abaisse peu à peu, et, à l'instant où le gaz a repris la température extérieure, elle est devenue p' mesurée par la colonne h' soulevée ; de telle sorte qu'on a :

$$p_1 = p' + \pi h'.$$

Remplaçant dans l'expression précédente de γ (n° 315), $p_1 - p_2$, $p' - p_2$ par leurs valeurs tirées des deux expressions précédentes, on a :

$$\gamma = \frac{h_2}{h_2 - h'}.$$

317. C'est en procédant ainsi que MM. Clément et Desormes ont obtenu pour la première fois la valeur de γ pour l'air. Le chiffre auquel ils parvinrent : $\gamma = 1,354$, est de beaucoup inférieur au chiffre réel, ce qui tient, soit à ce que l'orifice, pendant l'expérience, est resté trop longtemps ouvert (ses dimensions n'étant pas suffisantes), soit aux oscillations du liquide manométrique employé (qui était le mercure), rendant les observations incertaines. Enfin la même cause grave d'erreur signalée au n° 290 existe également ici : il est clair que si on ne referme pas le robinet R à l'instant précis où la pression intérieure est redevenue égale à la pression extérieure, on a des valeurs de p' tantôt trop petites, tantôt trop grandes suivant l'instant de la fermeture, ce qui tient aux oscillations de la masse gazeuse. M. Cazin a d'ailleurs indiqué le moyen de corriger l'erreur qui peut être commise de cette manière.

318. Vérification de la formule employée par Clément et Desormes. — Il est facile d'ailleurs de vérifier la rigueur de la formule :

$$\gamma = \frac{p_1 - p_2}{p' - p_2},$$

et par suite de la formule :

$$\gamma = \frac{h_2}{h_2 - h}.$$

Pour cela, c'est-à-dire pour vérifier que le rapport

$$\frac{h_2}{h_2 - h}$$

fourni par l'expérience précédente donne réellement la valeur de γ, nous n'avons qu'à raisonner identiquement comme au n° 291.

Dans la première phase de cette expérience, le robinet R étant ouvert, la pression varie, croît de

$$dp = p_1 - p_2 = \pi h_2 \quad (\text{n° } 316),$$

la température s'élève alors d'une quantité correspondante dT

qu'on obtient en remplaçant dans l'équation différentielle de la loi des transformations du gaz :

$$(\alpha) \quad H(vdp + pdv) = dT,$$

p par p_2 et dp par πh_2, ce qui donne :

$$(1) \qquad H(v.\pi h_2 + p_2 dv) = dT$$

pour la relation liant à l'instant considéré dT à dv.

D'ailleurs, cette transformation ayant lieu sans perte ni gain de chaleur ; si on fait $dQ=0$, et $p=p_2$ dans la relation générale du n° 95 :

$$dQ = cdT + Apdv$$

donnant la quantité de chaleur nécessaire à une transformation élémentaire d'un gaz parfait, on a la condition :

$$(2) \qquad 0 = cdT + Ap_2 dv.$$

Dans la deuxième phase de l'expérience, le robinet R étant fermé, le gaz se refroidit sous volume constant ; sa température s'abaisse précisément de la même quantité dT, et la pression baisse de

$$dp = p_1 - p' = \pi h' \quad (\text{n° } 316).$$

D'ailleurs dT et dp sont encore liés entre eux par la relation (α), dans laquelle il faut faire $dv=0$, puisque la transformation a lieu à volume constant et $dp = \pi h'$; ce qui donne :

$$(3) \qquad H.v\pi h' = dT.$$

319. Divisons (1) par (3), il vient :

$$\frac{h_2}{h'} = \frac{dT - Hp_2 dv}{dT} = 1 - Hp_2 \frac{dv}{dT}.$$

Mais la condition (2) donne

$$\frac{dv}{dT} = -\frac{c}{A.p_2};$$

en remplaçant dans l'égalité précédente, on a donc :

$$\frac{h_2}{h'} = 1 + \frac{\mathrm{H}c}{\mathcal{A}} = \frac{\mathcal{A} + \mathrm{H}c}{\mathcal{A}}.$$

D'où l'on conclut :

$$\frac{h_2}{h_2 - h'} = \frac{\mathcal{A} + \mathrm{H}c}{\mathrm{H}c} = 1 + \frac{\mathcal{A}}{\mathrm{H}c}.$$

Mais (n° 93) :

$$\mathcal{A} = \mathrm{H}c(\gamma - 1).$$

En remplaçant, on a enfin :

$$\frac{h_2}{h_2 - h'} = \gamma \qquad c.\,q.\,f.\,d.$$

Autres méthodes pour déterminer expérimentalement le rapport γ des chaleurs spécifiques.

320. Comme application de la théorie de l'écoulement des gaz parfaits, nous avons exposé dans la dernière leçon la méthode employée d'abord par Laplace, puis par MM. Gay-Lussac et Welter, et enfin par MM. Hirn et Weisbach, pour la détermination expérimentale de γ. Nous venons d'exposer dans celle-ci, la méthode employée primitivement par Clément et Desormes. Je rappellerai enfin, pour terminer ce sujet, les deux méthodes suivantes, propres aussi à la détermination de γ.

321. Détermination de γ au moyen de la formule de Laplace donnant la vitesse du son dans l'air. — La formule de Laplace donnant la vitesse du son dans les gaz en fonction de cette constante γ est, comme on sait :

$$w = \sqrt{\frac{p}{\Delta} \cdot \gamma},$$

p représentant la pression du gaz et Δ la densité, c'est-à-dire la masse de l'unité de volume à la température extérieure t et à la pression extérieure p.

Or, π représentant le poids spécifique, c'est-à-dire le poids de l'unité de volume de gaz à la température t et à la pression p, on a :

$$\Delta = \frac{\pi}{g},$$

par suite, la formule précédente peut s'écrire :

$$w = \sqrt{\frac{p \cdot g}{\pi}\gamma}.$$

Mais π, poids spécifique à la pression p et à la température t a pour expression (n° 226), en appelant δ la densité du gaz à 0° et à la pression normale $p_0 = 10334$:

$$\pi = 1{,}294\,\delta \frac{p}{p_0} \cdot \frac{1}{1 + \alpha t} = \frac{\delta p}{7955\,(1 + \alpha t)} = \frac{p}{k},$$

en posant

$$k = \frac{7955\,(1 + \alpha t)}{\delta}.$$

Remplaçant π par sa valeur $\frac{p}{k}$ dans l'expression de w, on a :

$$w = \sqrt{kg \cdot \gamma},$$

d'où on tire :

$$\gamma = \frac{w^2}{kg}.$$

et en substituant à k sa valeur :

$$\gamma = \frac{w^2 \delta}{7955\,(1 + \alpha t)\,g}.$$

Or, dans l'air, $\delta = 1$. De plus, la vitesse du son déterminée par l'expérience à 0° est égale à 330^{m},6, d'après M. Regnault.

On aura donc en faisant dans la formule précédente :

$$\delta = 1, \qquad w = 330{,}6, \qquad t = 0,$$

l'expression numérique :

$$\gamma = \frac{\overline{330,6}^2}{7955 \times 9,8088} = \frac{109296,36}{78029,004}$$

ou

$$\gamma = 1,40 \text{ environ}.$$

322. La constante

$$\gamma = \frac{C}{c}$$

ayant été ainsi déterminée par l'une ou l'autre des méthodes précédentes ; la chaleur spécifique à pression constante C, étant connue d'autre part très exactement par les expériences de M. Regnault : on conclut de la connaissance de ces deux constantes, celle de c : la chaleur spécifique à volume constant, qui n'est pas directement accessible à l'expérience.

323. D'ailleurs, de cette valeur de γ ainsi déterminée, on peut conclure, ainsi qu'on l'a vu au n° 120, la valeur de l'équivalent mécanique par la formule :

$$E = \frac{\gamma}{\gamma - 1} \cdot \frac{\alpha v_0 p_0}{C} = \frac{\gamma}{\gamma - 1} \cdot \frac{1}{HC}.$$

325. Détermination de γ au moyen de la formule n° 120. — Mais si l'on a déterminé directement, par l'une ou l'autre des méthodes expérimentales indiquées aux n°s 141, 164, 173, la valeur de l'équivalent mécanique, cette même formule dans laquelle on mettra γ en évidence, et qui donne ainsi :

$$\gamma = \frac{1}{1 - \frac{1}{EHC}}$$

nous fournira cette quantité avec une grande exactitude. On a donc encore de cette manière une nouvelle méthode très exacte pour la détermination de γ et par suite de c.

326. Terminons enfin cet exposé du premier principe de la théorie mécanique de la chaleur et de la théorie de l'écoulement des gaz basée sur ce principe, en donnant le tableau des valeurs de C, de γ et de toutes les constantes utiles à connaître dans les calculs relatifs au gaz.

Tableau des Constantes utiles à connaître dans les calculs relatifs aux gaz.

NOMS DES GAZ.	VALEURS DE α.	VALEURS DE $\pi_0 = \frac{1}{v_0}$.	VALEURS DE δ.	VALEURS DE $\frac{1}{H} = \alpha v_0 p_0$.	VALEURS DE C.	VALEURS DE γ.
Air atmosphérique.	0,003665	1,29318	1,0000	29,272	0,23751	1,41
Azote.	0,00367	1,25616	0,97137	30,134	0,2438	1,41 sensiblement.
Oxygène.	0,00367	1,42980	1,10563	26,475	0,21751	1,41 sensiblement.
Hydrogène. . . .	0,003661	0,08957	0,06926	422,612	3,40900	1,41 sensiblement.
Oxyde de carbone.	0,003669	1,25102	0,9674	30,308	0,2399	1,41 sensiblement.
Acide carbonique.	0,00371	1,97727	1,529	19,389	0,3308	1,2867
Protoxyde d'azote.	0,003719	1,97210	1,525	19,486	0,3413	1,2795
Acide sulfureux. .	0,003903	2,90577	2,247	13,880	0,3489	1,2522

$p_0 = 10334$

SECONDE PARTIE

Principe de Carnot

OU

PRINCIPE D'ÉGALITÉ DE RENDEMENT

« La puissance motrice de la chaleur et la puissance « d'une chute d'eau ont toutes deux un maximum qu'on ne « peut dépasser, quelle que soit d'une part la machine em- « ployée à recevoir l'action de l'eau et quelle que soit de « l'autre la substance employée à recevoir l'action de la « chaleur. »

« La puissance motrice d'une chute d'eau dépend de la « quantité d'eau dont on dispose et de la hauteur de cette « chute. La puissance motrice de la chaleur dépend de la « quantité de calorique employée et de ce que nous appelle- « rons la hauteur de sa chute, c'est-à-dire la différence de « température des corps entre lesquels se fait l'échange « de calorique.... »

SADI CARNOT,

Réflexions sur la puissance motrice du feu et sur les machines propres à développer cette puissance. 1824.

DIX-HUITIÈME LEÇON

SOMMAIRE. — On complète ici les notions de la quatrième leçon, n°s 56 et suivants, relatives au mode de représentation graphique des variations d'état d'un corps, dû à Clapeyron. — Lignes isothermiques, isodynamiques, adiabatiques. — Propriétés des lignes adiabatiques. — Réversibilité. — Conditions de réversibilité. — Un cycle quelconque étant donné, déterminer : 1° à partir de quels points de ce cycle il y a absorption, puis dégagement de chaleur ; 2° à partir de quels points la température va en croissant puis en décroissant.

---

327. Nous venons d'exposer dans les leçons précédentes le premier principe de la théorie mécanique de la chaleur, principe dit de l'équivalence, et ses conséquences immédiates.

Nous allons dans celle-ci et les suivantes, établir le second principe de cette théorie, tout aussi important que le premier et connu sous le nom de principe de Carnot, ou principe d'égalité de rendement.

328. RAPPEL DU MODE DE REPRÉSENTATION GRAPHIQUE DES VARIATIONS D'ÉTAT D'UN CORPS, DU A CLAPEYRON. — Rappelons d'abord et complétons les notions données précédemment (n° 56) sur le mode de représentation graphique des variations d'état d'un corps, que l'on doit à Clapeyron.

Soit :

$$F(v,p,T)=0$$

la loi des transformations d'un corps quelconque : si l'on considère v et p comme variables indépendantes et qu'on mette T en évidence, on a :

$$T=\varphi(v,p).$$

Ceci posé : v, p, T étant les quantités caractéristiques de l'état du corps à un instant quelconque de la transformation qu'il subit, si nous traçons deux axes rectangulaires (fig. 11), ov, op, et que dans le plan de ces deux axes nous prenions un point M admettant précisément pour coordonnées v et p, la position de ce point représentera, figurera parfaitement l'état du corps à l'instant considéré, puisque ses coordonnées représentent v, p, et qu'au moyen de la relation précédente on peut en conclure T au même instant.

329. Actuellement, le corps se transformant d'une manière continue, le point figuratif M va décrire une ligne continue AB dont les points successifs figureront, représenteront par leurs coordonnées les états successifs du corps. Une pareille ligne, avons-nous déjà dit, s'appelle *ligne de transformation* : c'est la traduction graphique, ou la courbe représentative de la loi qui lie le volume à la pression dans la transformation éprouvée par le corps ; l'on voit de plus (nos 59 et 60) que l'aire comprise entre cette courbe et l'axe des v, représente précisément le travail externe accompli ou reçu par le corps, suivant que le point figuratif parcourt cette ligne AB dans le sens AB ou dans le sens BA.

330. Il y a lieu de considérer certaines lignes de transformations remarquables, dont nous avons d'ailleurs déjà dit quelques mots (nos 102 et 107).

Lignes isothermiques.

331. En premier lieu, si un corps éprouve une transformation telle que sa température reste constante, c'est-à-dire une transformation *sans variation de température*, la courbe décrite par le point figuratif M est une ligne dite *isothermique* (dénomination due à Rankine).

L'équation des lignes isothermiques, c'est-à-dire la relation entre v et p quand T reste constant, s'obtient très facilement si l'on connaît la loi

$$F(v, p, T) = 0$$

des transformations d'état du corps ; il suffit pour cela, d'après la définition qu'on vient de donner de ces lignes, d'y faire simplement : $T = T_1 =$ constante.

322. Dans le cas des gaz parfaits, par exemple, la loi des transformation étant :

$$Hvp = T:$$

l'équation générale des lignes isothermiques sera, en faisant $T = T_1 =$ constante, et en posant $\frac{T_1}{H} = C =$ constante, puisque H est aussi constant :

$$vp = C,$$

équation d'une hyperbole équilatère ayant pour asymptotes les deux axes coordonnés et symétrique par rapport à la bissectrice de l'angle des axes.

323. Exprimant que cette ligne passe par le point particulier v_1p_1 figurant l'état initial du gaz, j'aurai pour déterminer la constante C, la condition

$$v_1p_1 = C.$$

Dès lors l'équation de la ligne isothermique passant par le point particulier p_1v_1 sera

$$pv = p_1v_1.$$

325. Il est facile d'ailleurs, comme on l'a déjà dit, de concevoir que la température d'un corps puisse être maintenue constante lorsque son volume et sa pression varient simultanément ; il suffit pour cela de supposer le corps en communication parfaite, sous le rapport de la conductibilité, avec un autre corps S de masse infinie par rapport à celle du corps considéré et possédant une température déterminée T_1. — Un pareil corps S, en effet, pourra jouer indifféremment, dans ces circonstances, le rôle de foyer ou celui de réfrigérant, c'est-à-dire fournir ou soustraire au corps à chaque instant la quantité de chaleur nécessaire pour que sa température reste constante.

Lignes isodynamiques ou d'égale énergie.

326. On appelle en second lieu, *ligne d'égale énergie* ou *ligne isodynamique* (dénomination due à Cazin) une ligne de transformation telle que le corps dans l'opération qu'il subit, conserve constamment la même énergie totale intérieure (tant calorifique que moléculaire ou potentielle).

327. Il est évident que, dans le cas des gaz parfaits, l'énergie intérieure moléculaire ou potentielle étant nulle (loi de Joule, n° 140), l'énergie totale se réduit à l'énergie calorifique. Il en résulte que dans ce cas des gaz parfaits les lignes d'égale énergie se confondent avec les lignes isothermiques ; car dans toute transformation où la température T reste constante et égale à T_1, par exemple, l'énergie intérieure calorifique qui a pour expression : $D_1 = EcT_1$ (n° 138), est également constante, puisque *c* est constant ainsi que E ; donc, réciproquement, si l'énergie intérieure d'un gaz parfait est constante, il faut nécessairement que la température du gaz le soit également.

Lignes adiabatiques.

328. Lorsqu'en troisième lieu, un corps éprouve une transformation telle qu'il ne reçoive pas de chaleur de l'intérieur, ou n'en cède pas aux corps environnants, c'est-à-dire lorsqu'il éprouve une transformation sans *variation de chaleur*, ce qui revient à le supposer placé dans une enceinte dépourvue de conductibilité et par suite *imperméable à la chaleur* : la courbe décrite par le point figuratif M est dite *une ligne de nulle transmission ou une ligne adiabatique* (dénomination encore due à Rankine).

329. Dans le cas des gaz parfaits les lignes adiabatiques sont, comme nous l'avons vu (n° 106), des courbes hyperboliques dont l'équation générale est (n° 107) :

$$pv^\gamma = C.$$

330. Exprimant que cette ligne passe par le point particu-

lier p_1v_1, j'ai pour déterminer la constante C la condition

$$p_1v_1^{\gamma} = C,$$

et par suite, l'équation de la ligne adiabatique passant par le point déterminé p_1v_1, figurant l'état initial du gaz, sera :

$$pv^{\gamma} = p_1v_1^{\gamma}.$$

331. Propriétés des lignes adiabatiques. — Une propriété utile à connaître des lignes adiabatiques, c'est *qu'elles permettent de reconnaître facilement si une transformation élémentaire figurée par un arc de courbe, décrit dans un sens déterminé, absorbe ou dégage de la chaleur.*

Soit une transformation élémentaire MM' (fig. 42), répon-

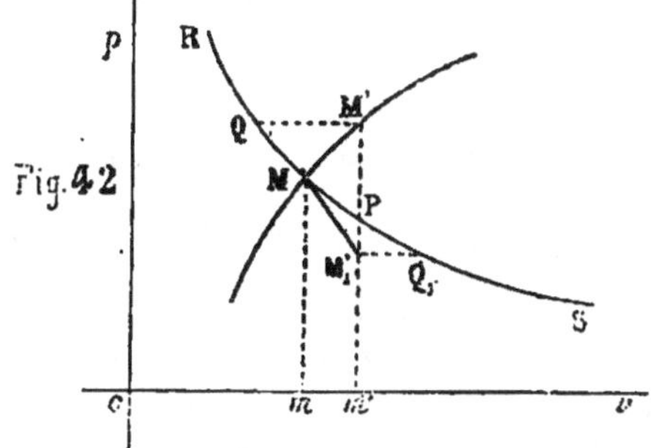

Fig. 42

dant à un accroissement de volume par exemple ; pour reconnaître si cette transformation absorbe ou dégage de la chaleur : par ce point M, je mène la ligne adiabatique RS, dont l'équation serait, s'il s'agissait d'un gaz parfait :

$$pv^{\gamma} = p_1v_1^{\gamma}.$$

Cette ligne rencontre l'ordonnée du point M' en un point P. Ceci posé, si l'élément de courbe représentant la transformation élémentaire est, comme MM', au dessus de l'élément MP de la ligne adiabatique, je dis qu'il y a nécessairement absorption de chaleur. En effet, s'il n'y avait ni absorption, ni dégagement de chaleur, la pression correspondant au volume om' serait Pm', or elle est plus grande puisqu'elle est représentée par $M'm' > Pm'$; il a donc fallu qu'il y eût transmission d'une certaine quantité de chaleur de l'extérieur, au corps considéré. Si, au contraire, l'élément de courbe figurant la transformation est, comme MM'_1, au-dessous de l'élément MP de la ligne adiabatique, il y a nécessairement dégagement de chaleur, car la pression $M_1'm'$ répondant au volume om' est moindre que Pm'.

332. On pourrait encore raisonner comme il suit :

Je dis que, si l'élément de courbe figurant la transformation est, comme MM' (fig. 42), au-dessus de l'élément MP de la ligne adiabatique, il y a absorption de chaleur. En effet, dans ce cas la ligne adiabatique menée par le point M rencontre en Q la parallèle à l'axe des abscisses menée par le point M'. Or sous le rapport de la quantité de chaleur absorbée ou dégagée, on peut remplacer la transformation proposée MM' par la transformation MQM', car les états extrêmes sont les mêmes et les travaux extérieurs produits dans les deux cas, ne diffèrent que d'une quantité égale à l'aire MQM' qui est infiniment petite du second ordre. Ainsi la quantité de chaleur absorbée ou dégagée par MM' est égale à la quantité de chaleur absorbée ou dégagée par la transformation MQM'; or de M en Q il n'y a ni absorption ni dégagement de chaleur, mais de Q en M' le corps se dilate à pression constante, et par conséquent *il absorbe une quantité de chaleur représentant*, à moins d'un infiniment petit d'ordre négligeable, *la chaleur absorbée par la transformation* MM' *elle-même.*

Si, au contraire l'élément qui représente la transformation est comme MM_1' en dessous de l'élément MP de la ligne adiabatique, la parallèle menée par M_1' à l'axe des abscisses rencontre la ligne adiabatique en Q_1.

Or la quantité de chaleur absorbée ou dégagée dans la transformation MM_1' est égale, à moins d'un infiniment petit d'ordre négligeable, à la quantité de chaleur absorbée ou dégagée dans la transformation MQ_1M_1'. Mais de M en Q_1 il n'y a ni absorption ni dégagement de chaleur, et de Q_1 en M_1', le corps se contractant à pression constante, *il y a dégagement de chaleur représentant, par conséquent, la chaleur dégagée par la transformation* MM_1' *elle-même*, c. q. f. d.

333. Si on considérait actuellement (fig. 43) une transformation NN′ répondant à une diminution de volume, on verrait facilement en imaginant la ligne adiabatique RS passant par le point N, et en raisonnant absolument comme il précède,

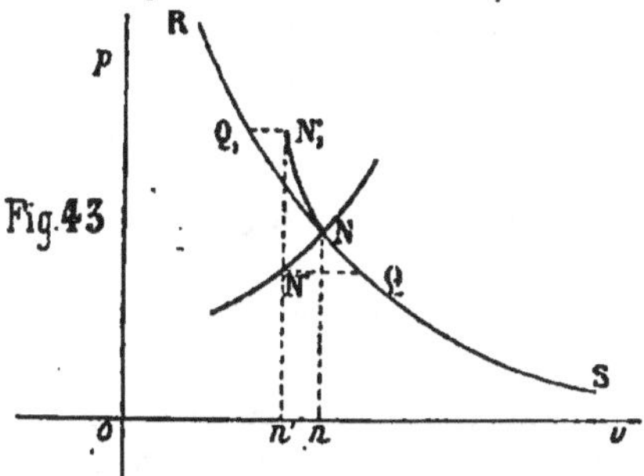

qu'il y a dégagement de chaleur si l'élément, représentant la transformation, est comme NN′ inférieur à l'élément correspondant NP de la ligne adiabatique et, au contraire, absorption de chaleur si cet élément est, comme NN_1', supérieur à la ligne adiabatique.

334. Nous verrons tout à l'heure comment, à l'aide de ces considérations, on peut reconnaître à partir de quels points d'un cycle donné, il y a absorption, puis dégagement de chaleur.

Réversibilité. — Conditions de réversibilité.

335. Mais auparavant, rappelons ce que c'est qu'un cycle et insistons sur ce qu'on appelle réversibilité.

Si je suppose qu'un corps partant d'un état déterminé, caractérisé par la position A du point figuratif (fig. 11), éprouve une série de changements successifs, tels qu'à l'instant final il ait précisément repris son état moléculaire et calorifique initial, il aura accompli une évolution complète et le point figuratif A aura décrit une certaine courbe évidemment fermée appelée cycle. Or nous avons fait voir (n° 62) que si le corps se transforme de telle sorte que le point figuratif décrive le cycle dans *le sens direct*, il effectue un travail externe représenté précisément par l'aire du cycle; le corps constitue alors une machine transformant de la chaleur en travail. S'il se transforme, au contraire, de telle sorte que le point figuratif décrive le cycle dans le sens inverse du précédent, il reçoit pendant son évolution un travail externe, représenté encore par l'aire du cycle; le corps constitue alors une machine inverse de la précédente, c'est-à-dire une machine transformant du travail en chaleur.

D'ailleurs, dans la relation générale du n° 78

$$Q = \Delta U + A\int pdv,$$

qui donne la quantité de chaleur nécessaire à une transformation quelconque, la quantité ΔU dans l'un ou l'autre des deux cas précédents est évidemment nulle, et il reste par suite :

$$Q = A\int pdv,$$

c'est-à-dire que dans le cas d'une évolution complète, directe ou inverse, toute la chaleur absorbée ou dégagée est proportionnelle au travail total externe $\int pdv$ accompli ou reçu par le corps et représenté par l'aire de ce cycle, et on l'obtient en multipliant simplement cette aire par l'équivalent calorifique A.

336. Conditions de réversibilité. — Enfin s'il arrive que le même corps puisse décrire le même cycle indifféremment dans le sens direct et dans le sens inverse, c'est-à-dire puisse fonctionner indifféremment comme machine motrice ou comme machine créant de la chaleur par le travail, le cycle est dit *réversible*, comme la machine susceptible de le décrire ainsi — Or pour qu'un cycle soit réversible il faut deux choses : il faut d'abord que le corps qui fonctionne suivant ce cycle soit en contact permanent et parfait, sous le rapport de la con-

ductibilité, avec une masse S toujours à la même température que ce corps. Si je désigne par T′ la température de S et par T celle du corps, il faut qu'on ait constamment T′ = T. Car, si à un certain instant de la transformation, la masse S était à une température plus élevée que celle du corps, par exemple, celui-ci pourrait bien recevoir de S la chaleur nécessaire pour accomplir la phase MM′ de la transformation élémentaire directe; mais cette masse S ne pourrait recevoir la chaleur que le corps doit dégager dans la transformation élémentaire inverse M′M, car, d'après l'axiome évident de Clausius :

La chaleur ne peut passer d'elle-même d'un corps froid sur un corps chaud.

Dès lors cette phase inverse serait impossible.

Si, au contraire, la masse S est toujours à la même température que le corps qui se transforme, elle pourra jouer alternativement le rôle de foyer dans la transformation directe et le rôle de réfrigérant dans la transformation inverse; il suffira, pour qu'il en soit ainsi, de supposer une modification infiniment petite en plus ou en moins dans la température de cette masse S, — dès lors les transformations élémentaires et par suite les transformations finies *directes* et *inverses* sont possibles.

337. Mais une seconde condition est également nécessaire pour que l'évolution soit réversible :

Nous avons appelé p la pression qui correspond au volume spécifique v et à la température T dans l'état d'équilibre; eh bien, pour que la transformation soit réversible, il faut encore que la pression extérieure que je désigne par p', soit, à chaque instant, égale à cette pression intérieure p, — car si à un certain instant la pression intérieure p' était moindre que p, par exemple, le corps pourrait bien se dilater, la transformation directe MM′ pourrait bien avoir lieu, mais la transformation inverse M′M ne saurait évidemment se produire; de même si $p' > p$ la transformation inverse M′M pourrait s'effectuer, mais non pas la transformation directe MM′.

Si, au contraire, la pression du milieu extérieur dans lequel évolue le corps est constamment égale à p, ce milieu extérieur peut alors jouer indifféremment le rôle de puissance ou de résistance; il suffira, pour qu'il en soit ainsi, de supposer une modification infiniment petite en plus ou en moins dans cette pression extérieure p', — dès lors les transformations directes et inverses sont également possibles.

338. En résumé, pour qu'un cycle soit réversible, il faut qu'il n'existe jamais entre l'agent de la transformation et le corps ou milieu extérieur S qu'une différence de température très petite et une différence de pression également très petite. — Telles sont les conditions de réversibilité.

Un cycle quelconque étant donné, à partir de quels points de ce cycle y a-t-il absorption puis dégagement de chaleur? à partir de quels points la température va-t-elle en croissant puis en décroissant?

339. Reprenons actuellement un cycle quelconque (fig. 44), décrit par un corps quelconque, dans le sens *direct* je suppose, marqué par la flèche f. Je dis qu'il est facile de reconnaître le

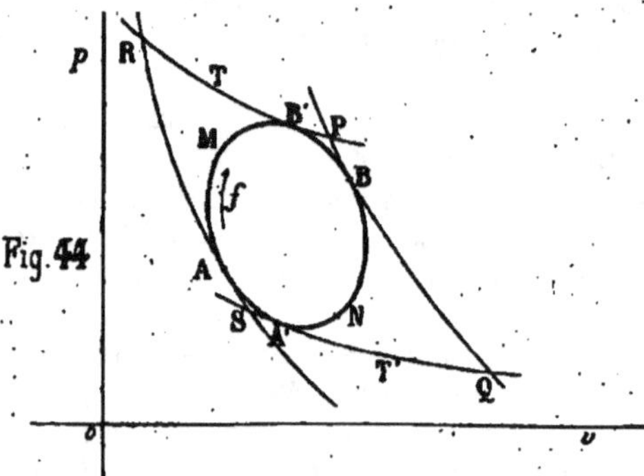

Fig. 44

point du cycle à partir duquel il y a absorption de chaleur, et le point de ce cycle à partir duquel il y a dégagement de chaleur. — En effet, ce cycle est nécessairement compris entre deux lignes adiabatiques, telles que RS, PQ, tangentes en A et B à ce cycle. Or il résulte de ce que nous avons dit aux n°° 331, 332, 333, que de A en B, en passant par le point M, il y a absorption de chaleur, et de B en A par N, dégagement de chaleur.

C'est le contraire, d'ailleurs, qui aurait lieu si le cycle était parcouru en sens inverse.

340. Il est facile de reconnaitre également à partir de quels points du cycle la température va en croissant, puis en décroissant. — En effet (fig. 44), ce même cycle est nécessairement compris aussi entre deux lignes isothermiques, telles que RP, SQ, tangentes au cycle en B' et A' et répondant aux températures extrêmes T et T' du corps. — Il résulte de là que, de A' en B', en passant par le point A, la température du corps va en croissant de T' à T, et que, de B' en A' en passant par B, la température va en décroissant de T à T'.

341. Cycle de Carnot. — En procédant ainsi, nous circonscrivons au cycle donné le cycle particulier RPQS, compris entre deux lignes adiabatiques RS, PQ, et deux lignes isothermiques RP, SQ. — Ce cycle très important à considérer en lui-même, comme nous ne tarderons pas à le voir, est le cycle de Carnot, ainsi appelé du nom de son auteur.

Nous nous en occuperons spécialement dans la prochaine leçon.

DIX-NEUVIÈME LEÇON

SOMMAIRE. — Cycle de Carnot. — Analyse des quatre périodes qu'il comporte. — Origine de ce cycle. — Il est essentiellement réversible. — Machine *directe* ou motrice, machine *inverse* ou créant de la chaleur par le travail. — Dans le premier cas d'une machine motrice, la continuité du travail moteur implique une perte nécessaire de chaleur. — Quelle est l'importance de cette perte de chaleur ? — Dépend-t-elle de la nature de l'agent intermédiaire ? — *Principe de Carnot* : la perte relative de chaleur $\frac{Q'}{Q}$ est indépendante de la nature du corps et ne dépend que des températures extrêmes TT', entre lesquelles fonctionne le corps.— Ce principe est une simple conséquence du théorème de Carnot, dont on donne deux démonstrations.

Cycle de Carnot.

342. Étudions aujourd'hui le cycle particulier auquel nous avons été amenés à la fin de la dernière leçon.

Ce cycle RPQS (fig. 45) compris entre deux lignes adiabatiques RS,PQ et deux lignes isothermiques RP,SQ, comprend comme on voit quatre périodes que nous allons analyser.

Analyse des quatre périodes dont se compose le cycle de Carnot.

343. PREMIÈRE PÉRIODE FIGURÉE PAR LA LIGNE ISOTHERMIQUE RP.—Soient $v_1 p_1$, les quantités qui caractérisent le corps considéré dans son état initial figuré par le point R, dont les coordonnées sont précisément v_1, p_1. Si nous mettons ce corps en

contact avec une masse infinie S, que nous désignerons sous le nom de *foyer*, de conductibilité parfaite et à la température constante T, et si nous diminuons *peu à peu* la pression extérieure p', (p' dans ces circonstances différer a toujours infiniment peu de p), le corps se dilatera à la température constante T et, par suite, le point figuratif dans cette transformation dé-

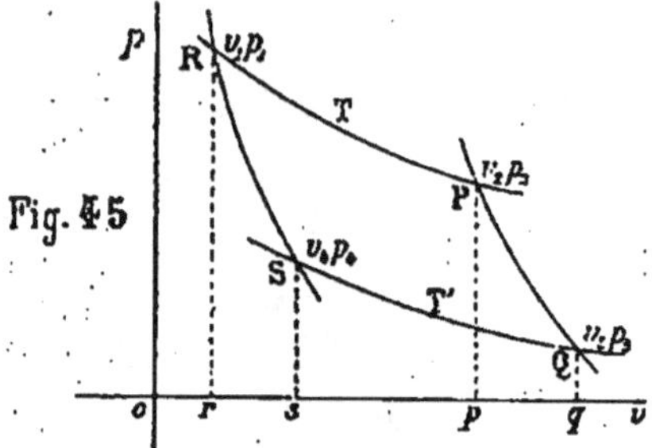

crira la ligne isothermique RP, dont l'équation serait dans le cas particulier d'un gaz parfait,

$$pv = p_1v_1,$$

avec la condition :

$$Hp_1v_1 = T.$$

Dans cette transformation ou période RP, le corps restant à la température constante T reçoit de la masse S qui agit comme source de chaleur, d'où son nom de *foyer*, une quantité de chaleur Q servant à maintenir la température du corps pendant qu'il se dilate, c'est-à-dire servant à produire le travail extérieur représenté par l'aire RP*rp* et à vaincre le travail interne accompagnant cette dilatation.

344. Deuxième période figurée par la ligne adiabatique PQ. — A l'instant où l'état du corps est devenu v_2, p_2 figuré par le point P, plaçons-le dans une enceinte complétement imperméable à la chaleur ; si l'on continue alors à diminuer *petit à petit* la pression, (p' dans ces circonstances différera toujours infiniment peu de p), le corps va se dilater à *chaleur constante*,

et par suite le point figuratif dans cette transformation décrira la ligne adiabatique PQ, dont l'équation serait, s'il s'agissait d'un gaz parfait,

$$pv^{\gamma} = p_2 v_2^{\gamma}$$

avec la condition :

$$Hv_2 p_2 = T.$$

Dans cette transformation ou période PQ, le corps n'ayant aucune communication calorifique avec l'extérieur se refroidit nécessairement de T à T' ; une partie de la chaleur interne du corps disparait ainsi comme chaleur, en produisant *le travail externe* représenté par l'aire PQpq et *le travail interne* accompagnant la dilatation éprouvée par le corps.

Donc de R en Q, en passant par P, ce corps a effectué le travail externe représenté par la surface RPQ qr, et reçu de la source de chaleur ou foyer S la quantité de chaleur Q à la température T.

345. Troisième période figurée par la ligne isothermique QS.—A l'instant où l'état du corps est devenu $v_3 p_3$ figuré par le point Q, sá température étant T', il est mis, je suppose, en contact avec une masse infinie S' de conductibilité parfaite à la température constante T' ; si l'on augmente alors peu à peu la pression extérieure, (p' dans ces circonstances différera toujours infiniment peu de p), le corps se contractera à la température constante T', et par suite, le point figuratif dans cette transformation décrira la ligne isothermique QS, dont l'équation serait, s'il s'agissait d'un gaz parfait,

$$pv = p_3 v_3$$

avec la condition :

$$Hv_3 p_3 = T'.$$

Pendant cette transformation ou période QS, le corps restant à la température T' dégage une quantité de chaleur Q' prise par la masse S' qui joue ainsi le rôle de *réfrigérant* ; cette quantité de chaleur dégagée résulte d'ailleurs du travail extérieur QS*qs* reçu par le corps, et de la diminution d'énergie potentielle due à la contraction qu'il éprouve.

346. Quatrième période figurée par la ligne adiabatique SR. — Enfin, à l'instant où l'état du corps est devenu $v_4 p_4$ figuré par le point S, le corps est replacé, je suppose, dans une enceinte imperméable à la chaleur. Si on continue alors d'augmenter *peu à peu* la pression, (p' dans ces circonstances différera toujours infiniment peu de p), le corps va se contracter à *chaleur constante*, et, par suite, le point figuratif dans cette transformation va décrire la ligne adiabatique SR, dont l'équation serait, s'il s'agissait d'un gaz parfait :

$$pv^\gamma = p_4 v_4^\gamma$$

avec la condition :

$$\mathrm{H} p_4 v_4 = \mathrm{T}'.$$

Pendant cette dernière transformation ou période SR, toute communication calorifique avec l'extérieur étant encore supprimée, le travail extérieur reçu SR*sr* et la réduction d'énergie potentielle résultant de la contraction augmentent l'énergie intérieure calorifique du corps et le ramènent à son état primitif v, p, T, figuré par le point R.

De Q en R en passant par S, le corps a donc reçu le travail externe QSR*rq* et dégagé la quantité de chaleur Q' à la température T', prise par le réfrigérant S'.

347. En résumé, pendant l'évolution complète éprouvée par le corps et figurée par le cycle précédent, la quantité de chaleur consommée par le corps est :

$$\mathrm{Q} - \mathrm{Q}' ;$$

comme à l'instant final, le corps a repris le même état moléculaire et calorifique qu'à l'instant initial, toute cette chaleur sert à accomplir le travail extérieur $\mathfrak{E}$ représenté par l'aire du cycle ; de telle sorte qu'on a, en vertu du principe de l'équivalence

$$\mathrm{Q} - \mathrm{Q}' = \mathfrak{A}.\mathfrak{E}$$

d'où l'on tire :

$$\mathfrak{E} = \frac{1}{\mathfrak{A}}(\mathrm{Q} - \mathrm{Q}') = \mathrm{E}(\mathrm{Q} - \mathrm{Q}').$$

Le corps fonctionnant suivant le cycle précédent, dans le sens indiqué, constitue donc une machine motrice transformant la quantité de chaleur Q — Q' en une quantité équivalente de travail $\mathfrak{T}$ donnée par l'expression précédente.

Origine du cycle de Carnot.

348. C'est précisément en essayant une théorie mécanique de la machine à vapeur, que Sadi-Carnot, le fils du célèbre Carnot, fut amené (*Réflexions sur la puissance motrice du feu*, 1824) à envisager ce cycle particulier qui représente sensiblement le jeu de cette machine ainsi que nous allons le faire voir. En effet (fig. 46), la période isothermique RP correspond sensiblement à *l'admission* pendant laquelle la vapeur qui agit dans le cylindre est en communication avec la chaudière, source supérieure S à la température T; seulement ici, comme on le verra plus tard, la ligne isothermique RP, au lieu d'être une hyperbole équilatère, comme dans le cas des gaz parfaits, est une droite parallèle à l'axe des v. Cela se voit d'ailleurs immédiatement, car dans cette période la vapeur qui se forme, restant constamment en contact avec le liquide d'où elle provient, conserve nécessairement la même pression. La période adiabatique PQ correspond sensiblement à *la détente* proprement dite, je dis sensiblement, parce que pendant la détente, la vapeur isolée de la chaudière, étant en contact avec les parois du cylindre, il se fait nécessairement quelques échanges de chaleur et, par conséquent, la détente ne s'effectue pas tout à fait sans perte ni gain de chaleur. La

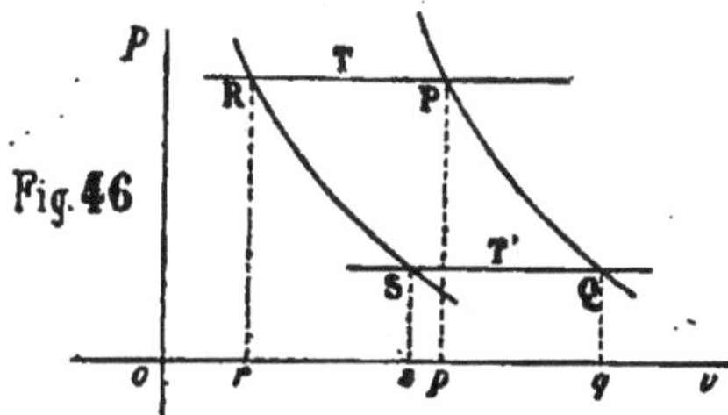

Fig. 46

période isothermique QS (également représentée ici par une droite parallèle à l'axe des v) correspond à la *condensation*, pendant laquelle la vapeur en contact avec le condenseur qui constitue la source inférieure S', se maintient à la température constante T' de cette source ; enfin la période adiabatique SR correspond sensiblement à la compression dans les espaces nuisibles.

Après l'exposition de la théorie des vapeurs (3ᵉ vol.), nous pourrons étudier le *cycle exact* réellement décrit par la vapeur dans la machine à vapeur, *cycle exact* dont nous donnons d'ailleurs une idée au nº 481. Nous vérifierons ainsi qu'il s'écarte peu du cycle théorique de Carnot qui précède, si toutefois on suppose la machine à détente complète. On fera voir aussi qu'on pourrait à la rigueur construire une machine à vapeur réalisant exactement ce cycle de Carnot.

Le cycle de Carnot est essentiellement réversible.

349. Ce qu'il faut actuellement bien comprendre, c'est que le cycle de Carnot, pour un corps quelconque, est nécessairement réversible, attendu que dans les quatre périodes qu'il comporte et qu'on vient d'analyser, du nº 343 au nº 347, le corps se trouve toujours en contact avec un milieu extérieur S ou S' ayant toujours la même température que lui, et que de plus, la pression extérieure p' est toujours égale à sa propre pression.

Or ce sont là, nº 336, les conditions nécessaires et suffisantes de la réversibilité.

350. Le corps considéré peut donc décrire le cycle précédent en sens inverse, c'est-à-dire que le point figuratif peut suivre le chemin RSQPR :

De R en Q, le corps se détend sans variation de chaleur et se refroidit de T à T'.

De S en Q, le corps se détend à la température constante T' en absorbant la quantité de chaleur Q' que lui fournit la source S', qui joue actuellement le rôle de *foyer*.

De Q en P, le corps est comprimé et s'échauffe sans variation de chaleur, par suite, la température s'élève de T' à T.

Enfin de P en R, le corps est comprimé de nouveau à la température constante T, et par suite, cède la quantité de chaleur Q à la source S qui joue alors le rôle de *réfrigérant*.

Dans ce jeu inverse, la machine constituée par le corps qui se transforme, prend à la source inférieure S' une quantité de chaleur Q', et verse sur la source supérieure S une quantité de chaleur plus grande Q ; il y a donc création d'une quantité de chaleur Q' — Q, et comme le corps a repris à l'instant final le même état moléculaire et calorifique qu'à l'instant initial, toute cette chaleur créée est due au travail extérieur $\mathfrak{T}$ reçu par le corps et représenté par l'aire du cycle ; de sorte qu'on a encore :

$$Q - Q' = \mathcal{A}.\mathfrak{T}.$$

351. En résumé, dans le *jeu direct*, la quantité de chaleur Q — Q' est transformée en une quantité équivalente de travail :

$$\mathfrak{T} = E(Q - Q'),$$

le corps qui se transforme ainsi constitue une *machine motrice*.

Dans le jeu inverse, au contraire, il y a transformation de cette même quantité de travail, reçue cette fois par le corps, en une quantité équivalente Q — Q' de chaleur :

$$Q - Q' = \mathcal{A}\mathfrak{T},$$

le corps fonctionnant ainsi constitue une machine inverse de la précédente, c'est-à-dire *une machine créant de la chaleur par le travail*.

Comme exemple d'ailleurs d'une machine réversible, pouvant indifféremment fonctionner comme machine directe ou comme machine inverse, nous pouvons citer la locomotive marchant *normalement* ou marchant *à contre-vapeur*.

Dans le cas d'une machine directe, la continuité du travail moteur implique une perte nécessaire de chaleur.

352. De ce qui précède, il résulte que si le corps qui se transforme suivant un cycle de Carnot, fonctionne dans le sens direct, c'est-à-dire comme machine motrice : *pour la quan-*

tité de chaleur Q *réellement dépensée par le foyer, une partie seulement* Q — Q′ *est susceptible de se transformer en travail; l'autre partie* Q′ *de cette quantité de chaleur* Q *est complètement perdue comme travail et se trouve transportée, en pure perte par conséquent, de la source chaude* S *à la source froide* S′. Eh bien, ce qu'il faut bien comprendre actuellement, c'est que cette perte de chaleur est *nécessaire!*

En effet, la continuité du travail de la machine exige que l'agent intermédiaire, le corps qui se transforme, gaz ou vapeur, constituant la machine, décrive un cycle fermé, c'est-à-dire revienne à son état initial après chaque évolution, pour pouvoir recommencer celle-ci indéfiniment. Il faut, pour *la continuité du travail*, que ce corps, après avoir été dilaté, par exemple, par suite d'une absorption de chaleur Q et après avoir poussé en avant le piston de la machine, revienne à son volume primitif afin que le piston en reprenant sa position initiale soit prêt à recommencer indéfiniment la même évolution. Mais pour que le corps, gaz ou vapeur, puisse ainsi revenir à son volume primitif, *il faut nécessairement qu'il abandonne à une source inférieure de chaleur* S′ *une portion* Q′ *de la chaleur* Q *qu'il avait prise à la source supérieure* S *pour se dilater.* Ce que nous disons là d'ailleurs, pour le cycle de Carnot, est vrai également, quelque soit le cycle décrit par la machine.

Quelle est l'importance de cette perte nécessaire de chaleur? Dépend-t-elle de la nature du corps?

353. Dès lors une question capitale se présente : la machine fonctionnant, je le suppose, *suivant un cycle de Carnot*, entre les limites de température T et T′, quelle est l'importance de cette perte *nécessaire* de chaleur? Quelle est, en d'autres termes, la valeur du rapport :

$$\frac{Q'}{Q},$$

de la chaleur Q′, perdue comme travail et cédée au réfrigérant, à la quantité totale de chaleur Q, fournie par le foyer? En second lieu, cette perte, ou la valeur de ce rapport $\frac{Q'}{Q}$, varie-t-elle avec la nature de l'agent intermédiaire? Est-elle plus grande, ou plus petite, par exemple, dans une machine à vapeur que dans une machine à air chaud, les deux machines fonctionnant, je le suppose, suivant des cycles de Carnot, entre les mêmes limites de température?

354. Nous répondrons à cette double question en démontrant les deux propositions suivantes :

Première proposition. — Si deux corps quelconques, de nature différente, fonctionnent suivant des cycles de Carnot, *entre les mêmes limites de température* T, T', le rapport

$$\frac{Q'}{Q}$$

de la chaleur Q' cédée au réfrigérant ou perdue comme travail, à la quantité totale de chaleur Q fournie par le foyer, *est le même pour les deux corps*. Par conséquent, *le rapport* $\frac{Q'}{Q}$ *est indépendant de la nature de l'agent intermédiaire et ne dépend que des températures des deux sources.* Cette première proposition est connue sous le nom de *Principe de Carnot.*

Deuxième proposition. — L'expression de ce rapport, constant quel que soit le corps, en fonction des températures T T' des deux sources est :

$$\frac{Q'}{Q}=\frac{T'}{T}.$$

Théorème de Carnot.

355. La première de ces deux propositions est une simple conséquence du théorème suivant, dû à Carnot :

Lorsque deux corps quelconques fonctionnent suivant des cycles de Carnot entre les mêmes limites de température* T *et* T', *à une même quantité de chaleur* Q' *transportée de* S *sur* S', *correspond une même quantité de travail produit, quelle que soit la nature du corps ou de l'agent intermédiaire.

Pour démontrer ce théorème, nous adopterons deux modes de raisonnement tout à fait analogues à ceux que nous avons employés (n°s 72 et 73) pour démontrer directement le principe de l'équivalence.

Première démonstration (Voir n° 72). — Supposons deux corps A et C fonctionnant suivant les cycles de Carnot (A) et (C), (fig. 47), entre les mêmes limites de température T et T'; il s'agit de démontrer que si ces corps transportent la même quantité de chaleur Q' de S sur S', les travaux effectués par ces deux corps et représentés par l'aire des cycles (A) et (C) sont égaux :

En effet, supposons que les travaux effectués par ces deux corps pour la même quantité de chaleur Q' transportée de S sur S' soient différents : admettons, par exemple, que pour cette même quantité de chaleur Q' transportée de S sur S', le travail $\mathfrak{T}_1$ effectué par A et représenté par l'aire du cycle (A) soit plus grand que le travail $\mathfrak{T}$ effectué par C et représenté par l'aire du cycle (C) ; je dis que c'est impossible.

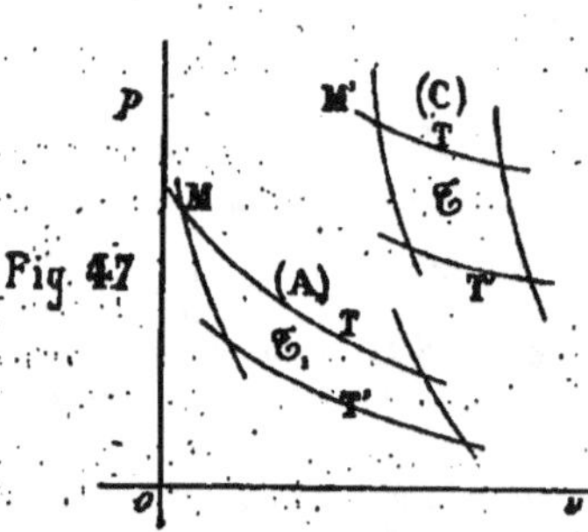

Fig. 47

En effet, à l'instant où le premier corps (A), partant de M, a effectué son évolution directe en produisant le travail $\mathfrak{T}_1$ pour la quantité de chaleur Q' transportée de S sur S' : faisons évoluer le second corps C *en sens inverse du sens direct* (ce qui est possible, tout cycle de Carnot étant réversible (n° 349); il transportera ainsi cette même quantité de chaleur Q' de S' sur S pour un travail reçu $\mathfrak{T}$, représenté par l'aire du cycle (C), (attendu que par hypothèse, si ce corps fonctionne *dans le sens direct*, il transporte Q' de S sur S' en produisant le travail $\mathfrak{T}$).

Actuellement, si l'on considère le système des deux corps A et C, qui fonctionnent comme on vient de le dire, comme formant une machine unique : on voit que cette machine produirait ainsi une quantité de travail :

$$\mathfrak{G}_1 - \mathfrak{G},$$

essentiellement positive ($\mathfrak{G}_1$ étant par supposition plus grand que $\mathfrak{G}$) sans qu'il y ait eu *dépense de chaleur*, puisque la quantité de chaleur Q' transportée par le premier corps de S sur S' a été retransportée par le second corps de S' sur S. Or, cela est impossible : il ne peut y avoir d'effet sans cause, et par conséquent ici, production de travail sans dépense de chaleur, puisque dans le cas considéré, la chaleur est la seule cause possible du travail. Dès lors, $\mathfrak{G}_1$ ne pouvant différer de $\mathfrak{G}$, on en conclut :

$$\mathfrak{G}_1 = \mathfrak{G}. \qquad \text{c. q. f. d.}$$

356. *Seconde démonstration* (voir n° 73). — On pourrait encore raisonner comme il suit : Il s'agit toujours de démontrer que si les deux corps A et C transportent la même quantité de chaleur Q' de S sur S', les travaux effectués par ces deux corps sont égaux. Supposons, en effet, que ces deux corps transportent des quantités inégales de chaleur de S sur S' pour le même travail effectué ; admettons, par exemple, que pour le même travail effectué $\mathfrak{G}$, Q' transportée de S sur S' par le corps A, soit plus petite que Q_1 transportée également de S sur S' par le corps C, je dis que c'est impossible, attendu que cette hypothèse nous conduit à une absurdité. En effet, à l'instant où le premier corps A a effectué son évolution directe en produisant le travail $\mathfrak{G}$ pour la quantité de chaleur Q' transportée de S sur S', faisons évoluer le second corps C en sens inverse du sens direct (ce qui est possible, tout cycle de Carnot étant réversible) ; comme dans l'évolution directe, il produit encore par supposition le même travail $\mathfrak{G}$ pour la quantité de chaleur $Q_1 > Q'$ transportée de S sur S', en évoluant ainsi dans le sens inverse, il reçoit le travail $\mathfrak{G}$ en transportant Q_1 de S' sur S.

Actuellement, si l'on considère le système des deux corps A et C qui fonctionnent comme on vient de le dire, comme formant une machine unique, on voit que cette machine transporterait ainsi la quantité de chaleur

$$Q_1 - Q'$$

essentiellement positive (Q_1 étant par supposition plus grand que Q') de la source S' à la température T', à la source S à la température T, *c'est-à-dire d'un corps froid* S' *sur un corps chaud* S, sans qu'il y ait eu dépense de travail, *puisque le travail* $\mathfrak{G}$ *effectué par le premier corps est égal par supposition au travail* $\mathfrak{G}$ *reçu par le second.* Or cela est impossible, car d'après l'axiome de Clausius, déjà cité : *la chaleur ne peut passer d'elle-même d'un corps froid sur un corps chaud.* Dès lors, Q_1 ne pouvant différer de Q', on en conclut :

$$Q_1 = Q'. \qquad \text{c. q. f. d.}$$

Principe de Carnot.

357. *La première proposition du n° 354 est une simple conséquence du théorème précédent.* En effet, d'après ce théorème, le travail $\mathfrak{G}$, produit par un corps quelconque, qui fonctionne suivant un cycle de Carnot, entre des limites de température déterminées, ne dépend que de la chaleur transportée Q' et *est complètement indépendante de la nature du corps;* ou en d'autres termes, le rapport

$$\frac{Q'}{\mathfrak{G}}$$

est constant, quel que soit le corps ou l'agent intermédiaire.

Mais d'après le principe de l'équivalence

$$\mathfrak{G} = E(Q - Q'),$$

$Q - Q'$ représentant la quantité de chaleur convertie en travail.

On en conclut, en remplaçant $\mathfrak{G}$ par cette valeur dans le rapport *constant* $\frac{Q'}{\mathfrak{G}}$:

$$\frac{Q'}{\mathfrak{G}} = \frac{Q'}{E(Q - Q')} = \text{constante}.$$

Le rapport :

$$\frac{1}{E} \cdot \frac{Q'}{Q-Q'}$$

étant constant, comme E est également constant quel que soit le corps, il en résulte que le rapport

$$\frac{Q'}{Q-Q'}$$

est aussi constant. Or si ce dernier rapport est constant, il en est de même du rapport $\frac{Q'}{Q}$, en effet, soit C la valeur constante du précédent rapport, on aura :

$$\frac{Q'}{Q-Q'}=C,$$

d'où on tire immédiatement :

$$\frac{Q'}{Q}=\frac{C+1}{C}=\text{constante.} \quad \text{c. q. f. d.}$$

Ainsi, lorsqu'un corps fonctionne suivant un cycle de Carnot, *le rapport* $\frac{Q'}{Q}$ *de la chaleur* Q' *cédée au réfrigérant* S' *à la quantité totale de chaleur* Q *fournie par le foyer* S *est indépendant de la nature du corps et ne dépend que des températures extrêmes* T *et* T' *entre lesquelles fonctionne le corps*. C'est précisément la première proposition du n° 354, qu'il s'agissait de démontrer. Cette *proposition constitue le principe de Carnot.*

358. Il nous reste maintenant à trouver la valeur de ce rapport $\frac{Q'}{Q}$, constant quel que soit le corps, en fonction des températures T et T' des deux sources. C'est ce que nous ferons dans la prochaine leçon, en démontrant que l'expression de ce rapport est simplement :

$$\frac{Q'}{Q}=\frac{T'}{T}.$$

C'est la seconde proposition du n° 354.

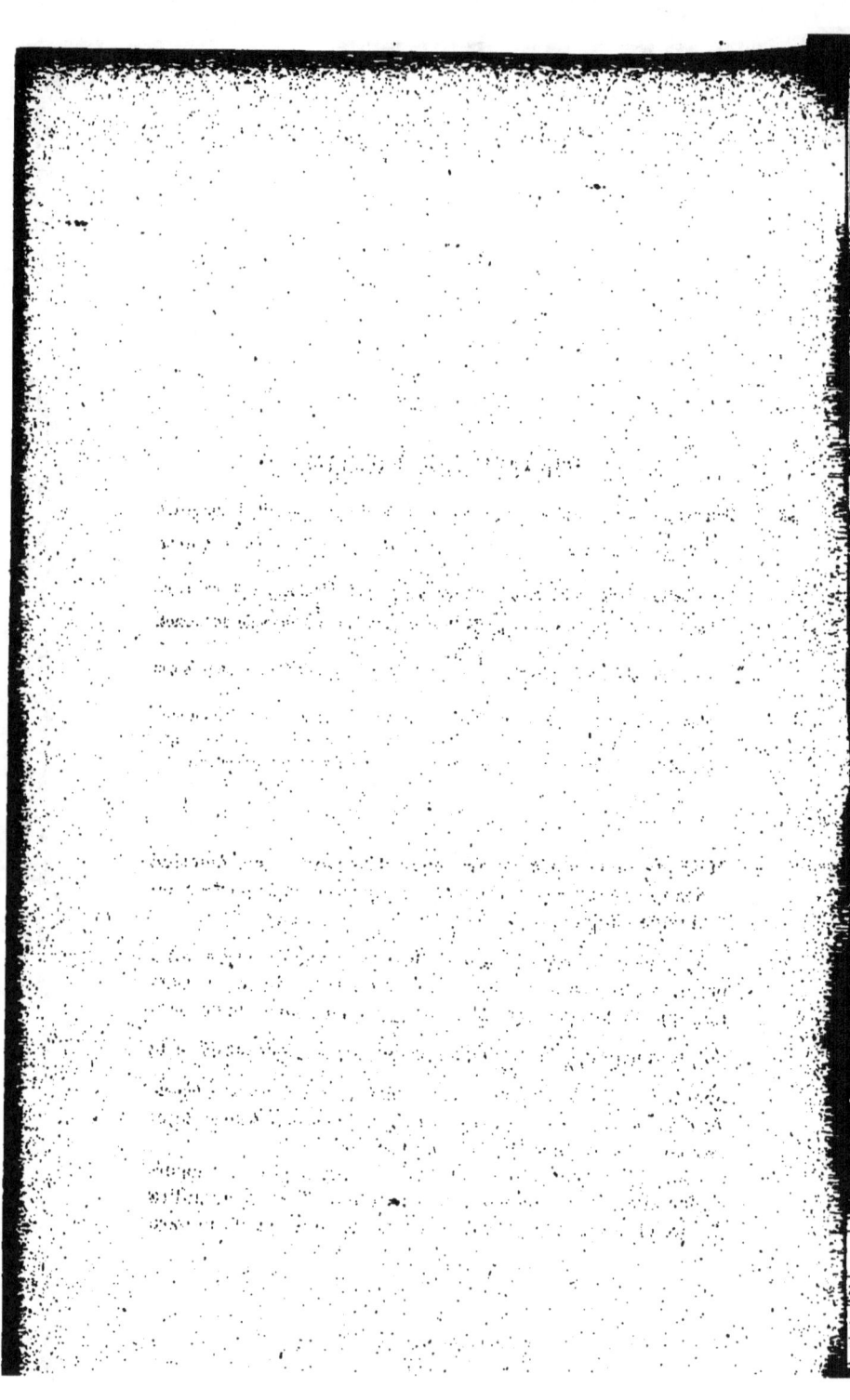

VINGTIÈME LEÇON

SOMMAIRE. — On recherche, en considérant un gaz parfait, l'expression $\frac{Q'}{Q}=\frac{T'}{T}$ de la perte relative de chaleur, dans le cas d'un cycle de Carnot. — Cette relation mise sous la forme $\frac{Q}{T}-\frac{Q'}{T'}=0$ adoptée par Clausius, est l'expression même du principe de Carnot dans le cas d'un cycle de Carnot. — Recherche de l'expression $\int_A^A \frac{dQ}{T}=0$ du principe de Carnot dans le cas d'un cycle quelconque réversible. — Énoncé de cette expression en langage ordinaire. — Entropie. — Forme de l'entropie dans le cas des gaz parfaits. — Vérification directe des résultats généraux qui précèdent.

Méthode générale à suivre pour déterminer, en fonction des températures extrêmes, l'expression de la perte relative de chaleur.

359. Nous avons démontré dans la dernière leçon cette première proposition, connue sous le nom de principe de Carnot, que lorsqu'un corps fonctionne suivant un cycle de Carnot, le rapport $\frac{Q'}{Q}$ de la chaleur cédée au réfrigérant S' à la quantité totale de chaleur fournie par le foyer S *est indépendant de la nature du corps et ne dépend que des températures extrêmes* T *et* T' *entre lesquelles il fonctionne.*

360. Si l'on veut, dès lors, trouver l'expression de ce rapport en fonction de ces températures extrêmes T et T', il suffira de prendre un corps absolument quelconque et de le faire

fonctionner suivant un cycle de Carnot entre les limites de température T et T'. Si alors on calcule en fonction de ces températures, d'une part, la chaleur Q fournie par le foyer dans cette évolution, et d'autre part, la chaleur Q' cédée au réfrigérant: le rapport de ces deux quantités donnera l'expression cherchée. — Et, d'après le principe de Carnot (nº 357), cette expression du rapport $\frac{Q'}{Q}$ en fonction des températures T et T', ainsi trouvée au moyen du corps particulier sur lequel on a raisonné, s'appliquera à tout autre corps fonctionnant suivant un cycle de Carnot entre les mêmes limites de température.

361. Mais pour qu'on puisse calculer en fonction de T et T' les quantités de chaleur Q et Q', il faut absolument connaître la loi :

$$F(v, p, T) = 0,$$

des transformations du corps choisi, ainsi que les lois des variations de c et de C avec la température et la pression. — Or nous ne connaissons ces lois, ainsi qu'il a été dit au nº 46, que pour les gaz parfaits.

Nous ne pouvons donc effectuer le calcul précédemment indiqué que pour un gaz parfait dont la loi des transformations est comme on sait :

$$Hvp = T.$$

Recherche de l'expression $\frac{Q'}{Q} = \frac{T'}{T}$ de la perte relative de chaleur en fonction des températures extrêmes.

360. Considérons donc l'unité de poids d'un gaz parfait et faisons-le fonctionner suivant le cycle de Carnot RPQS (fig. 45), compris entre les deux lignes isothermiques RP, SQ, aux températures T, T' et les deux lignes adiabatiques PQ, RS.

L'état initial du gaz étant figuré par le point R dont les coordonnées sont v_1, p_1 : examinons les phénomènes qui se passent lorsque le gaz parcourt le cycle dans le sens RPQSR.

1° De R en P, ou dans la période isothermique RP, le gaz passe de l'état p_1v_1 à l'état p_2v_2 en se dilatant *sans variation de température* puisqu'on suppose qu'il est constamment maintenu en contact avec la source supérieure ou foyer S entretenu à la température invariable T. Dans cette période, le gaz reçoit de cette source de chaleur, une quantité de chaleur Q équivalente, *puisque le travail interne est nul dans les gaz parfaits*, au travail externe effectué, figuré par l'aire RP*rp*, et dont l'expression est $\int_{v_1}^{v_2} pdv$. — On a donc :

$$Q = \mathcal{A} \int_{v_1}^{v_2} pdv.$$

Mais l'équation de cette ligne isothermique, passant par le point R, dont les coordonnées sont $v_1 p_1$, est, puisqu'il s'agit d'un gaz parfait (n° 323),

$$pv = p_1v_1.$$

Remplaçant dans l'expression de Q, p par sa valeur en fonction de v tirée de la condition précédente, et effectuant l'intégration entre les limites indiquées, j'ai :

$$(1) \qquad Q = \mathcal{A}.\, p_1v_1 \,\text{Log.}\, \frac{v_2}{v_1}.$$

2° De P en Q ou dans la période adiabatique PQ, le gaz passant de l'état p_2v_2 à l'état p_3v_3 sans variation de chaleur, c'est-à-dire se détendant sans recevoir de l'extérieur, ou sans émettre, la moindre quantité de chaleur : il se refroidit de la température T à la température T', et d'après la relation de Poisson (n° 109) liant le volume à la température sans variation de chaleur, on a :

$$(2) \qquad Tv_2{}^{\gamma-1} = T'v_3{}^{\gamma-1}.$$

3° De Q en S, ou dans la période isothermique QS, le gaz passe de l'état p_3v_3 à l'état p_4v_4, c'est-à-dire se contracte sans variation de température, puisqu'on suppose que dans cette période il est constamment maintenu en contact avec la source inférieure ou réfrigérant S′ entretenu à la température constante T′. — Dans cette période, le gaz dégage donc une quantité de chaleur Q′ nécessairement équivalente (puisque le travail interne est nul dans les gaz parfaits) au travail reçu figuré par l'aire QS*qs*, ayant pour expression $\int_{v_4}^{v_3} pdv$. On a donc :

$$Q = A \int_{v_4}^{v_3} pdv$$

Mais l'équation de cette ligne isothermique passant par le point S dont les coordonnées sont $p_4\, v_4$ est :

$$pv = p_4 v_4.$$

Remplaçant dans l'expression de Q′, p par sa valeur en fonction de v tirée de la relation précédente, et effectuant l'intégration entre les limites indiquées, on a :

(3) $$Q' = A p_4 v_4 \operatorname{Log.} \frac{v_3}{v_4}.$$

4° Enfin, de S en R, ou dans la période adiabatique SR, le gaz passant de l'état $v_4 p_4$ à l'état vp sans variation de chaleur, c'est-à-dire se contractant sans recevoir ni émettre la moindre parcelle de chaleur ; sa température s'élève de T′ à T, et d'après la loi de Poisson qui lie le volume à la température sans variation de chaleur (nº 109), on a :

(4) $$Tv_1^{\gamma-1} = T'v_4^{\gamma-1}.$$

361. Si je divise actuellement, membre à membre, les équations (2) et (4) on a :

$$\frac{v_2}{v_1} = \frac{v_3}{v_4}.$$

Divisant également, membre à membre, les équations (1)

et (3), on a, en ayant égard à la précédente relation :

$$\frac{Q'}{Q}=\frac{p_4 v_4}{p_1 v_1}. \qquad (5)$$

Mais la loi des transformations du gaz, appliquée aux états R et S, donne :

$$Hv_1p_1=T$$
$$Hv_4p_4=T'$$

d'où l'on conclut par division :

$$\frac{p_4v_4}{p_1v_1}=\frac{T'}{T}.$$

On a donc enfin, en remplaçant le second membre de l'équation (5) par sa valeur $\frac{T'}{T}$:

$$\frac{Q'}{Q}=\frac{T'}{T}. \qquad (6)$$

Telle est l'expression en fonction de T et T' du rapport cherché entre la chaleur perdue Q' et la chaleur totale dépensée Q. — Et, répétons-le encore une fois : *Cette expression trouvée en considérant un gaz parfait, étant, en vertu du principe de Carnot* (n° 357), *indépendante de la nature du corps, subsiste telle quelle pour un corps quelconque, fonctionnant suivant un cycle de Carnot, entre les mêmes limites de température.*

362. De telle sorte qu'énoncée en langage ordinaire, cette relation (6) fournit la proposition générale suivante :

Lorsqu'un corps quelconque fonctionne suivant un cycle de Carnot : la quantité de chaleur cédée au réfrigérant S' est à la quantité de chaleur puisée au foyer S dans le rapport des températures absolues du réfrigérant et du foyer.

Expression du principe de Carnot dans le cas d'un cycle de Carnot.

363. Cette relation peut d'ailleurs s'écrire évidemment sous la forme suivante adoptée par Clausius :

$$\frac{Q}{T}-\frac{Q'}{T'}=0.$$

Elle constitue ainsi, sous une forme facile à retenir, l'expression même du principe de Carnot, dans le cas d'un cycle de Carnot. Cette expression peut s'énoncer d'ailleurs de la manière suivante : *La somme algébrique des quotients, des quantités de chaleur* Q *et* Q' *empruntées et rendues aux sources* S S', *par les températures* T *et* T' *de ces sources, est égale à* 0.

364. Voyons maintenant, ce que devient cette expression dans le cas, cette fois, non plus d'un cycle de Carnot, mais d'un cycle quelconque supposé essentiellement réversible.

Recherche de l'expression du principe de Carnot :

$$\int \frac{dQ}{T} = 0,$$

dans le cas d'un cycle quelconque, supposé essentiellement réversible.

365. Il est facile de voir d'abord, qu'un cycle quelconque étant donné, on peut toujours le décomposer en une infinité d'autres.

En effet, soit (fig. 48) le cycle MNPQM décrit dans le sens

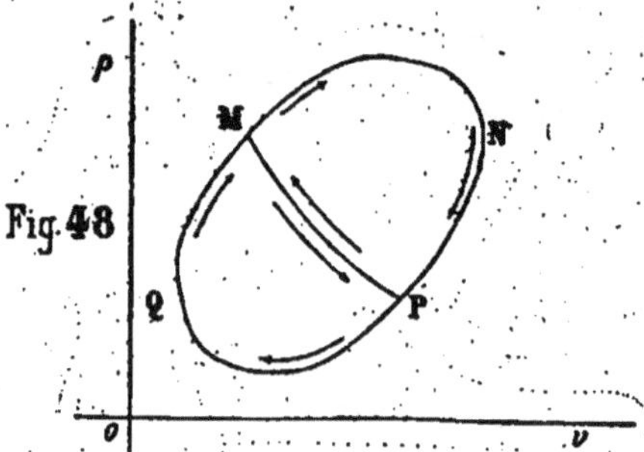

Fig. 48

direct, indiqué par les flèches ; traçons là courbe quelconque MP. Je dis qu'on peut remplacer le cycle proposé par l'ensemble des deux cycles MNPM, MPQM, décrits comme l'indiquent les flèches; en effet, le résultat de cette substitution est uniquement d'introduire deux transformations exactement inverses l'une de l'autre MP, PM, lesquelles se compensent exactement, puisque la quantité de chaleur absorbée dans la transformation MP est précisément égale à la quantité de chaleur dégagée dans la transformation inverse PM.

On voit d'ailleurs immédiatement que si le cycle donné est réversible, les deux cycles composants, le sont également.

Si l'on décompose maintenant, de la même manière, chacun de ces deux cycles en deux autres, puis chacun de ceux-ci en deux autres encore et ainsi de suite; on aura définitivement décomposé le cycle en une infinité de petits cycles élémentaires, dont la somme est équivalente au cycle proposé. — En d'autres termes, on pourra remplacer la machine réelle, fonctionnant suivant le cycle proposé, par une infinité de machines élémentaires correspondant à chacun des cycles élémentaires ainsi formés.

366. Soit maintenant un cycle quelconque MBNAM (fig. 49)

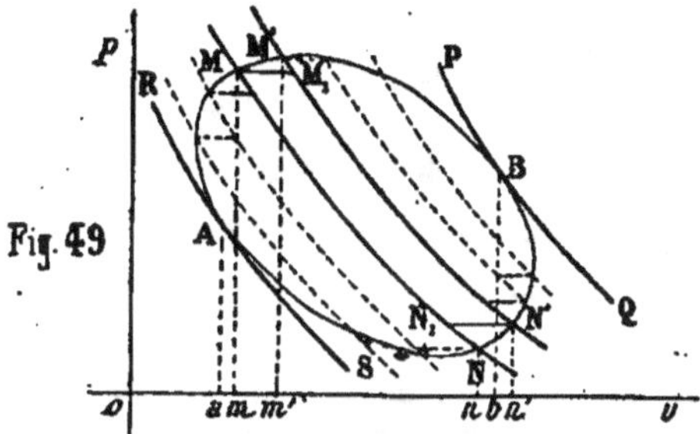

Fig. 49

décrit par un corps quelconque. Supposons-le réversible : pour cela il suffira, comme on sait (n° 336), que la température du corps extérieur S, qui peut ici jouer indifféremment le rôle de foyer et de réfrigérant, soit constamment égale à la température variable du corps dont on suit les transformations, et que la pression extérieure soit constamment égale aussi à sa pression intérieure variable.

Ce cycle supposé réversible, est compris nécessairement entre les deux lignes adiabatiques RS, PQ, qui lui sont tangentes en A et B (fig. 49). D'ailleurs, comme on l'a fait voir aux n°s 331 et 339, de A en B en passant par M, il y aura absorption de chaleur, et de B en A, en passant par N, il y aura dégagement de chaleur.

Soit dQ la quantité de chaleur à la température T *absorbée* par le corps et fournie par la source S pour une transformation élémentaire quelconque telle que celle représentée par l'élément MM' situé *sur l'arc* AMB; soit de même dQ' la quantité de chaleur à la température T' *dégagée* par le corps et prise par la source S pour une transformation élémentaire quelconque, telle que celle représentée par l'élément N'N *situé sur l'arc* BNA. — Il s'agit de démontrer que

$$\int_A^B \frac{dQ}{T} - \int_B^A \frac{dQ'}{T'} = 0,$$

c'est-à-dire que : la somme de A à B en passant par M des rapports tels que le rapport $\frac{dQ}{T}$ relatif à l'élément quelconque MM' de l'arc AMB, diminuée de la somme de B à A en passant par N, des rapports tels que le rapport $\frac{dQ'}{T'}$ relatif à l'élément quelconque NN' de l'arc BNA, — est égale à 0.

A cet effet, traçons dans le plan de la figure, une série de lignes adiabatiques infiniment voisines, telles que MN, M'N'..... Je décompose ainsi le cycle proposé en une infinité de cycles élémentaires dont chacun, le cycle MM'N'NM par exemple, est formé de deux arcs infiniment petits MM', NN' appartenant au cycle donné et de deux arcs finis appartenant à deux lignes adiabatiques MN, M'N' infiniment voisines.

Si je considère actuellement un quelconque de ces cycles élémentaires, par exemple, celui dont je viens déjà de parler, je puis le décomposer lui-même en trois autres cycles, en menant par les points M et N' les lignes isothermiques MM_1, $N'N_1$; et le cycle élémentaire réversible considéré MM'N'NM équivaut ainsi aux trois cycles formés, également réversibles :

$$MM'M_1M, \qquad MM_1N'N_1M, \qquad N_1N'NN_1.$$

Notons que le cycle du milieu est un cycle de Carnot,

367. Effectuant cette même décomposition sur tous les cycles élémentaires tels que le précédent, on aura finalement remplacé le cycle proposé *par une infinité de cycles élémentaires de Carnot tels que* $MM_1N'N_1M$ *inscrits dans le cycle donné* et par une infinité de très petits cycles tels que $MM'M_1M$, $N_1N'NN_1$.

368. Appliquons maintenant à tous ces cycles élémentaires de Carnot la relation du n° 363. — A cet effet, considérons encore le cycle élémentaire de Carnot $MM_1N'N_1M$, et désignons par T la température absolue du corps correspondant au point M, laquelle n'est autre que la température de la source S au même instant (puisque le cycle est supposé réversible), par δQ la quantité de chaleur à cette température T absorbée par le corps, et par conséquent fournie par S le long de l'élément de ligne isothermique MM_1 ; désignons de même par T' la température absolue du corps au point N', et par suite de la source au même instant, par $\delta Q'$ la quantité de chaleur à cette température T' dégagée par le corps et prise par cette source S le long de l'élément de ligne isothermique $N'N_1$; nous aurons, en appliquant à ce cycle élémentaire de Carnot la relation du n° 363 :

$$\frac{\delta Q}{T} - \frac{\delta Q'}{T'} = 0.$$

369. Mais dQ désignant la quantité de chaleur à la température T absorbée par le corps et, par suite, fournie par la source S, pour la transformation élémentaire réelle MM', il est facile de prouver que :

$$dQ = \delta Q,$$

à moins d'un infiniment petit du second ordre, négligeable par conséquent.

En effet, sous le rapport de la quantité de chaleur absorbée, la transformation réelle MM' est équivalente à la transformation MM_1M', car les états extrêmes sont les mêmes, et les travaux extérieurs produits dans les deux cas ne diffèrent que d'une quantité égale à l'aire MM_1M' qui est un infiniment petit du deuxième ordre, de sorte que dans les deux cas, la quantité de chaleur absorbée donnée par la relation

$$dQ = dU + Apdv$$

est évidemment la même.

Ainsi, la quantité de chaleur dQ, absorbée pour la transformation élémentaire réelle MM', est égale à la quantité de chaleur absorbée pour la transformation MM_1M' laquelle se compose de la quantité de chaleur δQ nécessaire à la transformation MM_1 et de la quantité de chaleur nécessaire à la transformation M_1M'. *Or cette dernière quantité de chaleur est nulle puisque* M_1M' *est un élément de ligne adiabatique.* On a donc

$$dQ = \delta Q \qquad \text{c. q. f. d.}$$

370. On peut encore raisonner plus simplement de la manière suivante : si l'on envisage le petit cycle $MM'M_1M$ décrit dans le sens direct, la quantité de chaleur convertie en travail est :

$$dQ - \delta Q,$$

puisqu'il n'y a ni absorption, ni dégagement de chaleur suivant l'élément $M'M_1$. On a donc, d'après le principe de l'équivalence,

$$dQ - \delta Q = A.\ \text{Surf.}\ (MM'M_1M).$$

Mais cette surface $MM'M_1M$ étant le produit de deux infiniment petits du premier ordre est un infiniment petit du deuxième ordre, négligeable par conséquent, de sorte qu'il reste :

$$dQ - \delta Q = 0$$

d'où

$$dQ = \delta Q \qquad \text{c. q. f. d.}$$

371. On démontrerait de même, dQ' désignant la quantité de chaleur à la température T' dégagée par le corps, et par conséquent, prise par la source pour la transformation élé-

mentaire réelle N'N, qu'on a :

$$dQ' = \partial Q'.$$

372. La relation du n° 368, relative au cycle élémentaire de Carnot $MM_1N'N_1M$ pourra donc s'écrire, en remplaçant ∂Q, $\partial Q'$ par dQ et dQ' :

$$\frac{dQ}{T} - \frac{dQ'}{T'} = 0.$$

373. Cela étant vrai pour tous les cycles élémentaires de Carnot, inscrits dans le cycle donné, on aura, pour l'ensemble de ces cycles, en intégrant la relation précédente :

$$\int_A^B \frac{dQ}{T} - \int_B^A \frac{dQ'}{T'} = 0$$

que l'on peut écrire, pour abréger l'écriture :

$$\int_A^A \frac{dQ}{T} = 0,$$

à la condition, de considérer comme positives les quantités de chaleurs reçues par le corps de A en B en passant par M, et comme négatives les quantités de chaleur abandonnées par le corps de B en A en passant par N.

Telle est l'expression la plus générale donnée par Clausius du principe de Carnot dans le cas d'un cycle fermé réversible.

374. Remarquons bien que dans cette expression, T représente à chaque instant de la transformation du corps sa température absolue, et, par suite, la température absolue variable de la source S *qui lui est constamment égale, puisque le cycle est supposé essentiellement réversible.*

Cette expression peut dès lors s'énoncer en langage ordinaire de la manière suivante :

Dans le cas d'un cycle quelconque réversible, la somme algébrique $\int_A^A \frac{dQ}{T}$, *étendue à tous les éléments de ce cycle, des quotients des quantités de chaleur élémentaires empruntées et rendues à chaque instant à la source multiple* S, *par les températures correspondantes de cette source à température variable, est égale à* 0.

375. *Corollaire.* — Si l'on prend l'intégrale $\int \frac{dQ}{T}$, d'un point A à un autre point M' (fig. 49) le long d'un chemin arbitraire AMM' ou ANM', le résultat qu'on trouvera ne dépendra que des positions des points extrêmes A et M', attendu que l'intégrale $\int \frac{dQ}{T}$ étendue à tout le contours *fermé*, formé par ces deux chemins arbitraires AMM', ANM', est identiquement nulle.

Donc $\int_A^{M'} \frac{dQ}{T}$ ne dépend que des positions des points A et M' c'est-à-dire des valeurs des variables v, p qui définissent ces points.

En d'autres termes, $\int \frac{dQ}{T}$ est une fonction de ces deux variables, et par suite $\frac{dQ}{T}$ est la différentielle exacte de cette fonction.

Entropie. — M. Clausius a donné le nom d'*entropie* à cette fonction, en la désignant par S, on a donc :

$$S = \int \frac{dQ}{T},$$

d'où

$$dS = \frac{dQ}{T}.$$

376. Vérification. — Expression de l'entropie dans les gaz parfaits. Nous pouvons d'ailleurs vérifier facilement tous ces résultats. Considérons en effet un gaz parfait se transformant suivant un cycle quelconque supposé réversible, suivant le cycle de la figure 17, par exemple. On a trouvé au n° 91 pour la quantité de chaleur nécessaire à une transfor-

mation élémentaire MM′ de ce gaz parfait :

$$dQ = Hc(vdp + \gamma pdv).$$

Divisant les deux membres de cette relation par T la température du gaz en M, laquelle est égale à la température de la source au même instant, puisque ce cycle est réversible, on aura :

$$\frac{dQ}{T} = \frac{H}{T} c(vdp + \gamma pdv).$$

Mais de la loi $Hvp = T$ des transformations du gaz, on conclut :

$$\frac{H}{T} = \frac{1}{vp}.$$

Introduisant cette condition dans la relation précédente, on aura pour la différentielle de l'entropie dans le cas des gaz parfaits :

$$dS = \frac{dQ}{T} = c\left(\frac{dp}{p} + \gamma \frac{dv}{v}\right).$$

Intégrant entre A et B (figure 17), on aura pour l'expression de l'entropie, dans le cas des gaz parfaits :

$$S = \int_A^B \frac{dQ}{T} = c\left(\text{Log.} \frac{p_2}{p_1} + \gamma \,\text{Log.} \frac{v_2}{v_1}\right).$$

(Voir dans le 3e volume : *Fonction caractéristique des fluides*).

Si maintenant au lieu d'envisager la transformation finie quelconque AB, j'envisage l'évolution complète représentée par le cycle de la figure 17 ; si je suppose, en d'autres termes que le point B vienne rejoindre le point A et par suite que $p_2 = p_1$, $v_2 = v_1$: l'entropie dont on vient de trouver l'expression générale, prend alors la valeur particulière :

$$\int_A^A \frac{dQ}{T} = c(\text{Log. } 1 + \gamma \,\text{Log. } 1)$$

ou enfin, puisque Log. 1 = 0 :

$$\int_A^A \frac{dQ}{T} = 0.$$

Nous vérifions ainsi d'une manière directe et dans le cas particulier d'un gaz parfait, la proposition générale dn n° 374, applicable d'ailleurs à un corps quelconque.

Il nous reste à faire voir ce que fournit le principe de Carnot dans le cas d'un cycle fermé non réversible; ce sera l'objet de la prochaine leçon.

VINGT-ET-UNIÈME LEÇON

SOMMAIRE. — Recherche de l'expression $\int_A^A \frac{dQ}{T} < 0$ du principe de Carnot dans le cas d'un cycle quelconque, non réversible. — Énoncé de cette expression en langage ordinaire. — Résumé des points principaux mis en évidence dans les trois dernières leçons.

Recherche de l'expression du principe de Carnot :

$$\int \frac{dQ}{T} < 0$$

dans le cas d'un cycle quelconque non réversible.

377. Il nous reste à faire voir, quelle est l'expression du principe de Carnot dans le cas d'un cycle non réversible.

Supposons donc un cycle quelconque, celui de la figure 49, par exemple, décrit par un corps quelconque, pour lequel les conditions de réversibilité données au n° 336 ne soient plus satisfaites.

378. PREMIER CAS DE NON RÉVERSIBILITÉ. — Comme premier cas de non réversibilité, admettons que la température de la source ne soit pas constamment égale à celle du corps.

a. Supposons d'abord que tout le long du trajet AMB (fig. 49) répondant à la période d'absorption de chaleur, ou pour une portion seulement de ce trajet, pendant lequel, la source S joue le rôle de foyer, en fournissant de la chaleur au corps : supposons, dis-je, que la température variable de cette source S soit supérieure à celle du corps d'une quantité finie, la réversibilité n'existera plus pour ce cycle ou cette portion de cycle. Si l'on désigne alors, comme dans la leçon précédente, par dQ et dQ' les quantités de chaleur aux températures T et T' reçues et abandonnées par le corps le long des trajets AMB, BNA ; on aura encore en répétant identiquement les raisonnements de la dernière leçon :

$$\int_A^B \frac{dQ}{T} - \int_B^A \frac{dQ'}{T'} = 0,$$

T et T' désignant *essentiellement ici* les températures variables *du corps* sur les trajets AMB, BNA et non pas *celles de la source* ; ou bien, plus simplement :

$$\int_A^A \frac{dQ}{T} = 0,$$

T représentant à chaque instant la température variable *du corps*.

379. Mais si T dans cette expression, au lieu de représenter constamment la température du corps, représente la température de la source S, il est facile de voir qu'on a :

$$\int_A^A \frac{dQ}{T} < 0.$$

En effet, si dans chacun des éléments *positifs* de l'intégrale précédente, qui répondent à la portion du trajet AMB pour laquelle la température de la source est supérieure à celle du corps, si dans l'élément $\frac{dQ}{T}$, par exemple, je remplace T, température du corps, par $T + \theta$, température de la source S au même instant, cet élément devient :

$$\frac{dQ}{T + \theta},$$

évidemment plus petit que $\frac{dQ}{T}$ en valeur absolue. Introduisant ainsi la température variable de la source au lieu et place de la température du corps le long de la portion de cycle considérée, on diminue comme on le voit, la valeur absolue des éléments positifs de l'intégrale, relatifs à cette portion, et par suite on aura :

$$\int_{A}^{A} \frac{dQ}{T} < 0,$$

T représentant alors à chaque instant la *température de la source* et non plus celle du corps.

Cette conséquence subsistera évidemment *a fortiori*, si tout le long du trajet AMB, la température de la source est supérieure à celle du corps.

380. *b*. Supposons en second lieu que le long du trajet BNA répondant à la période de dégagement de chaleur, ou pour une portion seulement de ce trajet, pendant lequel la source S joue le rôle de réfrigérant en prenant la chaleur abandonnée par le corps, supposons, dis-je, que la température variable de cette source soit inférieure d'une quantité finie à celle du corps, la réversibilité n'existera plus pour cette portion de cycle ; et l'on aura également, en raisonnant comme dans la dernière leçon :

$$\int_{A}^{A} \frac{dQ}{T} = 0,$$

si T désigne *essentiellement* la température variable *du corps* et non celle de la *source*.

381. Mais si T dans cette expression, au lieu de représenter constamment la température du corps, représente la température de la source S, il est facile de voir qu'on a encore :

$$\int_{A}^{A} \frac{dQ}{T} < 0.$$

En effet, si dans chacun des éléments *négatifs* de l'intégrale précédente, répondant à la portion du trajet BNA pour laquelle la température de la source est inférieure à celle du corps, si dans l'élément négatif $-\frac{dQ'}{T'}$, par exemple, je remplace T' la température du corps par T' — θ', température de la source S au même instant, cet élément deviendra

$$-\frac{dQ'}{T'-\theta'}$$

évidemment plus grand en valeur absolue que $\frac{dQ'}{T'}$. Introduisant ainsi la température variable de la source au lieu et place de la température du corps le long de la portion du cycle considérée, on augmente ainsi la valeur absolue des éléments négatifs de l'intégrale ; par suite, on a encore :

$$\int_{A}^{A}\frac{dQ}{T}<0,$$

T représentant alors à chaque instant la température de la *source* et non plus celle du *corps*.

382. Cette conséquence subsistera évidemment *à fortiori*, si tout le long du trajet AMB, la température de la source est inférieure à celle du corps.

383. *c.* Enfin, si les deux circonstances précédentes *a* et *b* se présentent à la fois, c'est-à-dire si de A en B, en passant par M (fig. 49), la température de la source est supérieure à celle du corps, et si de B en A, en passant par N, la température de la source est inférieure à celle du corps, on aura encore, T représentant toujours la température de la *source* et non celle du corps,

En effet, si T représentait à chaque instant la température du corps, on aurait :

$$\int_A^A \frac{dQ}{T} = 0.$$

Or, en introduisant au lieu et place de cette température du corps, la température correspondante de la source : on diminue, n° 378, la valeur absolue de tous les éléments *positifs* de l'intégrale précédente, et on augmente (n° 381) la valeur absolue de tous les éléments négatifs. Pour cette double raison, on a donc encore :

$$\int_A^A \frac{dQ}{T} < 0$$

T représentant alors à chaque instant la température de la source.

384. Deuxième cas de non réversibilité. — Comme second cas de non réversibilité, supposons que la pression p' du milieu externe dans lequel évolue le corps ne soit pas constamment égale à la pression interne p du corps.

a. Admettons d'abord que tout le long du trajet AMB, ou du moins pour la portion de ce trajet répondant à la période *d'extension* du cycle, la pression extérieure p' soit inférieure d'une quantité finie à la pression intérieure p du corps ; la réversibilité n'existera plus pour cette portion du cycle, et je dis que, dans ce cas on aura encore.

$$\int_A^A \frac{dQ}{T} < 0.$$

En effet, si tout le long du cycle, p' était égal à p, ce cycle serait réversible, et on aurait :

$$\int_A^A \frac{dQ}{T} = 0,$$

ou en séparant les termes additifs des termes soustractifs :

$$(1) \qquad \int_{A}^{B} {}_{x} \frac{dQ}{T} - \int_{B}^{A} {}_{z} \frac{dQ'}{T'} = 0,$$

dans laquelle dQ représente la quantité de chaleur absorbée pour la transformation élémentaire quelconque MM′ ; or dQ a pour expression :

$$dQ = dU + \mathcal{A} p dv,$$

pdv représentant le travail extérieur accompli, représenté (fig. 49) par l'aire MM′mm' ; mais si la pression extérieure p' pendant tout ou partie de cette période d'extension est inférieure à p, le travail exécuté pour un élément de cette période tel que MM′ n'est plus pdv représenté par MM′mm' : il est moindre, puisqu'il est égal à $p'dv$ (p' étant moindre que p). Par suite, la quantité de chaleur absorbée pour cette transformation élémentaire MM′ au lieu d'être :

$$dQ = dU + \mathcal{A} p dv$$

devient :

$$d_1Q = dU + \mathcal{A} p' dv,$$

d'où il résulte que d_1Q est plus petit que dQ, dU étant le même dans les deux cas.

Par suite,

$$\frac{d_1Q}{T} < \frac{dQ}{T}.$$

385. Répétant le même raisonnement pour tous les éléments tels que MM′, relatifs à la période ou à la portion de période considérée, on en conclut, en faisant la somme :

$$\int_{A}^{B} {}_{x} \frac{d_1Q}{T} < \int^{B} {}_{x} \frac{dQ}{T}.$$

386. Si donc dans la relation (1) je remplace $\int_{A}^{B} \mathbf{x} \frac{dQ}{T}$ par

$\int_{A}^{B} \mathbf{x} \frac{d_1Q}{T}$, qui est une quantité plus petite, d'après l'inégalité précédente, on aura évidemment :

$$\int_{A}^{B} \mathbf{x} \frac{d_1Q}{T} - \int_{B}^{A} \mathbf{z} \frac{dQ'}{T'} < 0,$$

ou, en employant la notation abrégée

$$\int_{A}^{A} \frac{dQ}{T} < 0 \qquad c.q.f.d.$$

387. *b.* Supposons en second lieu, que le long du trajet BNA ou plutôt de la partie de ce trajet répondant à la période de *compression* du cycle, la pression extérieure p' soit supérieure, d'une quantité finie, à la pression intérieure p du corps, la réversibilité n'existera plus pour cette portion du cycle, et je dis que dans ce cas, on aura encore :

$$\int_{A}^{A} \frac{dQ}{T} < 0.$$

En effet, si tout le long du cycle p' était égal à p, on aurait :

$$(1) \qquad \int_{A}^{B} \mathbf{x} \frac{dQ}{T} - \int_{A}^{A} \mathbf{z} \frac{dQ'}{T'} = 0,$$

dans laquelle dQ' représente la quantité de chaleur dégagée dans la transformation élémentaire quelconque N'N ; or :

$$dQ' = dU + \mathrm{A}pdv,$$

pdv exprimant le travail reçu par le corps et représenté par la surface NN'nn' ; mais dans le cas considéré la pression extérieure p' étant plus grande que p, le travail extérieur reçu n'est plus pdv, il est $p'dv$ plus grand que pdv ; et par suite, la quantité de chaleur dégagée au lieu d'être

$$dQ' = dU + \mathcal{A}pdv$$

sera

$$d_1Q' = dU + \mathcal{A}p'dv ;$$

d'où il résulte que d_1Q' est plus grand que dQ', dU étant le même dans les deux cas, par suite :

$$\frac{d_1Q'}{T'} > \frac{dQ'}{T'}.$$

388. Répétant le même raisonnement pour tous les éléments tels que NN' relatifs à la période ou à la portion de période considérée, on en conclut en faisant la somme

$$\int_B^A \Sigma \frac{d_1Q'}{T'} > \int_B^A \Sigma \frac{dQ'}{T'}.$$

Si donc dans la relation (1), je remplace

$$\int_B^A \Sigma \frac{dQ'}{T'} \text{ par } \int_P^A \Sigma \frac{d_1Q'}{T'}$$

qui est une quantité plus grande d'après l'inégalité précédente, j'aurai évidemment :

$$\int_A^B \Sigma \frac{dQ}{T} - \int_B^A \Sigma \frac{d_1Q'}{T'} < 0,$$

ou en employant la notation abrégée :

$$\int_A^A \frac{dQ}{T} < 0 \qquad c.q.f.d.$$

389. *c.* Enfin, si les deux circonstances précédentes se présentent en même temps, c'est-à-dire si pendant la portion de période d'extension située sur le trajet AMB, p' est plus petit que p ; et si pendant la portion de période de compression située sur le trajet BNA, p' est plus grand que p, auquel cas le cycle n'est pas réversible sur ces portions, on aura *a fortiori* :

$$\int_{A}^{B} \frac{dQ}{T} < 0.$$

En effet, si tout le long du cycle on avait $p' = p$, le cycle étant réversible, on aurait :

$$\int_{A}^{B} x \frac{dQ}{T} - \int_{B}^{A} z \frac{dQ'}{T'} = 0,$$

mais dans les circonstances indiquées :

$\int_{A}^{B} x \frac{d_1Q}{T}$ relatif à la période d'extension est plus petit que

$$\int_{A}^{B} x \frac{dQ}{T},$$

de même :

$\int_{B}^{A} z \frac{d_1Q'}{T'}$ relatif à la période de compression est plus grand que

$$\int_{B}^{A} z \frac{dQ'}{T'}.$$

Donc pour ces deux raisons, on aura en remplaçant :

$$\int_{A}^{B} x \frac{d_1Q}{T} - \int_{B}^{A} z \frac{d_1Q'}{T'} < 0,$$

ou en employant la notation abrégée :

$$\int_A^A \frac{dQ}{T} < 0 \qquad \text{c. q. f. d.}$$

390. TROISIÈME CAS DE NON RÉVERSIBILITÉ.— Enfin si pendant que le corps évolue suivant un certain cycle, il éprouve des frottements ou des chocs qui occasionnent un dégagement de chaleur, le cycle n'est évidemment plus réversible ; car pour vaincre ces chocs, ces frottements, la pression p du corps lors de la période d'extension doit être plus grande que la pression extérieure p', et dans la période de compression, p' doit être plus grand que la pression interne p ; or, quand il en est ainsi, le cycle (n° 384) n'est plus réversible et on a : n° 389,

$$\int_A^A \frac{dQ}{T} < 0 \qquad \text{c. q. f. d.}$$

Résumé des points principaux mis en évidence dans les trois dernières leçons.

391. Résumons actuellement l'ensemble des propositions démontrées dans les trois dernières leçons :

Une machine étant constituée par un corps qui se transforme sous l'influence de la chaleur :

1° La continuité du travail de cette machine implique une perte nécessaire de chaleur, quel que soit d'ailleurs le cycle décrit par cette machine (n° 352).

2° La machine fonctionnant suivant un cycle de Carnot : le rapport $\frac{Q'}{Q}$ de cette perte nécessaire de chaleur à la chaleur totale dépensée, ou la perte *relative* de chaleur $\frac{Q'}{Q}$ est indépendante de la nature du corps constituant la machine et ne dépend que des températures des deux sources (principe de Carnot, n°s 355, 356, 357).

3° L'expression de cette perte *relative* de chaleur dans le cas d'un cycle de Carnot est :

$$\frac{Q'}{Q}=\frac{T'}{T}. \qquad (N° 362).$$

Cette relation mise sous la forme adoptée par Clausius (n° 363)

$$\frac{Q}{T}-\frac{Q'}{T'}=0$$

constitue l'expression même du principe de Carnot dans le cas d'un cycle de Carnot et peut s'énoncer de la manière suivante :

Lorsqu'un corps quelconque fonctionne suivant un cycle de Carnot, c'est-à-dire lorsqu'il est mis alternativement en contact avec deux sources de chaleur S, S', l'une S jouant le rôle de foyer et lui fournissant une quantité de chaleur Q à la *température absolue constante* T, l'autre S' jouant le rôle de réfrigérant et lui prenant une quantite de chaleur Q' à la *température constante* T', T' étant plus petit que T : *la somme algebrique des quotients des quantités de chaleur* Q *et* Q' *empruntées et rendues aux sources* SS', *par les températures de ces sources est égale à* 0 (n° 446).

4° Si le corps constituant la machine, au lieu de fonctionner suivant un cycle de Carnot fonctionne maintenant, suivant un cycle quelconque ; il faudra pour cela, non plus seulement deux sources de chaleur S et S' comme dans le cas précédent, mais une infinité de sources à des températures différentes, ou ce que j'appellerai une source multiple S à température variable T avec laquelle le corps devra toujours être en contact. Cela étant, si le cycle quelconque parcouru par le corps est *réversible*, on aura, en désignant par dQ la quantité de chaleur à la température variable T fournie ou prise à chaque instant au corps par la source multiple S (dQ étant considérée comme positive, s'il s'agit d'une quantité de chaleur fournie par S, et comme négative s'il s'agit d'une quantité de chaleur prise par S) ; on aura toujours, dis-je, en vertu du principe de Carnot (n° 363), appliqué à tous les cycles élémentaires de Carnot, en lesquels on peut décomposer le cycle donné :

$$\int_A^A \frac{dQ}{T} = 0$$

quel que soit le corps et le cycle décrits, pourvu qu'il satisfasse aux conditions de réversibilité (nos 365, 366, 367, 368, 369, 370, 371, 372, 373).

Cette relation constitue l'expression même du principe de Carnot dans le cas d'un cycle quelconque supposé réversible. Elle peut s'énoncer de la manière suivante :

Dans le cas considéré d'un cycle quelconque réversible : *la somme algébrique des quotients des quantités de chaleur élémentaires empruntées ou rendues à chaque instant, à la source multiple* S, *par les températures correspondantes de cette source à température variable est encore égale à* 0 (n° 446).

5° Enfin dans le cas, au contraire, où le cycle quelconque décrit par la machine n'est pas réversible, on a toujours, quel que soit le corps (du n° 376 au n° 391) :

$$\int_A^A \frac{dQ}{T} < 0,$$

T représentant à chaque instant la température absolue variable de la source multiple S (qui n'est plus ici toujours égale à celle du corps). Cette inégalité constitue l'expression même du cycle de Carnot dans le cas d'un cycle quelconque supposé non réversible. On peut l'énoncer de la manière suivante :

Dans le cas d'un cycle quelconque non réversible : *la somme algébrique des quotients des quantités de chaleur élémentaires empruntées et rendues à chaque instant, à la source multiple S, par les températures correspondantes de cette source à température variable est toujours plus petite que* 0 (n° 446).

392. Dans la prochaine leçon, nous verrons comment on peut conclure de ces conséquences diverses du principe de Carnot, l'expression du coefficient économique dans une machine thermique quelconque fonctionnant suivant un cycle quelconque.

VINGT-DEUXIÈME LEÇON

SOMMAIRE. — Définition du coefficient économique d'une machine. — Expression du coefficient économique, dans le cas d'une machine fonctionnant suivant un cycle de Carnot. — Ce coefficient économique $k_m = \frac{T-T'}{T}$ étant *en vertu du principe de Carnot*, constant quel que soit l'agent intermédiaire : Ce principe de Carnot, peut s'appeler par suite *principe d'égalité de rendement.* — Théorie des machines à air chaud réalisant un cycle de Carnot. — Recherche directe du travail moteur et du coefficient économique.

Définition du coefficient économique d'une machine.

393. Considérons une machine thermique quelconque, c'est-à-dire une machine constituée par un corps quelconque qui se transforme et supposons qu'elle fonctionne suivant un cycle quelconque, suivant le cycle MBNAM de la figure 49, par exemple, lequel est compris entre les deux lignes adiabatiques RS, PQ tangentes en A et B à ce cycle.

De A en B, en passant par M (n° 339), le corps absorbe une quantité de chaleur qu'il emprunte à la source multiple S :

$$\int_A^B \asymp dQ.$$

De B en A en passant par N (n° 339), le corps abandonne une quantité de chaleur qu'il cède à cette même source multiple S :

$$Q' = \int_B^A \asymp dQ'$$

Donc Q — Q′ représente la quantité de chaleur convertie en travail, et on a, en vertu du principe de l'équivalence, en désignant par $\mathcal{T}$ ce travail, figuré par l'aire du cycle :

$$Q - Q' = A.\mathcal{T},$$

d'où l'on conclut :

$$\mathcal{T} = \frac{1}{A}(Q - Q') = E(Q - Q').$$

394. Mais on peut évidemment écrire cette expression :

$$\mathcal{T} = EQ\left(\frac{Q - Q'}{Q}\right),$$

laquelle, en posant :

$$\frac{Q - Q'}{Q} = k,$$

devient enfin :

$$\mathcal{T} = k.EQ.$$

395. Dans cette expression, le produit EQ de l'équivalent mécanique E par la quantité de chaleur Q fournie par la source multiple S, représente le travail *total* dont est *potentiellement* susceptible cette quantité de chaleur Q (n° 377).

Quant au rapport $\frac{Q - Q'}{Q}$ désigné par k, *de la quantité de chaleur convertie en travail, à la quantité de chaleur* Q *réellement dépensée par la source* S. C'est ce qu'on appelle le *coefficient économique* de la machine.

396. L'expression précédente montre donc, que le travail effectué par une machine thermique quelconque, répondant à une quantité totale de chaleur Q fournie par la source S, s'obtient en multipliant le travail total EQ dont est *potentiellement* susceptible cette quantité de chaleur, par *le coefficient économique* de la machine.

398. Il importe donc, si l'on veut connaître le travail effectif que peut produire dans un cas donné une quantité de cha-

leur Q, de pouvoir apprécier la valeur de ce coefficient économique suivant le cycle décrit par la machine ; eh bien :

Nous allons précisément chercher l'expression de ce coefficient économique dans le cas d'un cycle de Carnot en fonction des températures TT' des deux sources.

Nous démontrerons ensuite (du n° 423 au n° 432), que dans le cas d'une machine fonctionnant suivant un cycle quelconque, le coefficient économique est toujours *inférieur* à celui de la même machine fonctionnant suivant un cycle de Carnot, entre les mêmes limites de température ; que par suite, le *coefficient économique du cycle de Carnot est maximum.*

Expression du coefficient économique, dans le cas d'une machine fonctionnant suivant un cycle de Carnot.

399. Considérons une machine thermique quelconque, c'est-à-dire une machine constituée par un corps quelconque qui se transforme sous l'action de la chaleur et supposons qu'elle fonctionne suivant le cycle de Carnot RPQS (fig. 45).

Pour cela, cette machine doit être mise alternativement en communication avec une première source de chaleur S à la température constante T jouant le rôle de foyer, puis avec une seconde source de chaleur S' à la température constante $T' < T$ jouant le rôle de réfrigérant, de là résulte deux périodes isothermiques RP, SQ qui doivent être séparées par des périodes adiabatiques RS, PQ.

Si l'on désigne alors par Q la quantité de chaleur à la température T fournie par S à chaque évolution, par Q' la quantité de chaleur à la température T' prise par S' dans cette même évolution, $Q - Q'$ représentera la quantité de chaleur convertie en travail, et le coefficient économique k sera d'après la définition du n° 396 :

$$k = \frac{Q = Q'}{Q},$$

ou bien :

$$k = 1 - \frac{Q'}{Q}.$$

400. Mais dans le cas d'un cycle de Carnot, quel que soit l'agent intermédiaire, on a (n° 362), ainsi qu'on l'a rappelé d'ailleurs au n° 391 :

$$\frac{Q'}{Q} = \frac{T'}{T}.$$

Remplaçant dans l'expression précédente de k, il vient enfin :

$$k = 1 - \frac{T'}{T},$$

ou encore :

$$k = \frac{T - T'}{T},$$

ce qui nous apprend *que le coefficient économique k d'une machine quelconque constituée par un corps quelconque, fonctionnant suivant un cycle de Carnot, est égal au rapport de la chute de température* $T - T'$, *à la température absolue* T *du foyer.*

Par conséquent :

1° Ce coefficient économique est indépendant de la nature de l'agent intermédiaire.

2° Il est proportionnel à la chute de température.

3° Pour une même chute de température, il est d'autant plus grand que la température T est plus basse.

Le principe de Carnot peut s'appeler principe d'égalité de rendement.

401. Ainsi, quel que soit l'agent intermédiaire employé, gaz, vapeur, liquide ou solide ; qu'il s'agisse en d'autres termes d'une machine à gaz, ou d'une machine à vapeur, ou d'une machine non réalisée jusqu'ici, constituée par un liquide ou un solide qui se transformerait sans changer d'état : si cette machine fonctionne suivant un cycle de Carnot, entre les mêmes limites de température T et T' — il résulte, comme on voit, du principe de Carnot, que le coefficient économique de cette machine aura toujours *la même valeur*, laquelle sera donnée par l'expression précédente.

C'est à cause de cette remarquable conséquence du principe de Carnot, que ce principe se désigne souvent sous le nom de *principe d'égalité de rendement*.

Nous réserverons toutefois cette expression de *rendement* à une autre quantité que nous définirons plus loin (n° 447).

Discussion de l'expression n° 400 du coefficient économique relatif au cycle de Carnot.

402. Si nous faisons $T' = 0$ dans l'expression n° 400 du coefficient économique k, il atteint sa valeur maximum 1.

Ainsi dans ce cas irréalisable où la température du réfrigérant S' serait le 0 absolu, le coefficient économique serait 1, et par suite, le travail $\mathfrak{T}$ produit par la quantité de chaleur Q toujours donné par la formule

$$\mathfrak{T} = k.EQ,$$

atteindrait sa valeur maximum

$$EQ.$$

Ce produit EQ représente donc le maximum de travail que peut produire la quantité de chaleur Q, c'est-à-dire représente le travail total dont est *potentiellement* susceptible cette quantité de chaleur Q, travail qu'elle produirait *effectivement* si la température, au lieu de s'abaisser seulement de T à T' s'abaissait, par impossible, de T jusqu'au 0 absolu.

403. La température T' ne pouvant être nulle, le coefficient économique k est toujours plus petit que 1, et le travail produit par Q toujours plus petit que EQ par conséquent.

On voit facilement d'ailleurs que ce coefficient économique augmente en tendant vers cette limite, quand T augmente et que T' diminue. Donc, dans le cas d'une machine quelconque fonctionnant suivant un cycle de Carnot, on obtiendra le meilleur coefficient économique possible en poussant aussi loin que possible la température absolue T du foyer, et en abaissant autant que possible la température T' du réfrigérant.

404. Application. — S'il s'agit, par exemple, d'une machine à air chaud ; t' la température *ordinaire* du réfrigérant, cons-

tituée par un courant d'eau froide circulant dans une enveloppe, ne pourra s'abaisser par suite au delà du 0 ordinaire, dès lors, la température absolue correspondante T' ne pourra s'abaisser au delà de 273°. Quant à la température ordinaire t du foyer, elle ne peut s'élever au delà de 300° : au delà de cette température, il y aurait, en effet, oxydation rapide et par suite destruction rapide de la machine ; de plus, tout graissage deviendrait impossible aussi, tous les lubréfiants imaginables se trouvant fluidifiés et finalement décomposés à cette température. Donc la température absolue correspondante T ne peut être supérieure à 273° + 300° ou à 573°.

405. Si l'on suppose dès lors une machine à *air chaud* fonctionnant suivant un cycle de Carnot entre ces limites extrêmes de température, son coefficient économique sera d'après ce qui précède :

$$k = \frac{T - T'}{T} = \frac{573 - 273}{573} = \frac{300}{573} = 0{,}523,$$

soit 50 pour 100 environ. C'est-à-dire que la quantité de chaleur Q dépensée par le foyer ne produira environ que la moitié du travail total EQ dont elle est potentiellement susceptible.

406. Nous connaissons actuellement tous les éléments nécessaires pour établir la théorie d'une machine à air chaud fonctionnant suivant un cycle de Carnot. Malheureusement, comme nous le verrons dans le 2e volume (dix-septième leçon), par suite de certaines raisons pratiques la réalisation d'une telle machine est à peu près impossible.

Quoi qu'il en soit et à supposer que l'on parvienne un jour à vaincre ces difficultés pratiques, voici quelle serait la théorie de cette machine.

Théorie des machines à air chaud réalisant un cycle de Carnot.

407. Soit (fig. 45) RPQS le cycle de Carnot décrit par cette machine à air chaud entre les limites de température T, T' fixées au n° 404.

Proposons-nous de trouver l'expression du travail ϖ effectué par l'unité de poids de ce gaz pendant son évolution complète, et, par suite, *par tour de la machine supposée à simple effet.* Ce travail a pour expression (n° 394) :

$$\varpi = k.\mathrm{EQ},$$

dans laquelle k représente le coefficient économique, égal ici à $\frac{\mathrm{T}-\mathrm{T}'}{\mathrm{T}}$, et Q la quantité de chaleur fournie par le foyer S pendant la période isothermique RP, laquelle a pour expression (n° 360, — 1°) :

$$\mathrm{Q} = \mathcal{A} p_1 v_1 \,\mathrm{Log.}\frac{v_2}{v_1}.$$

Remplaçant dans ϖ, k et Q par les valeurs précédentes, en observant que le produit $\mathrm{E}\mathcal{A} = 1$, il vient :

$$\varpi = \frac{\mathrm{T}-\mathrm{T}'}{\mathrm{T}} p_1 v_1 \,\mathrm{Log.}\frac{v_2}{v_1}.$$

Mais la loi des transformations du gaz appliquée à l'état initial R fournit la condition :

$$\mathrm{H} v_1 p_1 = \mathrm{T},$$

d'où :

$$\frac{p_1 v_1}{\mathrm{T}} = \frac{1}{\mathrm{H}};$$

Remplaçant dans l'expression précédente, on a pour l'expression cherchée de ϖ :

$$\varpi = \frac{\mathrm{T}-\mathrm{T}'}{\mathrm{H}}.\,\mathrm{Log.}\frac{v_2}{v_1}.$$

408. Si le poids de gaz qui fonctionne, au lieu d'être égal à l'unité est égal $m^{kg.}$, le travail produit pour une évolution complète, et par suite, par tour de la machine, sera m fois plus grand et aura dès lors pour expression :

$$\varpi = m.\,\frac{\mathrm{T}-\mathrm{T}'}{\mathrm{H}} \,\mathrm{Log.}\frac{v_2}{v_1}.$$

409. Ou, en remplaçant $\frac{1}{H}$ par sa valeur av_0p_0 :

$$\mathfrak{G} = m.av_0p_0(T - T') \text{ Log. } \frac{v_2}{v_1}.$$

410. Remarque. — La première forme est d'ailleurs plus commode pour les applications, le terme $\frac{1}{H}$ ayant été calculé d'avance et trouvé égal pour l'air à 29,272. (Tableau du n° 326.)

411. Ayant ainsi l'expression du travail par tour, en fonction de T, T' et les dimensions v_2, v_1 de la machine, toutes quantités supposées connues ; on en conclurait facilement la force C de la machine en chevaux, connaissant le nombre n de tours par minute. Ayant la force de la machine, on en déduirait sans difficulté la quantité de chaleur que doit fournir le foyer S par heure, et par suite, le poids de combustible qu'il faut brûler. On déterminerait tout aussi facilement la quantité de chaleur cédée par heure au réfrigérant S', et par suite, la dépense d'eau nécessaire au refroidissement du gaz (2e volume, 17e leçon).

On pourrait également résoudre le problème inverse : établir, c'est-à-dire trouver les dimensions d'une machine à air chaud fonctionnant suivant un cycle de Carnot, entre des limites de températures T, T' imposées, d'une force donnée C et faisant n tours par minute.

Toutes ces questions sont résolues dans le deuxième volume, non-seulement par une machine à air chaud fonctionnant suivant un cycle de Carnot, mais pour une machine à air chaud fonctionnant suivant un cycle quelconque.

Recherche directe de l'expression du travail $\mathfrak{G}$ dans le cas d'un cycle de Carnot.

412. Observons que le travail $\mathfrak{G}$ effectué par l'unité de poids d'un gaz parfait, qui évolue suivant un cycle de Carnot, entre les limites de température T et T', peut aussi se calculer d'une manière directe :

Il suffit pour cela de remarquer que ce travail est représenté graphiquement par l'aire du cycle RPQS (fig. 45 reproduite ci-après).

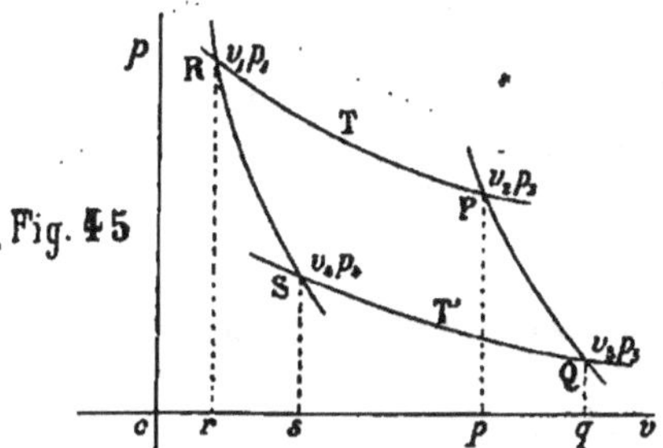

Fig. 45

Or, sur la figure, on a évidemment :

$$\text{Surf}(\text{RPQS}) = \text{Surf}(\text{RP}rp) + \text{Surf}(\text{PQ}pq) - \text{Surf}(\text{SQ}sq) - \text{Surf}(\text{RS}rs).$$

Mais : 1° la surface RPrp qui représente le travail extérieur accompli pendant la période isothermique RP, a pour expression (n° 360, — 1°) :

$$p_1v_1 \,\text{Log.}\, \frac{v_2}{v_1}.$$

2° Le long de la ligne adiabatique PQ, l'énergie intérieure calorifique diminue, la température tombant de T à T', d'une quantité qui a pour expression (n° 98$_a$) :

$$\text{E}c(\text{T} - \text{T}'),$$

c capacité calorifique sous volume constant.

Or, cette quantité d'énergie calorifique ainsi perdue comme chaleur s'est transformée complétement, puisque dans les gaz parfaits le travail interne est nul, en *travail externe* représenté par l'aire PQpq ; on a donc encore pour cette surface PQpq ou ce travail :

$$\text{E}c(\text{T} - \text{T}');$$

3° Le long de la ligne isothermique QS, le corps reçoit un

travail représenté par la surface QSqs ayant dès lors pour expression (n° 360, 3°) :

$$p_4 v_4 \operatorname{Log.} \frac{v_3}{v_4};$$

4° Enfin le long de la ligne adiabatique SQ, l'énergie intérieure calorifique augmente, la température s'élevant de T' à T d'une quantité qui a pour expression :

$$Ec(T - T').$$

Or, cette quantité d'énergie calorifique gagnée comme chaleur est entièrement due au travail extérieur reçu, représenté par la surface RSrs, (attendu que le travail externe est nul dans les gaz parfaits). Par suite, la surface RSrs, figurant ce travail extérieur reçu, a pour expression :

$$Ec(T - T').$$

413. En résumé, le travail total $\mathfrak{E}$ accompli par le gaz pendant l'évolution considérée, étant représenté par la surface RPQS, c'est-à-dire par la somme algébrique des quatre surfaces précédemment calculées, sera donc :

$$\mathfrak{E} = p_1 v_1 \operatorname{Log.} \frac{v_2}{v_1} + Ec(T - T') - p_4 v_4 \operatorname{Log.} \frac{v_3}{v_4} - Ec(T - T'),$$

qui se réduit, en supprimant les deux termes égaux et de signes contraires, à :

$$\mathfrak{E} = p_1 v_1 \operatorname{Log.} \frac{v_2}{v_1} - p_4 v_4 \operatorname{Log.} \frac{v_3}{v_4}.$$

414. Mais la relation de Poisson (n° 109) entre la température et la pression, appliquée à la période adiabatique PQ, donne :

$$T v_2^{\gamma - 1} = T' v_3^{\gamma - 1};$$

appliquée à la période adiabatique RS, elle donne également :

$$T v_1^{\gamma - 1} = T' v_4^{\gamma - 1}.$$

De ces deux égalités, on conclut par division :

$$\frac{v_2}{v_1}=\frac{v_3}{v_4},$$

et par suite :

$$\text{Log.}\frac{v_2}{v_1}=\text{Log.}\frac{v_3}{v_4}.$$

De telle sorte que l'expression de $\mathfrak{C}$ peut s'écrire :

$$\mathfrak{C}=(p_1v_1-p_4v_4)\,\text{Log.}\frac{v_2}{v_1}.$$

415. Si j'observe enfin que la loi des transformations du gaz appliquée aux états R, S donne :

$$Hv_1p_1=T, \qquad Hv_4p_4=T' :$$

j'aurai en remplaçant dans $\mathfrak{C}$, p_1v_1, p_4v_4, par leurs valeurs tirées de ces conditions :

$$\mathfrak{C}=\frac{T-T'}{H}\,\text{Log.}\frac{v_2}{v_1},$$

comme au n° 407.

Recherche directe du coefficient économique dans le cas d'un cycle de Carnot.

416. Première méthode. — Supposons que nous ayons ainsi calculé d'une manière directe le travail accompli par le gaz pendant son évolution, il sera facile d'en conclure l'expression du coefficient économique dans ces machines.

En effet, l'expression de ce travail en fonction du coefficient économique cherché, est (n° 394) :

$$\mathfrak{C}=k\text{EQ};$$

égalant cette valeur de $\mathfrak{C}$, à la précédente déterminée *directement*, on en tire immédiatement :

$$k=\frac{1}{\text{EQ}}\frac{T-T'}{H}\,\text{Log.}\frac{v_2}{v_1}.$$

Mais (n° 360, 1°) :

$$Q = \mathcal{A} p_1 v_1 \text{ Log. } \frac{v_2}{v_1},$$

ou bien, à cause de la condition $Hv_1 p_1 = T$:

$$Q = \mathcal{A} \frac{T}{H} \text{ Log. } \frac{v_2}{v_1}.$$

Remplaçons dans l'expression de k, Q par sa valeur, en remarquant que le produit $E\mathcal{A} = 1$, il vient enfin :

$$k = \frac{T - T'}{T}.$$

Nous retombons, ainsi que cela devait être, sur l'expression du coefficient économique trouvée précédemment.

417. Deuxième méthode. — On pourrait encore trouver directement le coefficient économique en observant qu'il a, par définition, pour expression :

$$k = \frac{Q - Q'}{Q}.$$

Or Q, quantité totale de chaleur fournie par le foyer, se réduisant à la quantité de chaleur absorbée dans la période isothermique RP, a pour expression :

$$Q = \mathcal{A} p_1 v_1 \text{ Log. } \frac{v_2}{v_1}.$$

De même Q', quantité totale de chaleur cédée au réfrigérant, se réduisant à la quantité de chaleur dégagée dans la période isothermique QS, a pour expression :

$$Q' = \mathcal{A} p_4 v_4 \text{ Log. } \frac{v_3}{v_4}.$$

D'où on conclut, en remplaçant dans l'expression précédente de k :

$$k = \frac{v_1 p_1 \text{ Log. } \frac{v_2}{v_1} - v_4 p_4 \text{ Log. } \frac{v_3}{v_4}}{v_1 p_1 \text{ Log. } \frac{v_2}{v_1}}$$

Mais la loi de Poisson entre la température et la pression appliquée aux périodes adiabatiques PQ, RS, donne, comme au n° 414 :

$$\frac{v_2}{v_1} = \frac{v_3}{v_4}.$$

Il reste donc, en substituant :

$$k = \frac{v_1 p_1 - v_4 p_4}{v_1 p_1}.$$

Enfin, par suite des équations de condition du n° 415, provenant de l'application de la loi des transformations du gaz aux états R et S, on a enfin :

$$k = \frac{T - T'}{T} \qquad \text{c. q. f. d.}$$

VINGT-TROISIÈME LEÇON

SOMMAIRE. — Marche inverse suivie en physique pour l'exposition du principe de Carnot et de ses conséquences relatives au coefficient économique. — Théorème : le coefficient économique d'une machine quelconque est maximum, lorsqu'elle fonctionne suivant un cycle de Carnot. — Maximum du travail que peut fournir une quantité donnée Q de chaleur :

$$\mathcal{G} = \frac{T - T'}{T} . EQ.$$

Rappel de la marche suivie précédemment pour l'exposition du principe de Carnot.

418. La marche suivie dans les leçons précédentes pour l'exposition du principe de Carnot et de ses conséquences a été la suivante :

Après avoir montré que la continuité du travail impliquait une *perte nécessaire* de chaleur, nous avons démontré *immédiatement* après *le principe de Carnot :* nous avons démontré, en d'autres termes, que pour toute machine, quel qu'en soit la nature, fonctionnant suivant un cycle de Carnot entre les mêmes limites de température T, T', la *perte relative* de chaleur $\frac{Q'}{Q}$ était la même; que, par suite, *cette perte relative* de chaleur était indépendante de l'agent intermédiaire et ne dépendait que des températures extrêmes T, T'.

Considérant alors un *gaz parfait* et trouvant, dans ce

cas, pour expression de cette perte relative de chaleur :

$$\frac{Q'}{Q}=\frac{T'}{T},$$

on pouvait conclure de ce qui précède que cette expression était applicable également à un *corps quelconque* pourvu qu'il fonctionnât suivant un cycle de Carnot.

D'ailleurs le coefficient économique d'une machine étant le rapport

$$k=\frac{Q-Q'}{Q}=1-\frac{Q'}{Q},$$

il résultait de là, pour la valeur de ce coefficient économique, dans le cas d'un cycle de Carnot :

$$k=1-\frac{T'}{T}=\frac{T-T'}{T},$$

constant quel que soit la nature de l'agent intermédiaire constituant la machine.

Autre méthode d'exposition du principe de Carnot.

419. Observons actuellement que pour établir le même principe, nous aurions pu suivre, comme on le fait généralement en physique, une marche précisément inverse, c'est-à-dire remonter du particulier au général, au lieu d'aller du général au particulier.

Voici cette autre marche : après avoir défini ce qu'on entend par coefficient économique dans une machine, on cherchera *directement* l'expression du coefficient économique dans le cas d'un gaz parfait fonctionnant suivant un cycle de Carnot, comme on l'a fait en terminant la dernière leçon aux nos 416 et 417. Il restera alors à établir le principe *d'égalité de rendement* qui se confond avec le *principe de Carnot ;* en d'autres termes, il restera à faire voir que cette expression

$$k=1-\frac{T'}{T}=\frac{T-T'}{T}$$

du coefficient économique, trouvée dans le cas d'un gaz parfait, est la même pour tout autre corps fonctionnant suivant un cycle de Carnot, entre les mêmes limites de température. A cet effet, soient deux corps quelconques A et C, un gaz et un liquide, par exemple, fonctionnant suivant les cycles de Carnot (A) et (C) (fig. 50), entre les mêmes limites de température;

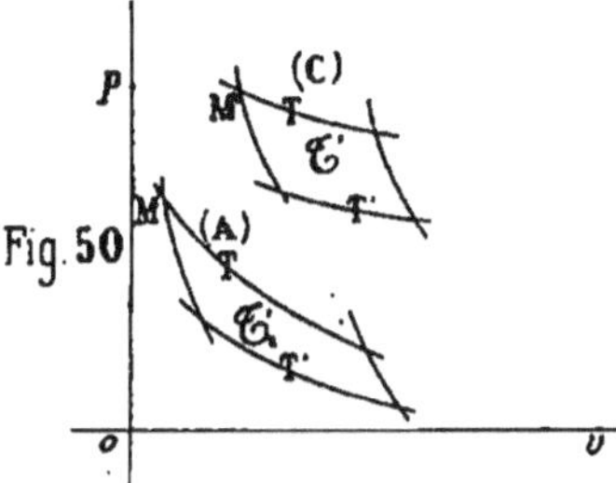

Fig. 50

il s'agit de démontrer que le coefficient économique k_1 de A est égal au coefficient économique k de C, c'est-à-dire de démontrer qu'on a :

$$\frac{Q_1 - Q'_1}{Q_1} = \frac{Q - Q'}{Q}.$$

Or, cette inégalité sera évidemment démontrée si l'on prouve la suivante :

$$\frac{E(Q_1 - Q'_1)}{Q'_1} = \frac{E(Q - Q')}{Q'},$$

c'est-à-dire, en observant que $E(Q_1 - Q'_1)$, $E(Q - Q')$ représente les travaux $\mathfrak{T}'_1$, $\mathfrak{T}'$, effectués par A et C et figurés par les aires des cycles (A) et (C), si l'on prouve que :

$$\frac{\mathfrak{T}'_1}{Q'_1} = \frac{\mathfrak{T}'}{Q'}.$$

Or, pour vérifier cette dernière égalité, il suffira évidemment de faire voir que si l'on suppose $Q'_1 = Q'$, $\mathfrak{T}'_1$ est nécessairement égal à $\mathfrak{T}'$. Ainsi il suffit, en dernière analyse, pour démontrer le principe d'égalité de rendement, c'est-à-dire le principe de Carnot, de démontrer que si les deux corps considérés transportent la même quantité de chaleur Q' de S sur S', le travail effectué par ces deux corps, représenté par l'aire des cycles, est le même. Or, pour cela, nous n'aurions qu'à reproduire ici le raisonnement du n° 355 ou celui du n° 356.

Il n'y a pas de cycle plus avantageux que le cycle de Carnot sous le rapport de l'utilisation de la chaleur en travail.

420. En suivant l'une ou l'autre de ces deux méthodes d'exposition, on trouve donc pour expression du coefficient économique, dans le cas d'une machine quelconque fonctionnant *suivant un cycle de Carnot*, l'expression

$$k = \frac{T - T'}{T} = k_m.$$

De telle sorte que, quelle que soit la machine fonctionnant ainsi, le travail qu'elle produit, pour une dépense Q de chaleur, a immédiatement pour expression (n° 394) :

$$\mathfrak{E} = \frac{T - T'}{T} EQ = k_m EQ.$$

421. Malheureusement, il a été impossible jusqu'à présent de construire une machine quelconque, soit à air chaud (nous l'avons déjà dit au n° 406), soit à vapeur, soit à liquide ou à solide, fonctionnant exactement suivant un cycle de Carnot. Ce cycle de Carnot ne comporte, en effet, comme on l'a vu, que des périodes de détente et de compression, soit isothermiques, soit adiabatiques, c'est-à-dire des opérations consistant en des variations simultanées de volume et de pression, tandis que dans le jeu des machines réelles, soit à vapeur, soit à air chaud, actuellement existantes, les périodes de détente et de compression sont au contraire, comme nous le verrons, toujours précédées de périodes où l'agent de la transformation, vapeur ou gaz, se dilate à pression constante ou

s'échauffe à volume constant. Il est donc nécessaire pour apprécier le travail moteur dans ces machines (nº 394) de rechercher directement quelle est l'expression du coefficient économique d'après le cycle réellement décrit par la machine considérée. On peut dès lors se demander de quelle utilité est pour nous la connaissance du coefficient économique dans le cas d'un cycle de Carnot, puisque ce cycle de Carnot n'est jamais réalisé.

422. Eh bien, cette utilité ressort immédiatement de la proposition suivante que nous allons démontrer :

Quel que soit le cycle décrit par une machine quelconque, si ce cycle diffère d'un cycle de Carnot, le coefficient économique de cette machine que je désigne par k_u est *toujours inférieur* au coefficient économique k_m de la même machine fonctionnant suivant un cycle de Carnot entre les mêmes limites de température T et T', de telle sorte qu'on a toujours :

$$k_u < k_m.$$

En d'autres termes, le coefficient économique dans le cas du cycle de Carnot donne *une limite supérieure* du coefficient économique réel, c'est-à-dire du coefficient économique répondant au cycle réellement décrit par la machine considérée, ou bien encore :

Il n'y a pas de cycle plus avantageux que le cycle de Carnot sous le rapport de l'utilisation de la chaleur en travail.

Le coefficient économique d'une machine est maximum lorsqu'elle fonctionne suivant un cycle de Carnot.

423. Première démonstration. — On peut d'ailleurs immédiatement le concevoir, au moins jusqu'à un certain point, à l'aide du simple raisonnement que voici :

Dans la période isothermique RP (fig. 45), la chaleur Q empruntée au foyer est *toute entière* employée à produire du *travail* tant *interne* qu'*externe*, puisqu'il n'y a pas ici d'élévation inutile de température; cette quantité de chaleur Q, au point de vue du travail effectué, ne saurait donc être mieux employée. Pendant la période adiabatique PQ, on ne dépense pas de chaleur, et le corps donne spontanément tout le travail qu'il est susceptible de fournir. Pendant la période isothermique QS, tout le travail externe subi par le corps augmenté de la perte d'énergie potentielle s'est complétement transformé en chaleur, puisqu'il n'y a pas eu d'élévation de température; cette quantité de chaleur dégagée et envoyée à la source froide nous a donc coûté un *minimum* de travail externe. Enfin, pendant la période adiabatique SR, le travail reçu par le corps est le mieux possible utilisé à détruire la différence de température $T - T'$, afin qu'on n'ait pas à dépenser inutilement de la chaleur pour ramener le corps de la température T' à la température T et recommencer le cycle; dans cette période le travail dépensé pour l'effet produit est encore *minimum*.

On voit donc en résumé que pour la quantité de chaleur Q dépensée par le foyer, le travail produit $\mathfrak{C}$ représenté par l'aire du cycle, lequel est égal à la somme algébrique des travaux précédents, est *maximum* quand ce cycle est un cycle de Carnot. Mais ce travail en fonction du coefficient économique K a pour expression (n° 394) :

$$\mathfrak{C} = k\text{EQ}.$$

Or, pour la même quantité de chaleur Q empruntée au foyer, $\mathfrak{C}$ d'après ce qui précède étant *maximum* quand le cycle décrit est un cycle de Carnot, il en résulte, EQ étant constant, que k le coefficient économique est aussi *maximum* dans cette circonstance, c. q. f. d.

Ainsi, *le coefficient économique d'une machine quelconque est maximum lorsqu'elle fonctionne suivant un cycle de Carnot.* Le raisonnement qui précède pouvant laisser quelques doutes dans l'esprit, voici d'ailleurs comment on peut établir *rigoureusement* cette proposition :

424. Deuxième démonstration. — Soit une machine, constituée par un corps quelconque qui se transforme, fonctionnant non plus suivant un cycle de Carnot, mais suivant un cycle quelconque, tel que AB'BA (fig. 51), que je supposerai

d'abord réversible. Ici la machine, c'est-à-dire l'agent de la transformation, gaz ou vapeur, doit être mis successivement en communication non plus avec deux sources de chaleur seulement, aux températures constantes T et T', comme dans le cas précédent d'un cycle de Carnot, mais avec une infinité de sources, à des températures différentes, ou ce qui revient au même, avec une seule source S, dite *source multiple à température variable*.

425. Cette source multiple S pouvant agir à chaque instant sur le corps, servant d'agent à la transformation, soit comme *foyer*, soit comme *réfrigérant*; si l'on remarque que le cycle donné est nécessairement compris entre deux lignes adiabatiques telles que RS, PQ, tangentes en A et B à ce cycle, on en conclura :

1° Que de A en B en passant par M (n° 339) le corps absorbe une quantité de chaleur Q qu'il emprunte à la source multiple S, jouant alors le rôle de *foyer*, laquelle a pour expression :

$$Q = \int_A^B z\, dQ ;$$

2° Que de B en A en passant par N le corps abandonne une quantité de chaleur Q', qu'il cède à cette même source multiple S, jouant alors le rôle de *réfrigérant*, laquelle a pour expression :

$$Q' = \int_B^A z\, dQ'.$$

426. Le cycle donné étant également nécessairement compris entre deux lignes isothermiques aux températures T_1, T'_1, telles que RP, SQ, tangentes en B' et A' à ce cycle, on en conclura de plus (n° 339) :

1° Que de A' à B' en passant par A la température du corps et *par suite de la source*, puisque le cycle est supposé réversible, va en augmentant de T'_1 à T_1;

2° Que de B' en A' en passant par B, cette température va en diminuant de T_1 à T'_1.

427. *a*. Ceci rappelé et le cycle décrit étant supposé réversible, on a (n° 391, 5°), quel que soit l'agent de la transformation :

$$\int_A^A \frac{dQ}{T} = 0,$$

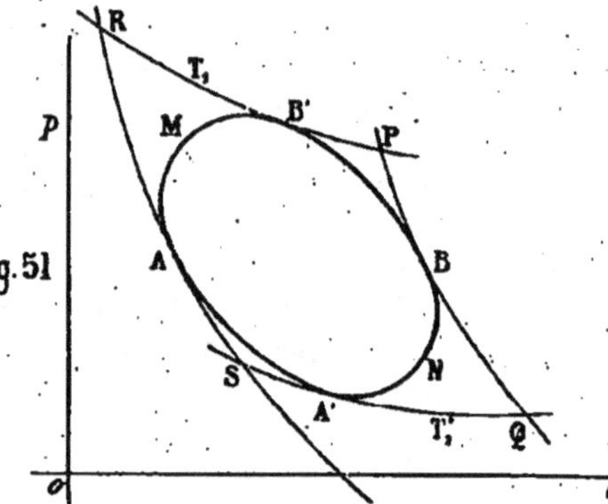

ou en séparant les termes positifs des termes négatifs :

$$\int_A^B \Sigma \frac{dQ}{T} - \int_B^A \Sigma \frac{dQ'}{T'} = 0.$$

428. Or, tout le long du contour AMB, la température T du corps et par suite de la source est inférieure (n° 426) à la température maximum T_1 du corps et par suite de la source en B' ; donc en remplaçant dans tous les termes de la somme :

$$\int_A^B \Sigma \frac{dQ}{T},$$

la température variable T, par la température constante T_1

toujours plus grande que T, on aura :

$$\int_A^B \frac{dQ}{T} > \int_A^B \frac{dQ}{T_1},$$

T_1 étant constant : en le mettant hors du signe $\int$, et observant que $\int_A^B dQ = Q$, il vient enfin :

$$\int_A^B \frac{dQ}{T} > \frac{Q}{T_1}.$$

429. Au contraire, le long du contour BNA, la température du corps, et par suite de la source T′, est toujours supérieure à la température minimum T'_1 du corps ou de la source en A′; on a donc, en remplaçant dans tous les termes de la somme

$$\int_B^A \frac{dQ'}{T'}.$$

T' par la quantité constante T'_1 toujours plus petite que T' :

$$\int_B^A \frac{dQ'}{T'} < \int_B^A \frac{dQ'}{T'_1},$$

en mettant également T'_1 hors du signe $\int$ et observant que $\int_B^A dQ' = Q'$, il vient :

$$\int_B \frac{dQ'}{T'} < \frac{Q'}{T'_1}$$

430. Si actuellement dans la relation (n° 427) je remplace le premier terme par $\frac{Q}{T_1}$, quantité qui est plus petite que ce premier terme (n° 428), et le second terme par $\frac{Q'}{T'_1}$, quantité plus grande que ce deuxième terme (n° 429), on aura évidemment pour ces deux raisons :

$$\frac{Q}{T_1} - \frac{Q'}{T'_1} < 0,$$

d'où l'on conclut :

$$\frac{Q}{Q'} < \frac{T_1}{T'_1},$$

et enfin :

$$\frac{Q - Q'}{Q} < \frac{T_1 - T'_1}{T_1}.$$

431. Or le premier membre de cette inégalité étant le rapport de la dépense *utile* de chaleur à la dépense *totale*, représente (n° 396) le coefficient économique de la machine fonctionnant suivant le cycle donné ; le deuxième membre, d'autre part, est l'expression même du coefficient économique du cycle de Carnot RPQS circonscrit au cycle donné (n° 400). Dès lors l'inégalité précédente nous démontre :

Que le coefficient économique d'une machine quelconque fonctionnant suivant un cycle quelconque réversible est toujours plus petit que le coefficient économique de la même machine fonctionnant suivant un cycle de Carnot circonscrit, compris, par suite, entre les mêmes limites de température T_1 *et* T'_1 *que le cycle donné.*

432. *a*. Cette proposition subsisterait d'ailleurs *a fortiori* si le cycle quelconque de la figure 51, décrit par la machine, au lieu d'être réversible, n'était pas réversible ; en effet, dans ce cas, quel que soit l'agent de la transformation, on a (n° 391, 6°) :

$$\int_{A}^{A} \frac{dQ}{T} < 0,$$

ou bien en séparant

$$\int_{\text{A}}^{\text{B}} z\frac{dQ}{T} - \int_{\text{B}}^{\text{A}} z\frac{dQ'}{T'} < 0.$$

Or, si dans cette inégalité je remplace le premier terme par $\frac{Q}{T_1}$, quantité plus petite (n° 428), et le deuxième terme par $\frac{Q'}{T'_1}$, quantité plus grande (n° 429), il est clair qu'elle subsistera *a fortiori*; par conséquent, on aura encore :

$$\frac{Q}{T_1} - \frac{Q'}{T'_1} < 0,$$

d'où l'on conclut :

$$\frac{Q - Q'}{Q} < \frac{T_1 - T'_1}{T_1}$$

exprimant encore : que *le coefficient économique de la machine donnée est inférieur au coefficient économique de la même machine fonctionnant suivant le cycle de Carnot circonscrit au cycle réel décrit, et compris par suite entre les mêmes limites de température.*

Résumé de cette leçon.

433. Terminons cette leçon en la résumant succinctement :

1° Lorsqu'une machine quelconque fonctionne suivant un cycle de Carnot compris entre les températures T et T', le coefficient économique, quel que soit l'agent de la transformation, a pour expression :

$$k = \frac{T - T'}{T'} = k_m;$$

2° Si cette même machine fonctionne actuellement suivant un cycle quelconque, réversible ou non réversible, entre les mêmes limites de température T et T', son coefficient économique est toujours inférieur au précédent; de telle sorte qu'en désignant par K_u la valeur de ce coefficient économique, on a toujours :

$$k_u < k_m.$$

Le cycle de Carnot jouit donc de cette propriété remarquable : que le coefficient économique d'une machine thermique fonctionnant suivant ce cycle entre les limites de température T et T' *est maximum,* c'est-à-dire plus grand que si la machine fonctionnait suivant un cycle quelconque entre les mêmes limites de température, ou en d'autres termes :

Il ne peut exister de meilleur mode d'utiliser sous forme de travail une quantité quelconque Q de chaleur fournie par le foyer d'une machine thermique quelconque que celui qui consiste à faire fonctionner la machine, opérant cette transformation, suivant un cycle de Carnot.

Toute machine, fonctionnant suivant un cycle de Carnot, comme la machine à air chaud étudiée au numéro 407, constitue donc une machine *parfaite* au point de vue de l'utilisation en travail de la chaleur dépensée par le foyer.

3° Il résulte de ce qui précède que le travail disponible utilisable, dont l'expression générale est (n° 394)

$$\mathfrak{T} = k.EQ,$$

a pour valeur *maximum* dans le cas d'un cycle de Carnot et quel que soit le corps, en remplaçant k par la valeur $\frac{T - T'}{T}$ qu'il prend dans ce cas :

$$\mathfrak{T} = \frac{T - T'}{T}.EQ.$$

Dans tout autre cas, ce travail disponible utilisable serait moindre puisque le coefficient économique serait alors :

$$k_u < k_m < \frac{T - T'}{T}.$$

Ainsi se trouve démontrée cette proposition générale émise pour la première fois par Sadi Carnot :

« *La puissance motrice de la chaleur est indépendante des agents mis* « *en œuvre pour la réaliser ; sa quantité est fixée uniquement par les* « *températures des corps entre lesquels se fait en dernier résultat le* « *transport du calorique.* »

VINGT-QUATRIÈME LEÇON

Sommaire. — Conséquences de la formule $\mathfrak{T} = \frac{T - T'}{T} . EQ.$ — Nécessité du 0 absolu. — Comparaison d'un moteur thermique à un moteur hydraulique. — Analogie du travail fourni par une quantité de chaleur Q éprouvant une chute de température T — T' au travail d'un poids tombant d'une certaine hauteur. — Poids thermiques. — Énoncé et discussion des propositions principales émises par Sadi Carnot. — Rendement spécifique et rendement pratique d'un moteur thermique.

Conséquences de la formule $\mathfrak{T} = \frac{T - T'}{T} . EQ.$

Nécessité du 0 absolu.

434. Dans la dernière leçon, nous avons fait voir que le *maximum* de travail que peut fournir une quantité de chaleur Q passant de la température T à la température T' a pour expression :

$$\mathfrak{T} = \frac{T - T'}{T} . EQ.$$

Ce maximum de travail est atteint d'ailleurs, lorsque la machine fonctionne suivant un cycle de Carnot entre les limites de température T et T'.

435. Je vais faire voir aujourd'hui que cette formule prouve l'existence nécessaire d'un 0 absolu. Dans l'ancienne physique, ainsi que nous l'avons déjà dit dans une précédente leçon (n° 51), d'après les idées qu'on se faisait de l'essence même

de la chaleur, on était nécessairement amené à supposer *infinie* la quantité de chaleur contenue dans un corps, et, par suite, à nier l'existence d'un 0 absolu indiquant l'absence totale de chaleur. Mais la chaleur, d'après les idées modernes, n'étant rien autre chose qu'un mouvement vibratoire des molécules des corps, de telle sorte que la somme des forces vives de ces mouvements vibratoires représente la quantité de chaleur contenue dans ce corps ; il en résulte immédiatement que, si ce mouvement vibratoire s'éteint, et l'on conçoit très bien cette possibilité, il n'y a plus de chaleur. On conçoit donc dans ces nouvelles idées, l'existence nécessaire d'un 0 absolu précisément atteint, quand tout ce mouvement vibratoire représentant toute la chaleur du corps est anéanti (n° 51).

436. Eh bien, la formule précédente corrobore ces prévisions. En effet, si, comme on le supposait autrefois, la quantité de chaleur renfermée dans un corps était infinie, c'est-à-dire si le 0 absolu était indéfiniment reculé : les températures absolues T, T' relatives à ce 0 indéfiniment éloigné seraient infinies, et la formule précédente donnerait en y faisant, $T = T' = \infty$:

$$\mathfrak{E} = 0,$$

c'est-à-dire que, s'il en était ainsi, une quantité de chaleur quelconque Q serait toujours incapable de produire du travail mécanique. Or cette conséquence étant contraire à tous les faits connus, on en conclut que T et T' ne peuvent être infinis ; de là, la nécessité d'un 0 absolu, dont nous avons d'ailleurs fixé la position (n° 51) à 273° au-dessous du 0 ordinaire du thermomètre à air.

Assimilation d'un moteur thermique à un moteur hydraulique.

437. Examinons encore attentivement cette formule

$$\mathfrak{E} = \frac{T - T'}{T} \cdot EQ$$

afin d'en bien comprendre la signification.

Puisque E l'équivalent mécanique de la chaleur, est le travail total que peut fournir chaque unité de chaleur, il semble au premier abord, que le travail disponible utilisable *maximum* que l'on puisse retirer d'une quantité de chaleur Q soit EQ et non pas : $\frac{T-T'}{T}.EQ$, quantité moindre ; mais si l'on observe que pour que la machine puisse fonctionner d'une manière continue, il faut (n° 352) que le corps, l'agent intermédiaire, sur lequel agit la chaleur, décrive un cycle fermé ; on en conclura que ce corps après avoir absorbé une certaine quantité de chaleur Q à une certaine température T, doit pour revenir à son état initial, en dégager une partie à une température inférieure T' ; il en résulte, qu'il est impossible que toute la chaleur Q dépensée par le foyer puisse se transformer en un travail externe correspondant égal à EQ ; et l'on comprend dès lors, pourquoi, au lieu de trouver pour le travail maximum utilisable d'une quantité de chaleur Q à la température T, cette quantité EQ ; on trouve (la température passant de T à $T' < T$), la quantité moindre :

$$\frac{T-T'}{T}.EQ.$$

438. On peut d'ailleurs par un raisonnement bien simple, montrer qu'en effet le *maximum* de travail que l'on peut retirer de la quantité de chaleur Q passant de T à T', ne saurait surpasser la valeur donnée par l'expression précédente :

En effet, le travail maximum utilisable que pourrait fournir la quantité de chaleur Q à la température T, si cette température s'abaissait au 0 absolu, serait EQ : mais si la température du corps, au lieu de s'abaisser de T° s'abaisse de 1°, le travail maximum qu'on pourra retirer de la quantité de chaleur Q sera T fois moindre, c'est-à-dire égal à :

$$\frac{EQ}{T}.$$

Or, comme la température est supposée s'abaisser de T—T', le travail maximum utilisable sera (T — T') fois plus grand, c'est-à-dire égal à :

$$\mathfrak{G} = \frac{EQ}{T}(T - T'),$$

que l'on peut écrire, en intervertissant l'ordre des facteurs :

$$\mathfrak{G} = \frac{T - T'}{T}.EQ, \qquad \textit{c. q. f. d.}$$

alors que le travail total *potentiellement* contenu dans Q est EQ.

Nous avons d'ailleurs fait voir que ce maximum de travail était précisément recueilli, dans le cas où la machine fonctionnait suivant un cycle de Carnot compris entre les températures T et T'.

439. Ainsi, les choses se passent absolument, comme pour un corps de poids p que l'on supposerait en A à une hauteur T au-dessus du niveau de la mer NN (fig. 52). Ce corps pos-

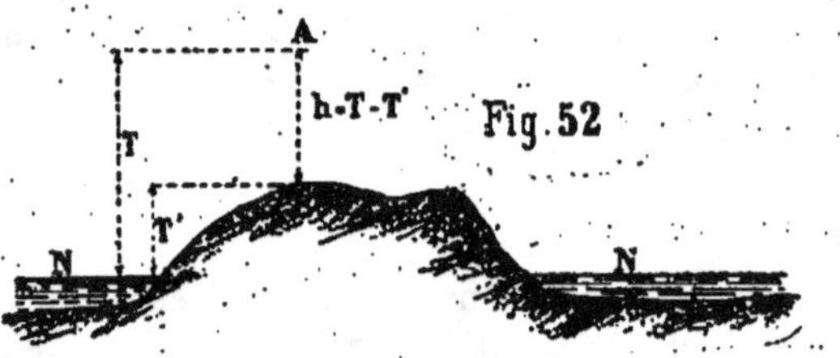

Fig. 52

séderait dans cette position, une capacité totale pour le travail égale à pT ; représentons ce travail virtuellement ou potentiellement contenu dans le poids p, par EQ, de telle sorte qu'on ait :

$$EQ = pT.$$

Ceci posé, ce travail EQ, virtuellement contenu dans le poids p, ne se manifesterait d'une manière *effective*, que si ce poids p tombait *effectivement* de la hauteur T ; s'il ne tombait que de un mètre, le travail effectif produit serait T fois moindre, c'est-à-dire égal à

$$\frac{EQ}{T}.$$

Mais s'il tombe, comme je le suppose, de A en B, d'une hauteur (T — T') que je désigne par h, le travail effectif produit sera (T — T') fois plus grand et aura par suite pour expression :

$$\frac{EQ}{T}(T - T') = ph,$$

en remplaçant EQ par sa valeur pT, et T — T' par h.

440. Il résulte donc de l'égalité précédente, que prétendre retirer une quantité de travail plus grande que :

$$\frac{T - T'}{T}.EQ,$$

d'une quantité de chaleur Q à la température T, éprouvant *une chute* de température T — T', est aussi absurde que de vouloir retirer d'un poids p éprouvant une *chute* h, un travail plus grand que ph.

441. Comme on le voit, le produit :

$$\frac{EQ}{T}(T - T')$$

mesure donc le travail disponible *maximum* qu'on peut retirer d'une quantité de chaleur Q à la température T, c'est-à-dire *d'un poids thermique* $\frac{EQ}{T}$ qui éprouverait une *chute* de température T — T'. *Les choses se passent donc absolument comme dans une chute d'eau,* dans laquelle, le produit ph d'un certain poids d'eau p dépensé par seconde par la hauteur de *chute* h, représente le travail total *maximum* ou la puissance maximum de cette chute d'eau.

Énoncé et discussion des principales propositions émises par Sadi Carnot. — Poids thermiques.

442. Ainsi, se trouvent démontrées rigoureusement, ces deux propositions de Sadi Carnot, qui ont servi d'épigraphe à cette deuxième partie.

« 1° La puissance motrice de la chaleur, et la puissance d'une

« chute d'eau, ont toutes deux un maximum qu'on ne peut « dépasser, quelle que soit d'une part la machine employée « à recevoir l'action de l'eau, et quelle que soit de l'autre la « substance employée à recevoir l'action de la chaleur. »

« 2° La puissance motrice d'une chute d'eau, dépend de la « quantité d'eau dont on dispose et de la hauteur de cette « chute; la puissance motrice de la chaleur dépend de la quan-« tité de calorique employée et de ce que nous appellerons la « hauteur de sa chute, c'est-à-dire la différence de tempéra-« ture des corps entre lesquels se fait l'échange de calorique. »

443. Ce qu'il y a de remarquable, c'est que Sadi Carnot est arrivé à ces deux propositions, en partant cependant de l'hypothèse erronée de la matérialité du calorique, et en admettant que la production du mouvement, du travail était due, non à une consommation réelle de calorique, mais simplement à son transport d'un corps chaud sur un corps froid.

444. Observons toutefois que la seconde proposition n'est pas d'une entière rigueur. Dans la comparaison que Sadi Carnot fait de la puissance motrice de la chaleur à la puissance motrice d'un cours d'eau, il assimile en effet la chute de température $T - T'$ à la chute d'eau h, ce qui est exact; mais ce qui ne l'est plus, c'est l'assimilation qu'il fait également entre la quantité de chaleur Q reçue par la machine et le poids p d'eau de la chute d'eau considérée, d'où il semble résulter que de même que l'expression du travail d'un poids d'eau p éprouvant une chute h est ph, le travail d'une quantité de chaleur Q éprouvant une chute de température $T - T'$ est aussi égal à :

$$Q(T - T').$$

445. Or, comme on l'a vu au n° 441, si la chute de température $T - T'$ éprouvée par la quantité de chaleur Q à la température T, est *exactement comparable* à la chute h éprouvée par un certain poids p d'eau : la quantité qui est *exactement comparable* à ce poids p d'eau n'est pas du tout, comme l'a cru Sadi Carnot, la quantité de chaleur Q elle-même, mais une certaine fonction de cette quantité de chaleur et de sa tempéra-

ture absolue T qui est :

$$\frac{EQ}{T}$$

et à laquelle, on a donné par raison d'analogie le nom de *poids thermique*.

De telle sorte que l'expression du travail maximum de la quantité de chaleur Q au lieu d'être

$$Q(T-T'),$$

est réellement :

$$\varpi=\frac{EQ}{T}(T-T').$$

Énoncés nouveaux des résultats résumés au n° 391.

446. En adoptant cette dénomination de *poids thermique* attribuée à la fonction $\frac{EQ}{T}$; tous les résultats résumés au n° 391, pourront d'ailleurs s'énoncer d'une manière rapide et élégante. Je rappelle ces résultats ; on a trouvé :

1° Dans le cas d'un cycle de Carnot (n° 363) :

$$\frac{Q}{T}-\frac{Q'}{T'}=0.$$

qu'on peut écrire :

$$\frac{Q}{T}=\frac{Q'}{T'}.$$

2° Dans le cas d'un cycle quelconque réversible (du n° 365 au n° 373) :

$$\int_{A}^{A}\frac{dQ}{T}=0,$$

ou bien :

$$\int_A^B \asymp \frac{dQ}{T} = \int_B^A \asymp \frac{dQ'}{T'}.$$

3° Dans le cas d'un cycle quelconque non réversible (du n° 376 au n° 391) :

$$\int_A^A \frac{dQ}{T} < 0,$$

ou bien :

$$\int_A^B \asymp \frac{dQ}{T} < \int_B^A \asymp \frac{dQ'}{T'}.$$

Ces divers résultats peuvent s'énoncer comme on l'a dit au n° 391.

Mais, comme on vient de l'expliquer, lorsqu'une source de chaleur *fournit* ou *prend* à un corps une quantité de chaleur Q ou dQ à une certaine température T, on peut dire qu'elle fournit ou retire à ce corps un poids thermique $\frac{EQ}{T}$ ou $\frac{EdQ}{T}$. Si l'on adopte cette manière de parler, les résultats précédents que l'on peut écrire, en les multipliant par E :

1° $\frac{EQ}{T} = \frac{EQ'}{T'}$ (cycle de Carnot),

2° $\int_A^B \asymp \frac{EdQ}{T} = \int_B^A \asymp \frac{EdQ'}{T'}$ (cycle quelconque réversible),

3° $\int_A^B \asymp \frac{EdQ}{T} < \int_B^A \asymp \frac{EdQ'}{T'}$ (cycle quelconque non réversible),

pourront s'énoncer de la manière suivante :

1° Lorsqu'un corps quelconque décrit un cycle de Carnot, ou un cycle quelconque *réversible* : *la somme des poids thermiques fournis au corps par la source multiple S est toujours égale à la somme des poids thermiques qu'elle lui enlève.*

2° Si, au contraire, le cycle quelconque décrit *n'est pas réversible* : *la somme des poids thermiques fournis au corps par la source multiple S est toujours inférieure à la somme des poids thermiques qu'elle lui enlève.*

Rendement spécifique d'une machine thermique.

447. Nous avons dit (n° 441) que le produit

$$\frac{EQ}{T}(T-T')$$

mesure le travail disponible *maximum* qu'on peut retirer d'une quantité de chaleur Q à la température T, ou plutôt d'un poids thermique $\frac{EQ}{T}$, qui éprouve une chute de température T—T', absolument comme le produit *ph*, d'un certain poids d'eau *p* dépensé par seconde par la hauteur de chute *h*, représente le travail total *maximum* ou la puissance maximum de cette chute d'eau.

Mais, de même qu'un moteur hydraulique quelconque, quelque perfectionné soit-il, n'utilise qu'une partie de ce travail maximum *ph* :

De même, une machine thermique quelconque, fonctionnant entre les limites de température T et T', suivant un cycle quelconque, n'utilisera pour la dépense Q de chaleur qu'une portion du travail *maximum* :

$$\frac{T-T'}{T}.EQ = \mathfrak{E}_m.$$

Si je désigne dès lors par $\mathfrak{E}_u$ le travail réellement fourni par ce moteur pour la quantité de chaleur Q absorbée, calculée d'après le cycle décrit réellement par la machine : nous appellerons, avec M. Hirn, *rendement spécifique* de la machine le rapport

$$\frac{\mathcal{T}_u}{\mathcal{T}_m}$$

du travail réellement fourni par le moteur thermique considéré, pour la quantité de chaleur Q absorbée, au travail *maximum* que cette même quantité de chaleur est susceptible de produire (dans le cas irréalisable pratiquement d'un cycle de Carnot). Et cela, par analogie avec les moteurs hydrauliques où le rendement théorique est également le rapport du travail réellement fourni par le moteur par seconde, calculé d'après les dispositions particulières de ce moteur, à la puissance brute *ph* du cours d'eau.

448. Comme d'ailleurs :

$$\mathcal{T}_u = k_u.\text{EQ},$$

k_u coefficient économique réel,
et qu'on a (n° 447) :

$$\mathcal{T}_m = k_m.\text{EQ}.$$

Il en résulte pour le rendement spécifique que je désigne par R :

$$\text{R} = \frac{\mathcal{T}_u}{\mathcal{T}_m} = \frac{k_u}{k_m} :$$

c'est-à-dire que le rendement spécifique est le rapport du coefficient économique réel k_u relatif à la machine considérée, et obtenu par le calcul du cycle réellement décrit par la machine, au coefficient économique maximum $k_m = \frac{\text{T} - \text{T}'}{\text{T}}$, qui aurait lieu, si la machine fonctionnait suivant le cycle irréalisable de Carnot.

449. D'ailleurs, de cette expression de R, on conclut :

$$k_u = \text{R}.k_m.$$

D'où il résulte l'expression suivante pour le travail utile réellement disponible, apprécié par le calcul du cycle :

$$\mathcal{T}_u = k_u.\text{EQ} = \text{R}.k_m.\text{EQ}.$$

Rendement pratique d'une machine thermique.

450. Au lieu de comparer au travail maximum $\mathfrak{T}_m$, que peut produire la quantité de chaleur Q à la température T, le travail $\mathfrak{T}_u$ réellement fourni par la machine considérée pour cette quantité de chaleur dépensée (ce travail étant obtenu par le calcul du cycle particulier décrit par cette machine) : si je lui compare le travail *effectivement* fourni par cette machine *apprécié au frein*, travail évidemment plus faible que $\mathfrak{T}_u$ à cause des différentes pertes qu'entraîne le jeu de l'organisme du moteur et que le calcul est impuissant à apprécier, et si je désigne ce travail par $\mathfrak{T}_{u_p}$; j'appellerai avec M. Hirn, *rendement pratique*, le rapport :

$$\frac{\mathfrak{T}_{u_p}}{\mathfrak{T}_m}.$$

451. Comme d'ailleurs :

$$\mathfrak{T}_{u_p} = k_{u_p}.EQ,$$

k_{u_p} coefficient économique *pratique* qui se déduit de cette formule.

On en conclut pour ce rendement pratique que je désigne par R_p :

$$R_p = \frac{\mathfrak{T}_{u_p}}{\mathfrak{T}_m} = \frac{k_{u_p}}{k_m},$$

c'est-à-dire que le rendement pratique est le rapport du coefficient économique réel *apprécié au frein* au coefficient économique maximum $k_m = \frac{T - T'}{T}$.

452. On tire de cette relation :

$$k_{u_p} = R_p.k_m,$$

d'où il résulte l'expression suivante pour le travail utile réellement disponible, apprécié au frein :

$$\mathfrak{T}_{u_p} = k_{u_p}.EQ = R_p.k_m.EQ.$$

458. Tous ces résultats, remarquables par leur simplicité, vont nous permettre de discuter rapidement les avantages et les inconvénients, au point de vue économique, des divers moteurs thermiques.

C'est ce que nous ferons dans la prochaine leçon.

APPLICATION DU PRINCIPE DE CARNOT

A L'ÉTUDE COMPARATIVE SOMMAIRE

au point de vue économique des diverses machines thermiques

VINGT-CINQUIÈME LEÇON

SOMMAIRE. — Application du principe de Carnot à l'étude comparative sommaire des divers moteurs thermiques. — Comparaison au point de vue économique des machines de même nature. Exemple : comparaison au point de vue économique des machines à vapeur à haute ou basse pression, à ou sans condensation. — Comparaison au point de vue économique des machines de nature diverse. 1er exemple : comparaison des machines à air chaud et des machines à gaz avec la machine à vapeur. — Inconvénients des machines à air chaud : oxydation, graissage difficile, dimensions énormes. — Réduction des dimensions de la machine à air chaud par l'emploi de l'air comprimé. — Supériorité relative de la machine à air chaud et de la machine à gaz dans le cas des petites forces. — Même théoriquement la machine à air chaud est inférieure à la machine à vapeur.

---

454. On a démontré, dans les dernières leçons, que quel que soit le cycle décrit par une machine quelconque, entre les limites de température T et T', le rapport :

$$\frac{T - T'}{T},$$

est une limite supérieure du coefficient économique de cette machine, et que par suite l'expression :

$$\frac{T - T'}{T} EQ,$$

est une limite supérieure du travail dont est susceptible la quantité de chaleur Q, ou le poids thermique $\frac{EQ}{T}$ dans la chute de température T — T' qu'il éprouve. Les choses se passent, encore une fois, comme dans un moteur hydraulique où le produit du poids p d'eau qui s'écoule par la hauteur de chute h est une limite supérieure du travail dont est susceptible ce moteur, pour le poids p d'eau écoulée.

455. Ce qu'il importe d'observer maintenant, c'est que lorsqu'il s'agit d'un moteur hydraulique, qui utilise une chute d'eau existante, comme on ne peut faire varier ni le *débit* ni la *hauteur* de cette chute, le travail maximum dont ce moteur hydraulique est susceptible est *invariable*, et toujours égal à ph.

Dans le cas d'un moteur thermique, au contraire, l'expression du travail maximum étant :

$$\frac{T-T'}{T}.EQ,$$

comme on peut toujours faire varier T et T' dans des limites plus ou moins étendues suivant la nature de l'agent intermédiaire, ce travail maximum sera variable. Il augmentera, par exemple, si on augmente le poids thermique $\frac{EQ}{T}$ et la chute de température $T-T'$, ou plus simplement, si le rapport $\frac{T-T'}{T}$, c'est-à-dire le coefficient économique maximum, augmente.

Comparaison au point de vue économique des machines de même nature.

451. Tout d'abord, comme la valeur de cette limite supérieure du coefficient économique

$$\frac{T-T'}{T}$$

ne dépend que des températures extrêmes entre lesquelles fonctionne la machine, et nullement de la nature de l'agent intermédiaire, on voit que sans changer cet agent intermédiaire on pourra augmenter la valeur de ce coefficient économique maximum en augmentant T et en diminuant T'.

Ainsi, dans une machine à vapeur, par exemple, on augmentera la valeur du coefficient économique maximum, et, par suite, le travail moteur maximum disponible, en augmentant la température T, et par conséquent la pression de la vapeur dans la chaudière, ou en diminuant la température T', et par conséquent la pression dans le condenseur.

Cette remarque nous permet de comparer au point de vue économique les machines à vapeur à basse ou à haute pression, et les machines à vapeur à condensation ou sans condensation.

Comparaison au point de vue économique des machines à vapeur à haute ou basse pression.

456. Soient deux machines à vapeur à condensation dans lesquelles la température du condenseur soit la même et égale à 50°; dans l'une, la pression de la vapeur est de 6 atmosphères, dans l'autre elle est de 2 atmosphères. Les températures répondant à ces pressions étant respectivement 159°,2 et 120°, les coefficients économiques maximums dans ces deux machines seront :

Pour la machine à 6 atmosphères :

$$k_m = \frac{159,2 - 50}{273 + 159,2} = 0,253;$$

pour la machine à 2 atmosphères :

$$k_m = \frac{120 - 50}{120 + 273} = 0,178.$$

Soient de même deux machines à vapeur sans condensation, l'une marchant à 10 atmosphères, c'est-à-dire à la température 180°, l'autre à 3 atmosphères, c'est-à-dire à la température 140°, les coefficients économiques maximums seront :

Pour la machine à 10 atmosphères :

$$k_m = \frac{180 - 100}{273 + 180} = 0,176;$$

pour la machine à 3 atmosphères :

$$k_m = \frac{140 - 100}{278 + 140} = 0,097.$$

Ces chiffres nous montrent qu'il y a avantage au point de vue économique à augmenter la pression dans le générateur, que la machine soit à condensation ou sans condensation. C'est en effet ce que l'expérience vérifie.

Comparaison au point de vue économique des machines à vapeur à ou sans condensation.

457. Soient deux machines à vapeur fonctionnant toutes deux à 6 atmosphères, c'est-à-dire à la température 159°,2, et dans lesquelles les températures de la vapeur d'échappement soient respectivement 40° et 100° ; on aura pour les coefficients économiques maximums :

1° Pour la machine à condensation :

$$k_m = \frac{159,2 - 40}{273 + 159,2} = 0,275 ;$$

2° Pour la machine sans condensation :

$$k_m = \frac{159,2 - 100}{273 + 159,2} = 0,136.$$

Les coefficients économiques réels et pratiques, c'est-à-dire appréciés expérimentalement, seraient, d'après M. Hirn, dans ces deux circonstances :

1° Pour la machine à condensation :

$$k_p = 0,17 ;$$

2° Pour la machine sans condensation :

$$k_p = 0,075.$$

Ces chiffres montrent qu'à égalité de pression dans la chaudière, le coefficient économique maximum et le coefficient économique pratique dans les machines *sans condensation*, sont à peu près la moitié des coefficients correspondants dans les mêmes machines à *condensation*, la température de condensation étant supposée égale à 40°.

458. Si d'ailleurs les machines sans condensation ont ce désavantage sur les machines à condensation d'être moins

économiques, elles présentent, par contre, cet avantage d'être beaucoup moins encombrantes par suite de l'absence du condenseur et de ses accessoires; de plus, leur service exige beaucoup moins d'eau; on épargne ici, en effet, l'énorme quantité d'eau qui serait nécessaire à la condensation.

C'est pour ces raisons que ces machines sans condensation sont spécialement employées pour toutes les machines mobiles, comme locomobiles, locomotives. Elles sont aussi parfois employées pour machines fixes de manufactures, quand le combustible n'est pas cher ou qu'on manque d'eau pour la condensation.

Comparaison au point de vue économique des machines de nature diverse.

459. Nous venons d'examiner, de comparer entre elles, au point de vue économique, des machines de même nature; nous avons pris spécialement pour exemple les divers systèmes de machines à vapeur.

Comparons actuellement, toujours au point de vue économique, des machines de nature diverse, c'est-à-dire des machines dans lesquelles l'agent de la transformation est différent. Or, d'après le principe de Carnot, l'expression du coefficient économique maximum restant la même et toujours égal à :

$$\frac{T-T'}{T},$$

quelle que soit la nature de l'agent intermédiaire, cela nous apprend :

Que si un genre de machines l'emporte en quelque façon sur un autre, au point de vue économique, ce n'est pas parce que le corps, qui sert d'agent à la transmission de la chaleur et à sa transformation en travail, possède telles ou telles propriétés qui fait qu'une plus ou moins grande quantité de chaleur se convertit en travail; *c'est simplement parce qu'il permet de marcher entre des limites de température plus écartées.*

Comparaison des machines à air chaud et des machines à gaz proprement dites avec la machine à vapeur, au point de vue économique.

460. Ainsi le seul avantage que puisse, d'après l'expression même du coefficient économique maximum, offrir la substitution d'un corps à un autre comme agent de la transformation de la chaleur en travail, *c'est donc la possibilité d'opérer entre des limites de température plus écartées.*

A ce point de vue, la supériorité des machines à air chaud sur les machines à vapeur est évidente; en effet, dans la machine à vapeur, la température du condenseur ne peut guère s'abaisser au delà de 40°, et on ne peut guère élever la température de la chaudière au delà de 180°, qui correspond déjà à une pression de 10 atmosphères; à des pressions supérieures, il y aurait *danger de rupture.* Donc le coefficient économique maximum dans la machine à vapeur à condensation ne peut jamais surpasser la limite :

$$k_m = \frac{T - T'}{T} = \frac{180 - 40}{273 + 180} = 30 \text{ p. } 100 \text{ environ.}$$

Pour la machine à vapeur sans condensation, dans laquelle $T' = 273 + 100$, ce coefficient économique maximum a également pour limite supérieure :

$$k_m = \frac{T - T'}{T} = \frac{180 - 100}{273 + 180} = 17 \text{ p. } 100 \text{ environ.}$$

461. Dans la machine à air, au contraire, on peut atteindre une température T beaucoup plus élevée que 180° sans exagérer la pression; par conséquent, *plus de crainte de rupture.* Et en effet, il ne faut pas moins de 300° environ pour doubler, en vase clos, la pression initiale p' d'une masse d'air à la température ordinaire $t' = 14°$, répondant à la température absolue $T' = 287°$.

En effet, la loi des transformations des gaz parfaits, appliquée à l'état initial de cette masse d'air, donne :

$$Hv'p' = T'.$$

Si on l'applique à l'état final, en observant que v' est le même dans les deux états, on a également :

$$Hv'p = T;$$

d'où on conclut :

$$\frac{p}{p'} = \frac{T}{T'}.$$

Si l'on veut que $p = 2p'$, il faudra donc que $T = 2T'$. Comme $T' = 287°$, il en résulte :

$$T = 574°,$$

à laquelle répond la température ordinaire :

$$t = 301°. \qquad \text{c. q. f. d.}$$

Inconvénients des machines à air chaud : oxydation, graissage difficile, dimensions énormes.

462. Il semble donc que dans ces machines à air chaud on puisse, en augmentant indéfiniment T, augmenter indéfiniment le coefficient économique maximum, *sans avoir à craindre de rupture* par suite d'excès de pression.

Malheureusement on se trouve arrêté dans cette voie, cette tendance à augmenter T, par deux graves inconvénients : le premier consiste dans l'oxydation, et par suite la destruction rapide de l'appareil, mis ainsi en contact avec de l'air à une température très élevée; cet inconvénient se manifeste surtout pendant les temps d'arrêt de la machine, où la chaleur du foyer, au lieu de se transformer en partie en travail, sert tout entière à échauffer la masse d'air; le second tient à ce que cette température très élevée rend le graissage complètement impossible en fluidifiant, décomposant ou résinifiant les huiles et graisses employées pour ce graissage. De là augmentation énorme des résistances et fuites d'air possibles.

De cette double impossibilité pratique où l'on se trouve d'élever la température au delà d'une limite qui ne peut précisément dépasser, pour les raisons précédentes, le chiffre de

300°, comme on l'a dit au n° 404, il résulte que la pression acquise par l'air à cette température est toujours très faible, si on la compare à la force élastique qu'atteint la vapeur dans nos machines industrielles. En effet, la pression initiale p' de la masse d'air qui fonctionne dans la machine étant égale à la pression atmosphérique, si on échauffe cette masse en vase clos à la température de 300°, sa pression devient p égale à $2p'$ (n° 461), c'est-à-dire égale ici à 2 atmosphères seulement. Dès lors la pression *effective* sur le piston, qui ne peut dépasser l'excès de pression $p-p'$, sera à peine égale ici à 1 atmosphère. Si l'on songe maintenant que dans nos machines à vapeur la pression *effective* sur le piston est en moyenne de 5 atmosphères, on conclura de ce qui précède qu'une machine à air chaud assez puissante pour suffire à un travail manufacturier, comparable à celui qu'on obtient d'une machine à vapeur ordinaire, devra présenter des dimensions énormes, au moins cinq fois plus grandes que celles d'une machine à vapeur de même force. C'est là le plus grand inconvénient des machines à air chaud. Il résulte, en effet, de cet inconvénient que le prix d'achat, d'établissement et d'entretien de ces machines est considérable; de plus, par suite de l'augmentation du poids de la machine, toutes les résistances passives sont augmentées au point qu'elles peuvent absorber jusqu'aux trois quarts du travail moteur produit.

C'est assez dire, en se rappelant les difficultés que présente le graissage et les chances de destruction rapide par l'oxydation, que la réalisation pratique, c'est-à-dire économique, d'une machine à air chaud, est encore à attendre.

463. Réduction des dimensions de la machine a air chaud par l'emploi de l'air comprimé. — Remarquons toutefois, maintenant, que si la pression initiale p' de la masse d'air qui fonctionne, au lieu d'être égale à la pression atmosphérique était plus forte, égale à cinq atmosphères, par exemple; en vase clos et à la température 300°, sa pression doublant (n° 461), deviendrait ici $p=2p'=10$ atmosphères. L'excès de pression $p-p'$ dont on pourrait alors disposer sur le piston serait égal à 5 atmosphères, et par suite les dimensions de la machine seraient réduites aux proportions ordinaires d'une

machine à vapeur. Nous verrons dans le second volume comment on pourrait réaliser cette conception qui rendrait la machine à air chaud tout à fait pratique.

Supériorité relative de la machine à air chaud et de la machine à gaz dans le cas des petites forces.

464. Quoi qu'il en soit, observons que ces divers inconvénients des moteurs à air chaud, qu'on vient de signaler, sont surtout marqués pour les grandes forces ; pour les petites forces, ils ont une importance relative moins considérable. Aussi dans ces circonstances, surtout avec le perfectionnement indiqué au numéro précédent, ces moteurs peuvent reprendre une certaine supériorité pratique sur la machine à vapeur, attendu *qu'ils n'exigent pas de chaudière*. Dès lors les frais considérables d'établissement, d'entretien et de réparation de cet accessoire indispensable des machines à vapeur sont ici évités ; partant aussi, plus d'explosions à craindre.

465. Aussi pensons-nous que dans l'avenir, grâce à de nombreux perfectionnements sur lesquels nous insistons dans le second volume, la machine à air chaud deviendra susceptible de rendre de bons et utiles services à la *petite industrie*. Dans ce cas, en effet, le travail très divisé et intermittent s'exécutant *à domicile* et non plus dans un atelier spécial, une machine à vapeur est complétement inadmissible à cause de la présence de son accessoire obligé, la chaudière, qui pourrait éclater et occasionner ainsi des catastrophes de toute nature.

D'ailleurs le prix d'achat et d'entretien de cette chaudière n'est pas ici en rapport avec l'importance du travail à exécuter.

L'emploi de la machine à air chaud ou mieux encore des machines à gaz proprement dites, dont nous parlerons aussi avec détails dans le second volume, se trouve donc tout naturellement indiqué dans ce cas.

466. Machines a gaz. — Dans ces machines à gaz, dont le type primitif est la machine Lenoir si connue, la pression effective sur le piston, due à l'explosion d'un mélange déto-

nant, peut en effet devenir considérable; par suite les dimensions de la machine pour une force donnée peuvent être très réduites. Mais par contre l'énorme température due à l'explosion exige un refroidissement considérable et par suite beaucoup d'eau; de plus, le combustible employé, le gaz d'éclairage, coûtant relativement très cher, ces machines ne sont pas économiques, quoique le coefficient économique soit très grand par suite du grand écart des températures extrêmes. Il varie de 26 à 30 p. 100 (voir le 2e volume).

Même théoriquement, la machine à air chaud est inférieure à la machine à vapeur.

467. Pour terminer ce que nous avons à dire ici des machines à air chaud, remarquons qu'il ne faut même pas s'illusionner sur cet avantage qu'elles présentent sur la machine à vapeur de pouvoir marcher entre des limites de température plus écartées.

En effet, s'il est vrai que le coefficient économique maximum

$$k_m = \frac{T - T'}{T}$$

peut devenir plus grand dans la machine à air que dans la machine à vapeur, d'autre part nous avons dit (n° 447) que le travail réellement disponible fourni par une machine thermique n'était pas donné par la formule :

$$\mathcal{E}_m = k_m EQ,$$

qui fournit seulement le travail *maximum* que peut donner la quantité de chaleur Q (si la machine fonctionne suivant le cycle irréalisable de Carnot), mais par la formule (n° 444) :

$$\mathcal{E}_u = k_u EQ = Rk_m EQ,$$

R étant le rendement spécifique de la machine considérée.

Or, cette formule fait voir que pour la même dépense de chaleur Q, le travail utilisable disponible dépend non-seulement de k_m, mais aussi de R. On comprend donc que, bien que k_m puisse être plus grand dans une machine à air chaud que dans une machine à vapeur, le travail réellement utilisable $\mathfrak{T}_u$ puisse être plus grand dans la machine à vapeur que dans la machine à air chaud ; il suffit, en effet, pour qu'il en soit ainsi, *que* R, *le rendement spécifique, soit beaucoup plus grand dans la machine à vapeur que dans la machine à gaz ;* de telle sorte que le produit Rk_m ou k_u, le coefficient économique réel, soit plus grand dans la machine à vapeur que dans la machine à air chaud. Or, c'est ce qui a lieu précisément.

468. Application. — Soient, en effet, une machine à vapeur et une machine à air chaud fonctionnant entre les mêmes limites de température 150° et 50°, par exemple.

Pour ces deux machines, le coefficient économique *maximum* est le même et égal à :

$$k_m = \frac{T - T'}{T} = \frac{150 - 50}{273 + 150} = 0,237.$$

Mais si on calcule directement k_u, le coefficient économique réel, d'après le cycle réellement décrit par cette machine à vapeur, en la supposant à détente complète, par exemple, c'est-à-dire en supposant que le degré de détente soit tel que la pression finale de la vapeur soit égale à la pression du condenseur, on trouve (voir 3e volume) :

$$k_u = 0,218,$$

qui se rapproche beaucoup de k_m, ce qui tient à ce que le cycle décrit par la machine (n° 481) se rapproche beaucoup d'un cycle de Carnot (n° 348).

Si on fait maintenant le même calcul pour les machines à air chaud (voir le 2e volume), on trouve :

$$k_u = 0,126,$$

qui s'écarte beaucoup de k_m, attendu que le cycle décrit par la machine s'écarte beaucoup d'un cycle de Carnot.

On en conclut pour le rendement *spécifique* de la machine à vapeur :

$$R = \frac{k_u}{k_m} = \frac{0,218}{0,237} = 0,91,$$

et pour le rendement *spécifique* de la machine à air chaud :

$$R = \frac{k_u}{k_m} = \frac{0,126}{0,237} = 0,53 \text{ seulement.}$$

On voit donc que la machine à vapeur fournit réellement pour la même dépense de chaleur Q une quantité de travail :

$$\mathfrak{T}_u = k_u EQ,$$

beaucoup plus grande que la machine à air.

469. On voit de plus que ce résultat peut encore subsister, quoique moins accusé, dans le cas où, au lieu de supposer les deux machines fonctionnant entre les mêmes limites de température, on supposerait que la machine à air chaud fonctionne entre des limites de température plus écartées que dans la machine à vapeur.

470. Ainsi, même théoriquement, la machine à air chaud est plutôt inférieure que supérieure à la machine à vapeur, au point de vue économique. A plus forte raison, cette conclusion persiste-t-elle, si nous passons du point de vue théorique au point de vue pratique, c'est-à-dire si, au lieu de comparer entre eux les travaux disponibles $\mathfrak{T}_u$ calculés d'après les cycles décrits, nous comparons entre eux les travaux disponibles $\mathfrak{T}_{u_p}$ *effectivement* fournis par les deux machines considérées, ces travaux utilisables étant appréciés au frein.

VINGT-SIXIÈME LEÇON

SOMMAIRE. — Suite de l'étude comparative sommaire des divers moteurs thermiques. — Comparaison des machines à vapeur surchauffée avec la machine à vapeur ordinaire. — La machine à vapeur surchauffée n'est pas plus économique que la machine à vapeur ordinaire. — Inconvénients de l'emploi de la vapeur d'eau surchauffée. — Avantages d'une légère surchauffe. — Comparaison des machines à vapeurs combinées avec la machine à vapeur ordinaire. — Recherche directe du coefficient économique maximum d'une machine à vapeurs combinées. — Graves inconvénients des machines à vapeurs combinées. — Cycle décrit par la vapeur dans la machine à vapeur ordinaire. — Raisonnement inexact au moyen duquel on prouvait autrefois l'infériorité de la machine à vapeur. — Erreur de ce raisonnement. — Condensation d'une partie de la vapeur pendant la détente mise en évidence dans une expérience de M. Hirn. — Conclusion générale : *la machine à vapeur est le moteur par excellence.*

Comparaison des machines à vapeur surchauffée avec la machine à vapeur ordinaire.

471. Dans la précédente leçon nous avons parlé des machines à air chaud et à gaz, de leurs avantages et de leurs inconvénients.

Nous avons cherché à faire ressortir la supériorité de la machine à vapeur sur toutes ces machines, dont l'emploi ne peut offrir d'avantages sérieux que dans des cas tout particuliers, dans le cas de la petite industrie notamment.

J'observe aujourd'hui que si, dans les machines à air chaud dont nous nous sommes occupés, nous substituons la vapeur d'eau surchauffée à l'air, nous faisons disparaître l'inconvénient signalé au n° 462 de l'oxydation rapide de la machine, sans atténuer sensiblement les avantages propres à la machine à air chaud, c'est-à-dire la possibilité d'élever la température T sans augmenter par trop la pression. On peut donc ainsi rendre énorme la chute de température; par suite, le coefficient économique k_m peut devenir considérable; aussi semble-t-il au premier abord que ces machines doivent être infiniment supérieures, au point de vue économique, à la machine à vapeur ordinaire.

472. LA MACHINE À VAPEUR SURCHAUFFÉE N'EST PAS PLUS ÉCONOMIQUE QUE LA MACHINE À VAPEUR ORDINAIRE. — Eh bien, il n'en est rien; observons, en effet, comme au n° 463, que le travail réellement disponible fourni par la machine n'est pas donné par la formule

$$\mathfrak{T}_m = k_m EQ,$$

qui fournit seulement la quantité de travail *maximum* dont est susceptible la quantité de chaleur Q, mais par la formule:

$$\mathfrak{T}_u = k_u EQ,$$

dans laquelle k_u représente le coefficient économique réel, calculé d'après le cycle réellement décrit par la machine. Or k_u ne se confond avec k_m que si ce cycle réellement décrit par la machine se confond avec un cycle de Carnot; dans tout autre cas, k_u est inférieur à k_m, et d'autant plus, que le cycle décrit s'écarte davantage d'un cycle de Carnot. Or, il est facile de voir, que précisément ici, le cycle décrit diffère énormément d'un cycle de Carnot. En effet, ici, le corps servant d'agent à la transformation, la vapeur d'eau, au lieu d'être mise successivement en contact avec deux sources de chaleur à température constante, comme dans la machine à vapeur ordinaire, est immédiatement, après sa formation à la température constante de la chaudière, échauffée successivement depuis la température de saturation jusqu'à la température de surchauffe; mais pendant cet échauffement la température de la vapeur s'élevant, la transformation n'a donc plus lieu à température constante et, par suite, le cycle décrit diffère beaucoup d'un cycle de Carnot: dès lors, ainsi que le démontre le calcul direct du cycle décrit et ainsi que le vérifie l'expérience, k_u est infiniment plus faible que k_m à ce point que : *les machines à vapeur surchauffée ne rendent guère plus d'effet utile que les machines à vapeur saturée* à égalité de pression dans le générateur et le condenseur.

473. Inconvénients de l'emploi de la vapeur surchauffée. — La vapeur surchauffée présente d'ailleurs de très grands inconvénients qui en restreindraient singulièrement l'emploi, alors même qu'elle serait plus avantageuse au point de vue économique. En effet : la vapeur surchauffée entraîne nécessairement une quantité beaucoup plus considérable d'huile ou de graisse que la vapeur saturée, inconvénient grave en pratique, car cette vapeur surchargée de matières grasses faisant retour à la chaudière, peut devenir, comme on l'a vu dans le cours de machines à vapeur, une cause d'explosion par suite de la formation possible d'un mélange détonant.

En second lieu, observons que la vapeur saturée entraîne toujours avec elle une proportion notable d'eau à l'état vésiculaire qui, en s'introduisant en partie entre les pièces frottantes, les lubréfie et ferme, à la manière d'un corps gras, les passages peu considérables entre le cylindre et le piston ou le tiroir. La vapeur surchauffée est au contraire un gaz sec qui se fraie une route là où ne peut passer la vapeur saturée ; de plus elle brûle promptement les graisses et les garnitures des presse-étoupes, elle augmente ainsi les frottements et l'usure des pièces ; enfin il est très difficile d'éviter les coups de feu pendant la surchauffe.

474. Avantages d'une légère surchauffe. — Observons toutefois qu'une légère surchauffe peut être avantageuse dans le cas surtout où elle peut être produite sans frais par les gaz perdus des foyers qui se dissiperaient sans cela dans l'atmosphère sans aucun profit. Cette légère surchauffe a simplement pour but de diminuer la proportion d'eau entraînée à l'état globulaire par la vapeur ; proportion qui peut parfois dépasser 30 pour 100 et donner lieu, par suite, à une perte considérable de chaleur, et quelquefois même à des coups d'eau dans le cylindre.

Dans ce cas, cette légère surchauffe s'obtient simplement au moyen de tubes réchauffeurs ou sécheurs dans lesquels s'évapore l'excès d'eau entraînée; ils sont placés à l'arrière du foyer et chauffés, par suite, par les produits de la combustion avant leur échappement dans l'atmosphère.

Comparaison des machines à vapeurs combinées avec la machine à vapeur ordinaire.

475. Considérons une machine à vapeur ordinaire munie d'un condenseur à surface (se reporter au cours de machines à vapeur), dans l'intérieur duquel circule un liquide volatil comme l'éther, le chloroforme, le sulfure de carbone ou l'ammoniaque; ce liquide se vaporisera sous l'action de la chaleur abandonnée par la vapeur d'eau qui se condense. Imaginons que la nouvelle vapeur formée, celle d'éther, par exemple, vienne agir dans un second cylindre pour y produire du travail par sa pleine pression, puis par sa détente, et se liquéfier finalement au contact de l'eau froide dans un second condenseur à surface, d'où le liquide volatil sera renvoyé dans le premier condenseur, pour s'y vaporiser de nouveau, et ainsi de suite, indéfiniment. Nous aurons ainsi ce que l'on nomme une machine à vapeurs combinées.

Soient T, T_1 les températures entre lesquelles fonctionne la machine à vapeur d'eau.

T_1 et T' les températures entre lesquelles fonctionne la machine à vapeur d'éther.

La chute de température est en définitive $T—T'$, *plus grande* que celle que l'on eût pu obtenir avec une seule machine; par suite, le coefficient économique maximum du système, en supposant que les deux machines qui la composent soient parfaites, c'est-à-dire, fonctionnent suivant un cycle de Carnot, sera donné par la formule

$$k_m = \frac{T - T'}{T},$$

plus grand, encore une fois, que celui qu'on aurait pu obtenir avec une seule machine.

476. **Recherche directe du coefficient économique maximum d'une machine à vapeurs combinées.** — Il est facile d'ailleurs de démontrer rigoureusement ce résultat :

En effet, la première machine fonctionnant, je le suppose, suivant un cycle de Carnot entre les limites de température T et T_1, on a, en vertu du principe de Carnot, en désignant par Q la quantité de chaleur prise à la chaudière, et par Q_1 la quantité de chaleur cédée au premier condenseur : (n° 362) :

$$\frac{Q}{Q_1} = \frac{T}{T_1}.$$

La deuxième machine fonctionnant également suivant un cycle de Carnot, entre les limites de température T_1 et T', on a encore, en vertu du principe de Carnot :

$$\frac{Q_1}{Q'} = \frac{T_1}{T'}.$$

Multipliant membre à membre ces deux égalités, il vient :

$$\frac{Q}{Q'} = \frac{T}{T'},$$

d'où :

$$\frac{Q - Q'}{Q'} = \frac{T - T'}{T'},$$

ou enfin :

$$k_m = \frac{T - T'}{T}. \qquad \text{c. q. f. d.}$$

Le coefficient économique est donc le même que celui d'une machine à un seul liquide fonctionnant entre les limites de température T et T' : mais l'écart $T - T'$ des températures extrêmes est ici bien plus grand que dans une seule machine, la disposition ayant pour effet d'abaisser beaucoup la température inférieure T' ; par suite, la valeur de ce coefficient économique maximum est de beaucoup augmentée.

Quant au coefficient économique réel k_u, les deux machines fonctionnant suivant des cycles s'écartant peu d'un cycle de

Carnot, il différera peu de k_m, et sera dès lors beaucoup augmenté aussi.

457. Application. — Considérons par exemple, une machine marine fonctionnant à la pression de 2 atmosphères ou à 120°, et où il est difficile d'abaisser la température du condenseur au-dessous de 50° : le coefficient économique maximum d'une telle machine sera :

$$k_m = \frac{120 - 50}{273 + 120} = 0,18.$$

Si maintenant la chaleur du condenseur est employée à vaporiser de l'éther qui sera condensé ensuite par un courant d'eau à 20°, le coefficient économique maximum du système des deux machines s'élèvera à

$$k_m = \frac{120 - 20}{273 + 120} = 0,25.$$

soit une augmentation de 7 pour 100 dans le coefficient économique maximum, et presque autant dans le coefficient économique réel k_u.

478. Graves inconvénients des machines a vapeurs combinées. — Les machines à vapeurs combinées qui ont été exécutées, ont confirmé l'économie prévue par la théorie. Mais malheureusement ces machines ont dû être abandonnées à cause des graves inconvénients que présente le maniement de liquides volatils délétères et très inflammables; il est bien difficile en effet, avec ces agents, d'éviter les fuites, et par suite, de prévenir les dangers d'explosion, d'incendie et d'asphyxie qui en résultent.

Aussi, à cause de ces inconvénients, l'eau et l'air sont-ils les principaux agents intermédiaires employés jusqu'à ce jour pour la transformation de la chaleur en travail.

Conclusion générale : la machine à vapeur est le moteur par excellence.

479. — Il résulte donc en résumé de cet examen comparatif sommaire des diverses machines thermiques, que la ma-

chine à vapeur l'emporte sur toutes, à tous les points de vue, même celui de l'économie. Les inventeurs doivent donc plutôt chercher à améliorer ce moteur, en s'efforçant de lui faire parcourir aussi exactement que possible un cycle de Carnot, que chercher à combiner des moteurs à gaz ou autres qui seront toujours défectueux pour les raisons que nous avons dites, ou qui, du moins, ne pourront jamais présenter d'avantages sérieux, que dans des cas tout particuliers.

480. Il est nécessaire d'insister sur ce fait que la machine à vapeur est supérieure à toutes les autres, même au point de vue économique, parce qu'on s'est fait longtemps une idée très fausse sur le rendement de ces machines.

Voici par quel raisonnement, inexact heureusement, on établissait que ces machines ne transformaient en travail qu'une partie extrêmement minime de la chaleur contenue dans la vapeur sortant de la chaudière.

481. Cycle exact décrit par la vapeur dans la machine a vapeur.—Il est facile de voir d'abord que le poids m de *vapeur humide* qui circule indéfiniment à chaque coup de piston, décrit un cycle fermé différant peu du cycle de Carnot du n° 348.

En effet, la machine étant arrivée à l'état de régime, soit m le poids de *vapeur humide* dépensé à chaque coup de piston : ce poids m, tout d'abord à l'état d'eau dans le condenseur est envoyé par la pompe d'alimentation dans la chaudière où elle s'échauffe *sans changer d'état* de la température t' du condenseur à la température t de la chaudière ; dans cette période, le point figuratif décrit la ligne AB. Cette ligne est très sensiblement verticale, attendu que l'accroissement du volume de ce poids m d'eau, passant de t' à t, est très faible.

Ce poids d'eau à la température t de la chaudière recevant encore de la chaleur sous la pression constante p de la chaudière répondant à la température t, se vaporise en partie, le volume du mélange allant dès lors en croissant sous la pression constante p, répondant à la température constante t, le point figuratif décrit la ligne isothermique BC qui est parallèle à l'axe des volumes. Cette période est celle de l'admission pendant laquelle la vapeur agit, comme on dit, à pleine pression. Le mélange, se détendant alors sans perte ni gain de chaleur, se refroidit, et la détente étant supposée complète, c'est-à-dire poussée jusqu'à ce que la température soit redevenue égale à la température t' du condenseur, le point figuratif décrit la ligne adiabatique CD. Cette période est celle de la détente. Le piston revenant alors sur lui-même, comprime le mélange à la pression constante p' du condenseur répondant à la température t', la vapeur produite se condense en totalité, par suite, le point figuratif décrit la parallèle DA à l'axe des volumes qui ramène le mélange à son état primitif figuré par le point A.

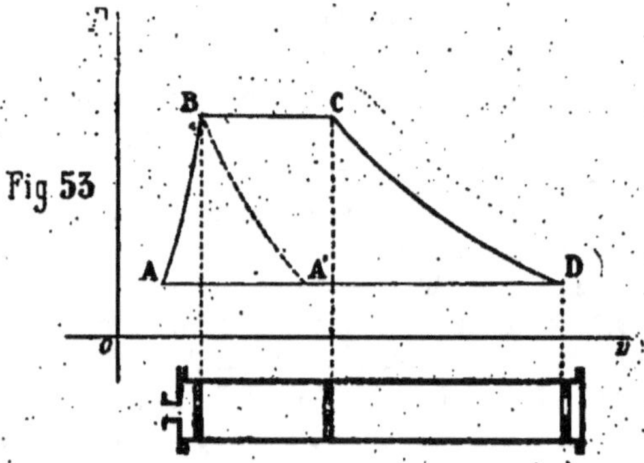

Fig 53

On voit que le cycle fermé ABCD, décrit par le poids m du mélange, diffère du cycle de Carnot BCDA' par la surface du triangle curviligne ABA', et par suite, en diffère d'autant moins que t' diffère moins de t.

482. Raisonnement inexact au moyen duquel on prouvait autrefois l'infériorité de la machine a vapeur.—Supposons maintenant que ce poids m du mélange, qui, en se transformant sans cesse suivant le cycle précédent, sert indéfiniment à la transformation de la chaleur en travail, soit égal à un kilogramme. D'après la formule de Regnault, la chaleur totale dépensée fournie par la chaudière, pour transformer en vapeur *saturée* à la température t, ce kilogramme d'eau, pris à la température t', (t' température du condenseur), est :

$$Q = 606{,}5 + 0{,}305\, t - t'.$$

La machine étant supposée à détente complète, la vapeur se détend dans le cylindre jusqu'à la pression du condenseur et s'y refroidit jusqu'à sa température t'. Si l'on admet *que dans cette détente la vapeur reste saturée,* elle ne contient plus à l'instant final de cette transformation que la quantité de chaleur :

$$q = 606,5 + 0,305\,t'.$$

Elle se condense alors en *eau* à la température t' et dès lors elle cède au condenseur une quantité de chaleur

$$Q' = q - t' = 606,5 + 0,305\,t' - t'.$$

De là, on conclut pour le coefficient économique réel :

$$k_u = \frac{Q - Q'}{Q} = \frac{0,305\,(t - t')}{606,5 + 0,305\,t' - t'}.$$

Exemple. — Supposons :

$$t = 152^\circ \qquad t' = 40^\circ,$$

c'est-à-dire qu'il s'agisse d'une machine à condensation fonctionnant à 5 atmosphères, on trouve en faisant le calcul :

$$k_u = \frac{0,305 \times 112}{606,5 + 0,305 \times 152 - 40} = 0,055.$$

Ainsi le rapport de la chaleur utilisée en travail, à la chaleur totale fournie par la vapeur venant de la chaudière, serait seulement 5 1/2 pour 100 !

483. Erreur de ce raisonnement. Condensation d'une partie de la vapeur pendant la détente, expérience de M. Hirn. — Ce raisonnement, s'il était exact, comme on l'a cru trop longtemps, nous indiquerait que la machine à vapeur est un instrument extrêmement grossier et imparfait. Mais heureusement, il n'en est rien ; l'erreur de notre raisonnement, tient à ce que, nous avons admis que la vapeur reste saturée pendant la détente, tandis qu'en réalité, il y en a une partie qui se condense, ainsi que le prouvent la théorie et l'expérience.

Ce fait est en effet une conséquence directe de la théorie mécanique de la chaleur appliquée à l'étude des vapeurs, ainsi que MM. Clausius et Rankine l'ont prouvé (voir 3e volume). D'ailleurs, M. Hirn l'a mis en évidence expérimentalement de la manière suivante : Il fait arriver par le robinet R un courant de vapeur à 5 atmosphères dans un tube de cuivre de 2 mètres, fermé par des glaces *gg* (fig. 53); la vapeur en sort par le robinet R' à peine ouvert.

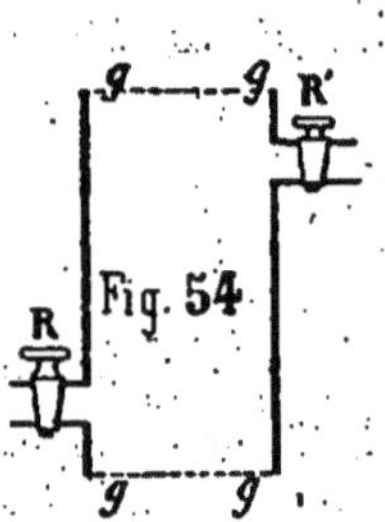

Fig. 54

Quand elle a chassé tout l'air et qu'on a bien constaté sa transparence parfaite indiquant la saturation, on ouvre tout à coup le robinet R'; la vapeur se détend aussitôt et l'on voit se former dans le tube *un nuage épais qui indique la condensation* d'une partie de la vapeur.

On peut plus simplement encore obtenir ce nuage de vapeur en aspirant brusquement l'air d'un flacon humide à l'intérieur : il n'est pas même besoin de machine pneumatique pour faire le vide partiel nécessaire, l'aspiration produite par la bouche est suffisante.

Le théorème de Carnot, encore une fois, rend compte de cette condensation et permet de calculer facilement la proportion d'eau condensée, comme on le verra plus tard (3e volume).

484. Eh bien, dans le cylindre moteur d'une machine à vapeur, le même phénomène se passe : la vapeur ne peut y rester saturée; une partie s'y condense pendant la détente, restitue ainsi la chaleur de vaporisation qu'on appelait autrefois chaleur latente; et c'est précisément cette chaleur de vaporisation réapparaissant à l'état naissant, pour ainsi dire, qui en se transformant immédiatement en travail augmente le coefficient économique de la machine. « *La condensation pendant la détente est ainsi le mécanisme physique auquel la machine à vapeur doit la plus grande partie de sa puissance motrice.* » (Verdet.)

485. M. Hirn, du reste, en cherchant à déterminer l'équivalent mécanique de la chaleur au moyen de la machine à

vapeur, ainsi que nous l'avons indiqué dans la première partie, a trouvé expérimentalement un rendement ou coefficient économique pratique :

$$k_{u_p} = 0,12 \text{ à } 0,15,$$

c'est-à-dire variant de 12 à 15 pour 100 au lieu de 5 1/2 pour 100 que donne le raisonnement inexact qui précède.

486. Ce coefficient économique pratique est loin encore du coefficient économique maximum qui serait ici :

$$k_m = \frac{152 - 40}{273 + 152} = 0,26.$$

Mais enfin, il n'est pas en disproportion totale avec ce coefficient comme le serait le coefficient insignifiant fourni par le raisonnement faux qui précède.

On a donc pour *rendement pratique* R_p de la machine à vapeur dans les conditions où l'on s'est placé :

$$R_p = \frac{k_{u_p}}{k_m} = \frac{0,15}{0,26} = 0,58.$$

487. Si d'ailleurs, on calcule exactement le coefficient économique réel k_u d'après le cycle effectivement décrit par la machine, en ayant égard au phénomène de condensation pendant la détente dont nous avons parlé, on trouve dans des circonstances à peu près semblables à celles qui précèdent et en supposant la détente complète :

$$k_u = 0,218,$$

d'où résulte que le *rendement spécifique* de notre machine serait :

$$R = \frac{k_u}{k_m} = \frac{0,218}{0,26} = 0,83.$$

488. Conclusion définitive. — Ainsi donc, la machine à vapeur est un excellent moteur. On peut même dire *qu'elle est le moteur par excellence*, puisque son *rendement spécifique* ou théorique est de 83 pour 100, et pourrait encore s'élever au delà en améliorant le cycle décrit. Que de plus son rende-

ment pratique s'élève jusqu'à près de 60 pour 100 et se rapprochera certainement encore davantage du rendement théorique ou *spécifique* précédent, avec les perfectionnements de détail dont elle est tous les jours l'objet.

489. Nous devons nous contenter pour le moment de cette étude sommaire de la machine à vapeur. Dans notre quatrième volume, nous reprendrons en détail l'étude complète de cet organisme, après avoir, dans le troisième volume, exposé, au préalable, la théorie complète des vapeurs au point de vue thermodynamique.

Mais comme tout ce qui est relatif aux gaz parfaits nous est actuellement connu, nous pouvons dès maintenant exposer la théorie complète des machines à air chaud et des machines à gaz, dont nous n'avons dit que quelques mots jusqu'ici.

C'est cette théorie qui fera l'objet du volume suivant. (*)

(*) Pour donner une idée des matières contenues dans ce second volume actuellement sous presse, nous reproduisons, ci-après, la suite des sommaires des vingt-six leçons qui le composent :

FIN DU PREMIER VOLUME.

ERRATA

Dans la figure 2, page 6, la position S' du corps, au lieu d'être indiquée en pointillé doit être indiquée en trait plein.

PAGES	LIGNES	NUMÉROS	AU LIEU DE :	LIRE :
10	5	»	*estimées,*	*estimée.*
76	12 du	74	accomplis,	accompli.
81	11	»	kilogrammètre,	kilogramme.
84	15	»	primitif.	initial.
97	7	»	$H(v+dv)dp=dT$,	$H(v+dv)dp=d_1T$.
108	6	»	2752^{km},838,	2552,838.
108	18	»	2251,57,	2552,838.
109	9	»	en.	ne.
109	14	»	dv, dp, dt,	dv, dp, dT.
111	7	»	ce qui précède,	cette remarque.
128	2 du	122	n° 82,	n° 83.
143	16	»	échauffer,	élever
162	3 du	145	donnée,	donné.
167	29	»	s'étendre,	s'éteindre.
172	5 du	156	n° 121,	n° 120.
172	7 du	156	$E=\frac{\alpha v_0 p_0}{G\ \ c}$,	$E=\frac{\alpha v_0 p_0}{C-c}$.
179	32	»	Prony. On aura,	Prony : on aura.
180	3 du	164	peut,	pouvait.
184	14 du	169	de,	du.
203	2 du	199	démontrée,	démontré.
219	17	»	pour,	par.
223	7 et 12 du	227	h,	h_1.

Page 250, 7e ligne du n° 262, au lieu de :

$$p_1\left(1-\frac{m}{m_1}\right)^\gamma = p_2\left\{\quad+\frac{m_1 T_1}{m_2 T_2}\left[1-\left(1-\frac{m}{m_1}\right)^\gamma\right]\right\},$$

lire :

$$p_1\left(1-\frac{m}{m_1}\right)^\gamma = p_2\left\{1+\frac{m_1 T_1}{m_2 T_2}\left[1-\left(1-\frac{m}{m_1}\right)^\gamma\right]\right\}.$$

Page 251, 5^e ligne du n° 264, au lieu de :

$$1-\frac{m}{m_1}\left[\frac{p_2}{p_1}.\frac{\left(1+\frac{p_1 V_1}{p_2 V_2}\right)}{1+\left(\frac{V_1}{V_2}\right)}\right]^{\frac{1}{\gamma}} = \left[\frac{p_2 V_2+p_1 V_1}{p_1(V_1+V_2)}\right];$$

lire :

$$1-\frac{m}{m_1}\left[\frac{p_2}{p_1}.\frac{\left(1+\frac{p_1 V_1}{p_2 V_2}\right)}{\left(1+\frac{V_1}{V_2}\right)}\right]^{\frac{1}{\gamma}} = \left[\frac{p_2 V_2+p_1 V_1}{p_1(V_1+V_2)}\right]^{\frac{1}{\gamma}}.$$

Page 309, 8e ligne, au lieu de : $Q' - Q$,
lire : $Q - Q'$.

Page 312, 26e ligne, au lieu de : (A),
lire : A.

Page 329, 28e ligne, au lieu de : $d_2 = p_1$,
lire : $p_2 = p_1$.

Page 336, 4e ligne du n° 385, au lieu de :

$$\int^{B} x \frac{dQ}{T},$$

lire :

$$\int_{A}^{B} x \frac{dQ}{T}.$$

Page 337, 9e ligne du n° 387, au lieu de :

$$\int_{A}^{B} x \frac{dQ}{T} - \int_{A}^{A} z \frac{dQ'}{T'} = 0,$$

lire :

$$\int_{A}^{B} x \frac{dQ}{T} - \int_{B}^{A} z \frac{dQ'}{T'} = 0.$$

Page 338, 6e ligne du n° 388, au lieu de :

$$\int_{P}^{A} z \frac{d_1 Q'}{T'},$$

lire :

$$\int_{B}^{A} z \frac{d_1 Q'}{T'}$$

Page 339, 17e ligne, au lieu de :

$$\int_{B}^{A} z \frac{dQ'}{T},$$

lire :

$$\int_{B}^{A} z \frac{dQ'}{T'}.$$

SOUS PRESSE

LEÇONS
DE
THERMODYNAMIQUE APPLIQUÉE
OU
TRAITÉ GÉNÉRAL DES MACHINES GAZOTHERMIQUES

Contenant la description et la théorie :

a. DES MOTEURS A AIR CHAUD
b. DES GAZO-MOTEURS
c. DES MACHINES A GAZ
d. DES MOTEURS ANIMÉS

AVEC L'ÉTUDE RAISONNÉE DE TOUTES LES NOUVELLES MACHINES GAZOTHERMIQUES PARUES A L'EXPOSITION DE 1878

Par M. C. VIRY

Ingénieur des Arts et Manufactures
Ancien Élève et ancien Répétiteur de mécanique à l'École centrale
Agrégé de l'Université
Professeur de mécanique à l'École normale spéciale de Cluny

« La puissance motrice de la chaleur et la puissance d'une chute d'eau ont toutes deux un maximum qu'on ne peut dépasser quelle que soit d'une part la machine employée à recevoir l'action de l'eau, et quelle que soit de l'autre la substance employée à recevoir l'action de la chaleur. »

« La puissance motrice d'une chute d'eau dépend de la quantité d eau dont on dispose et de la hauteur de cette chute. La puissance motrice de la chaleur dépend de la quantité de calorique employée et de ce que nous appellerons la hauteur de sa chute, c'est-à-dire la différence de température des corps entre lesquels se fait l'échange de calorique. »

SADI CARNOT.

Réflexions sur la puissance motrice du feu. 1824.

En rédigeant les quelques leçons que nous professons aux élèves de 3e année de l'École normale spéciale de Cluny sur les applications de la chaleur considérée comme puissance motrice, nous avons été amenés à de tels développements qu'il en est résulté ce livre.

C'est un véritable traité général des machines gazothermiques dans lequel nous passons en revue, dans un ordre méthodique toujours indiqué par la théorie, non-seulement toutes les anciennes machines gazothermiques connues, mais encore tous les nouveaux moteurs de ce genre parus à l'Exposition de 1878, notamment les moteurs Rider, Julius Hock, les nouvelles machines à gaz d'Otto et de L. Simon de Nottingham, le moteur Bisschop, etc., etc.

Ce second volume est d'ailleurs rédigé comme le premier sous forme de leçons précédées de sommaires, afin de conserver la même allure à l'ensemble de l'ouvrage. Enfin dans la première leçon nous indiquons avec détails l'ordre et la marche suivis dans l'exposition du sujet.

Puisse ce livre contribuer, malgré ses imperfections, à répandre des connaissances qui ne sont peut-être pas assez familières, jusqu'ici, à la plupart des ingénieurs.

Pour donner une idée des matières traitées dans cet ouvrage, nous donnons ci-après la suite des sommaires des vingt-six leçons qui le composent :

INTRODUCTION

RAPPEL DU PRINCIPE DE L'ÉQUIVALENCE ET DU PRINCIPE DE CARNOT

1re LEÇON

SOMMAIRE. — Résumé du premier volume. — Rappel du principe de l'équivalence conçu comme conséquence du principe de l'énergie. — Expression de la quantité de chaleur nécessaire à une transformation élémentaire ou finie d'un corps quelconque, puis d'un gaz parfait. — Rappel du principe de Carnot et de ses conséquences. — Coefficient économique. — Rendement spécifique. — Rendement pratique. — Comme introduction à la théorie générale des machines gazothermiques, on expose la théorie des régénérateurs de chaleur. — Cycles, autres que le cycle de Carnot, présentant, à l'aide d'un régénérateur de chaleur, le coefficient économique maximum. — S'il s'agit d'un gaz parfait, ces cycles sont compris, soit (n° 29, fig. 4) entre deux lignes isothermiques et deux parallèles à l'axe des pressions, soit (n° 32, fig. 6) entre deux lignes isothermiques et deux parallèles à l'axe des volumes. — Cas des cycles des n°s 31 et 34. — Tableau indiquant l'ordre suivi dans l'exposition de l'étude théorique et pratique des machines gazothermiques.

TABLEAU INDIQUANT L'ORDRE SUIVI
DANS L'EXPOSITION DE L'ÉTUDE THÉORIQUE ET DESCRIPTIVE DES MACHINES GAZOTHERMIQUES

MACHINES GAZOTHERMIQUES

- **1re DIVISION** — Machines dans lesquelles l'agent qui fonctionne, *l'air atmosphérique*, est chauffé dans un foyer extérieur à cet agent.
  - **1re CLASSE** — *Machines à air chaud proprement dites.*
    - **PREMIER GENRE** — Machines fonctionnant suivant le cycle du n° 29 ou suivant le cycle du n° 31. (1re et 2e partie).
      - L'ancienne machine Stirling.
      - Machine Rider figurant à l'Exposition de 1878.
      - Machine Franchot (1855).
      - Machine Laubereau. (1865-1878)
        - sans régénérateur.
        - avec régénérateur.
    - **DEUXIÈME GENRE** — Machines fonctionnant suivant un cycle rectangulaire. (3e partie).
      - Machine Louis Lemoine (1863).
    - **TROISIÈME GENRE** — Machines fonctionnant suivant le cycle du n° 32 ou suivant le cycle du n° 34. (4e et 5e partie).
      - Première machine d'Ericsson.
      - Seconde machine d'Ericsson.
      - Machines dérivées des deux précédentes . . . . . Cyrski . . . / Wilcox . . . / Pascal . . . (1878).
      - Machine à foyer régénérateur.
    - **QUATRIÈME GENRE** — Machines fonctionnant suivant un cycle de Carnot. (6e partie).
      - Irréalisables pratiquement.
- **2e DIVISION** — Machines dans lesquelles l'agent qui fonctionne est constitué par *les produits mêmes de la combustion*.
  - **2e CLASSE** — *Gaz-moteurs.* — Mus par les produits de la combustion, celle-ci s'effectuant dans un foyer distinct du cylindre moteur. (7e partie).
    - Toutes ces machines fonctionnent suivant le cycle du n° 32 ou suivant le cycle du n° 34.
    - Nous citerons :
    - 1° Les gaz-moteurs à combustibles solides ;
      - Gaz-moteur Roper.
      - — Belou.
      - — Julius Hock. (1878).
      - — Brown. (1878).
    - 2° Les gaz-moteurs à huile minérale ;
      - Gaz-moteur à pétrole de Brayton (1870).
      - — — Thomson (1878).
      - — — Dusseuls (1878).
  - **3e CLASSE** — *Machines à gaz proprement dites.* — Mues par les produits de la combustion, celle-ci s'effectuant dans le cylindre moteur lui-même. (8e partie).
    - Ces machines ne décrivent pas de cycle *fermé*, à proprement parler.
    - Nous citerons :
    - 1° *Les machines à gaz anciennes ;*
      - Lenoir.
      - Hugon.
      - Otto et Langen.
    - 2° *Les machines à gaz nouvelles parues à l'Exposition de 1878.*
      - Gilles.
      - Otto.
      - L. Simon de Nottingham.
      - Bisschop.
- **3e DIVISION** — *Machines animées.* — Dans lesquelles l'agent qui fonctionne, *le muscle*, est à la fois le siège de la production de la chaleur et le siège de la transformation de cette chaleur en travail. (9e partie).
  - L'homme et les animaux.

PREMIÈRE PARTIE (*Machines à air chaud*)

MACHINES A AIR CHAUD FONCTIONNANT SUIVANT LE CYCLE DU N° 29
(*Types* : MACHINES RIDER, FRANCHOT, LAUBEREAU, MARCHANT LENTEMENT)

2e LEÇON

SOMMAIRE. — Description, fonctionnement et théorie des machines fonctionnant suivant le cycle du n° 29 (fig. 4). — Machine Rider (Exposition de 1878) : description, fonctionnement et théorie. — Cette machine Rider n'est qu'un perfectionnement de l'ancienne machine Franchot (Exposition de 1855) ; quelques mots sur cette machine. — Evaluation du travail moteur par tour dans les machines réalisant le cycle du n° 29. — Evaluation directe de ce travail moteur. — Evaluation directe du coefficient économique et du rendement spécifique : 1° dans le cas où il n'y a pas de régénérateur ; 2° dans le cas où il existe un régénérateur. — Méthode élémentaire pour la recherche *directe* du coefficient économique dans le cas d'un régénérateur de chaleur.

3e LEÇON

SOMMAIRE. — Suite de la théorie des machines Rider et Franchot. — Calculs relatifs à l'établissement d'une machine à air chaud du type Rider ou Franchot, ou plus généralement d'une machine à air chaud fonctionnant suivant le cycle du n° 29 (fig. 4). — Solution du double problème suivant : 1° *Problème direct*. — Étant donnée une machine Rider ou Franchot existante, trouver sa force en chevaux, la consommation de chaleur et par suite de combustible par cheval et par heure, (*a*) dans le cas d'un régénérateur, (*b*) dans le cas où il n'y en a pas ; la perte de chaleur et par suite la consommation d'eau par cheval et par heure dans le cas d'un régénérateur et dans le cas où il n'y en a pas. — 2° *Problème inverse*. — Construire une machine Rider ou Franchot d'une force donnée dans les conditions du minimum de volume. — Dimensions considérables de la machine. — Moyen de réduire ces dimensions en marchant à haute pression à l'aide d'un réservoir d'air comprimé. — Avantages au double point de vue de l'encombrement et de l'économie à marcher à haute pression, haute température et forte détente.

4e LEÇON

SOMMAIRE. — Introduction à l'étude de la machine Laubereau. — Description et fonctionnement de la machine Laubereau. — Le cycle décrit étant le même que celui de la machine Rider, la théorie et les calculs des deux dernières leçons sont ici applicables. — Comparaison des machines Rider et Laubereau au point de vue de l'encombrement et de l'économie. — Supériorité relative de la machine Rider. — Machine Laubereau perfectionnée par l'emploi d'un déplaceur faisant office de régénérateur. — De même que la machine Rider dérive de l'ancienne machine Franchot (1855), la machine Laubereau dérive de l'ancienne machine Louis Lemoine de Rouen (1853).

SECONDE PARTIE (*Machines à air chaud*)

MACHINES A AIR CHAUD FONCTIONNANT SUIVANT UN CYCLE RECTANGULAIRE (*Type :* MACHINE LOUIS LEMOINE DE ROUEN (1853).

5e LEÇON

SOMMAIRE : Description, fonctionnement et théorie des machines fonctionnant suivant un cycle rectangulaire. — Machine Louis Lemoine sans régénérateur : Description et fonctionnement. — Théorie : Expression du travail effectué $\mathfrak{T}_u$; volume V_1 du cylindre moteur B en fonction du volume V du réservoir A ; maximum du travail effectué $\mathfrak{T}_u$ auquel répond le mininum de volume de la machine. — Solution du double problème suivant : 1° *Problème direct.* Étant donnée une machine du type précédent, trouver sa force effective C_u en chevaux. — 2° *Problème inverse.* Construire une machine de ce type d'une force effective donnée $\mathfrak{T}_u$ dans les conditions du minimum de volume. — Dimensions énormes de cette machine qui la rendent impossible en pratique. — Moyen de réduire ces dimensions en marchant : 1° à haute pression à l'aide d'un réservoir d'air comprimé ; 2° et à haute température. — Difficultés pratiques de marcher dans ces conditions de haute pression et de haute température.

6e LEÇON

SOMMAIRE. — Suite de la théorie de la machine Lemoine sans régénérateur. — Détermination du cycle rectangulaire, décrit par le poids m d'air qui fonctionne. — Expression du travail moteur proprement dit $\mathfrak{T}_m$. — Comparaison des expressions fournissant $\mathfrak{T}_u$ et $\mathfrak{T}_m$. — Maximum de $\mathfrak{T}_m$. — Méthode générale à suivre pour le calcul d'une machine du type étudié, à établir dans les conditions du minimum de volume. — Applications numériques.

7e LEÇON

SOMMAIRE. — Suite de la théorie de la machine Lemoine sans régénérateur. — Recherche du coefficient économique de la machine. — Discussion de l'expression fournissant ce coefficient économique — il passe par un maximum qui répond sensiblement à la valeur de α qui rend le travail moteur *maximum* et par suite le volume de la machine *minimum*. — Rendement spécifique répondant à ce maximum du travail moteur. — Dépense de chaleur et par suite de combustible par cheval *utile* et par heure. — Perte de chaleur et par suite quantité d'eau nécessaire au refroidissement par cheval *utile* et par heure. — Énormité de ces chiffres relativement à ceux trouvés dans le cas des machines fonctionnant suivant le cycle du nº 29. — D'où il résulte que cette machine est impossible pratiquement non-seulement par suite des énormes dimensions qu'elle exige, mais également par suite de l'énorme quantité de combustible qu'elle consomme.

8ᵉ LEÇON

Sommaire. — Théorie de la machine précédente perfectionnée par l'emploi d'un déplaceur faisant office de régénérateur, ou théorie de la machine Lemoine proprement dite. — Analyse du mode de fonctionnement de ce piston régénérateur dans le cas où le cycle décrit appartient au groupe (α). — 1º Expression du coefficient économique dans le cas d'un piston régénérateur, le cycle décrit appartenant au groupe (α). — Discussion de cette expression et valeur de ce coefficient économique dans le cas du travail moteur maximum répondant au volume minimum de la machine. — Rendement spécifique répondant au travail moteur maximum. — Ce coefficient économique et ce rendement spécifique sont bien supérieurs à ce qu'ils étaient lorsque la machine fonctionnait sans régénérateur ; mais ils restent inférieurs à ce qu'ils seraient dans le cas des machines fonctionnant avec régénérateur, suivant le cycle du nº 29 ; d'où il résulte que la consommation de charbon et d'eau, tout en étant beaucoup moindre que dans le cas où la machine considérée fonctionnait sans régénérateur, se trouve encore de beaucoup supérieure à celle des machines fonctionnant avec régénérateur, suivant le cycle du nº 29. — De là résulte l'infériorité au point de vue économique des machines fonctionnant suivant un cycle rectangulaire sur les machines fonctionnant suivant le cycle du nº 29. — 2º Expression du coefficient économique dans le cas d'un piston régénérateur, le cycle décrit appartenant au groupe (β). — Discussion. — Résumé. — Conclusion de toute cette étude.

TROISIÈME PARTIE (*Machines à air chaud*)

MACHINES A AIR CHAUD FONCTIONNANT SUIVANT LE CYCLE DU N° 31
(*Types* : MACHINES RIDER, FRANCHOT, LAUBEREAU, MARCHANT TRÈS VITE)

9e LEÇON

SOMMAIRE. — Introduction. — Fonctionnement et théorie des machines fonctionnant suivant le cycle du n° 31 (fig. 5), comme les machines Rider Franchot, Lemoine, marchant très vite. — Expression du coefficient économique. — Expression du travail moteur par tour. — Maximum du travail moteur. — Expression du coefficient économique et du rendement spécifique dans le cas du maximum du travail moteur. — Degré de détente répondant au maximum du travail. — Variations correspondantes du coefficient économique, du degré de détente et du travail moteur. — Inutilité du régénérateur dans le cas des machines à air chaud fonctionnant suivant le cycle du n° 31, ces machines étant supposées établies dans les conditions du maximum de travail. — Expression du coefficient économique en fonction du degré de détente avec régénérateur, ce degré de détente ne correspondant pas au maximum du travail. — Discussion.

10e LEÇON

SOMMAIRE. — Calculs relatifs à l'établissement d'une machine à air chaud fonctionnant suivant le cycle du n° 31. — Solution du double problème suivant : 1° *Problème direct*. Étant donnée une machine quelconque fonctionnant suivant le cycle du n° 31 on demande : sa force en chevaux, la consommation de chaleur et de combustible par cheval et par heure, la perte de chaleur et par suite la consommation d'eau par cheval et par heure. — 2° *Problème inverse*. Construire une machine fonctionnant suivant le cycle du n° 31, d'une force donnée et dans les conditions du minimum de volume. — Dimensions considérables de la machine. — Moyen de réduire ces dimensions en marchant à haute pression à l'aide d'un réservoir d'air comprimé. — Il y a grand intérêt tant au point de vue de l'encombrement qu'au point de vue de l'économie à s'arranger de manière à ce que la machine fonctionne plutôt suivant le cycle du n° 29 que suivant le cycle du n° 31. — Résultats généraux communs aux machines fonctionnant suivant le cycle du n° 29 et aux machines fonctionnant suivant le cycle du n° 31.

QUATRIÈME PARTIE (*Machines à air chaud*)

MACHINES A AIR CHAUD FONCTIONNANT SUIVANT LE CYCLE DU N° 32 (*Types :* PREMIÈRE ET SECONDE MACHINE D'ERICSON. — MOTEURS CYURKI, WILCOX, PASCAL. — MACHINE A FOYER RÉGÉNÉRATEUR. — TOUTES CES MACHINES ÉTANT D'AILLEURS SUPPOSÉES MARCHER LENTEMENT).

11° LEÇON

SOMMAIRE. — Description, fonctionnement et théorie des machines fonctionnant suivant le cycle du n° 31 (fig. 6). — Première machine d'Ericson (1852) : description, fonctionnement et théorie. — Evaluation du travail moteur par tour. — Evaluation directe de ce travail moteur. — Evaluation directe du coefficient économique : 1° dans le cas où il n'y a pas de régénérateur; 2° dans le cas où il existe un régénérateur. — Rendement spécifique de la machine dans ces deux cas.

12° LEÇON

SOMMAIRE. — Suite de la théorie de la première machine d'Ericson. — Calculs relatifs à l'établissement d'une machine à air chaud du type Ericson, ou plus généralement d'une machine à air chaud fonctionnant suivant le cycle du n° 32. — Solution du double problème suivant : 1° *Problème direct.* Etant donnée une machine Ericson existante, on demande : la force en chevaux, la consommation de chaleur et par suite de combustible dans le cas d'un régénérateur et dans le cas où il n'y en a pas. — 2° *Problème inverse.* Construire une machine d'Ericson d'une force donnée dans les conditions du minimum de volume. — Dimensions considérables de la machine plus grandes encore que celles des machines qui fonctionnent suivant le cycle du n° 29. — Moyen de réduire ces dimensions en marchant à haute pression à l'aide d'un réservoir d'air comprimé. — Résultats généraux et comparaison avec les machines fonctionnant suivant le cycle du n° 29.

13° LEÇON

SOMMAIRE. — Introduction à l'étude de la seconde machine d'Ericson dont un petit modèle présenté par M. Cyurki fonctionnait dans la section autrichienne à l'Exposition de 1878. — Description et fonctionnement de cette seconde machine d'Ericson. — Le cycle décrit étant le même que celui de la première machine d'Ericson ; la théorie et les calculs des deux dernières leçons sont ici applicables. — Comparaison des deux machines d'Ericson au double point de vue de l'encombrement et de l'économie. —

La machine américaine de Wilcox qui brûle de 3 à 4 kil. de coke par heure et cheval de force, la machine de Pascal qui fut appliquée sur un bateau et bien d'autres dispositions reposent sur les mêmes principes que les deux précédentes.

14e LEÇON

SOMMAIRE. — Projet d'une machine à air chaud à simple ou double effet avec foyer distinct de la machine faisant office de régénérateur, réalisant (avec une marche lente) le cycle du n° 32, et présentant dans son ensemble la disposition simple d'une machine à vapeur horizontale. — Description, fonctionnement et théorie de cette machine, ses avantages et ses inconvénients.

CINQUIÈME PARTIE (*Machines à air chaud*)

MACHINES À AIR CHAUD, FONCTIONNANT SUIVANT LE CYCLE DU N° 34 (*Types :* PREMIÈRE ET SECONDE MACHINE D'ERICSON. — MOTEURS CYUBKI, WILCOX, PASCAL. — MACHINE À FOYER RÉGÉNÉRATEUR. — TOUTES CES MACHINES ÉTANT D'AILLEURS SUPPOSÉES MARCHER RAPIDEMENT).

15e LEÇON

SOMMAIRE. — Introduction. — Fonctionnement et théorie des machines précédentes fonctionnant suivant le cycle du n° 34 (fig. 7). — Expression du coefficient économique. — Expression du travail moteur par tour. — Maximum du travail moteur. — Expression du coefficient économique et du rendement spécifique dans le cas du maximum du travail moteur. — Rapport des pressions et par suite degré de détente répondant au maximum du travail. — Variations correspondantes du coefficient économique, du rapport des pressions, du degré de détente et du travail moteur. — Inutilité du régénérateur, dans le cas des machines à air chaud fonctionnant suivant le cycle du n° 34, dans le cas où ces machines sont supposées établies dans les conditions du maximum de travail. — Expression du coefficient économique en fonction du degré de détente avec régénérateur, ce degré de détente ne correspondant pas au maximum du travail. — Discussion.

16e LEÇON

SOMMAIRE. — Calculs relatifs à l'établissement d'une machine à air chaud, fonctionnant suivant le cycle du n° 34. — Solution du double problème suivant : 1° *Problème direct.* Etant donnée une machine quelconque fonctionnant suivant le cycle du n° 34, on demande : la force en chevaux, la consommation de chaleur et par suite de combustible, la perte de chaleur. — 2° *Problème inverse.* Construire une machine fonctionnant suivant le cycle du n° 34, d'une force donnée et dans les conditions du minimum de volume. — Dimensions énormes de la machine. — Moyen de réduire ces dimensions en marchant à haute pression à l'aide d'un réservoir d'air comprimé. — Il y a grand intérêt tant au point de vue de l'encombrement qu'au point de vue de l'économie à s'arranger de manière à ce que la machine fonctionne plutôt suivant le cycle du n° 32 que suivant le cycle du n° 34. — Résumé et conclusions générales.

SIXIÈME PARTIE (*Conclusion des machines à air chaud*)

MACHINES A AIR CHAUD FONCTIONNANT SUIVANT UN CYCLE DE CARNOT (IRRÉALISABLES PRATIQUEMENT)

17e LEÇON

SOMMAIRE. — Exposé de l'objet de la leçon. — Impossibilité pratique d'une machine à air chaud, réalisant exactement le cycle de Carnot. — Expression du travail moteur en fonction du rapport des températures extrêmes et du rapport des pressions extrêmes. — Volume de la machine répondant à une force donnée. — De la discussion de l'expression qui donne ce volume, il résulte que la machine est impossible pratiquement par suite des énormes dimensions et des énormes pressions qu'elle exige. — Conclusion.

SEPTIÈME PARTIE (*Gazo-moteurs*)

GAZO-MOTEURS A COMBUSTIBLES SOLIDES (*Types :* GAZO-MOTEUR ROPER, BELOU, JULIUS HOCK, BROWN). — GAZO-MOTEURS A HUILE MINÉRALE (*Types :* GAZO-MOTEUR A PÉTROLE BRAYTON, THOMSON, DUSAULX).

18e LEÇON

SOMMAIRE. — Caractères distinctifs des moteurs à air chaud, des gazo-moteurs et des machines à gaz. — Avantages de ces deux derniers genres de machines sur les machines à air chaud. — Définition d'un gazo-moteur.

— Ils fonctionnent tous suivant le cycle du n° 32 ou le cycle du n° 34 suivant que leur marche est lente ou rapide. — Description et fonctionnement des gazo-moteurs à combustibles solides : Roper, Belou, Julius Hock (Exposition de 1878), Brown (Exposition de 1878). — Description et fonctionnement des gazo-moteurs actionnés par un haut-fourneau ou par les gaz produits par un gazogène. — Description et fonctionnement des gazo-moteurs à huile minérale : moteur à pétrole de M. Brayton (Exposition de Philadelphie, 1870), de M. Thomson (Exposition de 1878), de M. Dusaulx (Exposition de 1878). — Considérations générales sur l'emploi généralisé des huiles minérales comme source de puissance motrice.

19e LEÇON

Sommaire. — Rapide aperçu historique sur l'invention des gazo-moteurs et des moteurs à air chaud. — Travaux de John Barber (1791), de Thomas Mead et Robert Street (1794), de Robert Stirling, de Montgolfier et Dayme, de Franchot et Lemoine, d'Ericson, Laubereau, Rider, etc., etc. — Pyréolophore de M. Niepce (1806). — Machine de M. Alexandre Cruikslanks (1839). — Fonctionnement et théorie des gazo-moteurs. — Construire un gazo-moteur d'une force donnée. — Calculs relatifs à la consommation.

HUITIÈME PARTIE (*Machines à gaz*)

ÉTUDE DESCRIPTIVE DES MOTEURS A GAZ LENOIR, HUGON, OTTO ET LANGEN GILLES, OTTO, L. SIMON, BISSCHOPP, RAVEL.

(THÉORIE DES MACHINES A GAZ)

20e LEÇON

Sommaire. — Caractères distinctifs des gazo-moteurs et des machines à gaz proprement dites. — Caractères distinctifs des différentes machines à gaz. — Machine Lenoir ou machine à gaz *à* ou *sans condensation* : description, mode d'inflammation du mélange explosif, avantages et inconvénients. — Machine à gaz *à condensation* : machine Hugon, description, mode d'inflammation du mélange explosif, avantages et inconvénients. — Machine Gilles (Exposition de 1878). — Machines à gaz atmosphérique à simple effet, de MM. Otto et Langen (1867). — Expériences comparatives avec le moteur Lenoir.

21e LEÇON

SOMMAIRE. — Moteurs à gaz perfectionnés, parus à l'Exposition universelle de 1878. — Moteur Otto. — Moteur L. Simon. — Dans ces deux moteurs le mélange détonant est préalablement comprimé et l'explosion se produit d'une manière progressive. — La consommation de gaz par cheval et par heure est seulement de 1,000 litres dans la première et peut s'abaisser jusqu'à 500 litres dans la seconde.— Moteur Bisschopp, peu économique, mais spécial aux très petites forces, se recommande par sa simplicité et sa facile installation. — Moteur Ravel. — Conclusions et considérations générales sur l'avenir des machines à gaz. — Rapide aperçu historique sur l'invention des machines à gaz. — Travaux de l'abbé de Hautefeuille, Huyghens et Papin (1678-1688). — Travaux de Thomas Mead et Robert Street (1794). — Travaux de Philippe Lebon, le véritable inventeur des machines à gaz (1799). — Successeurs de Lebon : Niepce, Rivaz, Samuel Brown, Wright, Lowe, Demichelis et Monnier, James Johnston, etc., etc., enfin Lenoir, Hugon, Otto et Langen, Gilles, Otto, L. Simon, Bisschopp, Ravel.

22e LEÇON

SOMMAIRE. — Théorie des machines à gaz. — Mode de fonctionnement particulier des machines à gaz. — Il n'y a pas de cycle fermé décrit. — On examinera successivement les cas où le gaz combustible employé est : 1° l'oxyde de carbone ; 2° l'hydrogène pur ; 3° le gaz de l'éclairage, et l'on se proposera dans chacun de ces trois cas : *a*, l'évaluation du travail d'un coup de piston, *b*, la recherche du coefficient économique, *c*, l'établissement de formules propres au calcul des dimensions et de la consommation d'une machine à gaz d'une force donnée. — *Machines à oxyde de carbone.* — Le but des calculs exposés est l'évaluation du travail que peut produire un kilogr. d'oxyde de carbone, faisant explosion dans le poids minimum d'air nécessaire à sa combustion complète, ou dans une quantité d'air double. — Pour cela il faut déterminer la température et la pression immédiatement après l'explosion. — Ces calculs permettent d'établir facilement une machine à oxyde de carbone d'une force déterminée à détente complète ou incomplète, fonctionnant *avec ou sans compression préalable* et d'évaluer sa consommation. — Les études précédentes supposent essentiellement que la détente s'opère suivant la loi de Poisson, ce qui exige qu'il n'y ait pas de déperdition de chaleur. — On peut se mettre sensiblement dans ces conditions théoriques en donnant au piston une grande vitesse.

23e LEÇON

SOMMAIRE. — Suite de la théorie des machines à gaz. — *Machines à hydrogène pur.* — Calcul des éléments propres à l'établissement d'une machine à hydrogène pur, fonctionnant dans des conditions déterminées. — Température et pression après l'explosion dans le poids minimum d'air ou dans une quantité d'air double. — Travail d'un kilogramme d'hydrogène dans diverses circonstances. — Degré de détente et coefficient économique correspondants. — Établissement d'une machine à hydrogène pur d'une force déterminée, à détente complète ou incomplète, *avec ou sans compression préalable.* — Consommation d'hydrogène pur par cheval et par heure. — Machine à hydrogène *à condensation*. — Cette étude suppose encore que la détente s'opère suivant la loi de Poisson, c'est-à-dire s'effectue sans déperdition de chaleur. — On se rapproche donc de ces conditions théoriques en donnant au piston une grande vitesse.

24ᵉ LEÇON

Sommaire. — Suite de la théorie des machines à gaz. — *Machines au gaz d'éclairage.* Calcul des éléments propres à l'établissement d'une machine au gaz d'éclairage, fonctionnant dans des conditions déterminées. — Température et pression après l'explosion dans le poids minimum d'air ou dans une quantité d'air double. — Application des éléments qu'on vient de déterminer au calcul d'une machine au gaz d'éclairage d'une force déterminée, fonctionnant avec détente complète. — Travail par évolution d'un kilogramme de gaz d'éclairage. — Degré de détente et coefficient économique répondant à la détente complète. — Établissement d'une machine au gaz d'éclairage à détente complète d'une force déterminée : dimensions et consommation de gaz par cheval et par heure. — Comparaison des machines à oxyde de carbone, à hydrogène pur et au gaz d'éclairage.

25ᵉ LEÇON

Sommaire. — Suite de la théorie des machines à gaz d'éclairage. — Théorie des machines à gaz d'éclairage *à détente incomplète*, fonctionnant comme les machines Lenoir et Hugon, *sans compression préalable.* — Théorie des machines à gaz *à détente complète ou incomplète*, fonctionnant *avec compression préalable*, comme dans les machines Otto et L. Simon, de Nottingham (Exposition de 1878). — Calcul des dimensions et de la consommation en gaz d'une machine Otto, ou d'une machine L. Simon. — *Avantages immenses de la compression préalable.* — Théorie des machines à gaz d'éclairage *à condensation*.

NEUVIÈME PARTIE (*Moteurs animés*)

DE L'HOMME ET DES ANIMAUX CONSIDÉRÉS COMME MOTEURS

26e LEÇON

SOMMAIRE. — Quelques mots sur les moteurs animés. — Comparaison avec les machines à vapeur et à gaz. — Sources de la chaleur animale. — Le *muscle* est le siège de la calorification, c'est-à-dire de la production de la chaleur. — Rôle complexe de l'oxygène absorbé dans l'économie. — Mesure de la quantité de chaleur produite par gramme d'oxygène absorbé. — Paroles de Lavoisier résumant toute la théorie de la production de la chaleur animale. — Le principe du mouvement dans l'être animé est une transformation de chaleur en travail. — Expériences de M. Hirn mettant ce fait en évidence. — Le *muscle*, siège de la calorification ou de la production de la chaleur est aussi le siège de la transformation de la chaleur en travail. — Expériences de MM. J. Béclard et Heidenheim, mettant ce fait en évidence. — Parallèle entre un moteur animé et une machine thermique quelconque. — Coefficient économique maximum de l'homme considéré comme moteur. — Raison qui explique la valeur considérable de ce coefficient économique. — Fin.

Paris. — Imp. J. DEJEY et Cie, 18, rue de la Perle.

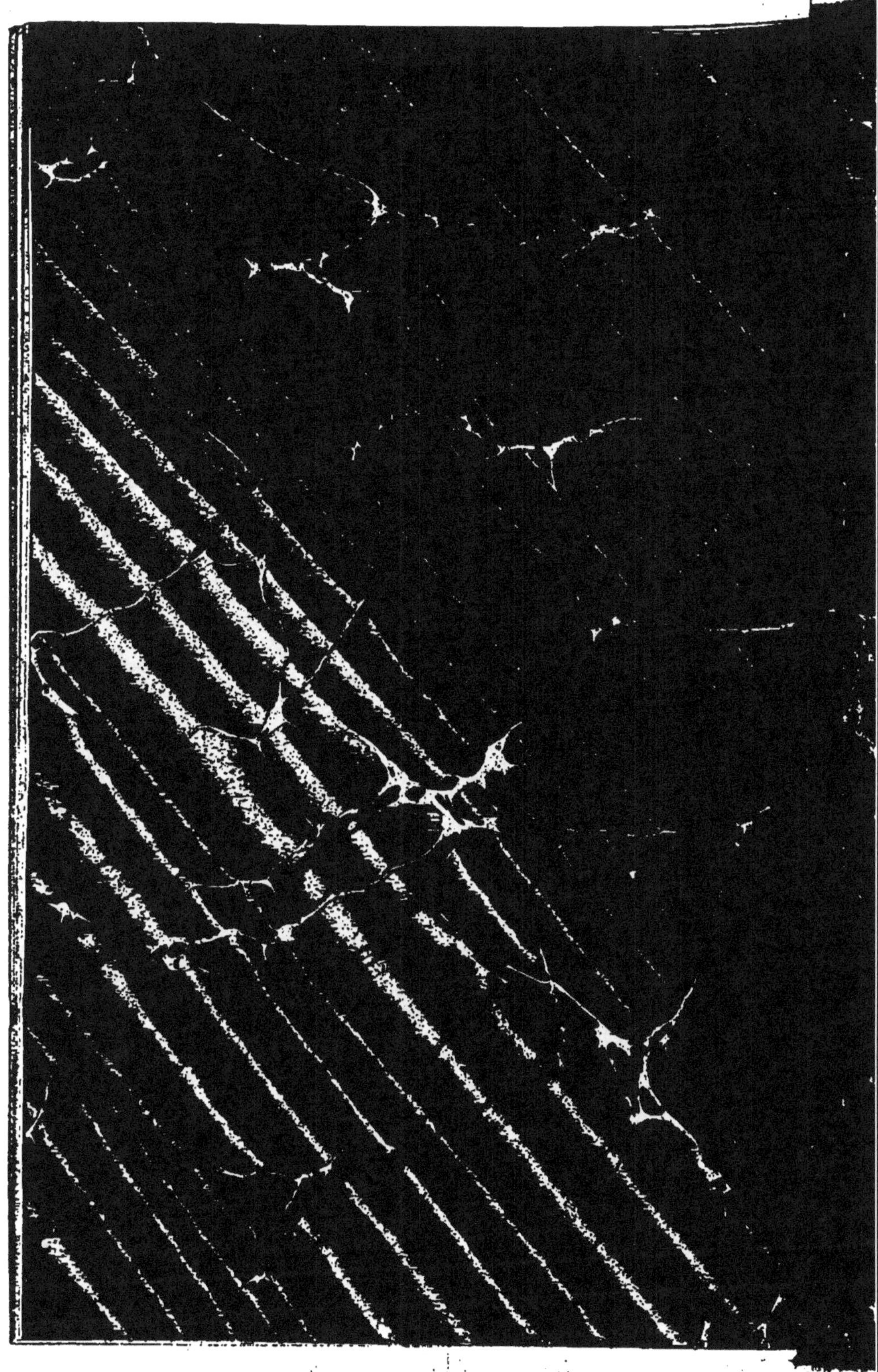

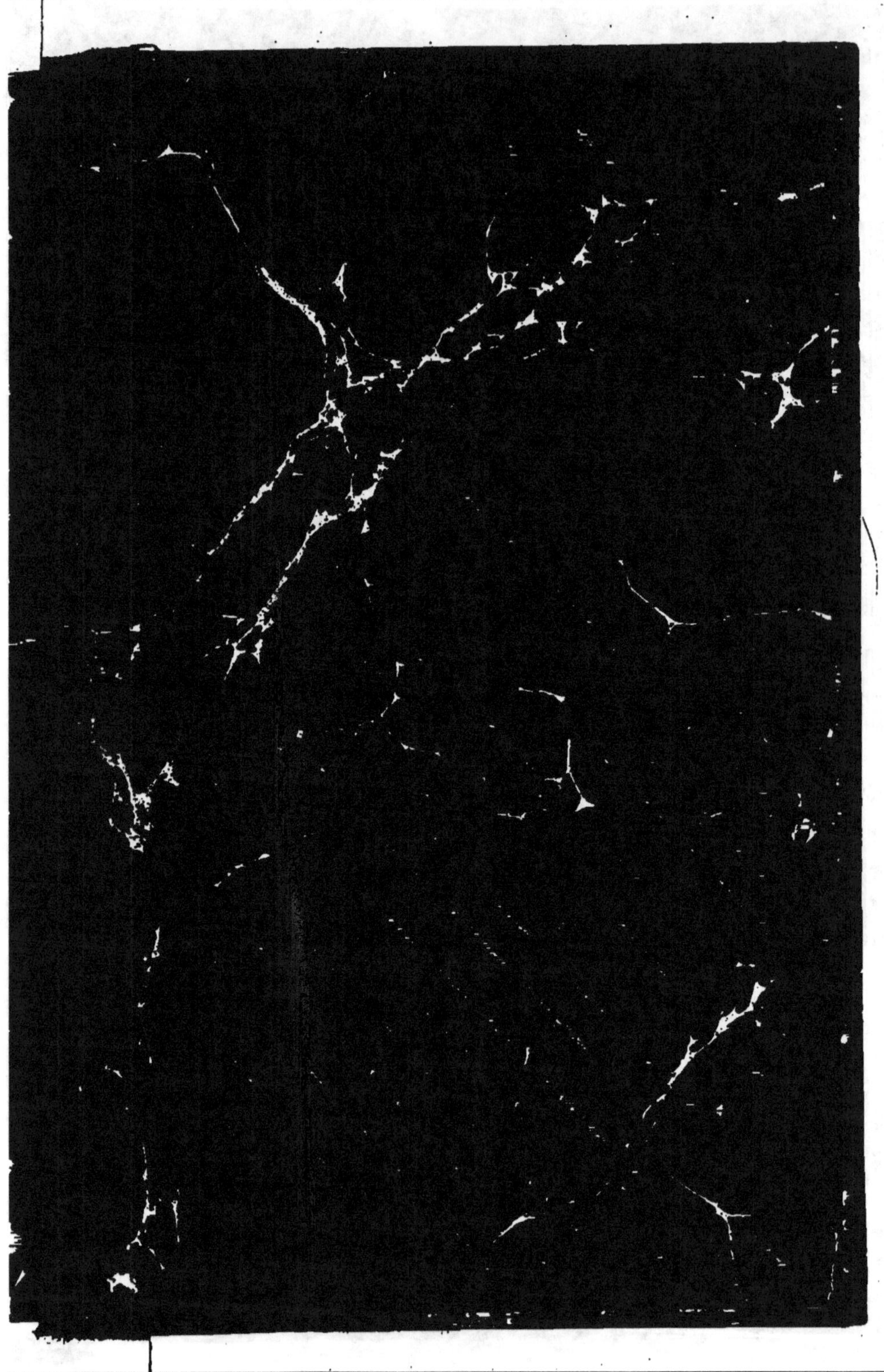

www.ingramcontent.com/pod-product-compliance
Lightning Source LLC
Chambersburg PA
CBHW070605230426
43670CB00010B/1412

9782013732581